뉴스 안과 밖의 여성

한국 저널리즘에서 나타나는 젠더 문제

* 이 저서는 2012년 정부(교육부)의 재원으로 한국연구재단의 지원을 받아 수행된 연구임
(NRF-2012S1A6A4021113).

뉴스 안과 밖의 여성

한국 저널리즘에서 나타나는 젠더 문제

김경희 지음

이화여자대학교출판문화원

책을 펴내며

어렸을 때 필자가 제일 보기 싫었던 드라마의 한 장면은 여자아이를 낳고 우는 산모의 모습이었다. 그때만 해도 드라마에서 그런 장면이 자주 나왔다. 그런 장면을 볼 때마다 딸만 셋 낳은 어머니가 그런 장면을 보면 마음이 상하시지 않을까 걱정됐고 여자인 나의 자존감이 한없이 떨어지는 것만 같았다. 그래서일까? 인터넷 저널리즘이 주전공이었던 필자는 여성과 뉴스를 부전공이라 생각하고 박사과정 시절부터 연구해왔다.

2000년대 초반 여성 기자들의 조직 내 위상에 대한 연구를 하고 있을 때, 한 지상파 방송사에서 차장을 맡고 있던 여성 기자에게 보도국에 여성 간부가 적은 이유에 대해 물어본 적이 있다. 그분은 아직 여성 기자들이 어려서 그렇지, 시간이 지나면 여성이 부장도 되고 국장도 될 텐데 왜 이런 연구를 하냐며 황당하다는 듯 되물었다. 정말 시간이 지나면 다 해결될까? 여성들이 아무 노력을 하지 않아도, 스스로 문제의식을 갖지 않아도 시간만 지나면 문제가 해결되는 걸까? 의문이 사라지지 않았지만 쓸데없는 연구를 한다는 식의 비난 섞인 말투에 필자는 갑자기 연구에 대한 회의가 들었다. 안 그래도 여성 문제는 사회 체제가 바뀌지 않는 한 해결되기 힘들겠다는 절망감에 빠져 있던 터라, 핑계 김에 하던 연구를 그만두고선 몇 년간 여성과 관련된 연구를 하지 않았다. 이후 10년이 넘는 시간이 지났지만, 그 여성 기자가 부장이나 국장이 됐다는 이야기를 아직 듣지 못했다. 그 기자뿐 아니라 여전히 언론사에서 여성 간부는 손에 꼽을 정도로 적다. 시간이 지나도 문제는 해결되지 않았던 것이다.

그동안 드라마는 많이 바뀌었다. 가부장적인 내용을 전달하는 드라마는 여전히 존재하지만, 문제를 일으키는 가정주부와 결혼에 목맨 여성들이 주로 등장하던 1990년대 설정에서 탈피해 권력 비리를 밝혀내는 주체적 여성 변호사도 등장하고, 분쟁 지역에서 환자들을 치료하는 여성 의사와 사회 문제를 해결하는 여성 국회위원도 나온다. 그런데 뉴스는 달라진 게 별로 없다. 드라마에서 나오듯 경륜을 갖춘 여성 기자 출신 앵커는 찾아볼 수 없고, 4,50대 남성 앵커와 20대의 여성 앵커가 함께 뉴스를 진행한다. 여성 기자들이 많아지긴 했지만, 여전히 그 비율은 남성 기자의 3분의 1 수준이다. 여성 기자가 담당하는 영역도 크게 달라지지 않았고 여성 간부는 여전히 찾아보기 힘들다. 또 남성 취재원의 직업은 전문가와 시민의 비율이 비슷하지만, 여성 전문가 취재원은 여성 시민 취재원의 반밖에 안 된다. 무엇보다 10명의 취재원 중 7명이 남성, 3명이 여성으로, 뉴스에서 여성은 현실에서의 여성보다 과소재현되고 있는 것이다.

현실은 어떠한가? 중견기업의 10%는 출산휴가 0건으로 사실상 결혼하면 다니기 어렵다는 최근의 뉴스를 보면, 지금이 1990년인지, 2016년인지 헷갈린다. 또 OECD국가 중 한국은 남녀의 임금과 남녀 고용률의 격차가 매우 심한 나라라는 뉴스도 나왔다. 남성과 여성의 임금 격차가 OECD 회원국 평균(15.6%)에 비해 2배 이상(36.7%) 크고, 남성과 여성의 고용률 차이도 OECD 평균(11.5%포인트 차이)보다 8.5%포인트(20%포인트 차이) 떨어진다는 것이다. 이 두 기사는 여성의 지위가 상승해서 역차별 논란이 있는 한국 사회에서 여성의 위상이 어느 정도인지 확인시켜준다. 뉴스는 사회의 거울이다. 뉴스에서 보여주는 현실은 사회적 맥락과 이어져 있다. 2020년을 앞두고 있는 오늘날 한국 사회에서 여성은 여전히 차별받는 소외 계층이며, 미디어에서 여성은 상징적 소멸 상태이다. 이는 한국 사회에서 아직도 여성이 스스로의 지위를 지켜낼 만큼 힘을 갖지 못했다는 것을 말한다. 여성주의 관점에서 뉴스를 연구하고, 분석해야 하는 이유가 바로 여기에 있다.

이 책에서는 뉴스에 초점을 맞추고 뉴스의 생산에서부터 재현, 소비에 이르기까지 전 과정에서 발생하는 여성의 문제를 총체적으로 이해해보고자 했다. 그동안 여성주의 저널리즘에 대한 논의가 간간이 있어왔지만, 이에 대한 학문적 지형도를 제대로 보여주고 있는 연구물은 없었다. 따라서 여성주의 저널리즘을 공부하고 싶어 하는 학생들도 어디서 어떻게 시작해야 하는지, 뉴스 생산과 재현이 어떤 관계를 가지며, 뉴스 재현이 뉴스 소비에 어떤 영향을 미치고 있는지에 대해 제대로 파악할 수 없었다. 또 한국 사회의 맥락에 대한 이해 없이 여성과 뉴스의 문제로 바로 접근할 수 없다. 그래서 이 책은 한국 사회에서의 여성이 어떤 위치에 있어왔는지에 대한 고찰에서 출발했다. 특히 1970년대부터 2000년대까지 연대별로, 당시의 사회적 맥락 속에 여성은 어떤 위치에 놓여 있었는지를 객관적으로 분석해보고자 했다.

먼저 1장 '여성학적 관점과 저널리즘 연구'에서는 여성주의 관점에서 왜 뉴스를 분석해야 하는지, 또 여성주의 이론적 토대 위에서 왜 뉴스의 생산 과정, 뉴스에서의 재현, 뉴스의 소비가 총체적으로 연구되어야 하는지를 설명하고, 여성주의적 저널리즘 연구의 지형도를 그려보았다. 2장 '한국 사회 변화와 여성의 위치'에서는 1970년대부터 2000년대까지 10년 단위로 한국 사회에서 여성이 어떤 위치에 있었는지를 객관적으로 보여주고자 했다. 이를 위해 당시의 통계 데이터와 신문 기사, 연구물에 대한 분석을 통해 여성의 위치를 파악해보는 작업을 진행했다. 3장 '뉴스 생산자로서의 여성'은 여성 기자들이 뉴스 생산 과정에서 경험하고 있는 사회적 맥락과 뉴스 조직의 문화적 특성을 분석하고, 여성 기자들이 개별적인 노력으로 극복하기 힘든 한국 사회의 문화적 특성과 여성 배제기제들을 파헤쳐보고자 했다. 3장에서는 여성 기자들이 생산한 뉴스가 남성 기자들이 제작한 뉴스보다 양성 평등적인 뉴스인지를 분석해보고자 했다. 이런 분석 결과는 양성 평등적인 사회를 만들어가는 데 여성 기자들이 왜 필요한지를 객관적으로 이해하게 해준다. 또 뉴스 생산 현장에서 간부들은 여성 기자들을 어떻게 생각하고 있으며, 여성 기자들은 현재 어떤 능력에서 우수하고 어떤 부분이 부족한지도 살펴보았다. 4장 '뉴스에 나타난 여성'은 뉴스에서 그려지고 있는 여성의 모습에 대한 분석을 담았다. 평범한 시민의 이야기는 시민 인터뷰를 제외하고는 뉴스에 잘 나오지 않기 때문에, 이 부분의 논의는 사회 지도층 여성과 소외 계층 여성의 뉴스 재현에 대한 분석을 담았다. 특정 분야에서 큰 성과를 이뤄낸 1호 여성을 뉴스는 어떻게 그리고 있는지를 살펴보고, 결혼 이주여성이나 미혼모들을 뉴스가 어떤 관점에서 재현하고 있는지를 분석해보았다.[1] 5장 '뉴스 소비자로서의 여성'은 여성들이 뉴스를 어떻게 이용하고 있는지, 뉴스가 여성에게 가진 의미는 무엇인지를 고찰했다. 뉴스 이용에 대한 연구는 많지만 여성의 뉴스 소비에 대한 연구는 많지 않다. 여성은 주로 드라마나 예능을 즐겨 본다는 생각 때문인지, 여성의 미디어 소비에 대한 연구는 드라마나 영화 장르에 치우쳐 있다. 따라서 여성들을 대상으로 한 심층인터뷰를 실시하고 기존 연구 결과에 대한 분석, 통계

1 3장과 4장의 내용은 필자가 이미 수행한 연구들을 수정해서 활용했다. 기존 연구의 출처를 정확하게 명기하려고 노력했으나, 미처 챙기지 못해 일부 누락된 것이 발견되더라도 양해해주기를 부탁드린다.

데이터의 활용, 신문 기사 등을 통해 여성의 뉴스 소비 행태와 여성에게 있어 뉴스가 가진 의미 등을 살펴보았다. 책의 결론에 해당하는 6장에는 한국 사회에서의 여성과 뉴스에 대한 종합적인 평가와 함께 양성 평등적인 미래 사회를 위한 제언과 양성 평등적인 뉴스 제작을 위한 제언을 담았다. 하고 싶은 말이 많았는데 정작 충분하게 다루지 못한 것 같아 아쉽다. 한 가지 밝혀두고 싶은 것은 이 책에 인용한 기사들이 많은데, 좋은 기사를 써서 여성의 위치를 파악하게 해준 기자들에게 감사의 말씀을 전한다.

출판을 앞두고 원고를 읽어보니, 부족한 점이 한두 가지가 아니다. 필자의 능력 부족과 게으름의 결과일 것이다. 양성 평등적인 사회를 꿈꾸는 여성 언론학자의 작은 소망을 담은 책이라고 이해해주기를 바란다. 이런 책을 써봐야겠다는 생각은 박사과정 시절, 여성과 미디어 수업을 들으면서 가졌다. 그 수업을 이끌어주신 이화여대 김훈순 교수님과 열띤 토론을 함께 했던 차희원 교수님, 순천향대 정윤경 교수님, 동의대 전경란 교수님, 공주대 배진아 교수님, 김찬아 박사님께 감사드린다. 이 책에 실린 연구의 일부는 공동연구로 진행되었다. 함께 연구해주신 고려대 윤영민 교수님, 조연하 박사님, 정영희 박사님, 순천향대 심미선 교수님, 강혜란 박사님, 성공회대 유선영 교수님께 감사의 말씀을 전한다. 이와 함께 1970년대부터 2010년대까지 찾기 힘든 통계와 기사 자료를 찾아 정리해준 한림대 신민정 졸업생과 꼼꼼히 교정을 맡아준 하정민 졸업생, 마무리를 도와준 한정민 학생 덕분에 이 책이 나올 수 있었다. 이 책의 저술을 3년 동안 지원해준 한국연구재단과 이 책의 출판을 흔쾌히 허락해주신 이화여자대학교출판문화원에도 감사드린다.

마지막으로 학문적 역량을 키워주신 최선열 교수님께 감사드리며, 늘 격려와 지원을 아끼지 않으시는 부모님과 언니, 동생, 그리고 이제는 어엿한 동반자로 성장한 두 딸 시은이와 하은이에게 고마움을 전한다. 아무쪼록 여성주의 저널리즘 연구의 학문적 지형도를 온전하게 보여주고자 한 이 책이 여성주의 저널리즘 연구의 맥락과 의미를 독자에게 조금이나마 알려줄 수 있기를 희망한다.

2017년 4월

구봉산을 바라보며 담헌관 연구실에서

김경희

차례

1장

여성학적 관점과 저널리즘 연구

1. 한국 사회에서의 여성 문제와 뉴스

2000년대에 들어서면서 한국에서 여성의 지위는 크게 변했다. 불과 30년 전인 1980년대 후반까지만 해도 여성이 결혼해 직장을 그만두는 일은 당연하게 받아들여졌고, 같은 경력을 가진 여성과 남성의 급여 차이도 자연스럽게 인정되었다. 또 신문사 기자나 방송사의 PD를 선발하는 입사시험에서 여성을 한 명도 뽑지 않는 일이 다반사였고, 여성이 한 명이라도 합격하면 여성 취업 준비생들 사이에서 큰 화제가 되었다.

그러나 지금은 많이 달라졌다. 방송사 신입기자 시험에서 여성이 선발 인원의 반을 채운 사례도 발생하고 있으며, 일부에서는 남성이 역차별을 당하는 시대가 되었다는 이야기도 나온다. 그렇다면, 이런 변화로 한국 사회에서 남녀 불평등의 문제는 해결되었다고 볼 수 있을까? 여성 기자들이 늘어난 언론사에서 만든 뉴스들은 양성 평등적인 관점을 보여주고 있을까?

미국의 경우 1970년대에는 신문 기자의 30%가 여성이었지만, 1980년에는 40%, 2001년에는 48%로 늘어났다. 이와 같은 변화가 발생하고 있는 미국 등의 선진국에서 이슈가 되고 있는 것은 여기자가 늘어난 뉴스 미디어가 여성을 묘사하는 데 있어 기존의 뉴스 미디어와 달라졌는가의 문제이다. 그동안의 연구 결과에 따르면 기존의 뉴스 미디어들이 여성 문제를 축소하고 왜곡하여 보도하고 있었기 때문이다(Steeves, 1987). 이러한 문제에서 출발하여 쥬넨(Zoonen, 1988)은 여기자가 늘어나면 뉴스 미디어의 여성 관련 묘사들이 달라질 것인가를 알아보기 위해 기자들을 대상으로 뉴스 선택에 있어서 여성과 남성의 선택 기준을 분석한 결과 뉴스를 선택하는 데 있어서 여기자와 남기자가 별로 다르지 않다는 것을 밝혀냈다.[1]

왜 이런 결과가 나타났을까? 터크만(Tuchman, 1972)은 기자들의 사고와 그들이 제작하는 메시지에는 상당한 차이가 있다고 제시하면서, 전문화주의(특히 객관성)를 전략의례(strategic ritual)로 간주하고 있다. 이러한 관점에서 본다면, 여성 기자들이 조직의 특성을 받아들여 전략의례로 남성적 여성관을 뉴스 기준으로 받아들이고 있다고 해석해볼 수 있다. 따라서 기자의 성별 특성과 함께 신문사 조직의 속성도 함께 분석하여 이들 속성들이 뉴스 구성 방식에 어떻게 영향을 미치는지 고찰해보아야 한다. 취재가 이루어지는 뉴스 생산 과정에서 사회 문화적 맥락도 영향을 주고 있다는 연구 결과도 있어(Kim, 2006), 뉴스를 둘러싼 여성 문제는 사회적 맥락, 언론사의 조직 문화, 저널리스트의 특성 모두를 반영해야 제대로 파악할 수 있는 문제라 할 수 있다.

뉴스는 우리 사회의 거울이다. 뉴스는 우리 사회에서 매일 일어난 사건

1 이런 연구와 결과가 다른 연구 결과도 추후 발표된 바 있다(Armstrong, 2004; Tuggle, 1997; Zoch & Turk, 1998).

중에서 시청자가 알아야 할 중요한 사안들을 선택해서 보여준다. 뉴스를 통해 사람들은 사회를 바라본다. 프레임 연구자들은 뉴스가 현실의 객관적인 표상이 아니라 현실을 특수한 방식으로 구성한 이야기이며 수용자의 현실 인식에 영향을 준다고 본다(D'Angelo, 2002; Entman, 1993; Scheufele, 1999). 터크만(Tuchman, 1978)은 뉴스가 현실의 특정 부분을 강조, 확대하여 해석의 방향을 유도하며 궁극적으로는 사회적 현실 구성에 관여한다고 주장한 바 있다. 이렇듯 뉴스 속에서 만들어진 사회적 현실을 통해 사람들은 한국 사회를, 그리고 한국 사회에서 살아가는 여성을 바라보고 있는 것이다. 따라서 한국 사회에서의 여성의 위치를 제대로 파악하기 위해서는 뉴스가 여성을 어떻게 그리고 있는지, 그리고 그러한 뉴스를 생산하는 기자들의 특성은 어떠한지, 여성 기자들은 뉴스 생산 과정에서 어떤 위치에 있는지 등을 함께 분석해보아야 한다. 기자들이 뉴스 생산 과정에서 양성 평등적인 뉴스를 생산한다면, 뉴스 속에서 여성은 주체적 등장인물로 묘사될 것이고, 이를 본 수용자들의 머릿속에 양성 평등적인 여성상이 지속적으로 누적되면 자연스레 주체적인 여성상이 자리잡게 될 것이다. 이러한 선순환이 이루어진다면, 한국 사회의 양성 평등사회로의 진화가 앞당겨지리라 예상한다.

2. 여성학적 관점에서의 저널리즘 연구

언론학이라는 학문이 시작된 이후 많은 연구가 있어왔다.[2] 그러나 기존 학문이 그래왔던 것처럼, 언론학 연구의 많은 관점 또한 남성적 관점에

2 엄밀하게 따지면 언론학, 저널리즘 연구, 뉴스 연구가 구분되어야 하나 이 책에서는 언론학, 저널리즘 연구를 같은 개념으로, 저널리즘 연구는 뉴스에 대한 연구와 같은 의미로 사용하기로 한다.

서 벗어나지 못했다. 아직도 뉴스는 여성보다는 남성들에 의해서 만들어지고, 남성들이 많이 등장하며, 남성 수용자들이 많다는 인식이 일반적이다. 이런 현상에 대한 문제의식이나 원인을 분석하는 연구들이 진행되어야 했지만, 언론학 연구도 남성적인 관점에서 발전해왔기 때문에 여성학적 관점에서의 연구는 활발하게 이루어지지 못했다. 그렇다면, 우리는 왜 저널리즘 연구를 여성학적 관점에서 진행해야 하는가? 이에 대한 대답을 찾아보는 것으로 이 책을 시작하려고 한다. 그 질문은 이 책이 저술되어야 하는 필요성이자 목적이기 때문이다.

매스미디어를 여성학적 관점에서 연구하는 첫 번째 이유는 매스미디어가 문화적 의미를 재생산하고 사회 구성원들의 사회화의 역할을 담당하기 때문이다. 사람들은 어릴 때부터 다양한 미디어를 접하면서 살아간다. 하루도 매스미디어를 보지 않고 지내는 날이 없을 정도로 매스미디어는 우리의 삶에 깊이 관여한다. 어린이들은 텔레비전을 보며 친구들과 사이좋게 놀아야 하며, 이웃 어른을 만나면 고개 숙여 인사해야 한다는 예절을 배운다. 어린이 프로그램에는 다양한 직업이 등장하는데, 간호사는 여자, 의사는 남자, 판사는 남자, 선생님은 여자로 나오는 경우가 많아, 이를 본 아이들은 은연중에 어떤 직업은 남성에게 어울리고 또 어떤 직업은 여성에게 어울린다는 인식을 갖게 된다. 또 엄마는 집에서 청소하고 아이들을 챙기고 아빠는 매일 아침 출근하는 장면을 통해 가정 내에서의 성 역할도 자연스럽게 학습하게 된다. 청소년이나 어른들이 보는 프로그램에서도 이러한 성역할과 가부장적 문화를 한국의 전통처럼 보여주는 사례는 쉽게 찾아볼 수 있다. 텔레비전뿐 아니라 인터넷을 통해 전달되는 웹툰이나 게임 등에서도 이런 사회화와 문화적 의미의 재생산이 쉽게 발견된다.

이런 이유로, 매스미디어가 생물학적 성(sex)이 아닌 사회학적 성인 젠더(gender)를 형성하는 데 기여한다는 사실을 부정하는 학자는 많지 않다. '젠더'라는 개념은 남성스러움 또는 여성스러움과 같은 한 사람의 상대적인 정체성으로, 머니(Money, 1965)에 의해서 처음 사용되었고, 스톨러가 심리학적 문헌에 처음으로 소개했다(Mijolla, 2005). 스톨러(Stoller, 1968)는 성을 심리학적 차원과 생물학적 차원으로 구분하여, 여성과 남성이라는 신체적인 특징으로 결정되는 생물학적 차원의 성과 달리 사회적으로 결정된 여성다움 또는 남성다움이라는 생각과 경험이 구성한 심리학적인 성을 젠더로 정의했다. 그는 젠더가 생물학적 호르몬의 영향과 태어날 때의 성뿐 아니라 환경적·심리학적 영향으로 형성되어, 자라나면서 더욱 공고해진다고 보았다. 이런 맥락에서 볼 때, 문화적 의미를 재생산하고 사회화의 역할을 담당하고 있는 매스미디어는 젠더의 구성에 큰 역할을 수행하고 있기 때문에, 매스미디어를 여성학적으로 분석해보아야 하는 것이다.

매스미디어를 여성학적으로 분석해야 하는 두 번째 이유는 매스미디어가 지배계급의 이데올로기를 전파하고 체제를 유지하는 도구가 되고 있기 때문이다. 실제로 많은 드라마들은 가부장의 권위를 강조하는 이야기를 끊임없이 생산하고 있다. 현실에 많지 않은 3대가 같이 사는 가정을 소재로 하는 드라마들은 할아버지와 아버지의 권위를 중요시한다. 예를 들어, 시부모들이 '여자는 바깥일보다는 살림을 잘해야 한다'는 시부모의 뜻을 받들어 박사과정을 밟던 며느리가 학업을 그만두고 전업주부로 생활하며 행복한 가정을 꾸려가는 이야기가 자연스럽게 묘사되기도 한다. 이런 드라마는 가부장제의 이데올로기를 전파하여 체제를 유지하는 도구 역할을 한다고 할 수 있다.

프랑크푸르트학파는 지배계급이 현상 유지를 위해, 이윤 추구를 목표로 하는 문화산업을 통해 허위의식과 자본주의적 소비지향 의식을 확산해나간다고 보았다. 호르크하이머와 아도르노(Horkheimer & Adorno, 1976)는 문화산업이 독점, 대량 생산, 테크놀로지로 특징화된다면서 독점적인 문화산업은 하나의 파워로 작용하고, 지배계급의 수를 더 줄여나가는 '지배적인 시스템'으로 작동하며, 테크놀로지의 합리화는 지배 그 자체의 합리화라고 설명했다. 또 문화 상품의 성격을 구조적으로 분석하지 못한 문화산업론을 비판하면서 문화 상품의 생산 과정, 즉 경제적 구조에 역점을 둔 정치경제학파도 문화 상품이 이윤을 창조하는 동시에 지배수단이 되어 자본의 사회 권력화를 가져와 지배성을 강화하고, 기득권층을 유지하게 해준다고 보았다(Murdock & Golding, 2005).

이런 이론들이 주장하는 것처럼 매스미디어가 지배계급의 이데올로기를 전달한다면, 가부장적 문화가 팽배한 한국 사회에서는 가장과 남자의 권위를 은연중에 전달하는 다양한 미디어 콘텐츠들이 양산되기 때문에, 남성 중심적인 체제가 유지될 수밖에 없다. 따라서 매스미디어를 여성학적으로 분석해야 하는 것이다.

매스미디어의 강력한 영향력은 매스미디어를 여성학적으로 연구해야 하는 세 번째 이유라고 할 수 있다. 매스미디어의 효과 연구는 시대에 따라 변해왔다. 신문·라디오 등이 탄생하고 확산되던 1920~1940년대의 초기 연구들은 매스미디어의 영향력을 막강하게 보았다. 대표적인 이론이 자극-반응 이론(Stimulus-Response Theory)이다. 탄환 이론, 피하주사 이론이라고도 불리는 이 이론은 매스미디어가 대중에게 직접적·즉각적으로 강력하고 획일적인 효과 내지 영향력을 미치고 있다고 보았다. 이를 뒷받침해주는 연구로는 영화가 어린이에게 미치는 영향을 연구한 패인(Payne)재단 연구[3]와 CBS 라디오 드라마 시리즈 〈세계들의 전쟁(War of

3 영화를 보여준 뒤 어린이들의 행위를 관찰했더니, 전쟁영화를 본 어린이들은 전쟁놀이를 하면서 노는 것을 확인할 수 있었다. 이 연구의 결론은 '영화는 아동과 청소년에게 ①놀이행위에 있어서 새로운 아

the Worlds)〉에 대한 청취자 행위를 분석한 캔트릴(Cantril)의 연구[4]를 들 수 있다. 그러나 대중을 획일적 · 수동적인 무기력한 사람들로 가정한 이 이론의 문제점이 제기되는 가운데, 미디어가 수용자에게 영향을 미치는 과정에서 발생하는 중개변인들이 발견되면서 선별효과 이론과 2단계유통 이론 등 매스미디어의 효과가 제한적이라는 이론들이 나오기 시작했다.

먼저 선별효과 이론은 매스미디어의 효과는 절대적인 것이 아니라, 수용자의 개별적 성향—교육 정도, 성별, 사회경제적 지위, 기존 태도 등—에 따른 선택적 과정, 수용자가 속한 집단의 규범 등의 중개 요인들에 따라 상대적이거나 제한적으로 나타난다고 본다(Klapper, 1960). 2단계유통 이론은 매스미디어로부터의 정보와 영향은 의견지도자(Opinion Leader)를 거쳐 대중(mass audience)으로, 2단계를 거쳐 흐른다는 것이다(Lazarsfeld, Berelson, & Gaudet, 1948). 선별효과 이론과 2단계유통 이론처럼 매스미디어의 즉각적이고 직접접인 영향력이 제한적이라는 이론도 설득력이 있지만, 다양한 매스미디어를 누적적 · 장기적으로 이용하면 매스미디어는 사회 · 문화 전반에 중요한 영향력에 행사한다는 사실을 확인시켜주는 이론들이 등장했다. 먼저 의제설정 이론(The Agenda-Setting Theory)에 따르면, 매스미디어가 어떤 특정 이슈를 선정해서 강조하면

이디어를 제공해주며, ②사회적 태도에 영향을 미치고, ③감정을 자극하며, ④이러한 영향은 장기적으로 지속되는 경향이 있다'는 것이었다(최정호 · 강현두 · 오택섭, 1996).

4 1938년 10월 30일 저녁 CBS 라디오 시추에이션 드라마 시리즈 '머큐리극장'의 〈세계들의 전쟁(War of the Worlds)〉이라는 프로그램을 듣고 발생한 사건에 대한 연구이다. 이 드라마는 뉴스 보도 스타일의 극이었는데, 이날 방송에서는 뉴욕 전역에 독가스가 살포됐다는 내용과 함께, CBS 방송국에도 독가스가 들어오고 있다면서 침묵하는 등 전쟁 상황을 연출했다. 드라마 시작 전에 이것은 실제 상황이 아니라는 안내멘트를 했음에도 불구하고 여대생 기숙사 공중전화박스에 긴 줄이 늘어서고 유서를 남기는 학생도 있었으며, 뉴욕시 전체가 피신하려는 사람들로 큰 혼란을 빚었다. 이 사건에 대해 개인별 면접 조사와 서베이, 관련 신문 기사와 우편물을 분석한 결과, 6백만 명의 청취자 중 1백만 명에게 공포를 유발한 것으로 나타났다(앞의 책).

대중은 그것들을 중요 이슈로 인식하게 된다. 매콤스와 쇼(McCombs & Shaw, 1972)의 연구에 따르면, 대통령 선거에서 매스미디어가 유권자의 태도 변화를 유발하지는 못했지만, 당면한 문제가 무엇인지를 설명하는 데는 큰 영향을 미친 것으로 나타났다. 또 침묵의 나선 이론(The Spiral of Silence)과 문화계발효과 이론(The Cultivation Theory)은 개개인에게 미치는 강력한 미디어의 영향력을 확인시켜준다. 침묵의 나선 이론에 따르면, 사람들은 자신의 의견이 소수의 의견이라고 느낄 때, 즉 매스미디어에 의해 제시된 의견과 자신의 의견이 다를 때 침묵하거나 지배적 의견으로 바꾸는 경향이 있다(Noelle-Neumann, 1974)고 한다. 결과적으로 매스미디어에 의해서 지배적인 것으로 정의되는 의견이 실제로 지배적 여론이 된다는 것이다. 문화계발효과 이론은 매스미디어가 사람들이 갖게 되는 현실세계에 대한 상 내지 개념을 구성해서, 매스미디어의 메시지에 많이 노출되면 외부세계에 대한 지각에 강한 영향을 받는다는 주장이다(Gerbner, G., & Gross, L., 1976). 매스미디어를 많이 보는 사람들이 세상에 대한 특별한 이미지를 갖는 이유는 미디어가 그러한 이미지를 사람들의 뇌리 속에 배양시켰기 때문이라는 설명이다.

이와 같은 효과 이론들은 사람들의 개인적 특성 등 여러 가지 매개 요인이 있지만, 매스미디어가 사람들에게 미치는 영향력이 크다는 사실을 알려준다. 따라서 매스미디어의 강력한 영향력을 고려할 때, 매스미디어를 여성학적으로 분석해야 할 필요성을 확인할 수 있다. 특히 매스미디어로 전달되는 뉴스는 픽션으로 구성된 드라마나 영화 같은 다른 장르보다 훨씬 더 직접적인 영향을 주기 때문에, 뉴스의 생산, 재현, 이용 과정에 대한 여성학적인 접근이 반드시 필요하다.

저널리즘을 여성학적 관점으로 접근하는 논리는 그동안 저널리즘 연구가 여성학적으로 이루어지지 않았음을 전제로 하는데, 여성학적인 관점으로 접근한다는 것은 무엇을 의미하는가? 이에 대한 해답을 구하기 위해 우리는 여성학이란 무엇인가에 대해 간략하게 소개하고 넘어갈 필요가 있다.

여성학은 세계를 보는 또 다른 시각이다. 역사를 'history'가 아닌 'herstory'로 다시 써 내려가야 한다는 주장(Ashby & Ohrn, 1995)은 세계를 보는 또 다른 시각이 왜 필요한지를 알려준다. 그동안의 모든 학문은 남성의 관점에서 정립되어왔기 때문이다. 따라서 여성학은 그동안의 남성 우월적 시각에서 발전된 학문에 대한 대안적인 시각이라고 할 수 있다. 남녀평등주의이자 인간주의를 지향하는 학문이 바로 여성학이다. '특정 성이라는 이유로 인해 자유와 평등, 행복에 있어 차별받지 않는 사회'가 바로 여성학에서 지향하는 사회인 것이다. 또한 여성학은 이론으로 출발한 것이 아니라 실천에서 시작한 학문이다. 여성에 대한 평가 절하의 기원과 본질 이해에 목적을 둔 사회이론으로, 우리 사회에서 성의 구분이 갖는 정치성과 이데올로기를 폭로하는 것을 목적으로 하며 여성 지위 향상을 추구한다.

여성학의 또 하나의 특성은 관계의 학문이자 통합적 학문이라는 점이다. 철학, 사회학, 정치학, 커뮤니케이션학 등 학문간 융합을 통해 통찰적인 고찰을 수행한다. 비조직적이고 비체계적으로도 보일 수 있지만, 그것은 여성학이 개방적인 성격의 학문이기 때문이다. 방법론적으로도 기존의 남성적 학문체계가 추구하는 합리성 모형에서 탈피해서, 여성의 경험과 감정을 바탕에 둔 질적인 연구방법을 많이 활용한다. 여성학은 지금도 계속 발전하고 있는 학문이다. 다양한 철학적·사회학적 관점을 바탕으로 새로운 이론들이 발전하고 있는 학문이라는 점에서 여기서 소개하는 페미니즘 이론들은 일부에 그친다는 것을 밝혀두고자 한다.

3. 여성주의 이론과 미디어 연구

이 책의 목적으로 보아서는 여성주의(페미니즘) 이론에 입각한 저널리즘 연구를 살펴보는 것이 맞겠지만, 여성주의 이론에 입각한 저널리즘 연구로 한정해서 논의하면 관련 연구가 많지 않아 제대로 설명하기 힘들다는 점에서, 여성주의 이론을 바탕으로 한 미디어 연구의 경향을 소개하고자 한다. 페미니즘 이론은 하나가 아닌 여러 개의 이론 내지는 관점으로, 각각의 이론 내지 관점은 여성의 억압 상태를 묘사하고 원인과 결과를 설명하며, 여성해방을 위한 전략을 미리 방향을 제시해보고자 하는 시도이다(Tong, 1989). 먼저 각각의 페미니즘 이론을 살펴보고 그와 관련된 미디어 연구를 소개하겠다.[5]

1) 자유주의 페미니즘 이론과 미디어 연구

자유주의 페미니스트들은 여성해방의 주된 목표를 억압적인 성별 역할로부터 여성들을 자유롭게 만드는 것으로 보고, 만인의 자유와 성 평등을 위해 집중했다. 그러기 위해 이 이론은 남녀의 동질성을 부각해 남녀가 똑같은 합리적 인간 본성을 공유하며, 동일한 특성과 능력을 가진 존재라는 점을 강조했다.

자유주의 페미니즘의 뿌리는 인간의 이성을 중시하는 자유주의에서 찾아볼 수 있다. 자유주의자들이 추구하는 정의사회는 개인이 자율성을 행사하고 자신의 능력을 십분 발휘하도록 허용하는 사회이다. 그래서 자유

5 여기에 소개한 페미니즘 이론에 대한 설명은 통의 저서 『Feminism Thought: A Comprehensive Introduction』의 원저를 인용했지만, 한국말로 표현하는 과정에서 이소영이 번역한 『페미니즘 사상: 종합적 접근』(한신문화사, 1995)의 번역문을 활용했음을 밝힌다.

주의는 '선함'보다 '권리'에 우선권을 부여하며, 정의사회는 개인이 권리를 행사할 수 있는 사회라고 보았다. 이러한 맥락에서 자유주의 페미니즘 이론은 여성 억압의 원인을 여성이 남성과 동등한 권리를 행사할 수 없게 되어 있는 관습과 전통에서 찾고 여성이 동등한 기회를 가질 수 있도록 배려해야 한다고 주장했다.

자유주의 페미니즘은 이성적인 논의와 교육으로 성의 불평등을 극복할 수 있다고 보았다. 루소(Jean-Jacques Rousseau)는 『에밀』에서 이상적인 남학생인 에밀은 인문학, 사회과학, 자연과학을 공부하고, 이상적인 여학생인 소피는 음악, 미술, 소설, 시, 가사를 공부해야 한다고 했다. 반면 울스톤크래프트(Mary Wollstonecraft)는 여학생인 소피 역시 남학생인 에밀처럼 진정한 교육을 받으며, 이성적이고 도덕적인 능력을 발전시킬 기회를 가져야 한다고 주장했다(Tong, 1989). 이와 같이 자유주의 페미니즘은 진정한 교육은 남녀에게 동일하게 제공되어야 하며, 이를 통해 여성은 자신의 발전과 성장의 책임을 스스로 질 수 있다고 보았다.

자유주의 페미니즘 이론에서 제시한 성 불평등의 해결책은 법적·제도적 변화였다. 이들은 차별적인 법률과 정책이 제거되면 여성이 남성과 똑같이 경쟁할 수 있을 것이라고 보았다. 나아가 사회는 여성이 겪은 과거의 불이익에 대해 보상하고 여성의 발전을 방해하는 법적·사회경제적 장애물을 제거해야 하기 때문에, 남성 지원자보다 여성을 우선 선발하는 특별고용과 역차별을 주장했다. '국회의원 여성 할당제'나 '기업이사회 여성 할당제' 등은 이러한 자유주의 페미니즘의 논리가 뒷받침된 제도라고 할 수 있다. 여성에게 선거권도 없었던 18세기와 19세기에 발전한 자유주의 페미니즘 이론은 여성이 남성과 동등한 교육을 받아야 하며 남성과 동일한 기회가 주어져야 한다는 이론적 근거를 제시하고 법적·제도적 개선을 가져왔으며, 여성 할당제 등을 통해 여성의 권익을 향상시키는 데 기여했다. 그러나 자유주의 페미니즘 이론은 몇 가지 근본적인 한계점을 가진다.

우선 이들은 공공복지보다는 개인의 자유를 중요시했다. 여성에게 기회만 주어지면 이후 발전과 성장의 책임은 여성 개인의 몫이었다. 아무리 능력 있는 여성이라 할지라도 스스로 극복하지 못할 사회 문화적 편견과 장벽이 존재하는데, 그 모든 책임을 여성 개인에게 짊어지게 했다는 점은 사회적 맥락을 고려하지 못한 분석이다. 또 인간해방이라는 여성학적 목표를 달성하는 것은 한 명의 엘리트 여성의 개인적 성공이 아니라 대다수 여성의 평등한 지위와 권리의 보장이어야 하므로, 개인적 자유에 초점을 둔 자유주의 페미니즘에는 근본적인 한계가 있다고 하겠다. 두 번째로 이들은 생물학적 특징을 간과했다. 남성과 여성의 생물학적 차이점을 어느 정도 인정한 밀(Jone Stuart Mill)과 같은 이들도 있지만, 울스톤크래프트 등 많은 자유주의 페미니스트들은 남성과 여성의 생물학적 차이점을 인정하지 않고 여성도 남성이 하는 모든 일을 다 할 수 있다는 전제로 논의를 진행했다. 세 번째로 이들은 남성의 가치를 인간의 가치로 받아들였다. 여성들의 '감성', '포용', '배려' 등의 가치는 무시한 채, '이성', '합리성', '도덕성', '성공' '경쟁' 등 남성의 가치대로 살아가는 개인을 이상적인 삶으로 받아들이고 여성들이 그러한 삶을 추구해나가야 한다고 본 것이다.

이후 나타나는 페미니즘 이론들은 이와 같은 자유주의 페미니즘 이론의 문제점들을 지적하면서, 이를 극복하는 방향으로 이론을 발전시켜나갔다. 그런 점에서 자유주의 페미니즘은 페미니즘 이론의 출발점으로서 의의를 갖는다. 당시 사회에서 받아들이기 힘들었던 파격적인 주장을 내세웠던 자유주의 페미니스트들은 훌륭한 학자이자 사회운동가였다고 평가할 수 있다.

자유주의 페미니즘 이론에 기초한 연구들은 미디어에서도 남녀평등이 이루어져야 한다는 입장을 취하고 있다. 이 연구들은 미디어를 지배적인 가치를 반영하는 강력한 도구로 보며, 여성에 대한 편견을 극대화하고 재생산하는 미디어의 문제를 지적한다. 이들 연구들은 미디어에서 보여주는 여성 묘사에 관심을 갖고, 성역할에 대한 편견과 고정관념을 강화하는 재현을 분석한다. 이와 같은 연구들은 미디어가 수용자에게 영향을 미친다는 효과 이론이나 미디어의 메시지를 접하면서 수용자들이 학습하여 사회화된다는 사회학습 이론 등을 이론적 배경으로 하고 있으며, 미디어 재현을 분석하기 때문에 방법론으로 주로 내용 분석 등 양적 방법론을 사용한다.

텔레비전에서의 여성 이미지나 여성 잡지에서의 여성 이미지를 분석한 연구에서 밝혀낸 매스미디어에서의 여성 이미지는 한마디로 남성의 눈에 비친 여성 이미지이다. 여성 등장인물의 직업은 소위 여성에게 적합한 직업에 한정되며, 남성을 유혹하고 붙잡으려는 목적에 맞춰 아름답게 보이려는 장식적이고 성적인 대상물로 묘사되고 있다는 것이다. 즉 미디어가 창조한 여성은 남성을 위한 아내이자 어머니인 가정주부이며, 남성에게 상품을 파는 데 이용되는 성적 객체이자 남성에게 아름답게 보이려는 성적 개체로서의 개인이다.

자유주의 페미니즘 이론에 기초한 뉴스 생산자 연구는 신문사·방송사 등 미디어 조직에 있는 남성의 숫자가 많아 남성 중심적 메시지를 만들어내기 때문에, 남성 우월적인 지배이데올로기가 영속적인 가치관으로 유지될 수 있다고 본다.

이와 같은 문제를 해결하기 위해 이들 연구는 미디어 제작자의 의식을 바로잡거나 미디어 산업의 여성 종사자 수를 늘려, 여성 이미지를 바로잡아야 한다고 주장한다. 그러나 이러한 주장은 드라마 작가의 다수가 여성임에도 불구하고 여성들의 성 역할을 고착시키는 묘사나 여성을 비하하는 재현이 계속되는 이유를 설명하지 못한다. 즉 자유주의 페미니즘 이론에 따른 미디어 연구들은 잘못된 여성의 재현이 계속되는 근본적인 이유를 탐구하지 못했다. 또 이 연구들이 미디어에 내재한 왜곡된 여성 표상을 통계적으로 밝혀낼 수는 있지만, 그러한 현상의 근본적 원인과 진행, 수용자들에게 미치는 영향을 밝혀내지 못했다.

2) 마르크스주의 페미니즘 이론과 미디어 연구

마르크스주의 페미니즘 이론은 마르크스 사상을 바탕으로 한다. 자유주의자들이 합리적 사고 능력 및 언어 사용과 같은 특정 능력, 타자보다 자아를 우위에 놓으려는 특정한 태도와 행동양식을 다른 동물과 구별되는 인간의 특성으로 본다면, 마르크스주의자들은 스스로의 생존수단을 생산해내는 것을 인간의 특성이라고 본다(Tong, 1989). 낚시 · 농사 · 건축 등 생산적인 활동에서 우리의 기본 욕구를 충족하기 위한 행위가 동물과 구별되는 인간을 만들게 된다고 보는 것이다.

또한 자유주의자들은 시간의 흐름에 따라 겪는 변화, 즉 역사를 개인의 이념 · 사고 · 가치들로 설명하지만, 마르크스주의자들은 개인이 아닌 집합적인 사회생활의 생산과 재생산으로 설명하고, 물질 생산의 생산 양식이 사회적 · 정치적 · 지적 생활의 일반적인 과정을 조건지우며, 인간의 존재를 결정짓는 것은 인간의 의식이 아니라 인간의 사회적 존재라는 역사적 유물론을 주장했다(이채언, 2008).

그렇기 때문에, 마르크스주의 페미니즘은 남녀 불평등의 원인을 자본주의와 연관된 정치 · 사회 · 경제 구조로 본다. 엥겔스(Friedrich Engels)는 『가족, 사유재산, 국가의 기원』에서 여성이 의복 · 식기류 · 도구 등 대부분의 물건을 생산했던 초기 사회는 모계사회였는데, 가축을 사육하면서 가정 밖의 생산이 가정 내의 생산을 능가하게 됐고, 그에 따라 남성들이 부를 축적하게 되어 부계사회로 전이되었다고 보았다. 또 아버지의 사유재산이 자식들에게 전달될 수 있도록 자리 잡은 일부일처제는 자연 조건이 아닌 경제 조건에 기초한 최초의 가족 형태라고 설명했다. 이러한 주장에 대해 마르크스 페미니스트들은 몇몇 문제점을 지적하고 있지만, 엥겔스의 주장은 마르크스주의 페미니즘 사상에 여전히 영향력을 발휘하고 있다. 마르크스 페미니스트들은 이처럼 여성 억압의 원인을 자본주의와 관련된 경제적인 요인에서 찾고 있기 때문에, 남성에 대한 여성 억압을 종식시키기 위해선 여성이 경제적으로 독립해야 한다고 주장한다. 즉 남성으로부터의 여성의 경제적 독립이 선행되어야 한다고 본 것이다.

이들은 무엇보다 가사노동과 자녀양육의 사회화가 이루어져야 남녀 불평등이 해소될 것이라 보았다. 현시점에서 돌아볼 때, 마르크스 페미니즘 이론의 가장 큰 기여는 가사노동의 가치를 사회적으로 인정하게 만든 점이다. 마르크스 페미니스트들은 여성들의 일과 관련된 사항에 초점을 맞추어 여성의 가사가 '진정한' 일이 아닌 것처럼 경시되고 가장 지루하고 보상이 적은 일이 여성에게 맡겨지는 문제들을 이해하는 데 도움을 주었다(Tong, 1989). 이들은 여성의 일이 하찮은 일이 아니라 어려운 일이라는 점을 분명히 했고, 여성이 육아 등 가정의 의무로부터 벗어나야 공적 노동인구로 투입되고 경제적 독립을 이룰 수 있다고 보았다.

그러기 위해서 제시된 해결책의 하나는 '가사노동의 사회화'이고, 또 하나는 '임금제 가사노동'이었다. 가사노동의 사회화를 주장한 대표적인 학자는 벤스톤(Margaret Benston)으로, 그는 1969년 발표한 「여성 자유의 정치경제학(The Political Economy of Women's Liberation)」이라는 글에서 여성이 집안에서 하는 일을 집 밖에서 하도록 만들 수 있음을 인정하며, 공동식사 방법으로 전환할 수 있는 예를 들어 설명하기도 했다(Tong, 1989, 재인용). 그는 가사의 사회화는 여성을 가사로부터 자유롭게 하는 것이 아니라, 모든 사람들이 그 일의 사회적 가치를 인식하게 만드는 것이라고 보았다.

임금제 가사노동을 주장한 코스타(Mararosa Dalla Cosa)와 제임스(Selma James)는 「여성과 공동체의 전복(Women and the Subversion of the Community)」이라는 글에서 여성의 가사는 '잉여가치를 창조한다'는 마르크스주의적 의미에서 생산적인 일이며, 공공산업에 참여하는 여성들이 임금을 받고 일한 뒤 다시 임금을 받지 못하는 가정에서 일하는 불공평한 상황을 종식시키는 방법은 가사노동 임금을 요구하는 것이라고 보았다(Tong, 1989, 재인용). 이와 같은 주장은 가사노동 임금제가 모든 것을 상품화하는 자본주의에 일조하며 가사노동으로 봉급을 지불받게 되면 집 밖에서 일하고자 하는 동기가 적어진다는 비판을 받긴 했지만, 가사노동이 잉여가치를 창조하는 노동으로서의 가치를 인정받는 데 기여했다. 그래서 우리나라에서도 한때 가사노동의 가치를 임금으로 계산하는 것에 대한 논의가 있었다.

예컨대 한 신문에서는 '아내값'이라는 용어를 사용하며, 가사노동 임금제를 비난하는 듯한 칼럼이 게재되기도 했다.[6] 이 칼럼에서는 한 부인이 남편에게 월 43만 원을 가사노동의 대가로 요구한 미국의 사건을 소개하면서, 일본의 아내값은 약 22만 엔으로 일본의 평균 샐러리맨 월급을 곱절이나 웃돌고 있다고 했다. 그리고 우리나라의 여성단체에서 주부노동력 조사 설문지를 돌리고 있어 남편 수난시대를 맞았다며, 예로부터 젊고 힘쓰는 초년 아낙은 황소 한 마리값, 힘이 빠진 중년 아낙은 암소 한

6 〈만물상〉, 《조선일보》, 1975년 10월 11일 기사.

마리값이었다고 소개했다. 그래서 당시 소값을 예로 들면서, 한국의 아내값도 15만 원에서 20만 원이 되니 샐러리맨의 평균 소득을 웃돌고 있다며, 부권의 사양길에서 이런 풍조가 일고 보니 비단 가을이라서가 아니라 몸이 으스스해진다고 마무리 짓고 있다. 지금 같으면 이런 칼럼은 실리지도 못했겠고 실렸다면 인터넷을 한바탕 시끄럽게 했겠지만, 어쨌든 당시 상황을 고려할 때 마르크스 페미니즘의 노력이 가사노동의 가치를 사회가 인정하게 하는 데 기여했음을 확인시켜준다. 또 1985년 미혼 직장여성에 대한 교통사고 피해보상 판결에서 법원이 주부의 가사노동을 가사도우미의 인건비보다 낮은 일당 4천 원으로 계산해, 가사노동 평가표 마련이 시급하다는 여성계의 반응을 보도한 기사도 찾아볼 수 있다.[7] 여전히 받아들이기 힘든 판결 내용을 담고 있지만, 1975년의 칼럼보다는 한결 진보적인 시각을 담고 있다. 마르크스 페미니스트들은 궁극적으로는 자본주의를 타파하고 사회주의 국가를 건설해야 한다고 보았다. 새로운 세상이 되면 여성해방은 자동적으로 수반된다는 논리이다.

마르크스 페미니즘 이론의 가장 큰 문제는 지나치게 경제적 논리로만 여성 문제를 파악했다는 점이다. 마르크스 페미니즘 이론은 단순하게 정리하자면, 여성이 경제적으로 독립하고 자본주의가 타파되기만 하면 여성해방이 저절로 이루어진다고 보는 이론이다. 그러나 러시아나 중국 등 사회주의 국가에서도 여전히 여성 억압이 계속되고 있다는 사실은 이러한 주장에 문제가 있음을 보여준다. 남성에 의한 여성의 억압을 간과한 것이다. 사회주의 페미니즘에서는 사회주의 국가에서도 미국에서와 마찬가지로 여성들은 '가정'과 '일'이라는 두 가지 직업을 수행하고 있다는 점을 지적했다. 이처럼 여성의 삶이 바뀌지 않는 것은 남성에 의한 여성의

7 〈한국주부들, 가사노동값은 얼마〉, 《매일경제》, 1985년 5월 13일 기사.

억압이 계속되기 때문이다. 즉 가부장제의 문제점을 마르크스 페미니즘은 간과한 것이다.

마르크스 페미니즘 관점을 보여주는 미디어 연구는 마르크스주의의 기본 논리에 입각한 연구들이 주류를 이룬다. 이 분야의 연구는 미디어가 지배계급에 의해 강요된 지배이데올로기를 전파하고 있음을 강조한다. 성을 상품화하고, 여성을 주변부 일에 머물게 하고 가사와 육아를 여성의 일로 받아들이게 하는 지배이데올로기를 미디어가 전달하고 있음에 주목하고 자본주의와 상업주의적 문화산업의 구조나 위상을 논의한다. 지배이데올로기를 재생산하는 상업주의적 문화산업의 구조를 분석하고, 그렇게 생산된 문화 상품들이 여성들의 허위의식을 키우고 있음을 지적한다. 여성의 소비 심리를 자극하기 위해 여성의 허위의식을 극대화하는 광고에 대한 텍스트 분석들이 이에 해당한다. 여성의 일에 초점을 맞춘 마르크스주의 관점의 드라마 연구를 예로, 텔레비전 연속극에 등장하는 직업여성의 이미지와 실제 사회의 직업여성의 상황을 비교한 연구들을 들 수 있다. 전문직 여성은 험난한 삶을 살고 가사와 육아에 충실한 여성은 행복한 삶을 사는 이야기는 아직도 일일연속극에 자주 등장하는 레퍼토리이다.

그러나 전통적 마르크스주의를 바탕으로 하는 대중문화 분석은 점차 사라지고 있다. 마르크스주의 페미니즘 이론이 지나친 경제논리에 천착해 여성 억압의 또 다른 측면, 가부장제에 의한 억압을 간과하고 있기 때문이다. 따라서 마르크스 페미니즘 이론에 입각한 연구들은 사회주의 페미니즘 이론을 바탕으로 한 미디어 연구로 옮겨가는 추세이다.

3) 급진주의 페미니즘 이론과 미디어 연구

여성 억압의 원인을 뿌리 깊은 가부장제로 보는 급진주의 페미니즘은 자유주의나 마르크스주의 페미니즘의 설명이 불충분하다고 본다. 급진주의 페미니스트들은 여성의 자기인식과 여성의 지위 및 역할에 미치는 여성의 생물학적 영향을 탐구한다. 여성은 남성과 다른 생물학적 운명을 타고났지만 그 때문에 다른 인간으로 살 필요는 없다는 입장이다.

급진주의 페미니즘 이론의 주요한 관심사는 출산과 어머니 역할이다. 초기 급진주의 페미니스트들은 출산과 모성을 여성 억압의 근본적인 원천으로 보고 이를 즐거움과 기쁨으로 받아들이는 것은 가부장제가 만들어낸 신화라고 보았다. 그러나 또 다른 급진주의 페미니스트들은 남성들의 유일한 의존이 바로 출산이기 때문에 이런 마지막 능력을 빼앗겨서는 안 되며, 육체를 자원으로 활용하여 페미니즘적 가치체계로 자녀를 양육해야 한다고 주장했다. 이들은 누가 언제 어떻게 어디서 어머니가 될 것인지를 여성 스스로 결정지어야 한다고 강조한다.

모성에 대한 논의에 있어서도 생물학적 모성을 반대하는 입장과 생물학적 모성을 인정하는 입장이 모두 존재한다. 생물학적 모성에 반대하는 페미니스트들은 학교·교회·미디어가 모성애의 경이로움을 강조함으로써 모든 여성이 어머니가 되어야 한다는 신화를 창조했으며, 모성에 대한 본능은 문화적으로 유발되고 어미니로서의 능력은 학습된 것이라고 보았다. 반면, 생물학적 모성을 인정하는 페미니스트들은 생물학적 모성은 인정하되, 가부장제가 생물학적 모성을 제도화함으로써 어머니와 자식 간에 존재할 수 있는 모든 관계가 악화되었다고 주장했다. 여성들은 자식을 사랑하지만 가부장제하에 반드시 해야 하는 유일한 작업으로 어머니 역할이 강요되는 현실에서는 유쾌하게 그 일을 할 수 없다는 설명이다.

급진주의 페미니즘 이론에서 관심을 가진 또 하나의 주제는 성별(gender)의 문제이다. 현재의 남성적 특성과 여성적 특성은 남성 권력이 지배한 사회에서 자리 잡은 특성이며, 사회화된 환경적 산물이라는 것이다. 데일리(Mary Daly)는 『여성/생태학(Gyn/Ecology: The Mataethics of Radical Feminism)』이라는 저서에서 '여성성'은 '여성다움하고는 본질적으로 전혀 관계가 없는 남자가 만들어낸 구축물'이라고 주장했다(Tong, 1989, 재인용).

급진주의 페미니스트들은 남성적 가치를 우위에 두고 있는 자유주의 페미니즘 이론과 달리 여성적 가치를 남성적 가치와 동등하게 보거나 우위에 두고 있다. 이들이 생각하는 여성적 가치(특질)들은 사랑·연민·나눔·보살핌 등이며, 남성적 가치는 지배·구조·소유·지위 등으로, 이들은 여성적 가치가 구현된 사회가 이상적이라는 인식을 갖고 있다. 이러한 인식의 전환을 제시했다는 점이 급진주의 페미니즘 이론이 여성들에게 준 가장 큰 선물이 아닌가 싶다. 그동안 여성들은 남성보다 부족한 열등한 대상처럼 인식됐는데, 급진주의 페미니스트들은 여성적 특질이 남성적 특질보다 더 우수하다고 평가했다. 여성들이 스스로 자존감을 가지게 하는 대목이다. 최근 우리 사회는 경쟁·우위·지배보다 조화·나눔·포용·소통 등을 더 중요하고 훌륭한 가치로 추구하고 있다. 이러한 변화는 급진주의 페미니스트들이 주장한 여성적 가치가 구현된 사회를 만들어나가자는 것과 유사하다. 그러한 점에서 남성과 분리된 사회를 구축하자는 분리주의라든가 출산을 기술발전에 의존하자는 인공적 출산 등 급진적인 주장만을 염두에 두고 급진주의 페미니즘에 대해 부정적인 시각을 가질 필요는 없다. 여성의 가치를 인정하고 높게 평가한 급진주의의 작업은 그동안 남성에 비해 뭔가 부족한 존재처럼 느껴야 했던 여성의 자존감을 회복시켜주었다는 점에서 매우 의미 있는 기여를 했다고 볼 수 있다.

한편, 급진주의 페미니즘 이론에서 빼놓을 수 없는 것은 성 활동(sexuality)에 대한 이들의 논의이다. 급진주의 페미니스트들은 현재의 성 활동은 바로 남성 세력의 장소이다. 남자들은 남성의 즐거움을 위해 호색문학·매춘·성폭행·여성 구타 등을 통해서 여성들의 성 활동을 통제한다고 보았다. 그래서 이들은 포르노 문학이 여성 가치를 저하시키고 남성들의 행동을 부추긴다고 주장했다. 급진주의 페미니스트들은 여성 불평등을 극복하기 위한 해결책으로 분리주의를 주장한다. 분리된 여성공동체를 설립하자는 것이다. 많은 사람들이 급진주의 페미니즘 이론에 선뜻 동의하지 못하는 이유는 급진주의 페미니스트들이 분리주의와 같은 극단적인 해결책을 제시하고 있기 때문으로 보인다.

급진주의 페미니즘 이론에서 가장 큰 문제점으로 지적되는 것은 생물학적 결정론이다. 자유주의 페미니스트들이 남녀의 생물학적 차이를 인정하지 않는 것과 대조적으로 급진주의는 모든 논리를 남녀가 태어날 때부터 근본적으로 다르다는 생물학적 결정론에서 시작한다. 그래서 이들은 여성적 특성과 남성적 특성을 확실하게 구분지어 인식하고 있다. 여성적 특성으로 인간성/도덕성, 온화함, 배려심, 선함 등을, 남성적 특성으로 파괴성, 경쟁성, 공격성, 비리, 부패 등을 들면서 여성의 미덕을 살리자고 주장하는 것이다. 이와 같이 평가 절하되던 여성의 특질을 찬양하고 고무했다는 점은 높이 평가될 수 있으나, 급진적 페미니즘의 비판자들은 여성의 생물학적 특성이나 감정이 과연 '선함'의 근원이 되는 것일까라는 의문을 제기한다. 생물학적 특성은 여성 정체성의 수많은 구성물 중 하나이며 환경·문화·자연과의 상호작용의 산물이라는 것이다. 이들은 성별 특성이 항상 보편적인 것이 아니며 모든 남자가 여자를 억압하는 것도 아니라며 급진주의 페미니즘 이론을 비판한다.

또한 급진주의 페미니스트들은 이성 대 감성, 남성 대 여성 등 이분법적인 논리를 전개했는데, 이와 같은 이분법은 잘못된 것이며 상호연관성의 인식으로 극복되어야 한다는 점에서 비판받고 있다. 이성 중심 사회는 잘못된 것이고 감성 중심 사회는 옳은 사회라는 이분법적 사고, 모든 가치가 여성적 가치와 남성적 가치로 구분되고 항상 대비된다는 논리도 현실에서는 받아들이기 힘들다. 특히 남성 같은 여성, 여성 같은 남성이 적지 않은 요즘 같은 사회에서는 두 가치를 구분해내는 일조차 쉽지 않다. 따라서 이분법적 사고로 우리 사회와 논리를 설명하는 것에는 분명한 한계가 있다. 분리주의 또한 급진주의 페미니즘 이론이 비판받는 부분이다. 지나치게 남녀 관계를 배타적으로 설정하고 남성에 대한 적대감을 유발하는 논리를 펴고 있다는 점이다. 남성과의 조화 속에 여성들이 당당한 권리를 누릴 수 있는 사회를 구상하지 않았다는 점이 보통 사람들의 호응을 받지 못한 이유로 보인다.

급진주의 페미니즘 이론을 연구 배경으로 접근한 연구는 많지 않지만, 그 내용이나 결과에서 급진주의 페미니즘 관점과 부합하는 연구들은 생각보다 많이 찾아볼 수 있다. 우선 미디어 생산자 연구에서 여성만의 독립된 커뮤니케이션 수단으로 미디어의 필요성을 강조하거나 보여주는 연구들은 여성 분리주의의 해결책과 같은 맥락으로 이해할 수 있다. 인터넷 여성 전용 공간과 남녀 공용 공간에서의 여성 이용자의 이용 동기와 태도의 비교를 통해 여성만의 커뮤니티의 필요성을 확인시켜준 연구(김경희 · 박지윤, 2002)나 여성신문 등 여성 미디어가 기여하는 바를 보여준 연구(박용규, 2002) 등은 미디어 생산 과정의 측면에서 급진주의 페미니즘 이론의 맥락과 닿아 있다고 하겠다.

두 번째로 미디어 내용물과 수용에 대한 연구들을 들 수 있다. 그중 대표적인 것은 여성과 남성의 언어 차이에 대한 연구이다. 이들 연구들은 여성과 남성은 언어를 구사하는 방식이 달라서 여성적 언어와 남성적 언어가 달리 사용되며 그에 따라 사회 문화적 위치가 달라진다는 것을 보여준다(김세은, 2002; 이화연, 2004). 이와 같은 연구는 급진주의 페미니즘 이론의 성별 차이에 대한 논의와 맥을 같이한다고 볼 수 있다. 급진주의 페미니즘을 연구 배경으로 강조하지는 않았지만, 급진주의 페미니즘이 가부장제를 여성 억압의 원인으로 보았다는 점에 주목할 때, 드라마에 나타난 가부장적 서사 전략을 분석한 연구(김훈순·김명혜, 1996)도 급진주의 페미니즘 이론의 관점에서 이루어진 미디어 연구로 볼 수 있다. 이 연구에 따르면, 드라마에 나타난 가부장적 서사 전략은 '선택과 배재 전략'과 '대리인 전략', '폄하 전략'으로 볼 수 있다. 우선 선택과 배제 전략은 한 남성을 사이에 두고 두 여성이 대비를 이루는 삼각관계를 통해 나타난다. 남성만이 결정권을 갖고 있으며, 선택을 받는 여성은 가부장제가 선호하는 온유형의 여성이라는 점이 특징이다. 결국 가부장제에 순종하는 여성은 선택을 받아 행복해진다는 가부장적 이데올로기를 전파하는 드라마들이 이에 해당한다고 하겠다. 가부장적 질서를 수호하는 가부장제의 대리인으로서 여성을 위치 짓는 대리인 전략도 자주 나타난다. 가부장적 질서를 지키지 않는 여성을 가장의 역할을 대신하는 여성이 처단하는 이야기이다. 주로 시어머니들이 이런 역할을 담당하는 것으로 그려진다. 폄하 전략은 가부장적 질서를 위협하는 문제를 일으키는 어리석은 여성과 여성들이 일으킨 문제를 현명하게 해결하는 남성을 대비시키는 전략으로, 과거 많은 드라마가 이런 식의 이야기를 전개해왔다. 이와 함께 포르노그래피에 대한 연구를 들 수 있다. 성폭력이나 구타, 근친상간 등 남성이 여성에게 행하는 학대 문제에 대한 연구 또한 포르노가 여성을 성적 대상으로 경시하여 여성 이미지를 저하시킨다고 주장했다.

이 밖에도 여성 문제를 다룬 미디어 연구들은 텔레비전뿐 아니라 신문·잡지 등 다양한 미디어와 드라마·영화·광고 등 다양한 장르를 통해 전통적인 여성상(현모양처형)을 추구하는 여성, 남성 의존적 생활을 추구하는 여성, 소비 지향적 가치를 추구하는 여성, 성적 대상으로서의 여성 등을 구체적으로 묘사함으로써 남성 중심의 지배이데올로기를 전파하고 있는 것으로 나타나, 급진주의 페미니즘 이론이 주장한 사회적인 문제들을 미디어가 담아내고 있음을 확인시켜준다.

4) 사회주의 페미니즘 이론과 미디어 연구

사회주의 페미니즘은 마르크스주의 페미니즘과 급진적 페미니즘, 정신분석학적 페미니즘의 집합체로 이해해볼 수 있는 복합적인 페미니즘 이론이다. 사회주의 페미니즘은 여성 억압의 원천을 자본주의와 가부장제로 보고 자본주의와 가부장제가 함께 타파되어야 양성 평등사회가 구축된다고 보았다. 사회주의 페미니즘 이론은 여성 억압의 원인과 현상을 잘 분석하고 있지만, 자본주의와 가부장제의 타파라는 해결책은 양성 평등사회 구현이 요원하다는 의미로 해석될 여지도 있다.

사회주의 페미니즘 이론은 기존 페미니즘 이론의 한계를 극복하기 위해 이원체계 이론과 통합체계 이론이라는 두 가지의 접근 방식을 발전시켜 나갔다. 이원체계 이론가들은 가부장제와 자본주의가 별개의 다른 파워를 가지면서 서로 교차하여 여성을 억압한다고 보는 반면, 통합체계 이론은 가부장제와 자본주의를 분리될 수 없는 한 가지 개념으로 보았다.

이원체계 이론가들은 여성 억압을 생산양식(경제적)과 생물사회학적·이념적 결과로 보았다. 따라서 경제적 측면인 생산양식이 변화하더라도 생물사회학적 측면과 이념적 측면이 변화되지 않는다면 여성 억압은 계속될 것이라고 생각했다. 경제혁명과 정신혁명이 동시에 이루어져야 여성해방이 가능하다고 본 것이다. 이에 반해, 통합체계 이론가들은 가부장제가 심리학적 영역이 아니라 물적 영역에서 작동된다고 보았다. 따라서 여성이 가정 밖에서 일하는 경우에도 노동의 성별 분업으로 인해 여자는 일터와 가정 모두에서 종속적 지위일 수밖에 없다고 분석했다. 대표적인 학자인 영(Iris Young)은 『사회주의적 페미니즘과 이원체계 이론의 한계(Socialist Feminism and the Limits of Dual Systems Theory)』라는 책에서 계급은 성별 의식이 없는 범주이기 때문에 여성의 특별한 억압의 분석에는 적합하지 않다는 이원체계 이론가들의 의견에 동의하면서, 계급 분석이 아닌 분업 분석을 실시해야 한다고 주장했다(Tong, 1989, 재인용). 계급 분석이 생산 수단과 생산 관계에 주안점을 두고 생산체계를 종합적으로 조사하는 것이라면 분업 분석은 사회에서 실제로 생산하는 개별적인 사람들에게 관심을 기울이는 것으로, 누가 명령하고 누가 생색나는 일을 하고 누가 귀찮은 일을 하고 누가 봉급을 많이 받고 덜 받는지를 설명해 줄 수 있다는 것이다.

재거(Alice M, Jaggar)는 소외를 마르크스주의 페미니즘과 급진적 페미니즘, 정신분석학적 페미니즘, 심지어는 자유주의 페미니즘 사상의 주요한 통찰력을 수용할 수 있을 만큼 강력한 이론적 구조를 제공하는 개념으로 보고, 마르크스주의의 소외 이론을 수정하여 성 활동과 어머니 역할 등에서의 여성 소외를 설명했다. 이에 따르면 임금 노동자가 그가 작업하는 생산품들과 유리되고 소외되는 것과 같은 방식으로 여성은 자신이 작업하는 생산품인 자신의 육체로부터 소외되어 있다(Tong, 1989, 재인용).

이원체계 이론가들은 가족 '내부'의 여성 문제는 가부장제에서 발생하는 것으로, 가족 '외부'의 여성 억압은 자본주의에서 발생하는 것으로 보았다. 반면 통합체계 이론가들은 가족의 내부와 외부의 범주들이 자본주의와 함께 출현했기 때문에, 이와 같은 설명은 부정확하다고 비판했다. 또 이원체계 이론가들은 가정 외부에서 발생하고 있는 여성 억압의 특성을 구체적으로 설명하지 못한다는 비판도 받았다. 여성이 단순히 노동자가 아니라 여성 노동자로서 억압을 당하는 상황을 이원체계 이론가들은 가정 '외부'의 문제로 규정해 자본주의로만 설명하고 있어, 현상을 정확하게 분석할 수 없다는 것이다. 한편 통합체계 이론은 노동, 출산, 어머니 역할 등 페미니즘 문제들을 본질적으로 변화되지 않은 마르크스주의적 분석에 편입시킨다는 비판을 받는다. 그래서 여성 문제를 노동자 문제로 환원하는 경향을 갖는다.

사회주의 페미니즘 이론과 맥을 같이 하는 미디어 연구로 우선 대중문화에서 자본주의 이데올로기와 가부장제라는 문화적 의미가 생산되고 재생산되는 방식에 초점을 맞춘 연구들을 들 수 있다. 그중 대중문화에서 여성을 성 상품화하는 문제를 다룬 연구(이선옥, 2003)는 성이 돈이나 힘에 의해 지배되는 교환가치가 되는 플롯들과 이를 자연스럽게 받아들이게 하는 서술자의 남성성의 문제를 분석했다. 이를 통해 여성의 성 상품화는 여성을 대상화하여 피해자로 만들 뿐 아니라 몸에 대한 표현을 둘러싼 권력관계의 토대가 된다는 점을 보여주었고, 돈과 육체 사이의 지배관계, 지적 능력과 성적 매력 사이의 위계 등이 남녀 관계로 그려질 때 권력관계는 마치 자연스러운 질서로 느껴지게 된다는 점을 밝히고 있다.

이와 같은 이미지 정치학은 텔레비전 드라마에서도 나타난다. 드라마들은 사회에서 활동적인 전문직 여성에 대해 이기적 · 목표 지향적 · 냉정하다는 이미지를 만들어내고 그 여성은 결국 남자에게 선택받지 못하고 가정과 사회에서 모두 성공하지 못하며 파국을 맞는다. 이와 대조적으로 드라마들은 사회적으로 주변화된 여성이 오히려 행복한 사랑을 이루어내서 사회생활에서 여성의 주변화를 합리화하는 스토리를 보여준다. 이와 같은 드라마의 가부장적 · 자본주의적 이데올로기를 밝혀내는 미디어 연구들은 넓은 의미에서 사회주의적 페미니즘 이론과 같은 맥락에서 진행되었다고 볼 수 있다. 일례로, 1997년 KBS에서 방영됐던 일일드라마 〈정 때문에〉에서 나타난 경제 남성들(봉순 아빠 대 큰아들)의 특성과 남성 대 여성의 처벌 기제(할머니 대 작은 할머니) 등을 분석해, 드라마에서 나타난 가부장적 · 자본주의 이데올로기의 강화 기제를 밝혀낸 연구(차희원, 1998)가 있다.

한편, 매스미디어 생산체계 내의 성역할을 다룬 연구들은 사회주의 페미니즘 이론에 입각해 이루어지고 있다. 뉴스 생산 과정에서의 여성 기자들이 소외되고 있는 현상을 다룬 연구(Kim, 2006)는 통합체계 이론가 재거(Alice M. Jaggar)의 소외 개념을 사용해 여성 기자들이 사적 영역과 공적 영역에서 어떻게 소외되고 있는지를 연구했다. 또 『미디어조직과 성차별』(유선영 · 김경희, 2003)이라는 책에서는 미디어 조직에서 여성들이 왜 관리직으로 진출하지 못하는지의 원인을 분석하고 있다.

4. 여성학적 관점에서 본 저널리즘 연구의 지형도

지금까지 여성학적 관점에서 저널리즘을 왜 연구해야 하는지를 살펴보고, 여성학이란 무엇인지에 대해 알아보았다. 그렇다면 여성학적 관점에서 저널리즘을 연구할 때 우리는 어디서 어떻게 시작해야 하는가?

저널리즘 연구는 크게 세 가지 영역으로 구성된다고 볼 수 있다. 하나는 뉴스를 생산하는 과정에 대한 연구이다. 즉 뉴스 생산 과정과 관련된 뉴스 조직의 문제, 뉴스 생산 관행의 문제, 기자직과 관련된 문제 등을 연구하는 분야라 할 수 있다. 최근에는 인터넷, SNS의 발전으로 신문사나 방송사 등 뉴스 조직에 소속되지 않은 시민기자, 1인 미디어 운영자 등이 뉴스 생산에서 두드러진 역할을 수행하고 있어, 이들 역시 주요한 연구 대상으로 부각되고 있다. 두 번째는 기자들이 생산한 뉴스 콘텐츠이다. 신문 기사, 텔레비전 뉴스 스토리, 인터넷 기사 등이 연구 대상이다. 뉴스가 어떤 대상을 어떻게 재현하고 있는지, 뉴스에 나타난 프레임은 어떤 것인지, 뉴스가 그려낸 사회는 어떤 것인지, 뉴스는 어떻게 구성되는지 등이 연구 주제라고 할 수 있다. 사람들은 뉴스를 통해 세상에 대한 인식을 갖게 되기 때문에 뉴스에서 표상된 의미를 해석해내고 분석하는 일이 무엇보다 중요한 연구 문제가 되고 있다. 세 번째는 뉴스를 수용하는 이용자들에 대한 연구이다. 뉴스를 이용하는 동기는 무엇인지, 어떤 미디어를 통해 뉴스를 이용하고 있는지, 뉴스를 통해 무엇을 생각하고 인지하고 있는지 등이 뉴스 이용자 연구의 주요 연구 문제이다. 미디어 효과 연구와 문화 연구 등에서 뉴스 이용자 연구가 많이 이루어졌다. 미디어 효과 연구가 미디어가 수용자에게 어떤 영향을 주는가에 관심을 가졌다면, 문화 연구는 뉴스 이용자들이 뉴스를 어떻게 해독하고 있는지에 주목했다. 인터넷이 보편화되면서 뉴스 이용자들이 매스미디어에서 전달하는 뉴스를 단순히 수용하는 것을 넘어, 뉴스에 대한 의견을 개진하고 다른 이용자와 교류하며 새로운 관점의 뉴스를 생산하는 단계까지 나아가고 있기 때문에, 최근 뉴스 이용자 연구는 더욱 활기를 띠고 있다.

이와 같은 세 가지 차원의 저널리즘 연구를 여성학적 관점에서 바라보다면 다음과 같은 세 가지의 연구 분야로 정리할 수 있다. 먼저 뉴스 생산자로서의 여성이다. '뉴스 생산자로서의 여성'은 크게 두 부분으로 이해해볼 수 있다. 하나는 여성 기자들이 뉴스 생산 과정에서 경험하는 사회적 맥락과 뉴스 조직의 문화적 특성을 분석해, 개인적인 노력으로 극복하기 힘든 사회 문화적 특성을 이해해보는 연구 영역이다. 시대의 변화에 따라 1980년대나 1990년대 여성 기자들이 경험했던 사회 문화적인 배제기제들이 2000년대 사라졌다면 그것들이 없어진 과정, 그 결과 나타난 변화를 체계적으로 살펴보고, 앞으로 여성 기자들의 위상을 예측하는 것까지가 이 분야의 연구 주제이다. 또한 여성 기자들이 생산한 뉴스가 과연 양성 평등적인 관점을 담고 있는가도 살펴야 한다. 그에 따라 여성 기자들의 존재 의미를 객관적으로 파악할 수 있기 때문이다. 만약 여성 기자의 뉴스가 남성평등적인 관점을 담고 있지 않고 그 이유가 여성 기자들이 뉴스 생산조직에서 소외되거나 남성적 관점으로 의식화되지 않으면 살아남지 못하는 기제들이 존재하기 때문이라면 이와 같은 연구는 현실적인 의미를 갖는다.

두 번째 연구 분야는 뉴스 속에 나타난 여성의 재현이다. 즉 뉴스에서 여성이 어떻게 그려지고 있는지에 대한 분석이다. 여성 장관이나 여성 정치인, 또는 특정 분야에서 큰 성과를 이뤄낸 여성 등 사회 지도층 여성들을 뉴스는 어떻게 그리고 있는지를 고찰해보는 연구이다. 결혼 이주여성이나 미혼모, 성폭행 피해자 등과 같은 소외 계층 여성을 뉴스가 어떻게 재현하고 있는지도 중요한 연구 주제이다. 이것은 뉴스가 양성 평등적인 관점으로 생산되고 있는지를 객관적으로 평가해볼 수 있는 연구 분야라 할 수 있다.

세 번째 연구 영역은 뉴스 소비 주체로서의 여성이다. 뉴스 소비자로서의 여성들이 뉴스를 어떻게 이용하고 있는지, 뉴스가 여성에게 가진 의미는 무엇인지를 고찰하는 것이다. 뉴스 이용에 대한 연구는 많지만 여성의 뉴스 소비에 대한 연구는 많지 않다. 여성은 주로 드라마나 예능을 즐겨본다는 생각 때문인지, 여성의 미디어 소비에 대한 연구는 드라마나 영화 장르에 치우쳐 있다. 그러나 여성에게도 뉴스는 중요한 미디어 콘텐츠이다. 특히 인터넷 등이 발달하여 실시간으로 화제가 되는 사례가 많아짐에 따라 뉴스는 우리의 일상과 더욱 밀접한 관련을 갖게 됐다. 따라서 뉴스 소비 주체로서의 여성에 대한 연구는 앞으로 많은 연구가 필요한 분야라고 할 수 있다. 지금까지 살펴본 여성학적 관점에서의 저널리즘 연구의 지형도를 그림으로 그려보면 [그림 1]과 같다.

* * *

지금까지 한국 사회에서의 여성의 문제를 다루면서 여성학적 관점에서 저널리즘을 연구해야 할 필요성, 여성주의 이론과 미디어 연구에 대해 살펴보았다. 한국 사회에서의 여성의 위치를 제대로 파악하기 위해서는 뉴스가 여성을 어떻게 재현하고 있는지, 그러한 뉴스를 생산하는 기자들의 특성은 어떠한지, 여성 기자들은 뉴스 생산 과정에서 어떤 위치에 있는지 등을 함께 분석해보아야 한다. 기자들이 뉴스 생산 과정에서 양성 평등적인 뉴스를 생산한다면 뉴스 속에서 여성은 주체적 등장인물로 묘사될 것이고, 이를 본 수용자들의 머릿속에는 양성 평등적인 여성상이

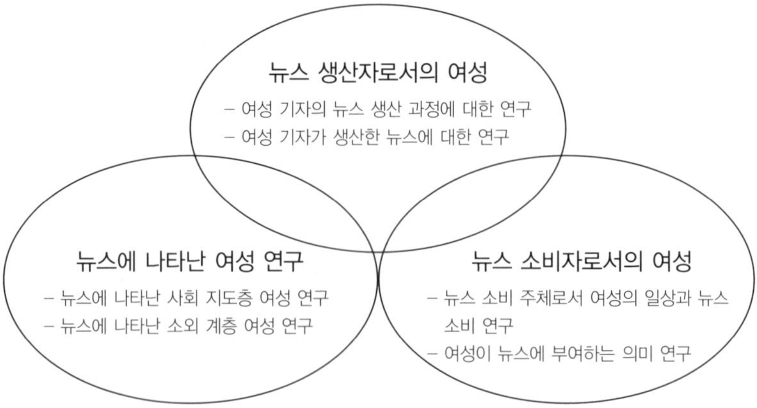

[그림 1] 여성학적 관점에서 본 저널리즘 연구의 지형도

지속적으로 누적되어 주체적인 여성상이 형성될 것이므로, 뉴스 생산 과정에서의 여성 기자의 문제, 뉴스 속에서의 여성의 재현, 여성수용자들의 뉴스 이용과 해독의 문제를 총체적으로 살펴볼 필요가 있다. 이와 같은 문제는 그동안 남성적 관점에서 연구되었기 때문에 여성 문제와 관련한 뉴스의 논의가 체계적으로 이루어지지 못했다. 그래서 우리는 여성학적 관점에서 '뉴스'와 관련된 문제들을 연구해야 한다.

여성학은 세계를 보는 또 다른 시각이다. 여성학은 그동안의 남성 우월적 시각에서 발전된 학문에 대한 대안적인 시각이다. 남녀평등주의이며 인간주의를 지향하는 학문이 바로 여성학인 것이다. 또 여성학은 이론으로 출발한 것이 아니라 실천에서 시작한 학문이며, 관계의 학문이자 통합적 학문이다. 방법론적으로도 여성학은 기존의 남성적 학문체계가 추구하는 합리성 모형에서 탈피해서 여성의 경험과 감정을 바탕에 둔 질적인 연구방법을 활용한다. 이 장에서는 우선 자유주의 페미니즘과 마르크스주의 페미니즘, 급진주의 페미니즘, 사회주의 페미니즘을 살펴본 뒤 이와 같은 페미니즘 이론을 바탕으로 진행된 미디어 연구들을 개괄했다.

이와 같은 여성학적 관점에서 '뉴스'와 관련된 문제들을 살펴본다면, 크게 세 가지 영역으로 구성된다고 볼 수 있다. 첫 번째 연구 분야는 뉴스 생산자로서의 여성으로, 크게 두 가지 분야로 이해해볼 수 있다. 하나는 여성 기자들이 뉴스 생산 과정에서 경험하고 있는 사회적 맥락과 뉴스 조직의 문화적 특성을 분석하고, 여성 기자들이 개별적인 노력으로 극복하기 힘든 사회 문화적 특성을 이해해보는 것이다. 또 하나는 여성 기자들이 생산한 뉴스가 과연 남성 기자들의 뉴스보다 양성 평등적인 관점을 담고 있는가의 문제이다. 두 번째 연구 분야는 뉴스 속에 나타난 여성의 재현으로, 뉴스에서 여성이 어떻게 그려지고 있는지에 대한 분석이다. 세 번째 연구 영역은 뉴스 소비 주체로서의 여성이다. 뉴스 소비자로서의 여성은 여성들이 뉴스를 어떻게 이용하고 있는지, 뉴스가 여성에게 가진 의미는 무엇인지를 고찰하는 것이다. 이후 이런 분야들에 대해 구체적으로 살펴보고자 한다.

2장 한국 사회 변화와 여성의 위치

뉴스가 여성을 재현하는 방식을 판단하고 이해하려면 한국 사회에서 여성의 위상을 이해하는 일이 선행되어야 한다. 그래서 2장에서는 당대 여성들의 현실을 가능한 객관적으로 알아보고자 한다. 이를 위해 조사한 내용은 여성의 위치를 보여줄 수 있는 통계나 자료, 연구 결과이다.[1] 크게 여성의 경제활동(경제활동인구와 경제활동 참가율, 취업률, 남녀 임금 격차), 결혼(초혼 연령과 결혼관), 교육(대학 진학률), 의식(남아 선호도, 직업관)으로 구성했다. 먼저 여성의 경제활동을 중요하게 다룬 이유는 여성의 경제력이 여성의 지위와 밀접한 관련이 있기 때문이다. 여성의 경제활동은 가정 밖에서의 사회활동이라는 점에서 의미가 있다. 또 여성이 경제활동의 영역이나 임금 등에서 남성과 동등하지 못한 대우를 받고 있다면 그것이

1 1970년대, 1980년대, 1990년대, 2000년대의 자료를 동일하게 수집하려고 했으나, 시기별로 사회의 관심사가 달라 전혀 연구되거나 조사되지 않은 내용들이 있어 해당 시기에 조사가 됐거나 연구된 자료들을 중심으로 수집했다.

야말로 한국 사회에서의 여성의 위치를 가장 잘 보여주는 것이기도 하다.

다음으로 여성의 결혼에 대해 살펴본 것은 결혼은 여성의 인생에 있어서 여전히 가장 중요한 변수이기 때문이다. 결혼 그리고 출산, 양육을 계기로 직장을 그만두거나 자기 계발을 그만두는 등 진로에 큰 변화가 생기는 사례가 많다. 특히 초혼 연령이 낮을 경우에는 더 빨리 사회로부터 소외되어 고립되는 사례가 있어 초혼 연령의 변화에 주목해보았다. 결혼관의 변화도 여성의 지위와 밀접한 관련이 있다. 결혼을 인생의 주목적으로 삼으면 여성은 결혼생활, 즉 남편과 자녀에 종속될 가능성이 커진다. 결혼관의 변화는 그래서 중요하다. 세 번째로 여성의 교육을 살펴본 것은 교육이 여성의 사고를 변화시키고 독립적 인격체로 성장하는 데 기여할 수 있기 때문이다. 따라서 교육 수준이 높은 여성들이 늘어난다는 것은 양성 평등적인 인식을 가진, 민주적인 시민으로서의 역할을 할 수 있는 여성들이 늘어난다는 것이기도 하다. 네 번째 여성의식의 변화로 남아 선호도, 직업관을 살펴보았다. 남아 선호도는 여성이 태어날 때부터 환영받지 못하고, 아들에 밀려 교육 받을 기회를 갖지 못해 사회적으로 무능해져 결혼이란 울타리에서 남성에게 종속될 수밖에 없는 상황을 만들어낸 원인이었다. 그래서 남아 선호도에 대한 인식 변화는 여성의 사회적 지위와 직결된다.

조사 대상은 통계 데이터와 신문 기사, 논문이었다. 통계 데이터는 통계청 통계 데이터베이스(KOSIS)와 언론진흥재단 카인즈(KINDS)의 미디어통계, 신문 방송 산업 통계를 중심으로 조사했다.[1]

이 조사를 통해 수집된 자료들이 당시 상황을 총체적으로 보여줄 수 있지는 못하겠지만, 당대 사회적 맥락과 여성의 위치를 대략적으로나마 파악하는 데 도움이 될 것이다. 이러한 시대적 배경과 여성이 처한 맥락에 대한 이해를 기반으로 미디어에서 뉴스를 생산하는 여성, 뉴스에서 다루어진 여성, 뉴스를 소비하는 여성을 이해해보려는 것이 2장을 기술한 이유이다.

1. 1970년대 한국 사회와 여성

1970년대 자료는 많지 않다. 국가 통계가 체계적으로 수집하고 정리되지 못했기 때문이기도 하고, 여성 문제에 대한 사회적 관심이 적었기 때문이기도 하다. 국가 차원에서 진행되는 무리한 산업화에 많은 여성들이 섬유, 가발, 봉제 등 1차 산업에서 일하면서 저임금과 초과 근무에 시달리던 시기였기 때문에, 남녀 간의 차별을 운운하며 여성의 지위를 논하는 일은 사치스러운 일로 생각됐을지 모르겠다. 많은 남성 노동자들도 최소한의 인권 보호를 받지 못하던 시대적인 맥락을 고려하면서 당시 여성이 처한 상황을 살펴보자.

1) 1970년대 여성의 경제활동

(1) 1970년대 여성의 경제활동 인구와 경제활동 참가율

1970년대 여성의 경제활동 인구[2]를 보면, 여성의 경제활동 인구는 1970년 361만 5천 명에서 1973년 420만 명으로 늘어났고, 1976년 483만 9천 명, 1979년 5천34만 9천 명으로 꾸준히 증가하고 있음을 알 수 있

2 군인과 재소자를 제외한 만 15세 이상의 인구를 생산활동 가능인구라 하며 이 중에서 취업 능력과 의사를 동시에 갖춘 사람을 경제활동 인구라 한다. 경제활동 인구는 취업 여부에 따라 취업자와 실업자로 구분된다. 생산활동 가능인구 중 경제활동 인구에 포함되지 않은 사람은 비경제활동 인구로 분류된다. 비경제활동 인구에는 가정주부, 학생, 연로자와 심신장애인, 구직단념자 등이 포함된다. 한편 생산활동 가능인구에 대한 경제활동 인구의 비율을 경제활동 참가율이라 한다(이철수 외, 2009).

다. 경제활동 참가율을 보면, 여성의 경우 39.3%(1970년), 41.5%(1973년), 43.2(1976년), 43.3%(1979년)로 1970년대에는 여성의 대략 40% 정도가 경제활동에 참가하고 있었음을 알 수 있다. 1960년 여성의 경제활동 참가율이 26.8%, 1966년에 31.5%였다는 점[3]을 고려하면, 1970년대 여성의 경제활동 참여가 크게 늘었음을 알 수 있다. 이는 남성의 경제활동 참가율에 비해서는 낮은 수치이지만, 당시 다른 나라의 여성 경제활동 참가율에 비해 뒤지지 않는 수준이다.[4]

그러나 여성들이 참여하고 있는 경제활동의 내용을 들여다보면 섬유, 봉제, 가발 등 제조업에 집중되어 있고, 남성 근로자의 보조 역할 내지는 단순 노동에 단기적으로 취업하고 있는 실정이었다.[5] 1972년 기준으로 근로여성의 평균 연령은 23.5세이고 미혼자가 97.5%라는 보도만 보더라도 미혼의 어린 여성들이 미숙련 단순 노동 현장에서 일하고 있었음을 알 수 있다. 1975년 경제기획원 통계조사를 소개한 기사[6]도 18세~29세 사이가 여성경제활동 참자가의 88.4%를 차지하고 있어 기혼, 고령층의 취업량이 월등히 많은 선진국과 대조를 보이고 있다고 보도했다. 그 기사에서는 '1970년 현재 직종별 여성 취업자의 결혼 상태를 보면 전문직 기술직에 종사하는 여성 노동 인구 중에 미혼이 44%인데 기혼은 53.4%, 행정 · 관리직에는 미혼이 6.3%인데 비해 기혼은 92.1%로 압도적으로 많았다'는 내용도 함께 다루고 있었다. 이 기사만 보면 마치 기혼 여성의 경제활동 참가율이 높아진 것처럼 보이지만, 실제 1973년 전문직(1.7%)과 행정 · 관리직(1%)에 종사하는 여성의 비율이 매우 낮았다[7]는 사실을 고

3 〈우리나라 여성노동의 실태 탁희준 교수에 문제점을 알아본다〉, 《매일경제》 1977년 2월 7일 기사.
4 〈경제활동 인구가 늘었다〉, 《매일경제》 1977년 2월 7일 기사.
5 〈인구문제와 여성인력〉, 《매일경제》 1975년 10월 20일 기사.
6 〈우리나라 여성노동의 실태 탁희준 교수에 문제점을 알아본다〉, 《매일경제》 1977년 2월 7일 기사.
7 〈해마다 느는 여성의 취업 저해요소는 배제 대량취업 이뤄져야〉, 《매일경제》 1974년 3월 18일 기사.

〈표 1〉 1970년대 성별 경제활동 인구

(단위: 천 명)

성별	1970	1973	1976	1979
남자	6,447	7,189	8,072	8,793
여자	3,615	4,200	4,839	5,349
계	10,062	11,389	12,911	14,142

〈표 2〉 1970년대 성별 경제활동 참가율

(단위: %)

성별	1970	1973	1976	1979
남자	77.9	76.8	77.4	76.9
여자	39.3	41.5	43.2	43.3
계	57.6	58.4	59.7	59.5

출처: 통계청. 성/연령별 경제활동 인구(구직기간 1주 기준).

려하면 1970년대 기혼 여성이 경제활동에 참여하는 정도는 극히 드문 경우였음을 알 수 있다. 또 어린 미혼 여성들의 취업 동기는 가계보조나 혼수 준비 등 경제적 이유가 중심이 되고 있어[8], 자아 성취라든가 스스로를 위한 동기가 아니었음을 확인할 수 있다.

이와 같이 당시 여성들의 삶은 행복과는 거리가 있어 보이지만, 결과적으로는 1960년대 이후 자본주의적 공업화 과정에서 공업화 초기 중심산업이었던 제조업의 섬유 전자산업에서 젊은 생산직 여성 근로자들이 흘린 땀은 노동 집약적 수출산업을 발판으로 한국이 세계 11위의 무역국으로 발돋움하는 기초가 되었다(김성희, 2006).

8 〈인구 문제와 여성 인력〉, 《매일경제》 1977년 2월 7일 기사.

(2) 1970년대 여성의 취업 상황

여성의 경제활동 인구가 늘어났다는 것은 여성 취업자가 증가하고 있다는 것을 의미한다. 여성 취업자는 1972년 3월 322만 3천 명에서 73년 3월에는 369만 6천 명으로 늘어나 47만3천 명의 증가율을 보였고, 이에 따라 여성 취업률이 72년 96.3%에서 96.9%로 계속 상승한 것으로 보도됐다[9]. 그러나 당시 기사를 보면, 여성들이 취업하고 있는 곳은 1차 산업과 생산직에 치중되어 있었음을 알 수 있다. 1973년 여성 취업자 369만 6천 명을 직업별로 보면 농임, 벌목 및 유사 종사자가 52.7%인 194만 9천 명, 판매 종사자 50만 8천 명(13.7%), 사무직 11만 1천 명(3%), 어업 9만 4천 명(2.5%), 전문직 6만 5천 명(1.7%), 행정 및 관리직은 1%도 안 되는 1천 명, 기타가 96만 8천 명(26.7%)으로 높은 비중을 점하고 있었다[10]. 산업별로는 농림과 어업, 수렵업에 종사하는 여성이 204만 5천 명으로 55% 이상을 차지했고, 다음으로 사회간접 자본과 기타 서비스업 108만 2천 명(29.2%), 광업과 제조업 56만 9천 명(15.5%)의 순으로 나타났다. 이 기사는 '여성 취업자의 3분의 2가 전문지식이나 숙련을 요하지 않는 농림수산관계 직업에 종사하고 있는 것으로 나타나 후진성을 면치 못하고 있는 실정'이라고 평가했다. 또 '선진국의 여자가 많이 차지하고 있는 직종인 전문직, 관리직, 사무직엔 여자의 구성비가 월등히 낮고 반대로 농어촌 취업과 판매원, 기능공 등에 비교적 많이 참가하고 있다'고 분석했다.

> 여성들의 취업 분야가 대부분 저임금의 제조업에 치우쳐 있어 사실상 경제적 혜택을 못 받고 있는 실정이다. 더구나 약간의 실업계 고등학교를 제외

---

9 〈해마다 느는 여성의 취업 저해요소는 배제 대량취업 이뤄져야〉, 《매일경제》 1974년 3월 18일 기사.

10 같은 기사.

> 하고는 기능공 훈련을 사설 직업 훈련소가 담당하고 있어 여성은 교과목이 지극히 여성적인 것에 국한되고 있어 사실상 기능 수준의 향상에는 별 도움을 못 받고 있는 것도 지적됐다. 또한 제조업에는 여성 고용자가 남성보다 많은데도 이직률이 높아 여성 취업의 불안정한 면을 나타내고 있기도 하다.[11]

이러한 문제점을 지적한 기사는 다른 신문에서도 찾아볼 수 있다. 《동아일보》는 대부분의 여성이 단순 미숙련 노동에 종사하고 있음을 지적하면서, '여성의 사회적 지위를 향상하는 데 큰 역할을 할 수 있는 전문직 여성의 수는 1973년 현재 7만 3천 명으로 전 여성의 1.7%로, 미국 17.3%, 일본 6.5%, 영국 11.2%등 외국의 경우와 비교해 볼 때 매우 낮은 것을 알 수 있다'고 보도했다.[12] 또 이 기사는 취업 구조면에서도 후진성을 면치 못하고 있다는 점을 지적하면서, 보사부 집계를 보면 직능별 직업여성에서 미용사가 13만 명으로 가장 많고 교원이 4만 1천 3백 명, 간호원 2만 5천 5백 명(파독간호원 7천 명), 공무원 1만 9천 1백 명, 약사 6천 2백 명, 조산원 2천 9백 명, 의사 2천 1백 명 순이라고 보도했다. 또 국회의원은 8명, 언론방송인은 3백 명, 스튜어디스 2백 명, 여류비행사 2명, 공무원 중 소방업무에 종사하는 여성이 23명이라는 점도 소개하고 있다. 1970년대인데도 비행과 소방업무를 수행하는 여성이 있었다는 사실은 주목할 만하다. 또 간호원이 2만 5천 5백 명이나 됐다는 점은 당시 독일 파견 간호원(7천 명)이 많았기 때문으로 보인다. 이 기사를 보면 교원, 간호사, 공무원, 의사 등 사회적으로 인정받는 직종에 근무하는 여성들도 꽤 많았던 것으로 생각되는데, 이들이 어떤 일을 했는지에 대해서

11 〈여성 취업을 알아본다〉, 《매일경제》 1978년 11월 3일 기사.

12 〈취업률 낮은 여성의 전문직〉, 《동아일보》 1975년 11월 25일 기사.

는 알 수가 없다. 간호사에 간호보조원이 포함된 수치인지, 공무원 중에는 어떤 직군에 종사하는 공무원이 포함되었는지 알 수가 없기 때문에, 좋은 직종에 근무한 여성들이 어떤 일을 했는지는 파악할 수가 없다. 다만, 수출에 역점을 두고 급격한 산업화를 추진했던 1970년대, 경제적 이유로 일터로 나선 여성들이 외화벌이와 저임금 노동에서 큰 희생을 했던 것만은 틀림없어 보인다.

이처럼 여성의 경제활동 참여의 증가는 남성들의 경제활동 상황이 변화하면서 나타난 현상이었다. 남성들이 도시로 이동함에 따라 농어촌에서 일할 일손이 부족해 여성들이 농업, 축산, 수산업 등에서 일하게 된 것이다.

> 60년부터 70년까지 10년간 우리나라 경제 성장과정 중 여성의 경제활동 참여는 매우 활발해져 도시의 경우 19.38%에서 25.99%로, 군부의 경우 29.79%에서 56.80%로 획기적인 증가를 보였다. 이러한 경제활동 참가의 증대가 도시나 비농업부문에서뿐 아니라 농촌에서도 현저했음을 보여주는데 이것은 남성 노동력이 점차 도시로 유출됨에 따라 농가의 여성 잠재 노동력이 활발해진 결과라고 볼 수 있다. 즉 1차 산업에 종사하는 남녀비를 볼 때 66년 66:34에서 70년에 59:41로 여자가 차지하는 비율이 증가한 것을 알 수 있다. 반면 2, 3차 산업에 있어서는 남녀 인구가 모두 증가했기 때문에 비율에는 연도별 차이가 별로 없어 남자 7, 여자 3의 구성비를 유지하고 있다. 한편 70년 현재 여성 취업 인구의 직업별 분포를 보면 농림, 축산, 수산업 관련직이 60%로 가장 높으며 다음은 생산, 운수 관련직 14.8%, 서비스직 10.8% 순이었다.[13]

13 이효재 교수, 〈늘어난 여성의 경제활동 취업실태 연구발표〉, 《매일경제》 1976년 5월 24일 기사.

이효재 교수의 연구 결과를 소개한 이 기사에서는 시군 모두 25세 미만 낮은 연령층의 여성수가 남성보다 높았는데, 특히 시에서는 이 현상이 뚜렷하여 여성 취업자의 반 이상이 25세 미만이라는 사실도 보도하고 있다. 1970년대 소설이나 드라마에서 자주 등장했던 아들은 대학 보내고 딸은 아들의 학비를 벌기 위해 공장에 보내는 이야기처럼, 여성들은 가정 경제를 위해 일찍부터 노동 현장에 내몰렸음이 확인된다. 또 시에서 어린 여성들의 취업률이 증가한 것은 여성들의 공장 취업이 1976년 이후 급격한 증가세를 보인 것과 밀접한 관련이 있어 보인다. 1976년 한 해 동안에 공장에 취업한 여성이 26만 6천 명으로 늘어남으로써 35.2%의 증가율을 나타냈다. 같은 기간에 남자는 20만 7천 명이 새로 취업, 14.3% 증가하는데 그쳤다. 제조업 부분 취업자의 남녀별 구성비를 보면 여성이 70년에는 32.9%였으나 77년에는 39.2%에 달해 남자 3명에 여자 2명꼴의 분포를 나타냈다고 한다.[14] 이러한 여성 근로자의 진출 증가세는 수출 증대 시책과 관련, 섬유, 전하, 정밀공업 등 섬세한 여공을 필요로 하는 업종이 크게 늘어난데다 1975년경부터 남성 인력이 중동 진출 등으로 해외에 많이 수출되어 여성의 취업 기회가 많아진 것이라고 기사는 분석했다. 여성의 공장 취업이 늘어난 것 역시 남성 인력의 노동 상황 변화에 기인한 것이다.

이처럼 여성의 취업률이 증가한 또 하나의 이유는 여성 진출에 적합한 취업 분야가 늘어났다는 산업구조의 변화와 함께 여성 노동력이 쌌기 때문으로 보인다.[15] 이는 여성의 지위 향상과는 무관한, 자본주의 사회로 변신하고 있는 1970년대 사회가 만들어낸 현실이었다.

14 〈기획원 조사 여성근로자가 달려오고 있다〉, 《경향신문》 1978년 5월 4일 기사.

15 〈女性就業(여성 취업)」을 알아본다〉, 《매일경제》 1978년 11월 3일 기사.

(3) 1970년대 남녀 임금 격차

1970년대 여성 근로자들이 어떤 대우를 받았는지는 남녀 임금의 차이에서 쉽게 찾아볼 수 있다. 1972년 이후 남녀의 월급여액의 증가율은 비슷했으나, 여성의 임금은 낮은 정액급여체계를 갖고 있어, 남성의 2분의 1 정도였다.

당시 우리나라의 임금제는 동일노동, 동일임금의 원칙에 입각한 직무급제도가 아니라 성별, 학력별, 연령별, 근속연수에 따른 연공서열형 등 능력제에 의존했기 때문에 여성 근로자의 경우 심한 차별대우를 받았다.[16] 1971년 4월말 기준으로 여성 근로자의 월평균 임금은 11,784원이며 학력이 높을수록 임금은 많아지지만 대학졸업의 학력을 갖고도 1만 5천~2만 원 선의 임금을 받는 경우가 반수 이상인 것으로 나타났다. 여성의 경우 학력이 올라가도 높은 급여를 받고 있지는 않았음을 알 수 있다.

매일경제의 또 다른 기사에는 남성 임금과 비교가 되어 있어, 여성이 훨씬 낮은 급여를 받았다는 사실은 확인할 수 있다.[17] 이에 따르면, 여성 근로자의 평균 임금은 27,500원으로 남성 평균 임금 50,900원의 54.1%에 불과했다. 특히 사무직과 판매직에 종사하는 여성 근로자의 평균 임금은 더욱 낮아 사무직의 경우 22,500원으로 남성 53,900원의 42.3%밖에 안 되며 생산직에 있어서는 여성의 평균 임금이 25,000원, 남성은 51,000원으로 여성은 남성의 44.3%에 해당했다. 생산직이든 사무직이든 여성은 남성의 절반에도 미치지 못하는 급여를 받고 있었음을 알 수 있다.

한국노총의 보도자료를 인용한 기사[18]를 보면, 좀 더 구체적인 조사 결

16 〈고달픈 근로여성〉, 《매일경제》 1973년 4월 12일 기사.

17 〈노총 부녀국 조사 남성의 54%선 여성 근로자 임금〉, 《매일경제》 1977년 5월 30일 기사.

18 〈저임에 시달리는 여성 근로자〉, 《동아일보》 1978년 2월 2일 기사.

과를 찾아볼 수 있다. 이 기사는 한국노총이 1977년 남녀 근로자 86만 명(남 56만 5천 명, 여 29만 5천 명)을 대상으로 조사한 남녀의 임금계급별 분포 현황을 소개하면서, 여성의 경우 월 2만 원에서 3만 원 미만의 봉급자가 37.4%, 3만 원에서 5만 원 미만이 48.6%인 반면 남성의 경우 5만 원에서 7만 원이 27.6%, 7만 원에서 10만 원 미만이 32.1%를 차지하고 있다고 보도했다. 10만 원 이상의 봉급자 수는 여성의 경우 전체의 0.33%를 차지하는 데 비해 남성은 전체의 15.7%나 된다는 것이다. 이 기사는 여성의 저임금 실태가 섬유, 가발, 제약, 전자공업 등 제조업 분야에서 더욱 심각하다면서, 한국의 근로여성의 취업 비율은 38%라는 높은 수치를 보이나 취업 형태나 임금 면에서는 아직도 남성의 대체 인력 내지는 보조 인력으로 활용되는 전근대적인 양상을 보이고 있다고 결론지었다. 또 이 기사에 실린 노총부녀국장의 인터뷰 내용에 따르면, 월 평균 노동시간은 남자(225시간)보다 여자(232시간)가 8시간이 더 많으면서, 평균 임금은 남자들의 43.9%, 상여금은 33.6%에 그치는 실정이었다. 한국노총이 조사한 전체 여성 근로자의 노동시간은 8시간이 10%, 8~10시간이 43%, 10~15시간이 33%, 15~18시간이 1%로 여성 근로자들은 생활급에 훨씬 못 미치는 저임금을 받으면서도 법정근로시간을 초과하여 혹사당하고 있는 것으로 밝혀졌다.[19] 이와 함께, 월 2만 원 미만 저임금 여성 근로자의 57.3%가 18세 미만의 미성년자로, 나이 어린 여성들이 저임금과 장시간 노동에 시달리고 있었음을 알 수 있다. 이 같은 남녀 간의 임금 격차는 여성 근로자들이 불안정한 소득으로 생활고에 시달리며, 장시간의 노동을 할 수밖에 없게 만드는 악순환을 만들어내고 있었다.[20] 그럼에도 불구하고, 여성들의 90%는 근로기준법상

19 〈월 2만 원 미만 저임금 근로자 80%가 여성〉, 《경향신문》 1977년 2월 22일 기사.

20 〈여성 취업을 알아본다〉, 《매일경제》 1978년 11월 3일 기사.

의 여성 근로자 특별보호규정이 있다는 사실조차 모르고 있었고,[21] 설혹 알고 있다고 해도 여성 근로자의 주장에 관심을 기울여주는 사업주나 정부 관료가 존재하지 않아, 여성 근로자들의 생활은 궁핍할 수밖에 없었다.

2) 1970년대 여성의 결혼

(1) 1970년대 초혼 연령

여성의 초혼 연령은 1970년 23.3세, 1974년 23.2세, 1975년 23.7세, 1976년 23.5세로, 대체로 23세~24세에 결혼했음을 알 수 있다.[22] 또 대부분의 남성들은 27세~28세에 결혼하고 있어, 초혼 연령에서 여성과 남성의 초혼 연령의 차이는 3.7세~4세였다. 이와 같은 초혼 연령은 지금 생각하면 매우 빠른 것으로 생각되지만 1955년보다 3년가량, 1960년대보다 2년가량 높아진 연령이어서, 최근 여성들이 만혼경향을 보인다는 보도[23]도 있었다.

(2) 1970년대 결혼관

지금은 누구나 결혼은 자신을 위해서 하는 것으로 생각하지만, 1970년대까지는 그렇지 않았던 것 같다. '결혼을 왜하는가'라는 질문에 공무원의 66.4%, 회사원의 60.2%, 농상인의 68.2%가 '나 자신을 위해서'라고 응답해 과거와 같이 부모의 지시라든지 결정에 의해 결코 자신을 희생시

21 〈인구 문제와 여성 인력〉, 《매일경제》 1977년 2월 7일 기사.

22 〈월 2만 원 미만 저임금 근로자 80%가 여성〉, 《경향신문》 1977년 2월 22일 기사.

23 〈미혼여성들의 결혼 자녀관 조사〉, 《동아일보》 1975년 1월 21일 기사.

24 〈연도별 초혼 연령 내용〉 《경향신문》 1978년 6월 17일 기사.

〈표3〉 연도별 초혼 연령[24]

(단위: 세)

연도	남자	여자	차이	조사기관
1935	21.1	17.1	4	조선총독부 인구조사
1955	24.5	20.5	4	인구센서스
1960	26.4	21.6	4.8	인구센서스
1966	26.7	22.8	3.8	인구센서스
1970	27.1	23.3	3.8	인구센서스
1974	27.2	23.2	4.0	세계출산율 조사
1975	27.4	23.7	3.7	인구센서스
1976	27.2	23.5	3.7	보사부

킬 수 없다는 게 절대적인 의견이라는 기사[25]를 보면 자신을 위해서 결혼한다는 생각 자체가 과거의 결혼관과 달라진 변화였음에 틀림없다. 결혼이 부부 중심으로 이뤄져야 한다는 응답이 압도적이고 가족 중심, 부모 중심, 자녀 중심은 10% 안팎이었으며, 가문 중심은 3.6%에 지나지 않았다는 기사[26]를 보면, 결혼 당사자들의 의견이 결혼에서 중요해진 것은 1970년대에 들어서부터 나타난 변화가 아닌가 싶다.

또 기사는 '부모를 위해서 한다'는 응답이 공무원의 6.4%, 회사원의 1.8%, 농상인의 9.7%에서 나왔으며, 공무원의 2.4%, 회사원의 0%, 농상인의 4.6%만이 '아이를 낳기 위해서'라고 답해 본능적이고 생식적인 것보다 인간의 이성적인 것이 우리들을 지배함을 알 수 있다고 기술하고 있다. 이와 함께, 이 기사[27]는 결혼 조건으로 10% 내외의 사람들만이 과거

25 〈결혼 조건에 이해심 중시 〉, 《매일경제》 1975년 8월 25일 기사.

26 〈여성의 의식구조〉, 《동아일보》 1976년 1월 30일 기사.

27 〈결혼 조건에 이해심 중시〉, 《매일경제》 1975년 8월 25일 기사.

에 상당히 중요시 되었던 학벌, 가문, 경제력을 꼽았다는 점을 강조하면서, 사회와 시대의 변천에 따라 결혼관이 많이 변했다는 점에 주목했다.

대학생과 기혼자 1,119명을 대상으로 인하대 유영주 교수가 조사한 연구 결과를 기사화한 동아일보 기사[28]를 보면, '결혼은 꼭 해야 된다고 생각하는가' 라는 질문에 대해 남자 대학생은 51.76%가 꼭 해야 된다고 답한 데 반해 여대생들은 23.12%만이 그렇게 생각하고 있었다. 오히려 '능력만 있으면 안 해도 된다'(49.13%), '그냥 안 해도 된다'(2.7%) 등 거부적 태도가 월등히 높아 주목할 만한 일이라고 이 기사는 보도하고 있다. 흥미로운 점은 이러한 여대생들의 결혼관에 대한 분석이다. '여대생들이 결혼 후의 여성의 역할을 올바로 인식하지 못하고 집안일은 귀찮고 보람없는 일로 생각하기 때문이라고 분석한 유교수는 가정생활에서 허무 좌절감을 맛본 어머니 세대가 무의식적으로 딸들에게도 다른 생활을 하도록 강요하거나 권유한 결과일 것으로 해석했다'는 내용이다. 유교수의 연구보고서를 전부 읽어보지 않았기 때문에, 이런 분석이 전체 분석에서 어떤 의미를 지니는 것인지는 알 수 없으나, 동아일보에서 선택한 내용으로 보아서는, 기사의 논조를 봤을 때 당시 한국 사회에서는 결혼을 반드시 해야 하는 제도로 인식하고 있었음을 알 수 있다.

이 기사에서는 남녀가 공통으로, 남자 27~30세, 여자 23~25세를 결혼적령기로 보았으나, 결혼 후의 여자의 역할에 대해서는 기혼자의 77.7%, 남자 대학생의 82.35%가 여자란 집안을 돌보고 남편을 따라야만 한다는 유교적 사상을 고수했다. 여자도 능력을 살려 직업을 가져야 한다고 생각한 사람이 남자 기혼자 중에 20.44%인데 남자 대학생들은 15.29%만 수긍, 36.42%인 여대생과 더욱 큰 의견 차이를 보였다.

28 〈여대생들의 결혼관—유영근 교수 조사〉, 《동아일보》 1976년 4월 23일 기사.

1970년대 가족 중심에서 이루어진 결혼 풍습에서 벗어나 당사자 중심의 결혼이 자리잡아가고 있었으며, 결혼은 반드시 해야 한다는 생각이 사회 전반적인 분위기인 반면, 여대생처럼 학력이 높은 여성들의 경우 결혼은 해도 되고 안 해도 되는 것이라는 인식이 확산돼가고 있었음을 알 수 있다. 대학교에 입학한 여성의 숫자가 많지 않은 점을 고려할 때, 이런 생각을 가진 여성들이 많지는 않았을 것으로 보인다. 또 당시 지식층이라고 할 수 있는 남자 대학생 10명 중 8명이 여자란 집안을 돌보고 남편을 따라야 한다는 인식을 갖고 있었던 것으로 보아, 1970년대 결혼과 가정생활은 가부장적인 특성이 만연해 있었을 것으로 보인다.

3) 1970년대 여성의 교육

1970년대 여성 교육과 관련된 통계와 기사는 거의 찾아보기 힘들었다. 한 기사를 통해 당시의 여성교육의 상황을 조금 엿볼 수 있을 뿐이었다. 이 기사[29]에서는 1970년 총 인구조사 결과를 소개하고 있는데, 이에 따르면, 만 6세 이상의 여성 인구는 약 1천3백만 명, 이중 16.1%가 문맹자였고, 한글해독이 가능한 여성이 전체 조사 대상자의 9.2%, 국졸이 23.2%, 중고등학교 졸업이 13%, 대졸이 1.2%였으며, 초등학교에서 대학교에 이르기까지의 여자 재학생이 겨우 27.3%에 불과했다. 중학교 졸업 이상의 학력을 가진 여성이 전체 여성의 15% 정도에 불과하고, 정규 학교 교육을 받는 여성이 매우 적었음을 알 수 있다. 또한 전문학교 이상을 졸업한 여성의 취업률이 33.5%로 나타나, 대학교육을 받은 여성의 3분의 1만이 취업을 하고 나머지는 가정주부에 머물러 전문지식을 사장시키고

29 〈활용 못하는 여성 인력〉, 《매일경제》 1977년 4월 11일 기사.

있음을 뜻한다고 보도했다. 1970년대에는 소수 엘리트 여성만이 교육의 혜택을 받을 수 있었던 시기였으며, 여성 교육에 대한 사회적 관심이 거의 없었던 시기였던 것으로 보인다. 따라서 교육이 여성의 성장이나 여성의 지위 향상에 기여한 바는 크지 않았다.

4) 1970년대 여성의식

(1) 1970년대 남아 선호도

가부장제 이데올로기의 대표적인 것 중 하나가 남자가 가계를 이어야 한다는 인식이다. 그에 따라 여성들은 아들을 낳아야 한다는 의무감에 시달려왔다. 1970년대는 그런 인식이 팽배한 시기였다. 매일경제신문 은 우리나라 인구 억제 정책의 가장 큰 저해 요인으로 결혼한 부인들이 아직도 남아 선호사상을 갖고 있기 때문이라고 보도했다.[30] 이 기사는 남아 선호사상이 팽배한 한국 사회의 현실을 잘 보여주지만, 남아를 선호할 수밖에 없는 사회 구조적 문제를 언급하지 않은 채 남아 선호사상을 유지해나가는 주체가 여성인 것처럼 기술하고 있다는 점에서 양성 평등적인 기사는 아니다.

이 기사는 가족계획연구원이 전국의 유배우 가임여성 1,919명을 대상으로 실시한 조사 결과를 다루면서, 가임여성들이 갖기를 원하는 남아 수는 평균 1.7명꼴로 이를 위해서 평균 3.4~3.5명의 아기를 출산해야 한다고 보도했다. 이러한 남아 선호사상 때문에 3명의 딸을 가진 부인의 경우 14%만이 가족계획을 하고 있었고, 딸 2명을 둔 부인은 28% 정도가 가족계획을 실시하고 있다고 덧붙였다.

30 〈가임여성 1천9백 명 대상 조사 가족계획 시기 너무 늦다〉, 《매일경제》 1977년 9월 21일 기사.

또 한국부인회총본부가 1975년 10월과 11월에 서울, 인천 등 9개 도시 여성 416명에 대해 조사한 결과를 보도한 기사[31]를 보면, 남자아이를 우선적으로 생각하여 기른다는 의견이 43%인 데 반해 여자아이를 우선한다는 의견은 불과 1.4%였다. 이 같은 사실은 아들과 딸에 대한 차별적인 양육이 심하다는 것을 보여준다. 또 이 기사에서 흥미로운 사실을 발견할 수 있었다. 가정의 분위기 조성이 부모 중심으로 이루어진다는 의견이 전체의 30.8%, 가족 전체 중심으로 이루어진다는 의견이 이와 비슷하게 30.1%였는데, 이 가운데 아버지 중심으로 이루어진다는 의견이 19%, 어머니 중심으로 이루어진다는 의견이 8%, 아이들 중심으로 이루어진다는 의견이 11.5%였다는 점이다. 어머니 중심이 아이 중심보다 떨어진다는 사실은 가정 내에서 여성의 지위가 어떠했는지를 보여준다. 결국 1970년대는 아들을 낳기를 원하고, 여성들은 딸보다는 아들을 잘 기르는 데 몰두했으며, 어머니는 가정에서 아들보다 낮은 위치에 있었다는 것을 확인시켜준다.

(2) 1970년대 여성 직업에 대한 인식

1970년대 여성이 직업에 대한 인식을 알 수 있는 조사 자료 역시 많지 않았다. 몇몇 기사에 나타난 직업관을 보면, 여성 스스로는 결혼 후 직업을 갖는 것에 대해 긍정적인 생각을 갖고 있었던 것으로 보인다. 한국부인회총본부가 1975년 9개 도시의 여성 416명에 대해 조사한 결과를 보도한 기사[32]를 보면, 결혼 후 직업을 가져도 좋다는 긍정적 의견이 전체 조사 대상자의 38.9%, 부정적 의견은 18.1%로 긍정적 의견이 부정적 의견보다 두 배가량으로 나타났다. 여성 스스로는 여성의 사회참여와 활

31 〈여성의 의식구조〉, 《동아일보》 1976년 1월 30일 기사.

32 앞의 기사.

동을 긍정적으로 보고 있음을 알 수 있다.

이와 달리, 남성들이 여성의 직장생활에 대해 부정적인 의견을 갖고 있음을 보여주는 기사도 발견할 수 있었다. 박혜경 교수가 서울시내에 거주하는 직장인 346명을 대상으로 직장 남성이 보는 직장여성에 대한 조사 결과를 보도한 기사[33]에 따르면, 남성들은 부인이 나갈 수 있는 직장이 있더라도 '안 내보내겠다'는 반응을 42.6%나 보여, 부인이 직업을 갖는 데 부정적인 생각을 가진 남성들이 다수 존재하고 있음을 알 수 있다. 그러나 같은 조사에서 딸의 취업에 관해서는 남성의 73.7%가 적극적으로 '찬성한다'는 표시를 해, 부인과 딸에 대한 태도가 모순적으로 나타났다. 부정적으로 생각한다면 딸과 달리 부인은 자신을 위해서 집에서만 있어주기를 바라는 이기적인 생각을 가졌을 거라고 볼 수 있고, 긍정적으로 해석한다면 시대의 변화를 감지하면서 딸이 성장했을 때에는 여성의 사회적 활동이 필요할 것이라는 인식을 가진 것으로 볼 수 있을 것 같다.

어쨌든 이런 남성들의 사고에도 불구하고 여성들의 공장 취업이 많았던 것으로 보아 경제적인 이유로 섬유, 봉제 등 제조업 분야에서 일한 여성들은 직장과 가정 양쪽의 역할을 완수하도록 강요당하며 힘든 시기를 보냈을 것으로 생각된다.

2. 1980년대 한국 사회와 여성

1975년을 '세계 여성의 해'로 정한 이후 전 세계 여성의 지위를 높이기 위해 애쓰는 유엔(UN)의 노력에 힘입어, 한국 정부도 1983년에 유엔 여

33 〈남편은 아내의 취업을 꺼린다 직장남성이 보는 직장여성〉, 《매일경제》 1977년 3월 7일 기사.

성차별철폐협약에 가입하게 됐고, 1984년 여성정책심의위원회를 구성하여 제6차 경제사회발전 5개년 계획에 여성개발과 관련한 부문을 국내 사상 처음으로 도입했다(왕성옥, 2008). 주요 내용은 고용 확대와 여성의 공직 참여 확대, 여성의 사회참여 확대 등이었다. 그러나 여성과 관련해서는 1980년대에도 체계적인 통계 수집이 이루어지지 않았다. 역사적 격변기의 1980년대에 여성 관련 사회 통계에 관심을 둘 여력은 없었던 것 같다. UN의 압력으로 여성 정책을 도입했으나, 군부 독재의 암울한 시대였던 1980년대는 민주주의에 대한 열망으로 여성의 인권이나 지위에 대한 논의는 사회적 관심사의 중심에 있지 못한 시기였다. 이러한 시대적인 맥락 속에서 당시의 여성이 어떤 상황에 있었는지 살펴보자.

1) 1980년대 여성의 경제활동

(1) 1980년대 여성의 경제활동 인구와 경제활동 참가율

통계청에서 조사한 자료를 보면, 1980년대 여성의 경제활동 인구는 1980년 542만 2천 명, 1983년 581만 4천 명, 1986년 629만 6천 명, 1989년 728만 6천 명으로 꾸준히 증가했다. 그러나 여성의 경제활동 참가율은 1980년 42.8%, 1983년 42.8%, 1986년 43.1%, 1989년 46.6%로 1980년대 초중반에는 비슷한 참여율을 보이다가 1980년 후반 들어 다소 증가한 것으로 보인다. 이러한 수치는 남성의 경제활동 참가율 76.4%(1980년), 73.7%(1983년), 72.1%(1986년), 73.4%(1989년)에 비해서 26%~34% 정도 적은 수치여서, 남성보다 여전히 경제활동 참가율이 낮았음을 알 수 있다. 1970년대와 비교해서도 1989년에만 다소 늘어났을 뿐, 1980년대 전후반에는 경제활동 참가율이 1970년대 중후반(1976년 43.2%, 1979년 43.3%)과 거의 비슷한 수치에 머물렀음을 확인할 수 있다.

〈표 4〉 1980년대 성별 경제활동 인구

(단위: 천 명)

성별	1980년	1983년	1986년	1989년
남자	9,019	9,305	9,819	10,737
여자	5,412	5,814	6,296	7,286
계	14,431	15,118	16,116	18,023

〈표 5〉 1980년대 성별 경제활동 참가율

(단위: %)

성별	1980년	1983년	1986년	1989년
남자	76.4	73.7	72.1	73.4
여자	42.8	42.8	43.1	46.6
계	59.0	57.7	57.1	59.6

출처: 통계청. 〈성/연령별경제활동 인구〉(구직기간 1주 기준).

이 시기의 여성 경제활동의 특징은 경제활동 인구가 증가했다는 현상과 기혼 여성의 경제활동이 상승했다는 점이다.[34] 기사는 기혼 여성의 경제활동 참가율이 상승하고 있는 이유로 경제사회 여건의 변화에 따른 여성의 사회참여 기회의 확대와 여성 학력수준의 향상에 따른 직업 가치관의 변화, 주택과 교육비 등 가계지출 부담의 증가, 출산율 저하, 생활수준 향상으로 여성의 육아와 가사 부담의 경감 등을 들고 있다. 이것은 어디까지나 여성의 사회적 맥락이 1970년대보다 나아졌다는 것이지 지금과 비교하면 1980년대 여성이 처한 상황은 그리 좋지 않았다.

이화여대 이동원 교수의 연구 결과를 인용한 기사[35]는 '한국여성 취업은 양적으로는 크게 팽창했으나 임금과 직업 서열 등 경제적 지위는 남성 동료의 그것보다 열등하고 불평등하다'고 보도했다. 양적인 측면에서 전체 여성경제참가율은 1960년대 이후 꾸준히 증가했으나, 직종은 속기

34 〈기혼여성 취업률 급신장〉, 《경향신문》 1984년 5월 16일 기사.

35 〈여성단체협 「유엔 여성 10년 평가세미나」 남녀 「취업 · 교육차별」부터 없애자〉 《동아일보》 1985년 5월 2일 기사.

사, 가사도우미, 방직공 등 전형적인 여성 직업에 집중되어 있고 그나마 낮은 서열 부분에 대부분이 분포돼 있다는 것이다. 또한 '싼 노동력 동원의 수출 우선주의'를 표방한 우리나라 근대화 정책을 타고 진출한 여성 취업자는 대부분 저임금 수준에 분포돼 있으며 동일 노동이라 할지라도 남성에 비해 터무니없이 낮은 임금을 받고 있는 실정이었다.

(2) 1980년대 여성의 취업률

1980년대 여성의 취업은 3차 산업에 집중되는 경향을 보이고 있었다. 1985년 통계 자료를 보면, 〈표 6〉과 같이 3차 산업에 근무하는 여성 취업자의 비율이 가장 높았다(변화순 · 황정임, 1998).

한편 여성 취업자를 종사상의 지위로 보면 임금 근로자는 220만 명에 불과하고 비임금 근로자가 340만 명에 달했으며, 임금 근로자 중에서도 상용고용인은 140만 명에 불과하고 나머지는 임시고용 또는 일일고용인이었다.[36] 특히 농가의 여성경제활동 인구 210만 명 중 90%는 자영업주 또는 가족 종사자로 생산활동에 참여하지만 노동의 대가를 지불받지 못하는 비임금 근로자들이었다. 또 여성의 교육수준 향상과 경제활동 참가

〈표 6〉 1985년 산업별 여성 취업자 현황

(단위: 천 명, %)

구분	취업자 수(비율)
1차 산업(농림 · 어업)	1,615(27.7)
2차 산업(제조업)	1,358(23.3)
3차 산업(음식 · 숙박 · 도소매업)	2,855(47.8)

출처: 변화순 · 황정임(1998), 『산업형 매매춘에 관한 연구』, 한국여성개발원.

36 〈여성 거부하는 가치관 사라져야〉, 《매일경제》 1983년 11월5일 기사.

율의 증가에도 불구하고 여성 취업자는 하위직과 단순생산직에 집중되는 현상이 계속되고 있었다.

(3) 1980년대 남녀 임금 격차

1975년의 경우(전 산업 월평균 급여액 기준) 남성이 60,319원, 여성이 25,465원으로 큰 격차를 보였는데, 1982년에도 남성이 309,247원, 여성이 135,279원으로 격차가 여전히 컸다.[37] 노동부의 1980년 12월의 노동통계조사보고서(노동부, 1980)에 따르면, 1980년 남성 임금을 100%로 봤을 때, 여성은 남성 임금의 44.5%만 받으면서 근로시간은 남성보다 더 많이 근무(103.3%)하고 있으며, 이직률(140.5%)도 남성보다 훨씬 높았다. 이직률이 높은 것으로 보아, 1980년대 여성은 안정적인 지위가 보장되지 않는 직장에서 일하면서 노동시간은 길고 급여는 낮았다는 것을 알 수 있다.

여성개발원이 최초로 발표한 여성 관련 사회통계지표(노미혜 · 강정숙 · 이상경 · 제갈정, 1986)에 따르면, 1974년과 1985년 사이의 여성 임금비(남성 임금에 대한 여성 임금의 백분율)는 직종별로 많은 편차를 보이며 변화했다. 전문기술 관련직은 58.7%에서 70.0%, 행정 · 관리직은 44.6%에서 97.3%로, 사무 및 관련직은 45.1%에서 70.8%로 크게 증가했고, 서비스직은 58.8%에서 66.6%로, 생산 및 관련직은 50.6%에서 52.6%로 소폭 증가했으나 농림직은 60.9%에서 58.8%로, 판매직은 57.0%에서 49.5%로 감소했다. 여성경제활동 인구의 5분의 4 이상이 속해 있는 저임금 직종(서비스직, 생산 및 관련직, 농림직, 판매직)의 여성 임금은 10여 년 동안 별 변화 없이 남성 임금의 50~60% 선으로 고정된 반면, 소수가

37 〈여성 취업 인구 크게 증가 80년 4백64만 명…전체의 36.6% 차지〉, 《매일경제》 1984년 7월 26일 기사.

〈표 7〉 성별 임금, 근로시간 차이, 이직률

(남성= 100.0)

구분	임금		근로시간		이직률	
	남성	여성	남성	여성	남성	여성
1980	100.0	44.5	100.0	103.3	100.0	140.5

출처: 노동부 「매월노동통계조사보고서」 1980년 12월호, 임금은 월 급여(총급여)기준임.

속해 있는 직종(전문기술 관련직과 행정·관리직, 사무 관련직)의 여성 임금은 큰 폭으로 증가했다.

한국여성개발원은 이런 임금 격차의 원인을 농촌의 과잉 노동력인 여성이 도시로 진출하여 저임금 산업부문에 취업하는 경향이 많아 학력·연령·근속연수가 남자보다 월등히 낮은 것으로 분석했다.[38] 또한 한국여성개발원은 저임금 업종에 집중된 영세 노동력의 수요, 동일 직종 내에서 여성차별, 가계 보충적인 여성 수입의 특성 등을 원인으로 들었다.

2) 1980년대 여성의 결혼

(1) 1980년대 초혼 연령

경제기획원이 발표한 「한국의 사회지표」에 따르면, 1985년 평균 초혼 연령은 남자 27.8세, 여자 24.8세로 1980년에 비해 남자는 0.5세, 여자는 0.7세가 각각 높아졌다.[39] 30년 전인 55년에 비해서는 남자의 경우 3.3세, 여자는 4.4세나 높아졌다. 1988년에는 평균 혼인 연령이 남자 28.4세, 여자 25.3세로 높아졌으며, 특히 남자의 경우 30~34세의 혼인 구성비도 계속 높아져 1988년 들어 처음으로 20~24세 연령층보다 높아진 것으로

38 〈경제인구 여성이 38% 차지〉, 《동아일보》 1980년 3월 18일 기사.

39 〈"아들 대학 보내겠다" 84.5%〉, 《경향신문》 1988년 1월 23일 기사.

나타났다.[40] 또 남녀 간의 혼인 연령 차이는 70년 4.4세, 80년 3.5세, 87년 3.2세에서 1988년에는 3.1세로 줄어들었으며, 혼인 연령은 남자의 경우 25~29세, 여자는 20~24세가 가장 많아 전체 혼인의 35.8%를 차지했다. 이처럼 여성의 결혼 연령이 높아진 것은 정규 교육을 받는 기간이 늘어나고, 직장생활 등 사회활동을 하는 여성들이 늘어났기 때문에 나타난 결과로 해석할 수 있다.

(2) 1980년대 결혼관

1980년대의 결혼관에 대한 통계 자료를 찾을 수는 없었고 몇몇 기사를 통해서 당시의 결혼관을 살펴볼 수 있었다. 먼저 간호사, 교사, 회사원, 은행원 등 부산시내 7백 명의 미혼 여성을 대상으로 실시한 조사 결과를 소개한 기사[41]를 살펴보자. 이 기사에 따르면, 1980년대 들어 결혼관이 현실적으로 변화했음을 알 수 있다. 결혼하는 이유로 응답자의 47.1%가 '안식처가 필요해서', 26.2%가 '사랑의 지속을 위해서', 14.1%가 '모두 하니까'를 꼽았다. 또 배우자 선택에 중요한 조건으로는 가족상황(35.9%), 직업(22.1%), 부모의 사회적 지위(16.4%) 순으로 나타나, 배우자의 선택에서 경제적 안정을 중요시하고 있음을 보여준다.

또 결혼 자체에 대해서도 좀 더 사고가 유연해졌다. 한국부인회가 실시한 설문조사를 인용한 기사[42]를 보면, 결혼 자체에 대해 연령이 낮을수록 '해도 좋고 안 해도 좋다'는 태도를 가진 남녀가 많았으며, 여성이 남성보다 '결혼은 반드시 해야 한다'는 생각을 덜 하고 있었다. 여성들이 과거의 남성 의존적인 상황에서 벗어나 혼자서도 살아갈 수 있다는 자신감을 갖

40 〈증가율 3년째 1% 이하〉, 《매일경제》 1989년 11월 2일 기사.
41 〈미혼여성 결혼관 바뀌고 있다〉, 《동아일보》 1983년 5월 14일 기사.
42 〈「가족」이 흔들리고 있다〉, 《경향신문》 1984년 4월 10일 기사.

기 시작한 것으로 보인다.

「시대에 따른 결혼관의 변화」라는 보고서를 다룬 기사[43]를 보면, 남성들이 가진 결혼관의 변화도 찾을 수 있다. 현모양처형 아내를 원하던 한국 남성들이 의식에 커다란 변화를 보였다. 결혼상담소를 찾은 남성의 75%가 경제적 능력이 있는 여성을 찾았으며, 상담자의 58%는 성격이 '활발'한 여성을 찾았다는 조사 결과를 소개하면서, '온순 착실', '말 없는' 여성을 아내감으로 찾던 시대는 지나갔다는 보도이다.

결혼상담소를 찾는 남성들이 1980년대 한국 남성의 일반적인 표본이 될 수는 없기 때문에, 일반 남성들의 결혼관이 전반적으로 변했다고 해석할 수는 없다. 다만, 일부 남성들의 결혼관이 변화하기 시작했다는 정도로 이해할 수 있을 것이다. 또 당시의 일반적인 분위기를 고려할 때, 가사를 분담할 의사를 가진 남성들은 거의 없었을 것으로 보인다. 이런 가정대로라면, 1980년대 일부 남성들은 경제적인 능력을 갖고 있으면서 가정일도 잘 하는 슈퍼우먼을 꿈꾸었고, 이는 여성에게 이중적인 부담이었을 것이라 예상할 수 있다.

3) 1980년대 여성의 교육

대학졸업정원제가 실시되어, 1981년도 대학 입학 정원이 약 10만여명 증원되었다. 대학졸업정원제는 입학 정원의 30%를 더 모집하여 재학 중 성적 불량자를 탈락시키는 제도이다. 이에 따라 1980년에서 1985년 사이에 대학에 입학한 남녀의 비율이 모두 10% 이상 증가했는데, 이 과정에서 2년제 전문대학 진학률의 증가폭은 남학생보다 여학생에게서 더 컸

43 〈신혜영 씨 「시대에 따른 결혼관 변화」 보고서 「맞벌이 여성」 결혼상대로 인기〉, 《동아일보》 1983년 11월 7일 기사.

〈표 8〉 1980년 성별 대학 진학률

(단위: %)

고등학교 → 전문대 이상		고등학교 → 전문대		고등학교 → 4년제 대학	
여성	남성	여성	남성	여성	남성
21.6	21.2	8.2	4.9	13.4	16.3

출처: 교육인적자원부, 「교육통계연보」.

던 반면, 4년제 대학의 진학률의 증가폭은 남학생에게서 더 컸다(강경녀, 1991). 교육인적 자원부의 교육통계연보를 인용한 황수경(2003)의 논문에서 보다 구체적인 통계 자료를 살펴볼 수 있다. 이 논문에 따르면, 1980년에 대학에 입학한 여성은 고등학교 졸업자의 21.6%였고, 남성의 경우도 고등학교 졸업자의 21.2% 정도만이 대학에 들어갔다. 여성이나 남성의 고등학교 졸업자의 숫자가 얼마였는지 알 수가 없어서, 실제 여성과 남성의 대학 진학률의 차이를 알 수는 없다.

다만, 이 논문에서 알 수 있는 사실은 고등학교를 졸업한 남성이 4년제 대학에 입학하는 비율이 여성보다 높다는 점과 고등학교를 졸업한 여성의 전문대학 입학률이 남성보다 높다는 점이다. 즉 남성 고등학교 졸업자의 16.3%, 여성 고등학교 졸업자의 13.4%가 4년제 대학에 입학한 비율로 나타나, 고등학교 졸업자의 4년제 대학 입학률에서 남성이 더 많았다. 대신 여성은 전문대학에 입학하는 경우가 많아, 고등학교를 졸업한 여성의 8.2%가 전문대학에 들어간 반면, 고등학교를 졸업한 남성의 경우엔 4.9%만이 전문대학에 입학한 것으로 나타나 남성이 여성보다 고학력자의 비율이 높았음을 알 수 있다.

전문대 이상의 입학자의 남녀 차이를 보여주는 기사[44]도 찾아볼 수 있

44 〈여성40년 「백서」가 나왔다〉, 《동아일보》 1985년 6월 3일 기사.

었다. 여성개발원이 국내 최초로 발행한 여성백서를 인용한 이 기사에 따르면, 1980년 기준 전문대 이상에 입학하는 여성은 전체 여성의 6.7%로, 전체의 19.5%가 전문대 이상에 진학하는 남성과 비교할 때, 여성은 남성의 3분의 1 수준이었음을 알 수 있다. 또 이 기사를 보면, 1980년 기준 초등학교와 중학교 취학률은 남녀 모두 90% 이상으로 큰 차이를 보이지 않았음을 알 수 있다. 1980년대 초반부터 남녀 모두 중학교 이상의 교육을 받는 등 한국 사회의 교육 수준이 크게 높아지고 있었음을 확인할 수 있다.

4) 1980년대 여성의식

(1) 1980년대 남아 선호도

1981년 경북지역 거주 832명의 유배우자 가임여성과 이들의 배우자 389명을 대상으로 조사한 이홍택 교수의 논문을 인용한 기사[45]는 20~29세 연령층의 남아 선호도가 30~34세 부인 층의 남아 선호도보다 높아, 교육 수준이 높은 연령층에서 남아 선호도가 오히려 강하게 나타나고 있어 충격이라고 보도했다. '교육 수준이 낮고 시골 지역일수록 남편에 비해 부인층에 남아 선호사상이 보다 강하게 남아 있으며, 이는 여성들의 자기비하 태도와 밀접한 관계가 있는 것으로 종래 우리 사회를 지배해왔던 유교의 여필종부 사상과 직결되어 있다'는 이교수의 해석도 함께 다루어졌다.

남아를 선호하는 경향 때문에 1988년에 태어난 아이 중 세 번째 순위 이상에 해당하는 아이는 여아보다 남아가 13.6%나 많아, 여아에 대한 남

45 〈아들 집념 무너져야 가족계획 실효〉, 《경향신문》 1982년 12월 8일 기사.

아의 비율이 매우 높게 나타났다.[46] 이는 남아 선호로 인한 태아감식 결과에 따라 출산 또는 인공유산을 결정하는 현실을 반영한 것으로, 1980년대 후반까지도 남아 선호도가 강했음을 알 수 있다.

(2) 1980년대 여성 직업에 대한 인식

직업관에 대한 조사들은 대부분 대학생 이상의 고학력자들을 대상으로 이루어졌다. 여성의 대학 진학률이 6.7%, 남성의 대학 진학률이 19.5%였던 점을 고려한다면, 이런 조사 결과는 소수의 일부 고학력자들의 직업관이라고 할 수 있다.[47]

서울 대학생 1,948명, 지방 대학생 2,665명에 대한 조사 결과[48]에 따르면, 응답자의 42.5%가 자아실현을 위해 취직을 한다고 대답했으며, '경제적 안정을 위해 취직한다'가 34.8%, '사회봉사'가 13.4%를 차지했다. 또 사회적 지위를 얻겠다는 응답은 9.2%에 불과해 취직을 결정할 때 '출세'보다 '자아실현'에 중점을 두고 있었다. 또한 직업 선택의 요인으로 1980년에는 수입이 전체의 48.4%로 1위였으나 1983년엔 안정성이 39.3%로 1위를 차지해[49] 1980년대 고학력자들의 직업 선택의 기준이 자아실현과 안정성에 있었음을 알 수 있다.

그렇다면 여성들의 취업관은 어떠했을까? 일반 고학력자들에 대한 조사 결과처럼, 자아실현과 안정성이 중요했을까? 한 논문에 의하면 여성들도 취업을 자신의 삶의 질을 높이기 위한 수단으로 인식하고 있으며, 취업 내지 직장활동을 통해 자아의 사회적 정체성을 찾으려 했다(임순희, 1997). 즉 여성들은 평생 직업으로서 전문직 수행을 통해 생계유지는 물

46 〈증가율 3년째 1% 이하〉, 《매일경제》 1989년 11월 2일 기사.
47 〈여성40년 「백서」가 나왔다〉, 《동아일보》 1985년 6월 3일 기사.
48 〈대학졸업반 직업관 달라졌다〉, 《동아일보》 1983년 1월 21일 기사.
49 〈'85한국의 사회지표 직업 수입보다 안정 선택한다〉, 《매일경제》 1986년 1월 27일 기사.

론 자아실현과 사회에 대한 기여를 하고 싶어 하는 것으로 조사됐다.

그러나 여성들의 직업의식이 그렇게 강하지 않았다는 주장도 있었다. 1980년대 직업과 관련한 여성의 역할에 대해 조사한 논문(강문희 · 강혜련, 1986)을 보면, 고학력의 여성들은 과거의 수동적이고 소극적인 역할에서 벗어나, 남편에게 의지하기보다 직업을 계속 가지면서 자신의 삶을 주체적으로 주관하기를 원했다. 그러나 자신의 취업이 자녀 발달에 영향을 미친다는 사실에는 민감한 반응을 나타내며 자녀양육과 가정의 행복에 자신의 취업이 방해가 된다면 포기할 수 있다는 생각을 갖고 있었다. 주체적인 여성의 삶을 살기를 원하는 고학력의 여성들이 사회적으로 교육된 가부장적 모성이데올로기에서 벗어나지 못하고 있음을 알 수 있다.

3. 1990년대 한국 사회와 여성

1980년대 이후 여성의 학력이 높아지고 사회 진출이 나아질 조짐을 보일 즈음, 우리나라는 IMF(국제통화기금 International Monetary Fund) 구제금융을 신청하는 비운의 시기를 맞이했다. 2013년 큰 인기를 모았던 드라마 〈응답하라 1994〉에는 당시 대학을 졸업한 사람들이 겪은 취업난이 잘 묘사되어 있다. 주인공 나정은 온갖 노력 끝에 고려증권에 합격했지만 IMF를 맞아 합격 취소 통지를 받고, 어렵게 취직한 윤진이는 3년 동안 무임금으로 일한다. 남녀 모두가 겪는 고통이었지만, 감원을 해야 하는 회사에서는 남성보다 여성을 먼저 해고했고, 여성은 임시직과 무임금에 시달려야 했다. 먹고 살기도 힘든 시대에 여성의 지위 향상 등의 구호는 사치처럼 들렸기 때문에, IMF는 조금 나아지려는 여성의 위치를 다시 바닥으로 끌어내리는 데 결정적인 역할을 했다. 이후 여성의 위치가 IMF 이전으로 회복되기까지 꽤 오랜 시간이 걸렸다.

1) 1990년대 여성의 경제활동

(1) 1990년대 여성의 경제활동 인구와 경제활동 참가율

1990년대 성별 경제활동 인구를 보면, 여성이 1990년 기준으로 750만 9천 명, 1993년 792만 4천 명, 1996년 8,063만 8천 명, 1999년 8,078만 5천 명으로 꾸준히 늘어났다. 그러나 경제활동 참가율을 보면, 큰 증가 없이 47.0%~48.9% 선을 유지했으며, 98년에는 오히려 감소했다. 구체적으로 살펴보면, 여성의 경제활동 참가율은 1990년 47.0%, 1993년 47.1%, 1996년 48.9%, 1999년 47.6%였다.

여성의 경제활동 인구가 감소한 것은 1984년(전년대비 2.7% 감소)을 제외하면 1998년이 처음이다(통계청,1999). 1997년 말 IMF 구제금융을 신청하면서 한국경제가 나락으로 떨어졌으니, 당연한 현상이라 할 수 있다. 그런데 이상한 것은, 여성의 경제활동 인구만 줄어들었다는 사실이다. 즉 1998년 6월의 경제활동 인구는 2,171만 2천 명으로, 남자는 전년 6월에 비해 15만 4천 명(1.2%) 늘어난 반면 여자는 31만 6천 명(-3.5%)이 줄어들었다. 경제활동 참가율도 남자가 0.3%포인트 감소에 그친 반면 여자

〈표 9〉 1990년대 성별 경제활동 참가율

(단위: %)

성별	1990년	1993년	1996년	1999년
남자	74.0	75.7	76.2	74.4
여자	47.0	47.1	48.9	47.6
계	60.0	60.9	62.1	60.6

출처: 통계청. 성/연령별 경제활동 인구(구직기간 1주 기준).

는 무려 2.4%포인트 감소했다. 많은 사람들이 IMF로 일자리를 잃었으나, 여성이 직장을 잃은 경우가 남성보다 많아 IMF는 남성보다 여성에게 더 큰 타격을 주었음을 알 수 있다. 통계청(1999)에 따르면, 1998년 1월부터 여성 경제활동 인구가 전년 동월 대비 감소하기 시작하여 그 추세가 계속되다가, 1999년 1월부터 감소세가 둔화되어 4월부터는 다시 증가세(0.9%)로 돌아섰다. 그러나 여성이 다시 찾은 직장이 1998년 이전에 다녔던 직장과 비슷한 수준의 일자리였는지는 알 수 없다. 좀 더 낮은 보수와 안 좋은 환경의 일자리로 이동했을 가능성이 크다.

1997년 IMF 직전에 나온 기사를 보면, 경제가 어려워지면서 주부 등 유휴인력이 노동시장으로 몰려들고 있다는 내용을 찾아볼 수 있다. 경기침체의 장기화로 제조업종의 상시 근로자가 감소하는 반면 주부 등 여성 경제활동 인구는 크게 증가하고 있다는 것이다. 23일 한국노동연구원의 자료를 인용한 기사[50]에 따르면 1997년 2.4분기 말 기준으로 제조업종의 상시 근로자수는 341만7천 명으로 전년 동기의 361만 2천 명에 비해 19만 5천 명(5.4%)이 감소했다. 이에 반해 여성 경제활동 인구는 전년 2분기 865만 명에서 1997년 2분기에는 902만 3천 명으로 37만 3천 명(4.3%)이 늘어났다. 여성 경제활동 인구가 이처럼 증가한 것은 가장 근로자의 고용불안이 가중되면서 주부 등 여성 유휴인력의 노동시장 진출이 늘어나고 있기 때문이라고 기사는 분석했다. 한국의 경제위기가 가져온 남성의 고용불안으로 주부들이 저임금 임시직종에서 시달렸던 것이다.

(2) 1990년대 여성의 취업률

여성 취업자가 전체 취업자에서 차지하는 비율이 1965년 35%에서

50 〈경기침체로 여성 경제활동 인구 증가〉, 《연합뉴스》 1997년 9월 23일 기사.

1993년 40.1%로 늘어났다고 보도한 기사[51]에 따르면, 여성 취업자 중 농림수산업 종사자 비중은 1980년 39%에서 1993년 16.9%로 크게 감소하고 생산·운수직 비중도 21.0%에서 20.4%로 다소 줄었다. 그러나 전문·기술·행정·관리직 종사자 비중은 3.6%에서 9.7%로, 사무 관련 종사자 비중은 7.9%에서 15.5%, 판매 종사자 비중은 16.5%에서 18.7%로 늘었으며 서비스업 비중도 12.0%에서 18.8%로 크게 증가했다. 그럼에도 불구하고, 전문직과 사무직 취업 구조는 우리나라가 25.2%로 일본 41.0%, 미국 58.8%, 캐나다 63.5%보다 크게 떨어져 고급 직업군의 여성 취업은 선진국 수준에 훨씬 밑돌았다.

1990년대는 여성의 교육 수준이 높아짐에 따라 전문직과 사무직에 종사하는 여성이 늘어나기 시작한 시기였던 것으로 보인다. 그러나 여전히 그 비율은 전체 여성 취업자들 중에서 매우 낮으며, 남성에 비해 훨씬 낮음을 알 수 있다. 또 IMF 무렵의 기사[52]를 보면, 여성 취업 증가율이 남성의 5배에 달한다는 보도를 찾아볼 수 있다. LG경제연구원이 28일 내놓은 '실업률 변화 요인 분석'을 인용한 이 기사에 따르면 1997년 상반기 평균 여성 취업자가 857만 2천 명으로 1996년 같은 기간의 823만 3천 명보다 4.1% 증가했다. 이 같은 증가율은 같은 기간 남성의 취업 증가율(0.8%)의 5배에 달하는 것이다. 이와 같이 여성 취업자의 급속한 증가는 40대 가장들이 실직하면서 자녀 교육비 등에 부담을 느낀 주부들이 노동시장에 대거 신규 진입한데다 저임금을 겨냥한 기업들의 수요도 늘고 있기 때문이라고 LG경제연구원은 분석했다. 여성들이 저임금의 주변부 노동에서 가정 경제를 위해 취업하고 있었음을 알 수 있다.

한편, 한국여성개발원의 보고서(변화순·황정임, 1998)를 보면, 산업별

51 〈여성 취업 30년 새 10%P 늘었다/통계청 60년대 이후 변화분석〉, 《경향신문》 1994년 5월 5일 기사.
52 〈여성 취업 증가율 남성의 5배〉, 《문화일보》 1997년 8월 28일 기사.

〈표 10〉 산업별 여성 취업자 현황

(단위: 천 명, %)

구분	1990년	1995년
1차 산업	1,459(20.3)	1,141(13.5)
2차 산업	2,081(28.2)	1,718(20.4)
3차 산업	3,800(51.5)	5,575(66.1)

출처: 변화순 · 황정임(1998), 『산업형 매매춘에 관한 연구』, 한국여성개발원.

여성 취업자 현황을 좀 더 체계적으로 이해해볼 수 있다. 그에 따르면, 1차 산업 여성 취업자는 1990년 전체 여성 취업자의 20.3%에서 1995년 전체 여성 취업자의 13.5%로 7% 포인트 정도 줄어들었으며, 2차 산업 여성 취업자는 1990년 전체 여성 취업자의 28.2%에서 1995년 전체 여성 취업자의 20.4%로 8% 포인트 정도 줄어든 반면, 3차 산업 여성 취업자는 1990년 전체 여성 취업자의 51.5%에서 1995년 전체 여성 취업자의 66.1%로 15% 포인트가량 늘어났다. 농림 · 어업을 중심으로 하는 1차 산업, 제조업을 중심으로 하는 2차 산업 취업자의 비율은 줄어드는 반면 음식 숙박업, 도소매업 등을 중심으로 하는 3차 산업 취업자 비율이 증가하는 추세를 보이고 있음을 알 수 있다. 구체적으로 보면 도소매, 숙박업에서 여성 취업자 비율이 가장 높은 것으로 나타났다. 노동시장에 유입된 여성들이 3차 산업에 집중되어 있었음을 알 수 있다.

(3) 1990년대 남녀 임금 격차

노동부의 매월노동통계조사보고서에 따르면, 1990년도 여성의 임금은 남성 임금의 53.3% 수준에 머무르는 것으로 나타났다. 남성 임금의 반만 받고 일하고 있었던 것이다. 반면, 근로시간은 남성의 근로시간을 100.0으로 봤을 때, 여성은 100.4시간을 일했으니, 남성보다 여성이 더 많은

〈표 11〉 성별 임금, 근로시간, 이직률

남성=100.0

구분	임금		근로시간		이직률	
	남성	여성	남성	여성	남성	여성
1990	100.0	53.5	100.0	100.4	100.0	138.9

출처: 노동부 「매월노동통계조사보고서」 1990년 12월호, 임금은 월 급여(총 급여)기준임.

시간을 일했다는 것을 알 수 있다. 이직률에선 더 큰 차이를 보여, 남성의 이직률이 100일 때 여성은 138.9나 됐다. 1990년도에 여성들은 안정적이지 못한 직장에서 많은 시간 일하고도 남성 임금의 반밖에 받지 못했음을 알 수 있다.

그나마 다행인 것은 남녀 노동자 임금 격차가 1990년 이후 조금씩 줄어들었다는 사실이다. 노동부의 자료를 인용한 기사[53]를 보면, 남녀의 임금 격차는 지난 1990년 여성을 100으로 할 때 남성이 186.8이었으며, 이후 격차가 조금씩 줄어 1991년에는 100:183.4, 92년에는 100:178.9, 93년에는 100:176.5이었다. 또 1994년에는 100:171.3, 1995년에는 100:167.8, 1996년에는 100:164.0, 1997년에는 100:161.0으로 격차가 완화되었다. 이 조사는 직급이나 경력 차이 등은 고려하지 않은 것이어서 남녀 임금 차이를 정확하게 보여주는 데는 한계가 있지만, 평균적인 노동조건의 차이를 비교할 수 있게 해준다. 그러나 이러한 남녀 임금 격차의 축소에도 불구하고, 1998년 7월말 기준으로 10명 이상 사업장 3,800여 곳의 남성 노동자 월평균 임금총액은 154만 966원인 데 반해, 여성 노동자의 임금은 99만 7,284원인 것으로 나타났다. 앞서 제시한 노동부의 성별 임금 비교 통계와 다소 수치상의 차이가 나타나고 있지만, 1998년

53 〈남녀 노동자 임금 격차 여전〉, 《한겨레》 1998년 10월 19일 기사.

까지도 여전히 여성의 임금은 남성 임금의 반 정도에 그쳤다. 또 대학을 졸업한 남녀의 임금 격차를 보여주는 기사[54]에 따르면, 1993년 대졸 기준으로 봤을 때 여성은 남성 임금의 74% 수준을 받았다. 이 기사는 노르웨이(87.1%), 덴마크(85%), 독일(82.6%), 호주(84.9%), 뉴질랜드(76.8%) 등에 비해 여성의 임금이 남성보다 크게 낮은 것으로 나타났으며 OECD 국가 가운데는 일본(43.6%)에 이어 두 번째로 격차가 컸다고 보도했다. 저학력 여성의 임금 대비 남성 임금과 비교했을 때 대졸 여성의 임금이 남성 임금과의 격차를 줄여나간 것은 사실이지만, 대졸 여성 역시 남성보다 26%나 적은 임금을 받고 일했음을 알 수 있다.

2) 1990년대 여성의 결혼

(1) 1990년대 초혼 연령

1990년대 들어 남녀 모두 평균 초혼 연령이 높아졌으며, 20대의 미혼율도 높아졌다. 통계청에 따르면, 1990년대 초혼 연령은 여성의 경우 24.78세에서 1995년 25.32세, 1999년 26.29세로 꾸준히 높아졌다. 남성과 여성의 평균 초혼 연령의 차이도 점점 줄어들어 1990년 여성과 남자 사이의 평균 초혼 연령 격차는 3.01세에서 1998년 2.81세, 1999년에는 2.78세로 줄어들었다.

또 한국보건사회연구원이 전국 18~34세 여성 5,195명(기혼 여성 3,681명, 미혼 여성 1,514명)을 대상으로 조사한 결과를 인용한 기사[55]를 보면, 한국 여성의 결혼 행태는 만혼화, 미혼율 증가, 결혼관의 변화, 결혼 결정의 자율화 등으로 요약됐다. 이 조사 결과에 따르면 기혼 여성의 초혼 연

54 〈통계로 본 세계 속의 한국 여성〉, 《연합뉴스》 1995년 9월 18일 기사.

55 〈여성 결혼 연령 늦어지고 있다〉, 《경향신문》 1993년 2월 9일 기사.

〈표 12〉 1990년대 평균 초혼 연령

(단위: 세)

연도	남편	아내
1990	27.79	24.78
1991	27.91	24.84
1992	28.01	24.93
1993	28.09	25.01
1994	28.21	25.14
1995	28.36	25.32
1996	28.40	25.45
1997	28.59	25.71
1998	28.83	26.02
1999	29.07	26.29

출처: 통계청, 〈시도별 평균초혼 연령〉(각 연도).

령이 1960년 21.6세에서 1990년 25.1세로 상승[56]하여, 1960년의 경우 20~24세 여성 중 50%가 결혼을 했으나 1990년에는 20%만이 결혼한 것으로 나타났다. 만혼화 추세는 미혼율 증가로 이어져 1960년 25~29세 여성 중 미혼 여성은 4.9%에 불과했으나 1990년에는 21.8%로 증가했으며 30~34세 역시 0.6%에서 5.6%로 증가했다. 이 같은 현상은 사회의 산업화 진전과 함께 여성들의 사회 진출이 늘고 경제적 독립 가능성이 높아짐에 따라 보다 자유로운 생활을 추구하는 등 여성들의 가치관 변화 때문이라고 보도하고 있다.

1990년 초혼 연령과 관련해 눈에 띄는 기사가 몇 개 있다. 먼저 보건사회부(현재 보건복지부) 산하 한국보건사회연구원이 지난해 결혼한 여자 2,838명과 남자 2,292명을 대상으로 조사한 「한국가족의 기능과 역할변화」라는 보고서를 인용한 기사[57]를 살펴보자. 이 기사에 따르면, 초혼 연

56 앞에 제시한 통계청의 통계결과와 약간의 차이를 보이고 있는데, 1990년대 안에서도 조사 시기와 표본에서 차이가 있었기 때문으로 보인다. 기사에 정확한 조사시기와 표본에 대한 설명이 없으므로 알 수는 없다.

57 〈성인의 초혼 연령 남 25.4세, 여 21.1세〉, 《연합뉴스》 1991년 3월 12일 기사.

령은 여자의 경우 20~24세가 50.7%로 가장 많았으며 다음은 19세 이하 33.7%, 25~29세 14.2%, 30~34 1.0%, 35세 이상 0.4%로 평균 21.1세로 분석됐다. 1990년 초반에도 19세 이하의 나이로 결혼하는 여성이 여전히 33.7%나 됐음을 알 수 있다. 또 1998년 기사[58]는 여성의 평균 초혼 연령(96년)이 25.7세로 10년 전에 비해 1.4세 높아지는 '만혼 현상'이 나타나고 있다고 보도했다. 이에 따라 25세 여성의 경우 미혼율이 75년에는 22.5%에 불과했으나 95년은 52.5%로 절반 이상이 결혼을 미루거나 포기하고 있다고 덧붙였다. 30세 여성의 미혼율(95년)도 9.2%에 달해 '노처녀'가 늘고 있다고도 설명하고 있다. 지금 같으면 25세에 결혼하는 여성의 경우 너무 빨리 결혼한다는 이야기를 들을 만한데 이를 만혼이라고 표현했고, 30세 여성을 노처녀라고 표현한 것으로 보아, 당시 결혼 연령이 지금보다 매우 빨랐다는 것을 알 수 있다.

(2) 1990년대 결혼관

1990년 초반 여성들의 결혼관을 알 수 있는 기사를 살펴보자.[59] 이 기사는 한국보건사회연구원이 전국 18~34세 여성 5,195명(기혼 여성 3,681명, 미혼 여성 1,514명)을 대상으로 조사한 결과를 인용했다. 조사 결과에 따르면, '결혼은 누구나 반드시 해야 하는가'라는 질문에 대해, 기혼 여성의 24%가 '그렇다'라고 응답한 반면, '안 하는 것이 좋다'는 의견이 4%로 나타났다. 같은 질문에 대해 미혼 여성들은 '반드시 결혼해야 한다'는 의견이 17%였고, 안 해도 좋다는 의견이 12.7%를 차지했다. 이는 '반드시 해야 한다'는 의견이(40%), '안하는 것이 좋다'는 의견(2%)을 보인 18~34세 미혼 남성의 경우와 대조적이다. 또 배우자를 선택할 때 중시

58 〈「통계로 본 여성의 삶」…이혼녀 총각과 결혼 급증〉, 《연합뉴스》 1998년 7월 1일 기사.

59 〈여성 결혼 연령 늦어지고 있다〉, 《경향신문》 1993년 2월 9일 기사.

〈표 13〉 1998년 결혼에 대한 인식

(단위: %)

	여자					남자				
	20대	30대	40대	50대	평균	20대	30대	40대	50대	평균
반드시 해야 한다	13.5	17.4	31.8	48.5	30.5	27.4	27.5	36.3	50.8	36.9
해도 좋고 하지 않아도 좋다	42.0	37.2	24.7	14.8	28.9	22.0	23.4	17.6	11.0	18.4
결혼은 하는 것이 바람직	41.3	42.2	40.9	25.3	37.4	48.6	47.0	44.6	37.1	42.6

출처: 통계청(1999). 『통계로 보는 여성의 삶』.

하는 요건으로는 기혼 여성과 미혼 여성 모두 성격·건강·직업·경제 수준을 꼽은 것으로 나타났다.

이처럼 결혼을 해도 좋고 안 해도 좋다는 여성들은 1990년대 후반 들어 더 늘어나고 있음을 알 수 있다. 통계청(1999)의 조사 결과를 보면, 결혼을 선택사항으로 인식하는 여성의 비율(28.9%)과 결혼을 반드시 해야 하는 필수적인 것으로 인식하는 비율(30.5%)이 비슷하게 나타났다. 20대 여성의 경우, '결혼은 반드시 해야 한다'고 응답한 사람은 조사 대상자의 13.5%인 데 반해, '해도 좋고 하지 않아도 된다'고 응답한 여성이 조사 대상자의 42.0%로 3배나 됐다. 이런 인식은 연령층 남성들의 생각과 큰 차이를 보였다. 남자의 경우, 결혼을 선택사항으로 생각하는 사람(18.4%)은 결혼을 필수로 생각하는 사람(36.9%)의 절반 수준으로 나타났다.

또 재혼녀에 대한 사회적 편견이 감소해 이혼녀가 총각한테 시집가는 경우가 늘고 있다는 기사도 찾아볼 수 있었다.[60] 이 기사에 따르면 1996년 한 해 동안 발생한 재혼 중 남자가 초혼이고 여자가 재혼인 경우, 즉

60 〈「통계로 본 여성의 삶」…이혼녀 총각과 결혼 급증〉, 《연합뉴스》 1998년 7월 1일 기사.

이혼 경력이 있는 여자가 법률적으로 총각을 남편으로 얻는 비율이 '무려' 재혼한 사람들의 26.0%나 됐다. 이 같은 비율은 재혼남이 '처녀'를 부인으로 얻는 비율 26.9%와 비슷한 수준으로 재혼녀가 결혼하는 데 따른 불이익이 없어지고 있다고 기사는 덧붙이고 있다. 또한 재혼녀가 총각을 남편으로 얻는 비율이 1970년에는 재혼한 사람들의 10.6%에 불과했다는 추가정보도 제공하고 있었다. 지금 같으면 사용하지 않을 '처녀', '재혼녀' 등의 용어가 기사에서 자연스럽게 사용된 것을 볼 때 1990년대 후반까지도 여성의 '처녀성'에 의미를 크게 부여했으며 그것이 사회 전반에서 받아들여지는 가치였음을 알 수 있다. 또 '무려'라는 용어를 사용한 것으로 보아, 당시 재혼하는 여성이 초혼인 남자와 결혼한다는 것이 몹시 주목받는 일이었음을 알 수 있다.

3) 1990년대 여성의 교육

1990년대 들어 여성들의 대학 진학률이 크게 높아졌다. 교육인적자원부의 교육통계연보(1990, 1995)에 따르면, 1990년에 고등학교를 졸업한 여학생의 30.8%가 전문대학과 4년제 대학에 입학한 것으로 나타났다(황수경, 2003, 재인용). 좀 더 구체적으로는 고등학교 졸업 여학생의 12.5%는 전문대학에, 고등학교 졸업 여학생의 18.3%는 4년제 대학에 입학했다. 또 1995년에는 여학생들의 대학 진학률이 더 높아져, 고졸 여학생의 18%가 전문대학에, 고졸 여학생의 31.5%가 4년제 대학에 입학해, 고졸 여학생의 49.5%가 전문대 이상의 학교에 입학한 것으로 집계됐다. 이처럼 1990년대 여성의 대학 진학률이 크게 상승한 것은 사실이지만, 남성의 대학 진학률에는 미치지 못했다. 1990년 고졸 남학생의 32.5%, 1995년 고졸 남학생의 52.3%가 전문대학에 입학했고, 고등학교를 마친 남학

〈표 14〉 1990년대 성별 대학 진학률

(단위: %)

연도	고등학교 → 전문대 이상		고등학교 → 전문대		고등학교 → 4년제 대학	
	여성	남성	여성	남성	여성	남성
1990	30.8	32.5	12.5	11.2	18.3	21.3
1995	49.5	52.3	18.0	15.6	31.5	36.7

출처: 교육인적자원부, 「교육통계연보」, 각 연도, 황수경, 2003, 재인용.

연도	대학 진학률[1)]				전문대			4년제 대학[2)]		
	전체	여성	남성	남녀 차	전체	여성	남성	전체	여성	남성
1990	33.2	31.9	33.3	1.4	11.8	12.5	11.2	20.9	19.4	22.1
1998	64.1	61.2	65.7	4.5	21.3	21.7	21.0	42.2	39.5	44.7
2000	68.0	65.4	70.4	5.0	22.2	21.5	22.9	45.3	43.5	47.0

출처: 교육과학기술부, 「교육통계연보」 각 연도.

주: 1) 진학률은 당해년도 졸업자중 상급학교에 진학한 사람의 비율(재수생 미포함).

2) 교육대학, 산업대학, 기술대학, 방송통신대학 포함.

생이 고등학교를 다닌 여학생보다 숫자가 많은 것을 감안하면, 1990년에도 여전히 여성의 대학 진학률은 남성에 비해 크게 뒤떨어져 있었음을 알 수 있다. 실제로 1994년 자료를 보면, 남자 대학생 1백 명당 여자 대학생 수는 55.4명으로 절반 정도밖에 안 되는 것으로 나타나, 당시 미국(112명), 캐나다(128명), 노르웨이(112.8명), 스웨덴(116.3명), 프랑스(113.3명) 등 선진국은 물론 말레이시아(90명), 멕시코(74.9명), 칠레(79.9명) 등 개도국에 비해서도 낮았다.[61]

이러한 남녀의 차이는 1990년대 후반에 들어서면서 조금 줄어든다. 1999년 통계청이 발행한 보도[62]에 따르면, 1998년 기준으로 전체 대학생 중에서 여학생의 비율은 36.2%로, 1990년대 초중반보다는 남녀 대학생

61 〈통계로 본 세계 속의 한국 여성〉, 《연합뉴스》 1995년 9월 18일 기사.

62 〈통계로 보는 여성의 삶〉 《연합뉴스》 1999년 7월 1일 기사.

수의 차이가 줄어든 것으로 보인다.

4) 1990년대 여성의식

(1) 1990년대 남아 선호도

1990년대 들어 남아 선호도는 다소 낮아진다. 여성개발원이 1990년 8~9월 제주도를 제외한 전국의 20세 이상 남녀 2,500명을 대상으로 실시한 국민의식과 생활실태조사를 인용한 기사[63]에 따르면, 대를 잇기 위해 아들이 필요하다는 응답이 1985년의 71%에서 53%로 낮아졌다. 또 아들을 선호하는 경향은 여성(50.8%)보다 남성(56.7%)이, 도시 지역보다 군 단위 지역에서 더 강한 것으로 나타났다. 그러나 아들을 못 낳으면 부인이 시댁이나 남편에게 떳떳치 못하다는 사람은 여성이 42%로 남성(30.7%)보다 많았다. 1980년대보다는 줄어들었지만, 여성들은 여전히 아들을 낳아야 한다는 책임감에서 벗어나지 못하고 있음을 알 수 있다. 이러한 경향은 1990년대 중반에도 계속된 것으로 보인다. 대우경제연구소가 전국 18세 이상 성인 7,493명을 대상으로 「한국인의 라이프 스타일」을 조사한 결과를 인용한 기사[64]에 따르면, '아들은 반드시 있어야 한다'고 응답한 사람은 남자가 59.5%, 여자 55.2%로 남아 선호사상이 여전히 뿌리 깊게 나타났다. 그러나 남아 선호도는 연령별로 차이를 나타내 60대 이상은 83.3%로 높았지만 30대는 48.5%, 20대는 29.5%만이 그렇다고 답했다.

실제 남녀 출생성비를 보도한 연합뉴스 기사(1999.7.1)에 따르면, 자연상태에서의 성비는 105~106 정도지만 지난 10년간의 평균 출생성비는

63 〈남아 선호도 크게 낮아졌다〉《경향신문》 1991년 5월 24일 기사.
64 〈"아들 꼭 있어야" 57% / 한국 성인 라이프 스타일〉, 《동아일보》 1996년 9월 13일 기사.

113.2나 됐다. 1990년에 116.6을 정점으로 점차 낮아지는 추세이긴 하나 1997년에도 108.4로 아직 남아 선호 분위기는 남아 있었다. 특히 셋째 아이 이상인 경우 성비는 136.1이나 돼 남자아이를 골라 낳고 있음을 뚜렷하게 보여주었다. 지역별로는 영남지역의 남아 선호가 심해 부산은 셋째 아이 이상의 성비가 183.6, 대구는 181.1로 거의 배에 육박하고 있었다.

(2) 1990년대 여성 직업에 대한 인식

기사와 통계를 통해 살펴보면, 1990년대 직업관은 IMF 금융위기를 경험하면서 크게 변화했음을 알 수 있다. 1995년에는 여성이 직업을 선택할 때 직업의 안정성(29.0%)보다는 수입(31.4%)을 더 중요하게 고려했으나, IMF체제 이후인 1998년 조사에서는 직업의 안정성을 중요하게 고려하는 비율이 13.3%포인트나 증가해 42.3%가 된 반면, 수입을 중요하게 생각하는 경우는 12.3%포인트 감소한 19.1%에 그쳤다(통계청, 1999).

한편, 1995년 통계청의 조사 결과를 보도한 기사[65]에 따르면, 남자는 발전성(33.8%), 안정성(30.3%), 수입(22.5%), 여성은 수입(31.4%), 안정성(29%), 발전성(24.7%)의 순으로 남자는 발전성, 여자는 수입을 중시하며 젊거나 고학력일수록 발전성에 무게를 두는 반면 고령이거나 저학력일수록 수입이나 안정성을 추구했다. 남자는 수입보다 직업의 장래성이나 발전성을 더 많이 고려한다는 점에서 여성들의 직업 선택 기준과 차이를 보이고 있었다. 남자가 고학력자가 많은 데다, 여성보다 직장을 평생 가져야 한다는 인식이 강해, 발전성에 더 큰 무게를 둔 것으로 해석할 수 있다.

또 1990년 들어 남녀 모두 여성 취업에 대한 인식이 긍정적으로 변화

65 〈95년 사회통계조사 결과〉, 《연합뉴스》 1996년 5월 8일 기사.

〈표 15〉 직업 선택 요인

(단위: %)

	안정성		수입		발전성 · 장래성		보람 · 자아성취		그 외*	
	여자	남자	여자	남자	여자	남자	여자	남자	여자	남자
1995	29.0	30.3	31.4	22.5	24.7	33.8	12.3	8.5	2.6	4.9
1998	42.3	19.1	19.1	17.2	18.9	22.7	16.3	16.1	3.5	3.5

출처: 통계청(1999). 『통계로 보는 여성의 삶』. 통계청.

* 그 외: 명예 · 명성, 모르겠음, 기타 포함.

하고 있음을 확인할 수 있다. 통계청(1999)에 따르면, 1998년 미혼 여성의 49.5%, 미혼 남성의 30.8%가 '여성도 결혼이나 육아와 관계없이 취업을 계속하는 것이 바람직하다'고 답변한 것으로 나타나, 1991년에 비해 각각 21.8%포인트, 18.4%포인트 증가했다. 반면, 미혼 여성의 2.8%, 미혼 남성의 7.6%만이 "여성은 가정에 전념하는 것이 바람직하다"고 답했다. 그러나 기혼 여성의 경우 4명 중 1명(24.3%), 기혼 남성 5명 중 1명(19.6%)만이 "여성도 가정 일에 관계없이 취업하는 것이 좋다"고 응답하여, 미혼 남녀에 비해 여성의 결혼 후 취업에 대해 좋지 않은 인식을 갖고 있음을 알 수 있다. 주목할 점은 남자의 경우 미혼과 기혼 집단 모두에서 여성이 가정에만 전념하기를 원하는 비율이 1998년에 각각 7.6%, 12.9%로 나타났는데, 이는 여성의 사회활동에 대한 긍정적인 인식의 전환에서 비롯된 부분도 있겠지만, IMF의 영향도 있었을 것으로 보인다. 여성의 경제활동이 남성 혼자 가정을 책임져야 하는 부담감을 줄여준다는 현실적인 이유에서 여성이 가정에 전념하기를 원하는 비율이 줄어든 것이 아닌가 싶다.

한편, 1995년 통계청의 조사 결과를 보도한 기사[66]는 여성 취업자들이

66 〈95년 사회통계조사 결과〉, 《연합뉴스》 1996년 5월 8일 기사.

〈표 16〉 여성 취업에 관한 태도

(단위: %)

	1991년				1998년			
	미혼		기혼		미혼		기혼	
	여자	남자	여자	남자	여자	남자	여자	남자
가정 일에 관계없이 계속 취업	27.7	12.4	12.9	9.3	49.5	30.8	24.3	19.6
가정에만 전념	5.0	17.8	17.3	29.0	2.8	7.6	8.0	12.9

출처: 통계청(1999).「통계로 보는 여성의 삶」. 통계청.

* 본 질문에는 '가정 일에 관계없이 계속 취업'과 '가정에만 전념' 이외에 5개 항목(결혼 전까지만, 첫 자녀 출산 전까지만, 자녀가 성장한 후, 결혼 전과 자녀 성장 후, 모르겠음)이 더 있었음.

스스로 꼽은 취업 사유도 소개했다. 주택·교육 등의 개선을 위한 가계 보탬(34.2%)에 이어 생계유지(19.4%), 자기 집 일(19.3%) 등 가정 경제 유지를 위한 기본적인 동기가 72.8%로 압도적이었고 나머지는 적성 활용(16.5%), 사회 경험(6.5%), 시간 활용(3.2%), 사회 기여(0.6%) 등으로 나타났다. 1991년 조사와 비교할 때, 맞벌이 증가 등에 따른 가계 보탬이 2% 포인트 늘었을 뿐 자기 집 일과 생계유지는 각각 4.7% 포인트와 0.8% 포인트가 줄어든 반면, 적성 활용은 2.7% 포인트, 시간 활용과 사회 경험은 각각 0.6% 포인트와 0.3% 포인트가 늘어나는 등 자기 계발과 능력 활용을 위한 취업이 늘어났다. 이와 함께, 여성 취업에 대한 장애 요인은 가사 및 육아 부담이 52.5%로 가장 많고 승진 등 사회적 편견이 24.7%로 높았으며, 근로 여건(9.5%)과 직업의식 및 책임감 부족(8.7%), 능력 부족(4.3%)은 10% 미만이었다. 자기 계발과 능력 활용을 위해 취업을 하는 비율이 조금이나마 늘어났다는 점과 여성 스스로 직업의식이나 능력이 부족해서 취업이 어렵다는 인식이 낮게 나타난 점은 매우 긍정적인 변화로 평가할 수 있다. 이 조사 결과는 언제나 그랬듯이 가사와 육아 부담이 1990년대 중반에도 여성의 사회활동의 가장 큰 장애였음을 확인하게 해준다.

4. 2000년대 한국 사회와 여성

2000년대는 여성의 지위가 크게 나아진 시기라 할 수 있다. 노무현 대통령이 취임 직후 구성한 행정부에서 여성 장관을 4명이나 임명했던 것에서 알 수 있듯이, 2000년대 한국 사회에서 여성은 자신의 위치를 찾아나가기 시작했다. 여성의 경제활동과 전문직 진출이 늘어난 원인은 1990년대부터 서서히 여성의 교육 정도가 향상된 것이며, 이는 출산율 저하와 밀접한 관계가 있다. 자녀가 한두 명인 가정이 대부분이라, 과거처럼 아들만 대학을 보내고 딸은 공장에 보내는 1970·80년대 가정의 모습이 역사 속으로 사라졌기 때문이다.

그렇다고 해서 한국 사회에서 여성이 남성과 동등한 대우를 받게 된 것은 아니며 여전히 대졸 여성의 취업은 남성보다 어려운 상황이다. 아직도 남자가 7명 취직할 때, 여성은 3~4명 취직하는 정도에 그치는 것이 우리 사회의 현실이다. 또 육아로 직장을 그만두는 여성이 여전히 많아, 30대 초중반에 직장을 그만두는 여성들의 비율이 여전히 높다. 법조인 등 전문직 여성이 늘어나고 있지만, 사회의 중요한 사안을 결정할 수 있는 권력 핵심 부문까지 진출한 여성 인력은 남성에 비해 터무니없이 적기 때문에, 여성이 가야 할 길은 아직도 멀기만 하다.

1) 2000년대 여성의 경제활동

(1) 2000년대 여성의 경제활동 인구와 경제활동 참가율

2000년대 들어 여성의 경제활동 인구는 꾸준히 늘어났다. 통계청(각 연도)에 따르면 2000년 906만 9천 명에서 2003년 939만 7천 명, 2006년 998만 1천 명, 2009년 1,004만 7천 명, 2012년 1,056만 8천 명으로, 2014년 1,109만 9천 명으로 늘어났다. 그러나 경제활동 참가율로 보면 2000년 48.6%, 2003년 48.9%, 2006년 50.2%, 2009년 49.0%, 2012년 49.7%, 2014년 51.1%로 50% 내외에서 정체되어 있음을 알 수 있다(통계청, 각 연도). 또 여성 경제활동 인구가 1천만 명을 넘었다고는 하나, 이 수치는 취업자와 실업자 합계로, 경제활동 인구의 증가가 곧바로 여성 취업자의 증가를 의미하는 것은 아니다. 남녀 경제활동 참가율은 25%가량의 차이

〈표 17〉 2000년대 성별 경제활동 인구

(단위: 천 명)

성별	2000년	2003년	2006년	2009년	2012년	2014년
남자	13,000	13,518	13,953	14,287	14,835	15,334
여자	9,069	9,397	9,981	10,047	10,568	11,099
계	22,069	22,916	23,934	24,334	25,403	26,433

출처: 통계청. 성/연령별 경제활동 인구 (구직기간 1주 기준).[67]

〈표 18〉 2000년대 성별 경제활동 참가율

(단위: 천 명)

성별	2000년	2003년	2006년	2009년	2012년	2014년
남자	74.2	74.6	74.0	72.9	73.0	73.7
여자	48.6	48.9	50.2	49.0	49.7	51.1
계	61.0	61.4	61.7	60.7	61.1	62.2

출처: 통계청. 성/연령별 경제활동 인구 (구직기간 1주 기준).

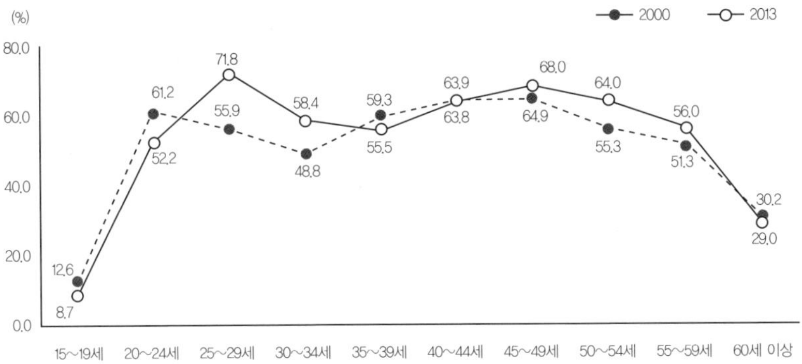

[그림 2] 여성 연령별 경제활동 참가율

그림 출처: 통계청(2014).「통계로 보는 여성의 삶」.
원데이터 출처: 통계청. 성/연령별 경제활동 인구 (구직기간 1주 기준).

를 보이고 있어, 경제활동 참가율에 있어 남녀의 차이가 많이 줄어들고 있지만, 여전히 남자가 여자보다 더 많이 참여하고 있다.

특히 2009년에는 여성 비경제활동 인구가 전년보다 28만 6천 명 증가한 1,042만 명으로 관련 통계가 시작된 1962년 이래 최대 규모를 기록하여, 남성 비경제활동 인구 527만 8천 명의 두 배에 이른다는 보도[68]도 나왔다. 이 기사에 따르면, 여성의 비경제활동 사유로는 육아와 가사가 67.2%로 가장 많았으며, 구직 단념자도 34% 늘어 6만 3천 명에 달한 것으로 보도됐다. 2000년대 후반 들어 여성의 경제활동 인구가 육아와 가사로 인해 더 이상 증가하지 못하고 정체 상태에 머물러 있음을 보여준다.

67 이 통계자료는 1970년~2014년까지 나타난 통계표에서 1990년대 데이터만 선정해 제시한 것이다. 다음은 이 통계표에 대한 통계청이 제시한 설명이다.
1. 분기자료의 경우 '82년 2/4분기까지는 매분기말(3,6,9,12월) 자료이며, '82년 3/4분기 이후는 분기 평균자료임. 2003년 1월에 2000년 인구 주택 총 조사 결과를 토대로 작성된 추계인구의 변경과 연령계층별 승수의 적용으로 1991년 1월~2002년 12월까지의 자료가 변경되었음.
2. 항목 〉 15세 이상 인구: 군인, 전투경찰, 공익근무요원, 형이 확정된 교도소 수감자 등은 제외됨.

68 〈여 취업 6년 만에 감소〉, 《매일경제》 2010년 3월 7일 기사.

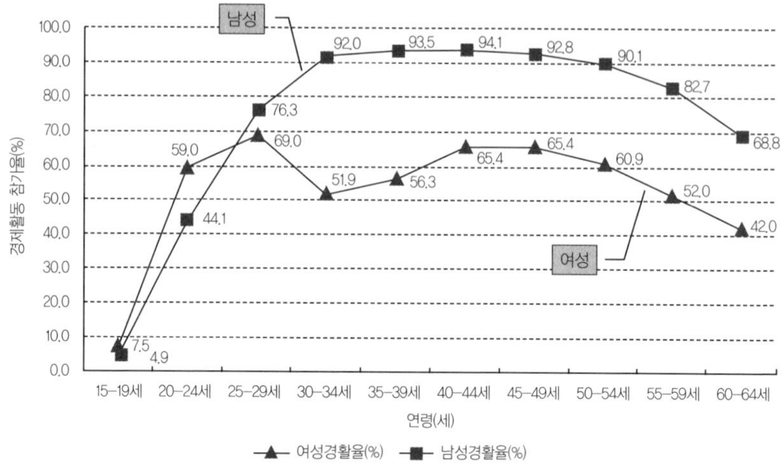

[그림 3] 성/연령별 경제활동 참가율(2009)

그림 출처: 여성가족부(2010). 『제2차 여성 인력개발종합계획』, p24.
원데이터 출처: 통계청. 성/연령별 경제활동 인구 (구직기간 1주 기준).

또 여성 연령별로 경제활동 참가율을 살펴보면, 2013년 기준으로 25~29세가 71.8%로 가장 높게 나타났다. 그러나 결혼·육아 등으로 30~39세는 55%~58%대 수준으로 크게 하락했다가, 40대 초반부터 다시 노동시장에 진출하는 여성 인구가 증가한다. 2000년과 비교하면 20대 초반에는 경제활동 참가율이 높았으나 출산과 육아 시기에 감소, 30대 후반에 다시 증가하는 유사한 M자 패턴을 보였다. 한편 50~54세 여성의 경제활동 참가율은 64.0%로 2000년에 비해 8.7% 포인트 늘어났다.

이와 함께 2009년 성별 연령별 경제활동 참가율을 보면, 출산, 육아, 가사 등으로 인한 여성의 경력단절 현상이 지속되고 있음을 알 수 있다 (여성가족부, 2010). 20대 후반 연령대에서 남녀 경제활동 참가율 차이는 10% 포인트 미만이나, 30대 초반에서는 무려 40% 포인트 차이로 급격한 차이를 보인 것으로 분석됐다. 경력단절 현상이 본격적으로 발생하는 구간은 30~34세로 과거보다 늦어졌는데, 이것은 여성의 고학력화 등으로 노동시장 진입 연령대가 높아지면서 혼인, 임신, 출산 시기의 분포도 변화하고 이에 초기 노동시장 퇴장 시기도 이동한 것으로 보인다.

(2) 2000년대 여성의 취업률

2000년대 들어서는 여성의 취업과 관련해서 좀 더 세밀한 통계 자료들이 나와 있어, 여성의 취업 상태를 자세하게 살펴볼 수 있다. 통계청에서 발표한 경제활동 인구 조사 중 '종사상 지위별 여성 취업자 구성비'가 나와 있는데, 여성 취업자의 종사상 지위란 취업자가 실제로 일하고 있는 신분 또는 지위 상태를 말하며, 6가지 범주로 구분되어 있다.[69]

조사 결과를 보면, 여성 취업자 중 임금 근로자 비중이 2003년 23.2%에서 2011년 73.6%로 지속적으로 상승하고 있으며, 비임금 근로자 중에서 자영업주와 무급 가족 종사자 비중은 다소 감소하고 있음을 알 수 있다. 또 임금 근로자 중 상용직 근로자의 비중이 23.2%에서 2011년 37.0%로 늘어나는 긍정적인 변화를 보여주고 있지만, 전체 취업자 중 37.0%만이 상용직 근로자라는 것은 아직도 여성 취업이 정상적인 궤도에 오르지 못했음을 보여주는 것이다. 또 취업 내용을 살펴보면, 남성에 비해 여성은 임시·일용직의 비율이 높다. 2015년 여성의 임시·일용직

69 6가지 범주는 자영업주, 고용주, 무급 가족 종사자, 상용근로자, 임시근로자, 일용근로자 등이다. 자영업주는 자기 혼자 또는 무급 가족 종사자와 함께 자기 책임하에 독립적인 형태로 전문적인 업을 수행하거나 사업체를 운영하는 사람을 말하며, 고용주는 유급종업원을 한 사람 이상 두고 기업을 경영하거나 농장을 경영하는 자를, 무급 가족 종사자는 자기에게 직접 수입이 오지 않더라도 동일 가구 내 가족이 경영하는 사업체, 농장에서 무보수로 18시간 이상 일한 자를 의미한다. 상용근로자는 고용계약기간이 1년 이상인 자 또는 고용계약기간을 정하지 않은 경우 소정의 채용 절차에 의하여 입사한 사람으로 회사의 인사관리규정을 적용받는 자 등을 말하며, 임시근로자는 고용계약기간이 1개월 이상 1년 미만인 자 또는 일정한 사업완료(사업완료기간 1년 미만)의 필요에 의해 고용된 자 등을 일컫는 말이다. 일용근로자는 고용계약기간이 1개월 미만인 자 또는 매일매일 고용되어 근로의 대가로 일급 또는 일당제 급여를 받고 일하는 사람을 말한다.
(e나라지표, http://www.index.go.kr/potal/main/EachDtlPageDetail.do?idx_cd=1574)

〈표 19〉 성별 취업자의 종사지위별 구성비

(단위: %)

성별	연도	임금 근로자	상 용	임 시	일 용	비임금 근로자	자영업자	무급가족 종 사 자
여성	1990	56.8	21.4	22.5	12.9	43.2	18.7	24.5
	2000	61.5	19.1	28.5	13.9	38.5	19.2	19.2
	2005	67.1	25.6	30.2	11.3	32.9	19.0	13.9
	2008	69.6	29.9	29.7	9.9	30.4	18.0	12.5
	2009	71.2	31.2	30.6	9.3	28.8	16.9	11.9
	2010	72.9	34.5	30.0	8.4	27.1	16.1	10.9
	2011	73.6	37.1	28.7	7.9	26.4	15.7	10.7
	2012	74.0	38.7	28.3	7.0	26.0	15.5	10.5
	2013	74.7	40.6	27.5	6.5	25.3	15.2	10.1
	2014	75.4	42.1	27.4	6.0	24.6	14.8	9.8
	2015	76.4	43.1	27.5	5.8	23.6	14.5	9.1
남성	1990	63.1	40.7	14.1	8.3	36.9	34.4	2.5
	2000	64.3	38.1	17.1	9.2	35.7	33.8	2.0
	2005	66.0	41.1	16.4	8.5	34.0	32.8	1.3
	2008	68.1	44.2	15.6	8.3	31.9	30.6	1.2
	2009	69.2	46.1	15.4	7.6	30.8	29.6	1.3
	2010	70.0	47.9	15.1	7.0	30.0	28.7	1.3
	2011	70.4	48.9	14.8	6.7	29.6	28.4	1.2
	2012	70.2	49.4	14.4	6.3	29.8	28.7	1.2
	2013	71.0	51.1	13.7	6.2	29.0	27.8	1.1
	2014	71.6	51.4	14.1	6.1	28.4	27.4	1.0
	2015	72.5	52.5	13.8	6.2	27.5	26.5	1.0

출처: 통계청(2016).『통계로 보는 여성의 삶』.

근로자 비중은 각각 27.5와 5.8인 데 반해 남성의 임시·일용직 근로자 비중은 13.8과 6.2이어서, 여전히 여성이 임시직과 일용직으로 일하는 비중이 높다. 이와 함께, 임금 근로자 중 상용 근로자의 비중과 비임금 근로자 중 '자영업자'의 비중에서 여성이 남성보다 낮아, 여성이 여전히 노동시장에서 주변부화되어 있음을 알 수 있다.

한편, 통계청이 제공하는 여성 전문·관리직 종사자 구성비에 따르면,

〈표 20〉 여성 취업자중 전문 · 관리직 종사자 구성비

(단위: 천 명, %)

	2005	2006	2007	2008	2009	2010	2011	2012	2013	2014	2015
여성 취업자	9,526	9,706	9,826	9,874	9,772	9,914	10,091	10,294	10,494	10,761	10,965
전문 · 관리직 종사자	1,669	1,823	1,900	1,953	2,016	2,083	2,157	2,223	2,348	2,453	2,542
구성비	17.5	18.8	19.3	19.8	20.6	21	21.4	21.6	22.4	22.8	23.2

출처: 통계청 「경제활동 인구조사」.

여성 취업자 중 전문 · 관리직 종사자는 2004년 16.9에서 2011년 21.4%로 나타나 지속적으로 상승하는 추세이다. 그러나 아직까지 지방의회 의원, 4급 이상 공무원, 공기업 임원 등 국가 고위 관리직의 여성 진출은 많지 않아 국가적인 정책 결정 등에 여성의 입장이 반영되기 쉽지 않은 상황이다.[70]

2000년대에도 여전히 결혼, 육아가 여성의 사회생활에 큰 장애 요인으로 작용하고 있다는 사실을 보여주는 기사도 있었다. 2007년을 기준으로 미혼 여성 3,553명 가운데 1,242명(35.0%)은 대기업이나 중소기업에 다녔으나, 기혼 여성 740명 가운데 취업자는 21.5%에 머물렀다.[71] 이 기사에 따르면, 여성이 직장을 그만두는 연령은 평균 27세로, 24~26세에는 사회활동에 적극적이지만 27세를 넘기면 결혼하거나 출산하면서 일을 그만두는 추세를 나타낸다. 반면, 미혼 남성 3,730명 중에서 대기업과 중소기업에 다니는 비율은 26.3%, 미취업자는 56.5%였으나, 기혼 남성의 경우 88.5%가 직장인이었다. 결혼 · 출산 · 양육의 부담이 여성의 경제활

70 원 데이터는 비율이 아니라 종사지위별 수로 되어 있음. 아래 url에서 일괄설정 후 연도별 내용 확인 가능. (http://kosis.kr/statHtml/statHtml.do?orgId=101&tblId=DT_1DA7028&conn_path=I2)

71 〈「빅데이터로 분석한 한국 사회 3대 현안」 中 청년 일자리〉, 《동아일보》 이유종 · 신진우 · 김도형 2012년 10월 30일 기사.

동에 얼마나 큰 장애 요인이 되고 있는지를 알 수 있다.

이와 함께, 2011년 경제협력개발기구(OECD) 회원국 가운데 한국 대졸 여성들의 고용률이 최하위를 기록했다는 점도 주목해볼 만하다. 여성의 대학 진학률이 크게 늘어났다는 점을 고려할 때, 대졸 여성의 고용률이 낮다는 것은 고학력 여성들을 실업자로 만들어내고 있는 우리의 현실을 보여주기 때문이다. OECD와 한국여성정책연구원의 조사 결과를 인용한 기사[72]에 따르면, 2011년 우리나라 고학력 여성 고용률은 60.1%로 분석 대상 33개 OECD 회원국 중 최하위로 나타났다. 고학력 여성 고용률이 낮은 국가를 보면 터키가 64.4%로 한국 다음이었고 멕시코, 이탈리아, 그리스, 미국 등도 낮았으나 70.0%는 넘었다. 우리나라는 고학력 여성들의 고용률이 낮다 보니 남녀 고용률 격차도 29.0%포인트로 회원국 중 가장 높았는데, 남녀 격차가 20%포인트를 넘는 국가는 한국이 유일했다. 한국은 고용의 불안정성을 보여주는 여성 임시직 근로자 비율에서도 27.7%로 비교 가능한 22개 OECD 회원국 가운데 가장 높았고 OECD 회원국 평균(12.5%)과 큰 격차를 보였다. 고학력 여성의 고용률은 낮고, 남녀 고용율 격차가 크며, 임시직 여성 근로자의 비율이 높은 것이 한국 여성이 처한 현실이었다.

(3) 2000년대 남녀 임금 격차

고용노동부의 통계[73]에 따르면, 남성 근로자의 임금 대비 여성 근로자의 임금 수준은 2014년 63.1%에서 2015년 62.8%로 약간 감소했다. 또 여성 임금은 2014년 174만 2천 원에서 2015년 178만 1천 원으로 2.2% 올랐고, 남성 임금은 2014년 276만 1천 원에서 2015년 283만 7천 원으로

72 〈한국 대졸여성 고용률 60%…OECD 최하위권〉, 《동아일보》 2013년 1월 20일 기사.

73 e나라지표, http://www.index.go.kr/potal/main/EachDtlPageDetail.do?idx_cd=2714

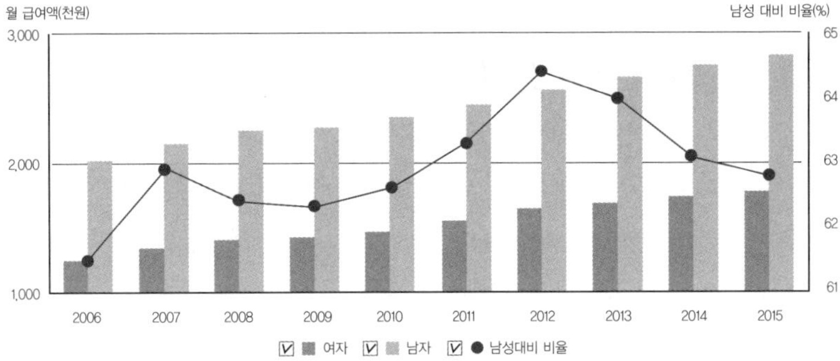

[그림 4] 남성대비 여성 임금 비율

출처: 고용노동부 〈고용형태별부가조사〉(1인 이상 기준).

2.7% 증가해 2000년대에도 여성과 남성의 임금 격차가 여전히 크다는 것을 확인할 수 있다.

특히 국제 간 비교를 하면 우리나라 남녀의 임금 격차가 얼마나 큰지 알 수 있다. 남녀 평균 임금을 기준으로 분석한 OECD의 남녀 임금 격차는 우리나라 고용형태별 근로실태조사와는 차이가 있다. 〈표 21〉에서와 같이 OECD 기준에 따르면, 2014년의 데이터를 토대로 주요 회원국 중 남녀 임금 격차가 가장 큰 국가가 우리나라로, 여성들은 남성보다 36.7% 정도 임금을 덜 받고 있는 것으로 나타났다.

이러한 임금 격차는 학력과 경력이 똑같은 경우에도 나타나는 것으로 밝혀졌다. 김유선 한국노동사회연구소장이 발표한 「한국 노동시장의 임

〈표 21〉 주요 OECD 회원국의 남여 임금 격차(%)

연도	OECD 평균	호주	캐나다	덴마크	핀란드	프랑스	독일	일본	한국	영국	미국
2014	15.6	18	19.2	6.8	20.2	13.7	13.4	26.6	36.7	17.4	17.5

출처: OECD Employment Outlook 2014.

금결정요인」 논문을 인용한 기사[74]에 따르면, 학력과 근속연수 등에 차이가 없어도 여성 노동자의 임금은 남성의 79.5~ 89.4%에 그쳤다. 이는 김 소장이 노동부가 실시한 사업체근로실태조사(2007년 6월)와 통계청의 경제활동 인구조사 부가조사(2007년 8월)결과를 분석한 것으로, 성별 임금 격차는 특히 하위 소득자보다 중상위 소득자에서 더 벌어져 중상위 소득자의 경우 여성은 남성보다 20%가량 낮은 임금을 받았다.

이 기사에서는 기혼자의 임금이 미혼자의 임금보다 3.6~10.6% 높았으며, 가구주는 다른 가구원과 비교해 4.4~7.7% 높았고 여성 배우자에 비해서는 8.7~15.4% 높았는데, 이러한 임금 체계는 '남성 가장은 가족 생계를 책임지는 부양자이며 여성 배우자는 피부양자로서 보조 역할을 담당하는 남성 생계부양자 가족 모델'에 뿌리를 두고 있기 때문이라는 해석을 덧붙이고 있다. 이 기사에서 인용한 "고학력 여성의 사회 진출이 확대되면서 성별 격차가 해소됐을 것이라는 예상과 달리 한국 사회에 성별 임금 격차가 구조화되고 있다"는 김소장의 평가는 2000년대를 맞는 한국 여성의 암울한 현실을 잘 보여주고 있다.

2) 2000년대 여성의 결혼

(1) 2000년대 초혼 연령

2000년대 들어 평균 초혼 연령은 많이 늦어졌다. 통계청 조사 결과[75]에 따르면 〈표 22〉와 같이 여성의 경우 2000년 26.5세, 2005년 27.7세, 2010년 28.9세, 2015년 30세로 매년 약간씩 늦어지고 있는 추세이다. 2000년에서 2015년까지 3.5세가 늦어졌다. 남성의 평균 초혼 연령도

74 〈여성 임금, 학력 · 경력 같아도 남성보다 10~20%나 낮아〉, 《경향신문》 2009년 2월 2일 기사.

75 통계청, 시도별 평균초혼연령(각 연도) 참조.

〈표 22〉 2000년대 평균 초혼 연령

(단위: 세)

연도	남편	아내
2000	29.3	26.5
2001	29.6	26.8
2002	29.8	27.0
2003	30.1	27.3
2004	30.5	27.5
2005	30.9	27.7
2006	31.0	27.8
2007	31.1	28.1
2008	31.4	28.3
2009	31.6	28.7
2010	31.8	28.9
2011	31.9	29.1
2012	32.1	29.4
2013	32.2	29.6
2014	32.4	29.8
2015	32.6	30

출처: 통계청, 〈시도별 평균초혼 연령〉(각 연도).

2000년에서 2015년까지 3.3세 늦어져, 여성의 초혼 연령이 남성보다 더 늦어지고 있다. 이처럼 여성의 초혼 연령이 늦어진 이유로 일반적으로 높아진 대학 진학률과 경제활동 참가 비중을 든다. 여성의 학업 기간이 늘어나 일찍 결혼하는 여성이 줄어들고, 직장생활을 많이 하다 보니 결혼이 늦어졌다는 것이다. 그러나 좀 더 깊이 있게 들여다보면, 여성이 결혼을 늦게 하거나 혼자 사는 이유는 결혼으로 인해 여성이 포기해야 할 일들이 많아지는 현실 때문으로 보인다. 육아와 가사의 병행이 여성의 사회생활에 큰 장애가 되고 있다는 조사 결과[76]들이 이런 해석을 뒷받침해주고 있다. 무엇보다 여성에 대한 결혼에 대한 태도 변화가 가장 큰 원

76 〈「빅데이터로 분석한 한국사회 3대 현안」 中 청년일자리〉, 《동아신문》 2012년 10월 30일 기사.

인이 됐을 것으로 생각된다.

(2) 2000년대 결혼관

통계청의 「사회조사」(2016)에 따르면, 어머니 세대인 50~59세, 60대 이상 여성은 결혼에 대해서 '해야 한다(각각 59.8%, 73.2%)'고 여겼으나, 딸 세대인 20~29세, 30~39세는 각각 41.9%, 40.7%만이 해야 한다고 생각할 뿐, 각각 50.4%, 53.7%가 '해도 좋고 하지 않아도 좋다'고 생각하고 있어 젊은 여성들의 결혼관이 크게 변화했음을 알 수 있다.

보건복지부(2012)의 조사에 따르면, 20~44세 미혼 여성이 결혼하지 않은 이유로는 '결혼에 이른 나이'라는 응답이 제일 많았으며(22.4%), 그 다음으로 '마땅한 사람이 없어서'(18.8%)였다. 남성들 역시 '결혼에 이른 나이'라는 응답이 제일 많아 16.2%였으며, 그 다음으로 '소득이 적어서'(15.1%)였다. 그 다음으로 여성은 '결혼 비용이 마련되지 않아서'(12.4%), '자기 계발을 위하여'(8.0%)였고, 남성의 경우는 '마땅한 사람이 없어서'(14.6%), '집이 마련되지 않아서'(10.9%), '결혼 비용이 마련되지 않아서'(8.1%)였다. 결혼에 대한 남녀의 인식 차이가 많이 줄어들었지만, 여전히 여성보다 남성이 가정 경제를 책임져야 한다는 인식이 강하다는 것을 알

〈표 23〉 결혼에 대한 견해

(단위: %)

	해야 한다	해도 좋고 하지 않아도 좋다	하지 말아야 한다
20~29세	41.9	50.4	4.7
30~39세	40.7	53.7	4.0
50~59세	59.8	36.9	2.0
60세 이상	73.2	23.6	1.7
여성 전체	47.5	46.7	3.8

출처: 통계청(2016). 「통계로 보는 여성의 삶」. 통계청.

〈표 24〉 미혼 남녀(20~44세)의 결혼하지 않은 이유(1순위)

항목	미혼 여성(%)	미혼 남성(%)
마땅한 사람이 없어서	18.8	14.6
소득이 적어서	2.3	15.1
집이 마련되지 않아서	1.1	10.9
결혼 비용(혼수)이 마련되지 않아서	12.4	8.1
결혼생활 비용 부담이 커서	3.6	5.4
실업/고용 불안정으로	1.6	6
교육을 더 받을 계획이어서	0.4	0.2
결혼에 이른 나이	22.4	16.2
시간이 없어서	1.0	2.0
자기 계발을 위하여	8.0	2.0
결혼에 적당한 시기를 놓쳐서	3.4	6.7
결혼할 생각이 없어서	7.7	3.1
상대방에 구속되기 싫어서	3.2	3.4
기타	14.2	6.3
계	100.0	100.0

출처: 통계청
원데이터: 보건복지부(2012), 「전국결혼 및 출산동향조사」.

수 있다.

여성들이 결혼을 지상 최대의 목표로 삼았던 과거와 달리 자기 계발을 중요시하고 있다는 점은 매우 긍정적인 변화라고 생각한다. 그러나 여성이 육아와 가사의 부담에서 자유롭지 못한 만큼, 남성들의 경제적인 부담도 크다는 점도 주목해야 할 것으로 보인다. 여성이 경제적인 부담을 함께 하면서 남성이 육아와 가사를 공동의 임무로 받아들일 수 있는 사회를 만들어나갈 때, 양성 평등의 사회로 좀 더 다가갈 수 있을 것이다.

3) 2000년대 여성의 교육

2000년대 들어 여성의 대학 진학률이 크게 늘어났다. 교육과학기술부와 한국교육개발원의 「교육통계연보」(통계청, 2016)를 보면, 4년제 대학

[그림 5] 성별 대학 진학률

출처: 통계청(2016). 「통계로 보는 여성의 삶」

〈표 25〉 성별 대학 진학률

	대학 진학률[77]				전문대[78]			4년제 대학[79]		
	전체	여성	남성	차이 (남–여)	전체	여성	남성	전체	여성	남성
2000	68.0	65.4	70.4	5.0	22.2	21.5	22.9	45.3	43.5	47.0
2005	82.1	80.8	83.3	2.5	23.2	23.6	22.8	58.3	56.7	59.7
2006	82.1	81.1	82.9	1.8	23.4	23.4	23.4	58.1	57.3	58.8
2007	82.8	82.2	83.3	1.1	24.2	24.0	24.3	58.1	57.7	58.4
2008	83.8	83.5	84.0	0.5	24.5	24.6	24.5	58.9	58.6	59.2
2009	81.9	82.4	81.6	−0.8	25.9	26.7	25.2	55.5	55.1	55.8
2010	79.0	80.5	77.6	−2.9	24.6	26.0	23.4	53.6	53.8	53.4
2011	72.5	75.0	70.2	−4.8	25.8	27.5	24.3	46.0	47.0	45.1
2012	71.3	74.3	68.6	−5.7	25.1	27.2	23.2	45.6	46.6	44.8
2013	70.7	74.5	67.4	−7.1	24.0	26.3	21.9	46.2	47.7	44.9
2014	70.9	74.6	67.6	−7.0	23.6	25.7	21.8	46.6	48.3	45.1
2015	70.8	74.6	67.3	−7.4	23.4	25.2	21.8	46.7	48.8	44.8

출처: 통계청(2016). 「통계로 보는 여성의 삶」.

진학률은 2000년 43.5%에서, 2005년 56.7%, 2015년 48.8%로 늘었으며, 2015년에는 여성의 74.6%가 전문대학 이상의 학교에 진학하는 것으로 나타났다. [그림 5]에서 볼 수 있듯 2009년부터 남학생(81.6%)보다 여성의 전문대학 이상 진학률(82.4%)이 높아졌다. 〈표 25〉를 보면 4년제 이상 대학 진학률도 2010년부터 여학생(53.8%)이 남학생(53.4%)을 앞지르기 시작해 2015년에는 여학생(48.8%)이 남학생(44.8%)보다 4년제 대학에 4% 더 많이 진학했다. 이처럼 여학생의 대학 진학률이 높아진 원인은 우리 사회에서 나타난 여러 변화에서 찾아볼 수 있다. 우선 아들을 낳아 잘 교육시켜 대를 이어야 한다는 남아 선호사상에서 벗어난 부모들이 많아졌다. 또 예전처럼 다자녀가 아닌, 한두 명의 아이만을 양육하므로, 대부분의 부모들이 성별을 가리지 않고 교육시키고 있다. 그러나 이렇듯 고학력 여성들이 늘어나고 있음에도 대졸 여성의 취업난이 대졸 남성의 상황보다 심각하고, 취업을 하더라도 남녀의 임금 격차가 큰 현실은 대한민국 안에 존재하는 유리천장이 얼마나 두터운지를 확인시켜준다.

4) 2000년대 여성의식

(1) 2000년대 남아 선호도

남아 선호도는 2000년대 들어 크게 약화됐다. 사회 전반적으로 양성평등적인 인식이 확산됐고, 아이를 한 명 내지 두 명만 낳으면서 나타난 변화라고 할 수 있다.

서울시의 2001년 여성백서를 인용한 기사[80]를 보면, '아들로 대를 잇는다'는 의식에서 벗어나야 한다는 의견에 여성의 74.2%가 동의했고 호주승계의 순서를 아들 우선(18.8%)보다는 아들, 딸에 관계없이 연장자순으

77 진학률은 당해 연도 졸업자중 상급학교에 진학한 사람의 비율(재수생 미포함).

78 국내 진학자에 한함.

79 교육대학, 산업대학, 기술대학, 방송통신대학 포함. 2011년부터 진학자의 조사 기준을 2월 졸업 당시 대학 합격자에서 4월 1일 현재 대학등록자로 조정.

80 〈'초혼 남성–재혼 여성' 결혼 증가〉, 《매일경제》 2002년 5월 6일 기사.

로 해야 한다는 의견(81%)이 지배적이었다.

신문 기사에서도 이런 인식의 변화를 쉽게 찾아볼 수 있다. 남아 선호는 거의 사라진 것으로 나타났다고 보도한 기사[81]에 따르면 여아 100명당 남아 출생 수인 출생성비는 2008년 106.4로 6년째 정상 수준(103~107)을 유지했다. 이 기사에 따르면, 출생성비가 낮아짐에 따라 남녀 출생아 차이는 1993년 10,915명에서 1998년 5,030명, 2008년 2,916명으로 크게 줄어들었다. 이는 1980~1990년대에 이뤄진 무분별한 태아 성감별이 점차 사라지고 있는데다 아들, 딸 구별하지 않고 아이를 적게 낳는 '저출산' 등이 요인이었다. 기사에서 나타났듯이, 출생성비는 1986년 111.7까지 고점을 찍은 후 1996년(109.9)까지 110을 전후한 기록을 남겨 여아보다 남아가 10% 정도 많은 '남초 현상'이 10년 이상 지속됐다. 1982~1986년에 태어난 남성 184만 명 중 30만 명이 비슷한 연령대에서 배우자를 찾기 어려워 '결혼 대란'이 우려된다는 분석이 나왔던 것도 이러한 남초 현상 때문이었다.

실제로 남아 선호도에 대한 인식이 달라졌음을 보여주는 조사 결과를 소개한 기사도 있었다. 한국보건사회연구원과 교육개발원의 부설 연구기관인 육아정책연구소가 2008년 전국 산부인과에서 태어난 2,078명의 신생아 가구를 대상으로 벌인 아동패널 조사 결과를 소개한 기사[82]에 따르면, 신생아 아버지는 임신 중 바랐던 자녀 성별로 딸 37.4%, 아들 28.6%를 꼽았다. 또 신생아 어머니 설문에서도 임신한 자녀가 딸이기를 바란 경우(37.9%)가 아들을 원한다는 경우(31.3%)보다 많았다. 실제 조사를 통해 여아 선호 경향이 드러난 것은 이 조사가 처음이었는데, 연령대별로는 20대 부부의 여아 선호도(38.9%)가 30대(37.8%)보다 높았으나, 40대

81 〈서울 여성 경제활동 비율 6년 만에 50% 밑으로〉, 《경향신문》 2010년 6월 27일 기사.

82 〈젊은 부부들 "아들보다 딸이 좋아"〉, 《한국일보》 2010년 1월 12일 기사.

부부는 여전히 여아(27.9%)보다 남아(33.1%)를 선호했다. 40대 이상의 연령층들은 여전히 남아를 선호하고 있으나, 20·30대 젊은 남녀들에게서는 남아 선호도가 거의 사라지고 있음을 보여주며, 한국 사회의 긍정적인 변화를 기대하게 해준다.

(2) 2000년대 여성 직업에 대한 인식

통계청(2002, 2006, 2009, 2011, 2013, 2015) 조사 결과를 살펴보면, 2000년대 들어 남녀의 직업 선택 기준이 바뀌고 있음을 확인할 수 있다. 남녀 모두 변화의 경향은 비슷하게 나타났다. 구체적으로 보면, 남성은 직업을 선택할 때 중요하게 생각하는 요인 1순위로 2002년(34.5%)과 2006년(33.2%) 모두 안정성을 꼽았으나, 2009년(35.6%)과 2011년(38.1%), 2013년(37.9%), 2015년(39.4%)에는 수입을 가장 많이 선택했

〈표 26〉 여성과 남성의 직업 선택 요인

(단위: %)

항목	2002		2006		2009		2011		2013		2015	
	여성	남성	여성	남성	여성	남성	여성	남성	여성	남성	여성	남성
명예·명성	1.4	2.1	2.1	3.3	2.6	4.1	2.2	3.7	1.8	3.6	2.1	3.2
안정성	34.3	34.5	32.0	33.2	29.1	31.7	27.5	31.0	28.0	28.9	27.6	28.5
수입	21.7	21.4	32.2	31.2	37.0	35.6	38.5	38.1	36.2	37.9	38.1	39.4
적성·흥미	17.4	15.3	12.9	11.0	12.3	10.3	16.9	11.3	18.1	15.0	17.9	15.4
보람·자아성취	8.0	8.5	6.6	6.5	7.7	7.1	5.2	5.9	6.2	5.0	5.6	5.2
발전성·장래성	15.1	17.2	8.7	11.8	6.7	9.0	4.7	7.4	4.7	6.9	4.4	6.3
기타	0.0	0.0	0.1	0.1	0.2	0.1	0.3	0.2	0.2	0.2	0.2	0.1
잘 모르겠다	2.2	1.1	5.4	2.9	4.4	2.2	4.8	2.5	4.8	2.6	4.1	2.0
계	100.0	100.0	100.0	100.0	100.0	100.0	100.0	100.0	100.0	100.0	100.0	100.0

출처: 통계청, 〈직업선택요인〉(각 연도).

다. 여성도 2002년까지 안정성(34.3%)을 주요 선택 요인으로 택했으나 2006년(32.2%), 2009년(37.0%), 2011년(38.5%), 2013년(36.2%), 2015년(38.1%) 모두 수입을 가장 많이 꼽았다. 2000년대 중반을 넘어서면서 나타난 사회경제적 변화가 남녀의 직업 선택 요인을 바꿔놓고 있음을 알 수 있다. 평생직장 개념이 약화되어 직장 이동이 많아졌으며, 취업 경쟁이 치열해지고, 안정적인 직업이 사라지는 등 사회경제적 변화가 젊은이들의 직업 선택 기준에 영향을 준 것으로 보인다. 예컨대 안정적이라고 생각했던 변호사들이 직장을 구하기 어려워진 현실이나 의사들의 폐업이 늘어나는 상황 등 안정적인 직업이 점점 사라져가고 있어, 수입이 무엇보다 중요해진 것이다. 직업의 좋고 나쁨의 사회적 편견이 사라져가고 있다는 점에서는 긍정적이지만, 명예나 보람보다 돈이 중요한 사회로 나아가고 있음을 보여준다.

5. 1970년대부터 2000년대까지 한국 사회와 여성

1970년대부터 2000년대까지 각 연대별로 한국 사회에서의 여성의 위치를 파악해보았다. 여기서는 1970년대부터 2000년대까지 여성이 처한 맥락을 전체적으로 조망해보려는 의도에서, 앞에서 살펴본 내용들을 요약하면서 각 연대별 특성을 살펴보겠다.

1) 1970년대~2000년대 여성의 경제활동

(1) 1970년대~2000년대 여성의 경제활동 인구와 경제활동 참가율

우리나라 경제 발전 과정을 돌아봤을 때 1960년대 이후 공업화 과정에

〈표 27〉 성별 경제활동 인구 추이

(단위: 천 명, %)

경제활동 인구		1963	1970	1980	1990	2000	2010	2014
경제활동 인구	남자	5,395	6,447	9,019	11,030	13,000	14,450	15,334
	여자	2,835	3,615	5,412	7,509	9,069	10,211	11,099
경제활동 참가율	남자	78.4	77.9	76.4	74.0	74.2	72.8	73.7
	여자	37.0	39.3	42.8	47.0	48.6	49.2	51.1
남녀 차이(참가율)		41.4	38.6	33.6	27.0	25.6	23.6	22.6

출처: 통계청, 〈성/연령별경제활동 인구〉(구직기간 1주 기준).

서 가장 큰 공을 세운 사람들은 박봉에도 밤낮없이 공장에서 일한 여성들일 것이다. 그들의 희생과 생활고를 발판으로 우리 경제가 성장한 셈이다. 1980년대 이후에는 금융 · 보험 · 유통 산업 등 3차 산업이 확대됨에 따라 여성 사무직 종사자도 크게 늘어났으며, 1990년대 중반부터는 전문 기술직에 종사하는 여성들도 증가하는 추세를 보이고 있다(김성희, 2006).

여성의 경제활동 참가율을 보면, 1963년 37.0%, 1970년 39.3%에서 1980년 42.8%로 증가했으나, 1990년 47.0%, 2000년 48.6%, 2010년 49.2%, 2014년에는 51.1%로 1990년대부터 2014년까지 비슷한 수준을 유지하고 있다. 특히 남성과 비교하면 여성의 경제활동 참가율이 여전히 낮다. 남성의 경우 1960년대 78.4%, 1970년대 77.9%, 1980년대 76.4%, 1990년대 74.0%, 2000년대 74.2%, 2010년 72.8%, 2014년 73.7%로 72~78% 선을 유지하고 있다. 여성의 경제활동 참가율은 남성의 2/3수준에도 미치지 못하는 셈이다. 일부 고학력 엘리트 여성들이 법조계나 공무원 등으로 진출하는 경향이 높아지고 있지만, 실제 전체 여성의 경제활동 상황을 고려한다면 노동시장에서 여성의 참여는 여전히 어려운 상황임을 알 수 있다.

(2) 1970년대~2000년대 여성의 취업

1970년대 산업화의 물결을 타고 여성 취업은 늘어났으나, 대체로 1차 산업과 생산직에 치중해 있었다. 여성 취업자의 3분의 2가 전문지식이나 숙련을 요하지 않는 농림수산관계 직업에 종사하고 있어, 선진국과 달리 전문직, 관리직, 사무직에는 구성비가 월등히 낮고 농어촌과 판매원, 기능공 등에 비교적 많이 종사하고 있었다. 여성의 사회적 지위 향상에 큰 역할을 할 수 있는 전문직 여성의 수는 1973년 기준 7만 3천 명으로 전 여성의 1.7%에 머물렀다.[83]

구체적인 노동의 수준과 별개로, 1970년대는 여성의 취업이 늘어난 시기이다. 이러한 여성의 취업은 남성들의 경제활동 상황이 변화하면서 나타난 현상이었다. 남성들이 도시로 이동함에 따라 농어촌의 일손이 부족해져 여성들이 농업, 축산, 수산업 등에서 일하게 된 것이다.

이와 함께 시군 모두 25세 미만의 낮은 연령층의 여성수가 남성보다 높았다. 특히 도시에서는 이 현상이 뚜렷하여 여성 취업자의 반 이상이 25세 미만이었다.[84] 오빠나 남동생 등 남성을 위해 어린 여성이 노동시장으로 내몰린 현상이 여성의 취업률 증가로 이어졌음을 알 수 있다. 또 도시에서 어린 여성들의 취업률이 증가한 것은 여성들의 공장 취업이 1976년 이후 급격한 증가세를 보인 것과 밀접한 관련이 있어 보인다. 1976년 한 해 동안 공장에 취업한 여성이 26만 6천 명으로 늘어나 35.2%의 증가율을 보였는데, 이것은 정부의 수출 증대 시책과 관련, 섬유, 전하, 정밀공업 등 섬세한 작업을 필요로 하는 업종이 크게 늘어난 데다 75년께부터

83 〈취업률 낮은 여성의 전문직〉, 《동아일보》 1975년 11월 25일 기사.
84 〈기획원 조사 여성 근로자가 달려오고 있다〉, 《경향신문》 1978년 5월 4일 기사.

남성 인력이 중동 진출 등으로 해외에 많이 수출되어 여성의 취업 기회가 많아진 데 따른 것이다. 이처럼 1970년대 여성의 취업 증대는 지위 향상이라기보다 정부의 산업화 정책으로 인한 희생의 역사라고 할 수 있다.

1차 산업에 집중되었던 1970년대와 달리, 1980년대에는 여성들의 취업이 3차 산업에 집중되는 경향을 보였다. 1985년 통계 자료(한국여성개발원, 1997)를 보면, 농립 어업을 중심으로 하는 1차 산업에 165만1천 명(27.7%), 제조업을 중심으로 하는 2차 산업 취업에 135만 8천 명(23.3%), 음식 숙박업, 도소매업 등을 중심으로 하는 3차 산업에 285만 5천 명(47.8%)이 취업한 것으로 나타나 3차 산업에 근무하는 여성 취업자의 비율이 가장 높았다(변화순 · 황정임, 1998). 1980년대 여성의 취업은 임금을 받는 경우보다 임금을 받지 않는 자영업자, 가족 종사자, 임시 고용된 경우가 많았으며, 중상위직보다는 하위직과 단순생산직에 집중되는 현상이 계속됐다.[85]

1990년대는 여성의 교육 정도가 높아짐에 따라 전문직과 사무직에 종사하는 여성이 늘어나기 시작한 시기였다. 전문 · 기술 · 행정 · 관리직 종사자 비중은 1965년 3.6%에서 1993년 9.7%로, 사무 관련 종사자 비중은 1965년 7.9%에서 1993년 15.5%로 크게 증가했다.[86] 그럼에도 불구하고, 그 비율은 전체 여성 취업자 중에서 매우 낮았다. 전문직과 사무직 취업 구조는 1993년 기준 25.2%로 일본(41.0%), 미국 (58.8%), 캐나다(63.5%)에 비해 크게 떨어지는 수준이었다.

1997년 IMF 즈음에는 여성 취업 증가율이 남성의 5배에 달한다는 보도를 찾아볼 수 있었다.[87] 40대 가장들이 실직을 하면서 주부들이 노동시

85 〈여성 거부하는 가치관 사라져야〉, 《매일경제》 1983년 11월 5일 기사.
86 〈여성 취업 30년새 10%p 늘었다/통계청 60년대 이후 변화 분석〉, 《경향신문》 1994년 5월 5일 기사.
87 〈여성 취업 증가율 남성의 5배〉, 《문화일보》 1997년 8월 28일 기사.

장에 대거 신규 진입한데다 저임금을 겨냥한 기업들의 수요가 늘어난 것으로, 여성들이 가정 경제를 위해 저임금의 주변부 노동에 취업하고 있었음을 알 수 있다. 그러나 결과적으로 IMF는 여성의 취업 상황을 매우 어렵게 만들었다. IMF 구제금융을 신청한 다음해인 1998년 6월의 경제활동 인구를 보면, 남성의 경제활동 참가율은 전년 6월에 비해 0.3%포인트 감소한데 그쳤으나, 여자의 경우 2.4%포인트나 감소했다.[88] 여성의 경제적 위치가 조금 나아지던 1997년에 발생한 IMF 구제금융 신청은 여성의 경제적 상황을 크게 후퇴시키는 결과를 초래했다.

2000년대 들어 여성 취업자 중 임금 근로자 비중은 2003년 23.2%에서 2015년 76.4%로 지속적으로 상승하고 있다.[89] 임금 근로자 중 상용직 근로자의 비중이 늘어나는 추세이나, 2015년에도 43.1%선이어서 아직도 여성 취업이 정상 궤도에 오르지 못했다는 것을 알 수 있다. 2000년대에도 여성은 남성에 비해 임시·일용직에 근무하는 비율이 높고, 비임금 근로자 중 자영업자의 비중이 낮아, 여전히 노동시장에서 주변부화되어 있는 상태라고 할 수 있다.

2009년에는 여성 비경제활동 인구가 전년보다 28만 6천 명 증가한 1,042만 명으로, 관련 통계가 시작된 1962년 이래 최대 규모를 기록하고 남성 비경제활동 인구의 두 배에 이르렀다.[90] 여성의 비경제활동 사유로 육아와 가사가 67.2%로 가장 많았다는 점과, 결혼하거나 출산하면서 여성이 직장을 그만두는 연령이 평균 27세라는 사실[91]은 2000년대 후반에도 여전히 육아와 가사의 부담이 여성의 자유로운 경제활동을 가로막고 있음을 보여준다.

---

88 〈「焦點」 6월중 고용동향 분석〉, 《연합뉴스》 1998년 7월 22일 기사.

89 통계청, 경제활동 인구조사.

90 〈경제인구 여성이 38%차지〉, 《동아일보》1980년 3월 18일 기사.

91 〈「빅데이터로 분석한 한국 사회 3대 현안」 中 청년일자리〉, 《동아일보》 2012년 10월 30일 기사.

그나마 여성 취업자 중 전문·관리직 종사자가 2004년에 16.9에서 2015년 23.2%로 나타나[92] 지속적으로 상승하는 추세였다. 그러나 전문직에 진출한 젊은 여성들이 정책 결정의 핵심 지위까지 도달할 수 있을지는 미지수이며, 오른 이후에도 자신의 의사를 마음껏 펼칠 수 있는 사회적·조직적 문화가 정착될 수 있을지는 향후 20년 이상 두고 봐야 할 일이다.

2000년대 후반에 주목해볼 만한 변화는 50대 여성의 취업이 늘어나고 있다는 점이다. 통계청의 2011년 2분기 고용률을 보면, 50대 여성은 처음으로 20대 남녀 고용률을 동시에 추월했고, 40대 여성 고용률은 거의 30년 만에 최고 수준으로 높아졌다.[93] 50대 여성이 경제력을 갖게 되었다는 점은 긍정적이나, 그들이 어디에서 어떤 일을 하고 있는가와 경제력이 여성 자신의 삶의 질을 높이는 데 기여하고 있는지는 앞으로 연구해볼 만한 과제라 할 수 있다.

무엇보다 2011년 경제협력개발기구(OECD) 회원국 가운데 한국 대졸 여성들의 고용률이 최하위를 기록한 점과 남녀 고용률 격차도 29.0%포인트로 가장 높다는 점[94]은 2010년대 한국 사회에서 여성이 여전히 취업에서 차별받고 있음을 여실히 보여주고 있다.

(3) 1970년대~2000년대 남녀 임금 격차

1970년대 임금제는 성별, 학력별, 연령별, 그 밖에 근속연수에 따르는 연공서열형 등 능력급 제도에 의존하기 때문에 여성 근로자의 경우 심한 차별대우를 받았다.[95] 1972년 이후 남녀의 월급여액의 증가율은 비슷했

92 통계청, 경제활동 인구조사.
93 〈50대 여성 고용률 59.3%…20대 추월〉, 《한국경제》 2011년 7월 19일 기사.
94 〈한국 대졸여성 고용률 60%…OECD 최하위권〉, 《동아일보》 2013년 1월 20일 기사.
95 〈고달픈 근로여성〉, 《매일경제》 1973년 4월 12일 기사.

으나, 여성은 낮은 정액급여체계로 인해 남성의 2분의 1 정도의 임금을 받고 있는 실정이었다.[96]

이처럼 1977년 기준 여성들의 평균 임금은 남자들의 43.9%, 상여금은 33.6%에 그치는 실정이었으나, 월 평균 노동시간은 남자(225시간)보다 8시간 더 높았으며, 월 2만원 미만의 저임금 여성 근로자들의 57.3%가 18세 미만의 미성년자[97]로 저임금에 혹사당하고 있었다. 즉 1970년대 여성은 남성 임금의 1/2수준을 받으면서 초과 근로시간에 시달리는 힘든 상황에 처해 있었다.

1980년대 들어서도 남녀 임금은 여전히 큰 격차를 나타내고 있었다. 여성 경제활동 인구의 5분의 4 이상이 속해 있는 저임금 직종(서비스직, 생산 및 관련직, 농림직, 판매직)의 여성 임금은 1974년부터 1985년까지 10여 년 동안 큰 변화 없이 남성 임금의 50~60% 선으로 고정된 반면, 소수가 속해 있는 직종(전문기술 관련직과 행정 · 관리직, 사무 관련직)의 여성 임금 비는 큰 폭으로 증가했다.[98] 전문기술 관련직, 사무 관련직의 여성들 역시 1985년 기준 남성 임금의 70%가량을 받고 있어, 남녀 임금 격차는 작지 않았다.

1990년 이후 남녀 노동자 임금 격차는 조금씩 줄어들었다. 남녀의 임금 격차는 1990년 여성을 100으로 할 때 남성이 186.8이었으며, 1991년에는 100:183.4, 1992년에는 100:178.9, 1993년에는 100:176.5, 1994년에는 100:171.3, 1995년에는 100:167.8, 1996년에는 100:164.0, 1997년에는 100:161.0으로 격차가 완화됐다.[99] 그러나 이러한 남녀 임금 격차의 축소에도 불구하고, 1998년 7월말 기준으로 10명 이상 사업장 3,800

96 〈「여성 취업」을 알아본다〉, 《매일경제》 1978년 11월 3일 기사.
97 〈월 2만 원 미만 저임금 근로자 80%가 여성〉, 《경향신문》 1977년 2월 22일 기사.
98 〈세 겹 설움의 여성노동자〉, 《한겨레》 1988년 11월 27일 기사.
99 〈남녀 노동자 임금 격차 여전〉, 《한겨레》 1998년 10월 19일 기사.

여곳의 남성노동자 월평균 임금총액은 154만 966원인 데 반해, 여성 노동자의 임금은 99만 7284원으로 남성 임금의 50% 수준을 받았다.[100] 또 1993년 대졸 기준으로 여성은 남성 임금의 74% 수준을 받아(연합뉴스, 1995.9.18), 대졸 남녀의 임금 격차도 여전히 컸다.

특이한 것은 적은 임금에도 불구하고 1990년대에도 여성의 노동시간은 남성의 노동시간보다 길었다는 점이다. 여성은 남성보다 더 많이 일하면서 임금은 적게 받고 있었으니, 여성 노동자에 대한 기업의 대우가 얼마나 안 좋았는지 알 수 있다.

여성의 경제활동이 늘어나 남녀 임금 격차가 줄어들었을 거라는 기대와 달리, 2000년대에도 여성과 남성의 임금 격차는 여전히 컸다. 2014년 기준으로 OECD 주요 회원국 중 남녀 임금 격차가 가장 큰 국가가 대한민국이며, 여성들은 남성보다 36.7% 정도 임금을 덜 받고 있었다.[101]

학력과 근속연수 등에 차이가 없어도 여성 노동자의 임금은 2007년 기준 남성의 79.5~89.4%에 그쳤으며, 성별 임금 격차는 하위 소득자보다 중상위 소득자에서 더 벌어져 중상위 소득자의 경우 여성은 남성보다 20%가량 낮은 임금을 받는 것으로 나타났다.[102] 여성의 사회 진출이 늘어나고 지위가 많이 향상된 것처럼 보이지만, 2010년대의 한국 경제는 여전히 남성 중심으로 구조화되어 있음을 알 수 있다.

100 〈남녀 노동자 임금 격차 여전〉, 《한겨레》 1998년 10월 19일 기사.

101 OECD Employment Outlook 2014, (https://data.oecd.org/earnwage/gender-wage-gap.htm#indicator-chart)

102 〈여성 임금, 학력 · 경력 같아도 남성보다 10~20%나 낮아〉, 《경향신문》 2009년 2월 2일 기사.

2) 1970년대~2000년대 여성의 결혼

(1) 1970년대~2000년대 초혼 연령

1970년대 이후 여성의 초혼 연령은 꾸준히 높아졌다. 1970년 23.3세, 1975년 23.7세로, 1970년대에는 23세~24세에 결혼하는 여성들이 많았지만[103] 1980년대 들어서는 1985년 24.8세,[104] 1988년 25.3세로 24세~25세에 결혼하는 여성이 많았다. 1990년대 들어서는 1995년 25.32세, 1999년 26.29세로 25~26세에 결혼하는 여성이 많아 1980년대보다 여성의 결혼 연령이 1살 정도 높아졌으며, 2000년대 들어서는 점점 더 높아져서 2005년 27.7세, 2010년 28.9세, 2015년 29.96세로 1990년대보다 3살가량 높아졌다.[105]

이와 함께 여성과 남성의 결혼 연령 차이도 점점 줄어들었다. 1970년대는 남녀의 초혼 연령의 차이는 3.7세~4세였으나,[106] 1980년대에는 3.1세~3.5세,[107] 1999년에는 2.78세, 2000년대 들어 그 차이가 더 좁혀져 2015년에는 2.61세로 줄어들었다.

일반적으로 여성의 결혼 연령이 늦어진 이유를 대학 진학률 상승과 경제활동 참가 비중의 증가에서 찾는다. 여성의 학업 기간이 늘어나 일찍 결혼하는 여성이 줄어들고, 직장생활을 많이 하다 보니 결혼이 늦어졌기 때문이다. 그러나 무엇보다 결혼을 인생 최고의 가치로 생각하는 여성들이 줄고 사회생활을 통해 자아실현을 꿈꾸는 여성이 늘어났다는 점이 가장 큰 원인으로 작용했을 것이다. 이처럼 여성들의 의식은 크게 변했지

103 〈연도별 초혼 연령 내용〉, 《경향신문》 1978년 6월 17일 기사.
104 〈"아들 대학 보내겠다" 84.5%〉, 《경향신문》 1988년 1월 23일 기사.
105 통계청, 시도별 평균초혼 연령.
106 〈연도별 초혼 연령 내용〉, 《경향신문》 1978년 6월 17일 기사.
107 〈증가율 3년째 1% 이하〉, 《매일경제》 1989년 11월 2일 기사.

만, 한국 사회의 현실은 그런 변화에 발맞추지 못했다. 여전히 육아와 가사의 병행이 여성의 사회생활에 큰 장애가 되고 있어,[108] 여성들은 결혼을 늦추거나 아이를 낳지 않는 상황을 선택할 수밖에 없었다.

(2) 1970년대~2000년대 결혼관

1970년대에는 가족 중심의 결혼 풍습에서 벗어나 당사자 중심의 결혼이 자리잡아가고 있었으나, 결혼은 반드시 해야 한다는 인식이 사회 전반적인 분위기였다. 그런 가운데 대학 재학 이상의 학력을 가진 여성들은 조금씩 '결혼은 해도 되고 안 해도 되는 것'이라는 생각을 갖기 시작했다. 그러나 대학교에 입학한 여성의 숫자가 적은 점을 고려할 때, 이런 생각을 가진 여성들은 전체 사회에서 많지 않았다. 또 당시 지식층이라고 할 수 있는 남자 대학생들 10명 중 8명이 '여자란 집안을 돌보고 남편을 따라야 한다'는 인식[109]을 갖고 있어서, 1970년대 결혼과 가정생활은 가부장적인 요소가 만연해 있었다. 또 여대생의 경우도 10명 중 6~7명은 결혼하면 직업을 그만두어야 한다는 데 동의하고 있어 1970년대 여성들이 결혼 이후 직장을 다니기는 힘든 상황이었다.

1980년대 들어 이러한 결혼관에 다소 변화가 나타났다. 결혼 자체에 대해 연령이 낮을수록 '해도 좋고 안 해도 좋다'는 태도가 늘어났으며 여자는 남자보다 '결혼은 반드시 해야 한다'는 생각을 덜 하고 있는 것으로 조사됐다.[110] 여성들이 과거보다 남성 의존적인 상황에서 벗어나 혼자서도 살아갈 수 있다는 자신감을 갖기 시작한 것으로 보인다.

결혼상담소를 찾은 남성의 75%가 경제적 능력이 있는 여성을 선호했

108 〈「빅데이터로 분석한 한국사회 3대 현안」 中 청년일자리〉, 《동아일보》 2012년 10월 30일 기사.
109 〈여대생들의 결혼관-유영근 교수 조사〉, 《동아일보》 1976년 4월 23일 기사.
110 〈가족이 흔들리고 있다〉, 《경향신문》 1984년 4월 10일 기사.

다는 기사에서 볼 수 있듯[111] 남성들의 결혼관도 변해가고 있었다. 그러나 이들은 전체 남성에서 아주 낮은 비율을 차지했으며, 경제력을 갖고 있으면서 가정일도 잘 하는 슈퍼우먼을 아내로 맞이하기를 희망했을 것이다. 이러한 기대와 사회적 분위기는 여성들이 결혼 후에도 계속 직장을 다닐 수 있는 기회가 됐지만, 여성이 직장일과 가사·육아라는 이중적인 부담을 떠안으면서 슈퍼우먼 콤플렉스에 시달리게 만들었다.

1990년대 들어서는 결혼은 해도 좋고 안 해도 좋다는 여성들이 크게 늘어났다. 결혼을 선택사항으로 인식하는 여성의 비율(28.9%)과 필수적인 것으로 인식하는 비율(30.5%)이 비슷하게 나타났다(통계청, 1999). 이에 따라 결혼에 대한 남녀 간의 생각에 큰 차이가 나타났다. 20대 여성의 경우, '해도 좋고 하지 않아도 된다'(42.0%)는 '결혼은 반드시 해야 한다'(13.5%)의 3배나 됐으나, 20대 남성의 경우 결혼을 선택사항으로 생각하는 사람(18.4%)은 필수로 생각하는 사람(36.9%)의 절반 수준이었다.

이런 경향은 2000년대 들어 더 강해졌다. 20~29세, 30~39세는 각각 41.9%, 40.7%만이 결혼을 '해야 한다'고 생각할 뿐, 50.4%, 53.7%가 '해도 좋고 하지 않아도 좋다'고 생각해(통계청, 2016) 젊은 여성들의 결혼관이 크게 변화했음을 알 수 있다.

3) 1970년대~2000년대 여성의 교육

1970년대에는 소수 엘리트 여성만이 교육의 혜택을 받을 수 있었으며, 여성 교육에 대한 사회적 관심이 거의 없었던 시기였다. 당시 만 6세 이상의 여성 중 한글 해독이 가능한 여성이 9.2%밖에 안 돼, 10명 중 1명

111 〈신혜영 씨 「시대에 따른 결혼관 변화」 보고서, 「맞벌이 여성」 결혼상대로 인기〉, 《동아일보》 1983년 11월 7일 기사.

만이 한글을 제대로 읽을 수 있는 상황이었다.[112] 또 여성 10명 중 1.5명만이 중학교 이상의 학력을 갖고 있어, 정규 학교 교육을 받는 여성이 매우 적었다. 대학 교육을 받는 1.2%의 여성 중에서도 1/3만이 직업을 가졌던 것으로 보아, 당시 교육이 여성의 경제활동에 기여한 바는 매우 적었다.

이런 상황은 1980년에 이르면 크게 나아진다. 1980년 기준 초등학교와 중학교 취학률은 남녀 모두 90% 이상으로,[113] 1980년대 초반부터 남녀 모두 중학교 이상의 교육을 받는 등 한국 사회의 교육 수준이 높아지고 있었다. 그러나 1980년 기준 전문대 이상에 입학하는 여성은 전체 여성의 6.7%로, 100명 중 6~7명만이 전문대학 또는 대학교에 입학했다. 이런 비율은 남성의 경우(19.5%)에 비해 3분의 1수준밖에 되지 않았다. 1980년에도 여성과 남성의 학력차가 컸다는 것을 알 수 있다.

이러한 남녀의 학력 차이는 1990년대 들어 좁혀지는 경향을 보이나, 1994년에도 남자 대학생 1백 명당 여성 대학생 수는 55.4명으로 절반 정도밖에 안 됐다.[114] 1994년 당시 미국(112명), 캐나다(128명), 노르웨이(112.8명), 스웨덴(116.3명), 프랑스(113.3명) 등 선진국은 물론 말레이시아(90명), 멕시코(74.9명), 칠레(79.9명)와 같은 개발도상국에 비해서도 낮았다. 이는 한국의 여성 교육이 다른 나라에 비해 매우 뒤떨어져 있었다는 것을 보여준다.

2000년대에 들어서야 이러한 남녀 진학률 차이가 줄어들기 시작했다. 2000년 여성의 전문대학 이상 진학률은 65.4%로, 남성의 진학률(70.4%)에 육박했다. 2009년에는 남학생(81.6%)의 전문대학 이상 진학률보다 여

112 〈활용 못하는 여성 인력〉, 《매일경제》 1977년 4월 11일 기사.
113 〈여성40년 「백서」가 나왔다〉, 《동아일보》 1985년 6월 3일 기사.
114 〈통계로 본 세계 속의 한국 여성〉, 《연합뉴스》 1995년 9월 18일 기사.

성의 진학률(82.4%)이 약간 높아졌고 2010년에는 여학생의 4년제 이상 진학률(53.8%)이 남학생의 진학률(53.4%)을 조금 앞질렀다. 2010년대에 들어서서야 남녀의 대학 진학률이 비슷해진 것이다. 이처럼 여성의 학력이 높아진 것에는 여러 원인이 작용했겠지만, 무엇보다 남아 선호사상에서 벗어난 부모들이 많아졌고 한두 명의 자녀만을 키우는 부모들이 딸 아들을 구분하지 않고 교육시킨 결과라고 할 수 있다. 문제는 이렇게 고학력 여성들이 늘어나고 있음에도 불구하고 대졸 여성들의 취업난과 남녀의 임금 격차가 여전히 존재한다는 점이다.

4) 1970년대~2000년대 여성의식

(1) 1970년대~2000년대 남아 선호도

1970년대 여성들은 아들을 낳기를 원했다.[115] 남아 선호사상 때문에 3명의 딸을 가진 부인 중 1~2명, 딸 2명을 둔 부인들 중 2~3명만이 가족계획을 했을 정도로 아들 낳기를 열망했다. 이러한 경향은 1980년대 후반까지 계속돼, 태아감식을 통해 아이출산을 결정하는 사례까지 생겨났다. 그 결과로, 자연 상태에서 여아 100명당 남아 출생 수인 출생성비는 105~106 정도지만 1986년 111.7까지 올라갔으며,[116] 1988년에 태어난 아이 중 세 번째 순위 이상에 해당하는 아이는 남아가 13.6%나 많았다.[117]

1990년대 들어서는 남아 선호도가 다소 약화되었지만, 여성들은 여전히 아들을 낳아야 한다는 의무감에서 벗어나지 못하고 있었다. 여성개발원이 1990년에 실시한 전국조사에서 '아들을 못 낳으면 부인이 시댁이나

115 〈여성의 의식구조〉, 《동아일보》 1976년 1월 30일 기사.
116 〈서울 여성 경제활동 비율 6년 만에 50% 밑으로〉, 《경향신문》 2010년 6월 27일 기사.
117 〈증가율 3년째 1% 이하〉, 《매일경제》 1989년 11월 2일 기사.

남편에게 떳떳지 못하다'고 생각하는 여성이 42%나 됐다.[118] 그래서인지 여아 100명당 남아 출생 수인 출생성비는 1990년 116.6, 1996년 109.9, 1997년 108.4로 성별 감별 출산이 1990년대 후반까지 계속됐다.[119] 특히 셋째 아이 이상인 경우 성비는 136.1이나 돼 남자아이를 골라 낳고 있음을 뚜렷하게 보여주었다.[120] 이처럼 여아보다 남아가 10% 정도 많은 '남초 현상'은 10년 이상 지속됐다.

다행히 이런 남아 선호 경향은 2000년대 들어 크게 약화됐다. 여아 100명당 남아 출생 수인 출생성비는 2008년 기준 106.4로, 6년째 정상수준(103~107)을 유지했다.[121] 이는 1980~1990년대에 이뤄진 무분별한 태아 성감별이 사라졌음을 보여준다. 사회 전반적으로 여성의 사회 진출이 많아짐에 따라 양성 평등적인 인식이 확산되었고, 아이를 한 명 내지 두 명만 낳아 나타난 변화로 보인다.

(2) 1970년대~2000년대 여성 직업에 대한 인식

1970년대 여성 10명 중 4명가량은 결혼 후 직업을 갖는 것에 대해 긍정적인 생각을 갖고 있었으나,[122] 10명 중 4명 정도(42.6%)의 남성들은 부인이 나갈 수 있는 직장이 있더라도 '안 내보내겠다'는 입장이어서[123] 여성이 결혼 후 직업을 갖기가 쉽지 않았다.

1980년대 대학 졸업 이상 고학력자들의 직업 선택의 기준은 자아실현과 안정성에 있었고,[124] 대졸 여성들도 취업 내지 직장활동을 통해 자아의

118 〈결혼 뒤 3~4년내 단산〉, 《매일경제》 1989년 11월 2일 기사.
119 〈서울 여성 경제활동 비율 6년 만에 50% 밑으로〉, 《경향신문》 2010년 6월 27일 기사.
120 〈통계로 보는 여성의 삶〉, 《연합뉴스》 1999년 7월 1일 기사.
121 〈서울 여성 경제활동 비율 6년 만에 50% 밑으로〉, 《경향신문》 2010년 6월 27일 기사.
122 〈여성의 의식구조〉, 《동아일보》 1976년 1월 30일 기사.
123 〈남편은 아내의 취업을 꺼린다 직장남성이 보는 직장여성〉, 《매일경제》 1977년 3월 7일 기사.
124 〈여성40년 「백서」가 나왔다〉, 《동아일보》 1985년 6월 3일 기사.

사회적 정체성을 찾으려 했다(이소희, 2003). 그러나 여성들은 자신의 취업이 자녀양육과 가정의 행복에 방해가 된다면 포기할 수 있다는 생각을 갖고 있어, 직업의식이 그렇게 강하지 않았다(강문희 · 강혜련, 1986).

1990년대 직업관은 IMF 금융위기를 경험하면서 크게 변화했다. 1995년에는 여성이 직업을 선택할 때 직업의 안정성(29.0%)보다는 수입(31.4%)을 더 중요하게 고려했으나, 1998년 조사에서는 직업의 안정성(42.3%)을 수입(19.1%)보다 중요하게 생각했다(통계청, 1999). 또 IMF 직후인 1998년 조사에서 미혼 여성의 49.5%, 미혼 남성의 30.8%가 '여성도 결혼이나 육아와 관계없이 취업을 계속하는 것이 바람직하다'고 답변했다(통계청, 1999). 이것은 여성의 사회활동에 대해 긍정적인 인식이 늘어나서이기도 하지만, 현실적으로 남성들의 직장이 안정적이지 못한데다, 남자 혼자 벌어서 살기가 힘들어진 당시의 경제적인 상황에서 비롯된 것으로 보인다. 한편, 남자가 직업을 선택할 때 수입보다는 직업의 장래성이나 발전성을 더 많이 고려하는 반면, 여성은 발전성보다 수입을 더 중요하게 생각하고 있어,[125] 상대적으로 직장을 평생 가져야 한다는 인식이 강하지 않았다. 1990년대에도 여성 취업에 있어 여성들이 인식하고 있는 장애 요인은 가사와 육아부담(52.5%), 승진 등 사회적 편견(24.7%)이었다.

2000년대 들어 남녀의 직업 선택 기준은 비슷한 경향을 보이며 변화했다. IMF의 여파가 계속된 2000년대 초반에는 '안정성'을, 후반에는 '수입'을 중요시했다. 이것은 명예나 보람보다 '돈'이 중요한 사회로 나아가고 있음을 보여준다.

이와 같이 1970년대부터 2000년대까지 여성의 지위 변화를 살펴보면

125 〈95년 사회통계조사 결과〉, 《연합뉴스》 1996년 5월 8일 기사.

서, 미디어와 관련해 몇 가지 두드러지는 점이 있다. 우선, 신문이 당시 상황을 잘 보여주고 있다는 사실이다. 통계 자료로 파악할 수 없는 사회적인 인식이 잘 담겨 있어 신문을 포함한 뉴스 미디어가 역사를 기록하는 중요한 매체라는 점을 확인할 수 있었다. 한편 객관적 사실에 대한 해석은 신문사 또는 기자의 관점에 따라 달라진다는 점에서, 역사의 기록이자 많은 사람에게 영향을 주는 뉴스의 관점이 가진 중요성에 대해 다시 한 번 생각하게 된다. 또한 여성 문제를 많이 다루고 있는 신문사가 있다는 사실도 알 수 있었다. 여성의 지위, 경제활동과 관련한 기사를 많이 다루고 있는 신문은 《경향신문》과 《매일경제신문》이었다. 이런 경향성을 고려해 여성과 관련해 좋은 기사들을 많이 다루는 신문이나 매체를 평가하고 격려하는 사회적 장치의 필요성도 생각해볼 만하다.

1970년대부터 2000년대까지 한국 사회에서의 여성의 지위 변화에 대해 종합하자면, 여성들의 경제 참여나 교육, 의식면에서 많은 발전이 있었다고 할 수 있다. 남아 선호사상으로 태아감별을 통해 남아를 출산하던 이야기는 역사 속으로 사라졌고 대학 입학생 수에서 여성이 남성보다 많아졌다. 특히 2000년대 들어 이런 변화는 크게 나타나 여성 법조인과 언론인이 늘어나기 시작했다.

그러나 여전히 가야 할 길은 멀기만 하다. 과거보다 나아지기는 했지만 육아와 가사는 여전히 여성의 부담으로 작용하며, 직장 생활을 잘해내기 위해서는 육아를 전담하는 어머니, 즉 또 다른 여성의 희생이 강요되고 있다. 게다가 한국으로 결혼해 이주해온 동남아 여성들에게는 아이를 출산하고 남편과 시부모를 공양해야 한다는 가부장적 논리가 여전히 강요되고 있다. 이와 함께 여대생들의 취업난은 남학생들의 취업난보다 심각하다.

이 장을 마무리하면서 한 가지 분명히 하고 싶은 것은 1970년대 이후 크게 개선된 여성의 지위는 수많은 여성의 조직적인 희생과 노력으로 이루어졌다는 사실이다. 1970년대 공장 여성들의 노동운동, 1980년대 이후 남녀고용평등법 개정, 호주제 철폐, 성폭력 특별법 제정, 여성단체들의 미디어운동 등의 인권운동들이 지금의 여성의 지위를 만들어냈다. 그들의 희생과 노력이 없었다면 지금과 같은 여성의 위상을 확보할 수 없었다는 사실을 꼭 기억해야 할 것이다.

3장

뉴스 생산자로서의 여성

1. 여성 기자의 현황과 변화

1) 기사로 본 여성 기자 현황

네이버 뉴스라이브러리와 언론진흥재단의 KINDS를 1970년대부터 검색해서 여성 기자에 대한 기사를 검색하면 나오는 내용은 많지 않다. 1970년대 관련 기사는 찾을 수가 없고 1980년대와 1990년대, 2000년대 기사가 있지만 몇 건 되지 않는다. 과거부터 현재까지의 여성 기자의 현황을 알아보기 위해 많지 않은 기사들을 간략하게 소개해보겠다.

먼저 1980년대의 여성 기자에 대해 다룬 기사는 신문·방송 기자의 수는 아직 많지 않지만, 취업 기회나 업무 면에서 남녀평등이 보장되어 있는 분야라고 설명하고 있다. 1980년대 한국 사회의 분위기를 고려한다면, 여성 기자는 고학력 여성에게 바늘구멍만큼 열려 있는 신의 직장이었던 셈이다.

> …신문, 방송 등의 기자는 아직 수는 많지 않지만 취업기회 업무 등에서 남녀평등이 보장되어 있는 분야. 각종 잡지, 특히 여성잡지에는 좀 더 많은 여기자가 일하고 있으며 출판사 편집부에서도 적지 않은 여성들이 일하고 있다.[1]

그러나 1990년대 언론에 실린 기사 두 건을 보면, 그때부터 여성 기자들의 언론사 내에서 아래 직급에 머물러 있고(수직적 주변화), 특정 부서에 쏠려 있었음(수평적 주변화)을 확인할 수 있었다. 먼저 《매일경제》에 실린 기사[2]는 '평균 연령 30세 11개월, 대졸, 경력 7년 2개월, 월 급여 1백만~1백50만 원, 문화 · 생활부 또는 출판 · 편집 · 교정부 근무가 1990년대 한국 여성 기자들의 현주소를 나타내는 평균 수치'라고 기술하고 있다. 이것은 현대리서치연구소가 1990년 2월 전국 24개 언론사(일간지, 방송사, 통신사)에 근무하는 여성 기자들을 대상으로 한 여기자 실태 및 의식 조사 결과이다.

이 조사에 따르면 1990년 기준 전국의 여기자 수는 327명으로, 4천 명에 달하는 전체 기자 중 여기자는 8.2%에 불과했다. 게다가 부장급 이상의 여기자는 13명밖에 안 돼, 90% 이상이 평기자로 근무하고 있으며 전체 여기자의 75.6%가 문화 · 생활부 · 출판부 · 편집 · 교정 · 조사부 등 5개 부서에 몰려 있었다. 여성 기자들은 입사 당시 4명 중 1명꼴로 문화 · 생활부를 희망했으나 거치는 부서는 문화 · 생활부가 가장 많았고, 사회 · 경제 · 정치부를 희망하는 비율이 높지만 실제 배치는 거의 되지 않

1 〈『여성의 직업』 알맞는 선택〉, 《동아일보》 1983년 10월 1일 기사.
2 〈여기자 여성 · 생활 · 문화 분야 편중〉, 《매일경제》 1990년 4월 7일 기사.

은 것으로 분석됐다. 또 여성 기자들의 73.8%가 승진 기회가 적다는 점에 불만을 표시했으며, 59.5%는 신지식을 습득하지 못하는 것에 불만을 갖고 있다고 보도했다. 여성 기자 대부분은 차장이나 부장까지는 승진 가능할 것으로 여기는 반면, 부국장 이상 승진에 대해서는 능력상으로는 29.3%가 가능하다고 응답했으나 현실적으로는 11.8%만이 가능하다고 전망했다. 요약하면, '여성 기자의 수가 전체기자의 8.2% 수준, 부장급 이상 여성 기자는 매우 적음. 10명 중 7~8명은 문화 · 생활부 · 출판부 · 편집 · 교정 · 조사부 근무. 승진 기회 적고 승진 가능성도 낮음.' 이것이 1990년 여성 기자의 현주소였다.

5년이 지난 1995년의 기사[3]도 비슷하다. 신문 · 방송사의 여성 비율이 1995년 기준으로 전체 인력의 14.1%에 불과한데, 이것은 여성 기자의 비율이 아니라 사무직 · 비서직을 모두 포함한 수치이다. 관리직보다 하위직종에 여성이 쏠려 있어 여성 기자의 비율만 보자면 1990년 초와 별반 차이가 없어 보인다.

2000년에 들어서면 조금 긍정적인 기사가 눈에 들어온다. 2000년도 언론사 수습기자 채용에서 여기자 비율이 늘어나고 있어, 《대한매일》, 《한겨레》, 《한국일보》의 경우 전체 모집 인원 중 여성 기자가 절반 이상을 차지했고, 1999년에는 《중앙일보》가 전체 모집인원 8명 중 5명의 여성을 채용해 화제가 됐다[4]. 또 1999년 《동아일보》의 경우 전체 모집인원 대비 여기자 수가 7명 중 3명, SBS는 8명 중 3명이었고, 2000년 KBS에서는 전체 26명 신입기자 중 9명이 여성 기자였다. 또 논설위원실과 해외특파원에도 여기자가 배치되는가 하면 2000년에는 동아일보에서 첫 여성 시경 캡이 등장해 언론계의 주목을 받았다.

3 〈여성 대중매체 성차별 개선돼야〉, 《연합뉴스》 1995년 11월 15일 기사.

4 〈여기자가 늘어난다〉, 《한국기자협회보》 2001년 3월 10일 기사.

2010년에도 언론사 여기자의 채용이 늘었다는 기사[5]가 실렸다. 서울 지역 방송 · 신문 · 통신사를 상대로 실시한 기자협회보의 조사에 따르면, 수습기자 선발에서 《경향신문》은 7명 중 3명, 《동아일보》는 12명 중 4명, 《문화일보》는 7명 중 4명, 《한겨레신문》은 5명 중 3명을 여성 기자로 선발했으며, KBS는 방송저널리스트(기자와 프로듀서 통합)의 최종 합격자 16명 중 9명을, SBS는 6명 중 2명을 여성으로 뽑았다. 여성 기자를 선발하지 않은 곳은 MBC가 유일하며, 4명의 수습기자를 모두 남성으로 뽑았다.

이처럼 2000년대에 실린 수습기자 선발 관련 기사를 보면 향후 전망은 밝아 보인다. 여성 기자의 수가 늘어나면 당연히 여성 간부의 수도 늘어날 것이며 뉴스 조직의 남성 중심적 문화도 조금은 약화될 것으로 보인다. 그러나 이런 기사들의 뒷부분에 실린 내용을 읽어보면 낙관적인 전망을 하기에는 아직 이른 것 같다.

또한 수습기자 중 여성 선발 비율은 늘어나고 있지만, 언론사 전체 기자 중 여기자의 수는 대체로 5~15% 정도에 불과하며, 여전히 부서 배치나 승진에서 여성 기자가 불이익을 받고 있었다[6]. 또 문화부 · 생활부 · 편집부의 여기자 비율이 월등히 높았다. 이 기사의 마지막 부분에는 "정치부에 여기자가 한 명도 없는 언론사가 다수라는 것은 여전히 여성을 기피한다는 것"이라며 '보이지 않는 벽'이 있다는 한 언론사 여성 기자의 발언이 실려 있다. 이것은 양성 평등적인 언론사를 만들기 위해 여성 기자들의 갈 길이 아직 멀었음을 보여준다.

5 〈언론사 여기자 채용 늘었다〉, 《한국기자협회보》 2010년 11월 24일 기사.
6 〈여기자가 늘어난다〉, 《한국기자협회보》 2001년 3월 10일 기사.

2) 통계로 본 여성 기자 현황

실제 데이터를 중심으로 여성 기자 현황을 살펴보기 위해 통계청 통계 데이터베이스 등 국가에서 실시한 전수 조사 통계자료들을 조사해봤으나, 여성 기자의 현황을 알 수 있는 통계는 찾을 수 없었다. 다행히 언론진흥재단[7]에서 2010년에 발행한 『2010 KOREA』에 관련 통계자료가 있어, 과거부터 현재까지의 여성 기자 수의 변화를 보여주는 내용을 소개하고자 한다. 역시 여성 기자에 한정한 통계자료는 많지 않아, 다양한 직종에 근무하는 언론사의 여성 인력 전체에 대한 통계를 통해 여성 기자의 현황을 간접적으로 파악할 수밖에 없었다.

(1) 신문 산업의 여성 인력

이 조사에 나타난 종사자 수는 종합 일간신문과 주간신문 등 유·무료 신문에 종사하는 모든 남녀의 수이다. 여성 기자뿐 아니라 사무직, 정규직과 비정규직을 모두 포함한 수치인데, 1987년부터 2010년까지 여성의 비율은 높아야 전체 인력의 20% 수준이다. 〈표 28〉에서 볼 수 있듯 여성 인력은 신문 산업이 성장세를 보인 1993년에 2,457명으로, 1987년의

〈표 28〉 1987~2010년 신문 산업 성별 종사자 현황

(단위: 명)

	1987	1988	1989	1990	1993	1996	1999	2000	2003	2006	2009	2010
남자	9,946	10,516	13,630	9,488	18,438	17,942	12,882	11,132	11,831	10,381	12,987	20,019
여자	1,062	1,138	1,762	1,139	2,457	3,460	2,060	1,903	2,442	2,251	3,382	5,837
합계	11,008	11,654	15,392	10,627	20,895	21,402	14,942	13,035	14,273	12,632	16,369	25,856

출처: 한국언론진흥재단 미디어 통계정보 시스템.

7 http://mediasis.kpf.or.kr

〈표 29〉 방송(지상파/위성) 성별 종사자 현황

(단위: 명)

	1987	1988	1989	1990	1993	1996	1999	2000	2003	2006	2009
남자	8,174	10,574	12,102	8,203	13,719	14,593	13,483	11,643	13,570	13,535	10,273
여자	745	1,727	1,300	448	1,712	1,903	1,757	1,499	2,028	2,277	2,039
합계	8,919	12,301	13,402	8,651	15,431	16,496	15,240	13,092	15,598	15,812	12,312

출처: 한국언론진흥재단 미디어 통계정보 시스템.

1,062명보다 2배 이상 늘었다가 신문 산업이 침제기를 맞은 1997년 IMF 사태를 겪으면서 2,060명으로 줄었고, 그 후 큰 변동이 없다가 2006년이 지나면서 늘어나 2010년에는 5,837명으로 증가했다.

그러나 여성 인력이 크게 늘어난 2010년에도 전체 신문 산업 종사자의 22.1%만이 여성이며, 주간신문을 제외하고 무료신문을 포함한 일간신문의 종사자만 보았을 경우, 여성은 전체 인력의 20.8%였다.

(2) 방송 산업의 여성 인력

지상파와 위성방송에 근무하는 성별 종사자 현황을 살펴보자. 〈표 29〉에서 볼 수 있듯 1987년 745명이던 여성 인력이 1993년 1,712명으로 2.3배 정도 늘었고 2000년에 1,499명으로 줄었다가 꾸준히 증가해 2009년 2,039명으로 늘었다.

방송 산업에 종사하는 남녀 성비를 좀 더 자세히 살펴보면(〈표 30〉 참조), 공영방송의 경우 여성 인력의 비율은 2007년 14.8%, 2008년 16.2%, 2009년 15.6%로, 큰 증감 없이 15~16%선을 유지하고 있었다(한국언론진흥재단, 2010). 민영방송의 경우는 2007년 11.6%에서 2008년 14.4%, 2009년 15.2%로 조금씩 증가했지만, 15%선을 넘지 못했다. 특수방송과 케이블 PP의 경우, 홈쇼핑 MD 등 다양한 분야가 많아 공영방

〈표 30〉 방송 산업 성별 연도별 종사자 현황

(단위: %)

구분	2007년		2008년		2009년	
	남성	여성	남성	여성	남성	여성
공영방송	85.2	14.8	83.8	16.2	84.4	15.6
민영방송	88.4	11.6	85.6	14.4	84.8	15.2
특수방송	78.7	21.3	71.6	28.4	75.1	24.9
케이블PP	85.0	15.0	82.3	17.7	80.5	19.5
합계	81.1	18.9	81.1	18.9	78.6	21.4

출처: 한국언론진흥재단(2010). 「2010 KOREA」.

송이나 민영방송보다는 여성 인력이 많았으나, 이들을 모두 포함한 방송 산업 전체에서도 여성 인력이 차지하는 비율은 21.4%에 불과했다.

(3) 여성 기자 종사자 현황

여성 기자의 수는 정기적으로 조사되지 않아, 논문 등 연구물에서 비정규적으로 다뤄지긴 했으나 동일한 조사 대상과 방법이 아니어서 연도별 추이를 살펴보기는 힘들다. 다만 여기서는 언론진흥재단(2016)에서 제시하는 2015년의 여성 기자 비율을 간략하게 살펴보고 넘어가겠다.

2015년 신문 산업에 종사하는 여기자 비율을 보면(〈표 31〉 참조), 경제 일간지(34.3%)와 외국어 일간지(52%)에서 높았으며, 지역 종합지에서 20.9%로 가장 낮았다. 전국 종합지와 무료지 등 모든 일간지를 포함한 경우 전체 기자의 26.8%가 여성 기자여서, 2000년대 들어 신입 여성 기자들이 증가하고 있음에도 불구하고 신문기자 10명 중 3명만이 여성 기자였다.

방송기자의 경우는 상황이 더 심각해서, KBS · MBC 등 공영방송에서 여성 기자의 비율은 13.5%였고, 민영방송은 8.9%였다(〈표 32〉 참조). 2000년대 초반부터 신입기자 선발 때 여성 기자의 비율이 높아져 자연스

〈표 31〉 신문 산업 기자직 성별 종사자 현황

(단위: 명)

구분	남성	여성	합계
전국종합일간	3,711(72.6%)	1,402(27.4%)	5,113
지역종합일간	4,787(79.1%)	1,267(20.9%)	6,054
경제일간	2,030(65.7%)	1,060(34.3%)	3,090
스포츠일간	208(73.5%)	75(26.5%)	283
외국어일간	61(48%)	66(52%)	127
기타전문일간	488(66.1%)	250(33.9%)	738
무료일간	43(66.2%)	22(33.8%)	65
일간합계	11,328(73.2%)	4,142(26.8%)	15,470

출처: 한국언론진흥재단(2016). 〈한국언론연감 2015〉.

〈표 32〉 방송 산업 기자직 성별 종사자 현황

(단위: 명)

구분	남성	여성	합계
공영방송	1,253(86.5%)	195(13.5%)	1,448
민영방송	541(91.1%)	53(8.9%)	594
특수방송	152(75.6%)	49(24.4%)	201
케이블PP	347(85.3%)	60(14.7%)	407
합계	2,293(86.5%)	357(13.5%)	2,650

출처: 한국언론진흥재단(2010). 〈2010 KOREA〉.

럽게 여성 기자의 비율이 늘 것으로 전망한 것과 달리, 2009년에도 방송사 여성 기자의 비율은 특수방송과 케이블 PP까지 모두 포함해도 기껏해야 13.5%였다. 방송기자 10명 중 1명, 많아야 2명 정도만이 여성 기자라는 이야기다. 이는 1990년 여기자협회 조사 결과 나타난 여성 기자 비율 8.2%[8]에서 불과 5.3%밖에 늘어나지 않은 수치다.

8 〈여기자 여성 · 생활 · 문화 분야 편중〉. 《매일경제》 1990년 4월 17일 기사.

2. 한국 사회에서의 여성 기자

최근 20년간 뉴스 생산 조직을 둘러싼 변화는 엄청난 것이었다. 그러한 변화를 가져온 가장 큰 원인은 새로운 미디어의 등장이다. 컴퓨터와 인터넷의 발달은 뉴스 생산 환경을 완전히 바꿔놓았다. 1990년대 신문사에서는 조판 업무가 매우 큰 비중을 차지했다. 기자가 원고지에 기사를 쓰면, 조판 부서에서 납활자를 조합해 신문 지면을 인쇄했다. 인쇄한 종이 기사를 보고 틀린 글자를 찾아내 새로 활자를 뽑아 수정하는 작업을 거쳐 신문 크기의 대장이 나오면, 넘치는 기사를 잘라내고 제목의 크기를 바꾸며 잘못된 글자를 다시 찾아내는 데 신문 만드는 시간의 많은 부분을 할애했다.

그러다 1990년대 중반에 들어서면서 대부분의 신문사들이 컴퓨터로 기사를 쓰고 컴퓨터 화면에서 지면을 편집하는 형태로 바뀌어갔다. 그러한 변화의 과정에서 원고지에 쓴 기사를 타이핑해주는 아르바이트도 등장하고 기자들의 타자 훈련도 진행됐다. 조판 부서가 해체되고 CTS(computerized typesetting system) 부서가 만들어지는 등 신문사에서 신문을 만드는 과정은 실로 많은 변화를 겪었다. 실제로 신문사 내부에서 겪어야 했던 조직원들이 바뀐 직무에서 능력을 새롭게 키우는 일은 단순한 변화가 아니어서 지금과 같은 신문 생산 시스템이 정착되는 데는 생각보다 많은 시간이 걸렸다.

이와 같은 물리적인 생산 방식의 변화만 있었던 것은 아니다. 1990년 중·후반에는 내용면에서도 어느 때보다 큰 변화를 겪었다. 《동아일보》와 《중앙일보》 등 주요 일간지들이 독자들의 라이프 스타일의 변화와 텔레비전 뉴스와의 경쟁 등을 고려해 석간에서 조간으로 발행 시점을 변화시켰고, 발행 면수를 크게 늘려 더 많은 뉴스들을 생산했으며, 지면의 섹션화가 이루어져 뉴스가 연성화되는 경향이 나타났다. 또 시장의 경쟁이 치열해지면서 독자 위주의 편집 방침이 보다 강화되어 여성 독자들의 관심사가 신문 지면에 더 많이 반영됐다. 방송 뉴스의 연성화 또한 꾸준히 진행되었다. 이와 같은 변화는 여성 기자에 대한 수요를 크게 늘려줄 것이라는 기대를 갖게 했다. 섹션화로 인해 문화와 레저, 생활 뉴스의 양이 크게 늘었으며, 독자 위주의 편집 방침으로 가정주부 등 여성 독자의 중요성이 부각되었기 때문이다.

이러한 변화 덕분인지 언론사 여성 기자의 비율은 다소 증가했다. 섹션화를 이끈 《중앙일보》의 경우 1997년 5월에는 402명의 기자 중 여성 기자가 24명으로 전체 기자의 6%밖에 안됐는데, 2001년 5월에는 전체 기자 353명 중 11.3%인 40명이 여성 기자로 채워졌다. KBS도 1998년 12월 21명(8.1%)에 불과했던 여성 기자가 2001년 5월에는 40명으로 증가했다(정숙경, 1999).

이와 같이 2000년대 초반에 들어서면서 여성 기자의 비율은 늘어났지만, 그 수는 남성 기자에 비해 여전히 적었다. 또 차장급 이상 고위직 여성의 비율은 매우 미미한 수준에 머물렀다. 《중앙일보》나 KBS는 신문사와 방송사 중 여성 기자 비율이 높은 언론사임에도 불구하고, 2001년 5월 기준 《중앙일보》의 경우 차장 이상 기자 118명 중 여성은 4명, KBS는 차장 이상 기자 80명 중 7명만이 여성이었다. 이러한 사실을 통해 볼 때, 일반적으로 여성이 취재하기에 적합하다고 생각되는 뉴스—생활·여성 등 연성뉴스—의 비중이 늘어나도 언론사에서 필요로 하는 여성 기자의 비중이 크게 늘어나지 않았다.

왜 이런 현상이 일어났을까? 1990년대 중후반에는 소위 여성이 취재하기에 적합하다는 뉴스들이 엄청나게 늘어났는데도, 왜 한국 사회에서 여성 기자의 숫자는 여전히 미미하고, 뉴스의 선택과 배제를 결정하는 편집국(또는 보도국)의 핵심적 지위에 갈 수 없었을까? 이와 같은 사실은 뉴스 미디어에서 종사하는 여성의 비율이 낮은 이유가 '딱딱하다', '부드럽다'라는 식의 뉴스의 특성과는 무관한 것임을 보여준다. 즉 뉴스 생산 과정에서 여성 기자를 배제하는 기제가 작용하고 있으며, 기자를 포함한 한국 사회의 전문직 여성에게 작용하는 여성 배제기제는 계속 존재하고 있다. 이런 현상을 이해하기 위해 미디어 생산자로서의 여성 기자 연구의 경향을 살펴보고, 전문직 여성의 노동에 대해 논의해본 뒤, 한국 사회의 뉴스 생산 과정에서 발생하는 여성 배제기제와 소외에 대해 탐구해보고자 한다.

1) 뉴스 생산자로서의 여성 기자에 대한 연구의 경향

1980년대 외국에서 행해진 미디어 생산자에 대한 초기 연구들은 여성들이 미디어 직종에 진출하는 기회가 불평등하고 그로 인해 그 수도 적음에 주목했다. 그래서 텔레비전 작가, 프로듀서, 감독에 대한 조사 연구나 출판사에 종사하는 여성에 대한 연구, 기자의 성과 뉴스 커버리지에 대한 연구들이 진행되었는데, 이러한 연구들은 자유주의 페미니즘 이론을 토대로 진행되어, 미디어 생산자로서의 여성들을 제약하는 물질적·이데올로기적 요인들을 밝혀내지 못했다(Steeves, 1987). 또 이러한 논의들은 여성 언론계 종사자가 늘어났지만 여성들이 우세한 권력이나 영향력을 가지지 못했고 오히려 그 분야에서 급여와 위상이 저하된 현실(Zoonen, 1991)을 설명할 수 없다는 한계를 가졌다.

이런 연구에서 한 걸음 더 나아간 것이 뉴스 생산자인 기자들이 뉴스에 담아낸 여성 보도에 대한 연구이다. 네덜란드 미디어에서 보도된 뉴스를 분석한 연구에 따르면(Ceelen & Prasmsma, 1988), 여성과 관련된 문제는 적게 보도됐으며, 그나마 보도된 여성 관련 뉴스의 소재는 강간, 폭력, 가정주부의 법적 지위 향상 같이 매우 한정된 것이었다. 그 밖의 연구에서도 여성과 관련된 쟁점들은 뉴스에서 주변적인 것으로 다루어지고 있는 경향이 있었다(Steeves, 1987).

이런 연구들은 여성에 대한 뉴스의 왜곡 보도가 뉴스 생산자로 활동하는 여성의 숫자가 적기 때문이라고 주장했다. 즉 여성 기자들이 많아지면 여성을 왜곡하는 보도가 적어질 수 있다는 것인데, 이에 대한 1980~90년대 초기 연구를 살펴보면, 기자의 성별에 따른 차이는 크게 없었다.[9]

이처럼 여성 기자와 남성 기자가 동일한 뉴스관을 보유하는 속성을 터크만(Tuchman, 1972)은 '문화'와 '전문화주의'의 소산으로 해석했다. 쉽게 풀어서 설명하자면, 기자들의 사고와 그들이 제작하는 메시지에는 상당한 차이가 존재하는데, 객관성과 같은 전문화주의를 전략적인 의례(strategic ritual)로 받아들인 여성 기자들이 본인의 생각과 달리 남성적 여성관을 뉴스 선정의 기준으로 받아들여 뉴스를 생산한다는 것이다. 이는 1980년대와 1990년대 초반 여성 기자들이 남성적 여성관을 받아들이지 않을 수 없었던 전략의례로서 문화와 기제들이 존재했다는 것으로 해석할 수 있다.

실제로 1997년 한국 여성 기자협회가 조사한 결과를 보면, 조사 시점에서 1년간 여성운동 · 고용평등법 등과 같은 페미니즘 관련 기사를 작성한 여성 기자 132명 중 25.0%가 '상사가 기사 자체를 무시해버린' 경험이 있으며, 그중 33.6%는 '비아냥거린' 경험이 있다고 응답했다. 또 132명 중 28.8%는 '축소 보도를 강요'당한 적이 있으며, 그중 18.2%는 '쓰지 말라는 강요'를 받은 적이 있다고 했다. 이런 조사 결과는 뉴스 생산 과정

9 이에 대해서는 초기 연구와 최근 연구들이 엇갈리는 결과를 내놓고 있어, 이후 '저널리스트의 성별 특성과 뉴스의 관점'에서 좀 더 구체적으로 살펴볼 것이다.

에서 여성 기자들이 자신의 여성관을 관철시킬 수 없는 조직 문화와 그런 조직 문화를 유지시키는 여성 배제기제들을 확인시켜준다.

2) 전문직 여성의 노동

(1) 페미니즘 이론에서 본 전문직 여성의 노동

페미니즘 이론들은 여성 불평등, 즉 성 억압이 어디에서 발생하는가에 대한 문제에서 출발한다. 앞서 살펴보았듯이, 성적 불평등의 원인이 무엇인가에 대한 각 이론의 입장은 매우 다르다. 자유주의 페미니즘 이론은 사회의 관습과 전통에서 성적 불평등이 발생한다고 보았고, 마르크스 페미니즘 이론은 자본주의에서 시작된다고 보았다. 또 급진적 페미니즘 이론은 가부장제를 성 억압의 원인으로 보았으며, 정신분석학적 페미니즘은 오이디푸스 콤플렉스에서 그 원인을 찾았다.

또 마르크스주의 페미니즘과 정신분석학적 페미니즘 · 급진주의 페미니즘을 통합한 사회주의 페미니즘 이론은 가부장제와 자본주의를 성 억압의 원인으로 보았다. 이러한 원인 분석은 '왜 남성이 아닌 여성이 억압되고 배제되는가'와 같이 마르크스주의에서 해결하지 못한 문제와 '경제적 구조로 발생한 여성 억압'과 같이 급진주의 페미니즘에서 분석하지 못한 문제들을 총체적으로 설명할 수 있다는 점에서 매우 설득력 있는 주장이다. 그런 의미에서 사회주의 페미니즘이 성 억압을 가장 잘 설명했다고 볼 수 있다. 가정 · 직장 등 다양한 맥락에서 발생한 여성 억압에 가장 큰 영향을 미치고 있는 것이 자본주의와 가부장제이기 때문이다. 한국 사회는 자본주의 사회이다. 마르크스 페미니즘이 지적한 대로 계급에 의한 모순과 불평등이 존재하고 있다. 그러나 이것만으로 한국 사회의 여성 억압을 설명할 수는 없다. 같은 직장, 같은 직위를 가진 남자와 여자 사이에도 엄연한 차별이 존재하고 있기 때문이다. 이러한 현실은 자본주의만으로 설명할 수 없는 여성 억압의 원인이 존재한다는 것을 보여주며, 그 원인을 자본주의와 결합한 가부장제에서 찾을 수 있다.

이와 같은 사고, 즉 성 억압에 대한 자본주의와 가부장제의 영향에 대한 인식은 페미니즘 이론에서 중요하게 논의되고 있는 노동의 성별 역할 구분에 대한 이해를 통해 더 확고해질 수 있다. 사회주의 페미니즘은 '여성은 가사, 남성은 생산'이라는 성별 분업과 노동시장에서의 남성지배적 직업분리를 가부장제와 자본주의가 연합한 결과라고 분석한다. 사회주의 페미니즘 중 통합체계 이론을 대표할 수 있는 엘리슨 재거는 마르크주의 페미니즘, 급진적 페미니즘, 정신분석학적 페미니즘, 자유주의 페미니즘 사상의 주요한 통찰력들을 수용할 수 있을 만큼 충분히 강력한 이론적인 구조를 소외라는 개념을 통해 이해할 수 있다고 주장했다(Tong, 1989). 엘리슨 재거는 우리의 정신과 육체의 산물이자 다른 사람들과 연결시키는 노동이 자본주의에서는 우리 자신을 포함한 모든 사람들과 반목 상태에 이르게 하는 방식으로 조직된 비인간화된 활동이 되었다고 보고 있다. 이것은 노동 자체로부터 인간이 소외되는 현상을 설명한 것인데, 이와 같은 방식으로 여성은 여성의 일과 성 활동, 어머니 역할 모두에서 소외되고 있다는 것이다. 이와 같은 맥락에서 볼 때, 자본주의 사회이면서 가부장제가 뿌리 깊게 작용하고 있는 한국 사회에서 살아가는 전문직 여성들은 자신의 일과 삶에서 소외되어 있을 수 있다. 그 소외가 여성 개인의 능력이나 노력 부족이 아니라 한국 사회가 가지고 있는 자본주의적 요소와 가부장제에 의해 어쩔 수 없이 발생하고 있다는 현실을 직시하지 못한다면, 이 문제는 영원히 해결할 수 없다. 따라서 우리 사회에 존재하는 여성 소외의 원인, 즉 배제기제를 밝혀내고 정확하게 인지할 필요가 있다.

(2) 한국의 전문직 여성의 노동과 조직[10]

지금까지 행해진 한국적 맥락에서의 전문직 여성과 조직을 대상으로 한 연구들을 살펴보면, 사회 전반적인 인식 전환과 법·제도의 개선에도 불구하고 전문직 여성들은 여전히 조직 내 인사·업무 분담 등에서 불평등한 대우를 받고 있는 것으로 나타났다. 이러한 현상은 의료계·학계·공무원 등 모든 전문직 분야에서 나타나는 공통적인 현상이었다.

여성 공무원을 대상으로 한 연구에 의하면 이들은 인사상 불이익과 낮은 보수, 담당 업무에 대해 불만족스러워하고 있었다(홍금화, 2001). 이는 승진 인사와 보직 배치 인사가 능력에 대한 객관적 평가에 따르지 않고 남성 공무원 위주로 이루어지는 등 비명시적인 차별이 공무원 조직 내에서 일어나기 때문이다(박희숙, 2001). 이러한 상황은 조직에 대한 충성심·귀속감·목표·가치 수용력 등을 남성에 비해 떨어지게 하는 원인으로 작용하고(함수진, 2001) 결국 여성을 조직 내에서 주변화한다.

의사들을 대상으로 한 연구에서도 여성들은 비슷한 어려움을 겪고 있었다. 전문의 수련과정 시기에 이뤄지는 여성의 결혼·임신·출산은 여성이 원하는 전문 과목을 선택하는 데 제약으로 작용하고 있었다. 특히 여성이 남성 위주의 과목을 선택해 인정받으려 할 때는 '욕심이 많거나,' '위험한 경쟁자'로 인식되고, 여성이 주로 선택하는 과목을 선택하면 전문성이나 조직보다는 자신의 가정을 우선시하는 것으로 인식되어, 여성은 언제나 이질적인 존재로 남게 된다고 한다(주경미, 1992).

또한 박사학위를 취득한 고학력 여성들에 대한 연구(유희정·이재경, 1990)에 따르면, 여성 학자들은 가정과의 양립으로 인한 이중 역할, 여성 차별적인 인식, 동료와의 비공식적인 관계, 승진 기회 등으로 학계에서

10 유선영·김경희(2003)에 실린 내용을 수정, 보완한 것임.

직업 활동의 어려움을 겪고 있었다. 이러한 현상은 전문 직업 분야뿐만 아니라 교육기관인 공과 대학의 대학원 사회에서도 찾아볼 수 있었다(이호숙, 1997). 여학생의 진출이 매우 저조한 공학 계열에 있는 여성들은 소수라는 이유로 성적이나 연구 수행 능력과는 상관없이 연구실의 선택에서부터 취업까지 제약을 받고 있었다. 특히 조직 내에서 남성성을 유지하고자 하는 남성들에 의해 여성들은 함께 학문을 연구하는 동료가 아닌 제3의 성, 이질적인 존재로 공학 공부에 적합하지 않다고 간주되고 있었다.

이와 같이 사회의 각 분야에서 나타나는 여성의 불평등과 소외 현상에 대해 연구자들은 남성 중심의 조직 문화와 우리 사회의 구조적인 문제점들을 근본적인 원인으로 지적한다. 우리 경제와 사회 전반의 조직에서 추구하는 생산성은 조직의 기본 목표, 조직에 대한 헌신도, 조직의 유지를 위한 연대감 등에 의해 강화되는데, 이러한 것들이 이미 지극히 남성 중심적으로 형성되어 깊숙이 사회 전반에 자리 잡고 있다는 것이다(정영애, 1997).

이러한 여성에 대한 불평등과 불합리한 인식들이 개선되기 위해 기존 연구에서 제시된 방안들을 살펴보면 우선 기본적으로 조직의 이념 · 목표 · 생산 등을 남성 중심적인 사고에서 벗어나 새롭게 재개념화 되어야 한다(정영애, 1997)는 점을 들 수 있다.

두 번째로는 할당제에 대한 논의이다. 남성과 동등하게 능력을 평가받지 못하고 있는 상황에서 여성의 위치를 보장하고 확보해 주기 위해 진입 할당제와 여성 관리직 육성을 위한 할당제가 제도적으로 마련되어야 한다는 주장이 강력하게 대두되고 있다(윤영애, 2001).

세 번째로는 여성의 실질적인 평등을 이룩하기 위해 조직 내에서 여성에게도 동등하게 기회를 제공하고 여성의 능력을 개발해내는 효율적인 인력관리가 이루어질 수 있는 법적 · 제도적 장치가 필요하다는 주장이다

(박희숙, 2001). 특히 상위직 진출을 가능하게 하는 교육 훈련에도 여성이 동등하게 참여할 수 있도록 여성을 고려해야 한다는 것이다.

그러나 가사 · 육아와 같은 여성의 사적 영역으로부터의 제약에 대해서는 별다른 해결방안이 제시되지 않고 있다. 기혼 여성에 대한 사회 전반적인 인식 개선이나 제도적인 지원이 아닌 조직 내에서의 일시적인 지원은 자칫 남자 동료들과의 유대 형성에 있어 장애 요인으로 작용할 수 있다. 사적 영역으로부터의 제약은 여성을 업무적으로 완전한 역할을 수행할 수 없는 인력으로 평가받게 하는 원인으로 작용하기 때문에 보다 근본적이고 체계적인 대안이 확립되어야 할 것이다.

이와 같은 개선 방안들이 효율적으로 실천되기 위해서는 무엇보다 전문 분야별 특성과 조직의 특수성에 따라 재고되어야 한다. 따라서 전문 분야별 생산조직의 특성에 대한 조직적인 연구가 이루어져야 한다. 그런 의미에서 뉴스 생산 조직의 특성을 파악하고 조직적 차원에서 여성 기자의 현재를 깊이 있게 고찰해볼 필요가 있다.

3) 뉴스 조직과 여성 기자 그리고 여성 배제기제

(1) 뉴스 조직과 여성 기자

여성과 뉴스 조직과 관련해서 우리가 생각해봐야 할 문제는 뉴스 조직으로의 여성 진입 장벽의 문제, 여성 기자의 부서 배치의 편중 문제 뉴스 조직의 핵심 권력으로부터의 여성 기자 배제 문제이다.

2000년 이전에는 뉴스 조직에의 진입장벽 문제가 가장 심각했다. 여성이 뉴스 조직에 진입하지 못하니 부서 배치나 승진 문제는 논의할 필요조차 없었다. 그때는 여성이 시험에서 1등을 하지 않으면 합격할 수 없었고 1등이어서 어쩔 수 없이 붙여줬다는 사례들도 공공연하게 이야기됐다. 그래서 신입기자 중 여성이 한 명도 없는 신문사나 방송사가 대부분이었고 여성을 선발한 언론사도 많아야 한두 명이었다.

그러나 앞서 살펴보았듯이 2000년대 들어서는 상황이 많이 바뀌어서 여성의 입사 비율이 크게 높아지고 있다. SBS는 2001년 남기자 5명과 여기자 3명을 선발했고, KBS의 경우 2003년 신입기자 24명 중 10명이 여성이었다(윤석민 · 이철주, 2003). 2016년에 발표된 자료에 따르면, 전체 기자를 남녀 성비로 환산하면 8:2의 구도지만, 1~5년차의 비율은 4:6으로 이미 역전된 상태였다.[11] 여성 진입이 활발해진 것은 뉴스 조직이 시험이라는 객관적 기준을 통과해 입사할 수 있는 시스템이기 때문에 가능했다. 우수한 여성 인력이 차별받지 않고 입사할 수 있는 공개적 시험제도의 결과인 것이다.

'성 주류화(gender main streaming)'[12]의 관점에서 볼 때, 여성들의 뉴스 조직으로의 진입이 활발해지면 부서 배치의 편중 문제나 조직의 핵심권력으로부터의 배제 문제가 자연스럽게 해소될 수 있다. 뉴스 조직에 여성 기자들이 늘어나면, 다양한 부서에 배치될 가능성이 커지고, 여성 기자들이 고위직으로 승진할 기회도 늘어날 수밖에 없기 때문이다. 그러나 낙관하기는 힘들다. 여성에게 사회가 부여하고 있는 책무—육아와 가사 등—와 언론사의 남성적 조직 문화 때문에 여성 기자들의 중도 탈락률, 즉 사직하는 비율이 남성 기자보다 높으며 여성 선발 비율이 지속될 수 있을지는 좀 더 두고 봐야 할 일이기 때문이다.

---

11 〈2016년 한국의 방송기자는 누구인가〉, 《방송기자》 2016년 3월 8일 기사.

12 주류화의 과정은 다음의 세 가지를 포함한다. 첫째는 여성의 주류화이다. 이는 정치적인 문제로 사회의 모든 분야에서 여성이 동등하게 참여하여 대표성을 확보하도록 하는 것이다. 둘째는 젠더 관점의 주류화이다. 이는 보다 더 기술적인 문제로 기존의 정책과 프로그램이 여성과 남성에게 차별적인 영향을 미치는지를 검토하고 남녀의 관점이 고르게 통합되도록 하는 것이다. 셋째는 주류의 전환인데, 일부의 여성이 토큰으로 참여하는 것이 아니라 전 과정에 동등하게 참여하여 주류의 전환을 가져오는 것이다(김양자, 2001).

그런 면에서 부서 배치의 편중 문제와 뉴스 조직의 핵심 권력으로의 진입문제는 좀 더 분석적으로 접근해봐야 한다. 조직을 분석하는 데 중요한 개념 중의 하나가 조직 활동의 분화이다(유선영 · 김경희, 2003). 분화는 기본적으로 수직적 방향과 수평적 방향으로 나눌 수 있다. 부서 배치의 편중 문제는 수평적 분화의 문제이고, 조직의 핵심권력으로부터의 배제 문제는 수직적 분화와 관련이 있다. 즉 부서 배치의 편중 문제와 조직의 핵심권력으로부터의 배제 문제는 뉴스 조직에서 여성 기자의 수평적 주변부화와 수직적 주변부화로 이해해볼 수 있다.

뉴스 조직에서 나타나는 여성 기자들의 수평적 주변부화 현상은 그동안의 연구 결과를 통해 확인할 수 있다. 2002년 10월 19개 주요 언론사를 대상으로 행해진 조사에 따르면, 여성 기자의 20.7%는 문화부에, 20.3%는 편집부에서 근무하고 있었으며 정치부에 근무하는 여성은 3.2%에 불과했다(신연숙, 2002), 2015년 지상파 텔레비전 저녁 종합뉴스를 분석한 연구(김경희 · 강혜란, 2016)에서도 뉴스에 등장한 여성 기자들의 경우 6.0%만이 정치 뉴스를 보도한 반면, 뉴스에 등장한 남성 기자들은 12.1%가 정치 뉴스를 담당한 것으로 나타나 정치 뉴스를 담당하는 여성 기자의 비율이 여전히 낮음을 알 수 있다.

한편, 뉴스 조직에서 나타나는 여성의 수직적 주변부화는 '여성 기자들이 뉴스 조직의 편집 방침을 결정하고 그 방침에 영향력을 행사할 수 있는 조직 내 위치로부터 벗어나 있는 상태'[13]라고 정의할 수 있다. 수직적 주변부화는 편집(보도)국장, 부장, 차장 등 공식적 직위의 상승뿐 아니라, 소위 말하는 권력 부서에서 밀려나는 정도를 고려해야 한다. 예컨대 차장, 부장으로 승진하면서 뉴스 조직의 핵심부서인 정치부 · 경제부 · 산업

13 어떤 사람이나 집단이 다른 사람이나 집단에게 영향력을 미칠 수 있는 잠재적인 능력이 권력(Yukl, 1989)이라는 정의를 적용해서 뉴스 조직에서 나타나는 여성의 수직적 주변부화를 정의한 것이다.

부·사회부 등에서 벗어나 다른 부서로 이동했다면 여전히 수직적 주변부화 현상은 계속된다고 봐야 할 것이다. 즉 경력이 적은 여성 기자들은 정치부나 사회부 근무가 많지만, 경력이 많은 여성 기자들 중 관련 부서에서 근무하는 경우가 적다면 수직적 주변부화를 극복했다고 보기 힘들다. 이와 같은 뉴스 조직 내에서 여성 기자의 주변부화 현상이 최근 들어 나아지고 있는 것만은 분명하다. 특히 종합편성채널이 늘어나면서 여성 기자들의 수가 늘어났고 그에 따라 정치부에 근무하는 여성 기자들도 많아졌다. 그러나 정치부장이나 사회부장, 보도국장이 여성인 경우는 찾아보기 힘들다.

젊은 여성 기자들이 성장하면 이런 문제는 해결될 것으로 낙관하는 사람들도 있지만, 남성 중심적인 조직 문화와 양성 평등의식이 낮은 사회 분위기가 계속되는 한 시간이 지난다고 해결될 단순한 문제는 아니다. 게다가 여성 혐오가 난무하는 사회 분위기 속에서 육아와 가사 등 여성에게 과도하게 책임 지워져 있는 사적 영역의 문제가 해결되지 않는 한, 여성의 수직적·수평적 주변부화 현상이 사라지기는 기대하기 어렵다. 이를 해결하기 위해서는 정책적인 지원과 여성 기자들의 조직적인 노력이 뒤따라야 할 것이다.

(2) 뉴스 생산 과정에서 여성 기자의 소외와 배제기제

이와 같은 뉴스 생산 조직의 맥락에서 여성 기자들은 소외를 경험하고 있다. 사회주의 페미니즘 이론에서 지적한 바와 같이, 이것은 자본주의와 가부장제가 결합된 사회에서 나타날 수밖에 없는 현상이기도 하다. 뉴스 생산자로서의 여성 기자의 소외는 크게 뉴스 생산 조직의 차원과 개인적 차원에서 살펴볼 수 있다(Kim, 2006).

먼저 조직적 차원에서 볼 때, 가부장적 자본주의 사회에서의 여성 기자의 소외는 지금까지 살펴본 '여성의 주변부화'로 나타난다. 앞서 설명했듯이 여성 기자의 주변부화는 '여성이 언론사의 편집 방침을 결정하고 그 방침에 영향력을 행사할 수 있는 조직 내 위치로부터 벗어나 있는 상태'로 정의해볼 수 있다.

개인적 차원에서의 여성 기자의 소외는 기자라는 직업을 가진 여성의 소외를 의미한다. 즉 여성 기자들이 자신의 직업으로부터 소원해진 상태이다. 이들의 직업에 대한 자기소외는 현재 자신이 수행하고 있는 일에 대한 불만족으로 나타날 수 있고, 자신이 속해 있는 조직에 대해 소속감을 갖지 못하는 상태로 이해해볼 수 있다.

앞서 설명한 사회주의 페미니즘 통합체계 이론을 토대로 본다면, 이와 같은 여성 기자의 소외를 야기하는 가장 근본적인 원인은 자본주의적 가부장제일 것이다. 자본주의적 가부장제로 인해 뉴스 생산 과정에서 여성을 소외시키는 배제기제가 작용하고 있고, 그것이 여성 기자의 소외를 낳고 있다고 이해해볼 수 있다.

뉴스 생산 과정에 있어서의 여성의 배제기제는 여성 기자와 밀접하게 관련이 있는 영역, 즉 실질적으로 활동하고 있는 영역에서 다양하게 작용하고 있을 것이다. 여기서 여성 배제기제란 여성을 소외시키는 사회적인 인식, 관습이나 문화를 의미한다. 여성 기자들을 둘러싸고 있는 영역은 크게 공적 영역과 사적 영역의 두 차원에서 이해할 수 있다. 공적 영역이란 가정 밖의 영역을 말하고, 사적 영역은 가정 내의 영역을 의미한다.

공적 영역은 다시 뉴스 조직으로부터의 배제기제와 취재 영역으로부터의 배제기제로 나눠볼 수 있다. 뉴스 조직으로부터의 배제기제는 여성 기자가 속해 있는 신문사 조직이나 방송사 조직에서 여성을 배제시키는 기제를 의미한다. 남성 중심적인 언론사 조직의 운영과 체계 속에 여성을 배제하는 기제들이 작용하고 있을 것이다. 취재 영역으로부터의 배제기제란 신문사나 방송사 외부의 영역에서 나타나는 여성을 배척하는 기제를 말한다. 인맥 위주의 커뮤니케이션이 이루어지고 여성을 무시하는 분위기가 만연한 한국 사회에서 여성은 남성보다 기자로서 취재하기 어려울 수 있다. 사적 영역으로부터의 배제기제는 가정생활과 관련된 문제로 인해 여성이 기자로서 생활하는 것을 방해하는 기제를 의미한다. 이러한 배제기제들은 공적 영역에서 여성 기자를 배제시키는 빌미로 작용할 수 있다. 이처럼 자본주의적 가부장제에서 발생한 성 억압이 여성 기자를 공적 영역과 사적 영역에서 소외시키고 있는 상황을 그림으로 나타내면, [그림 6]과 같다.

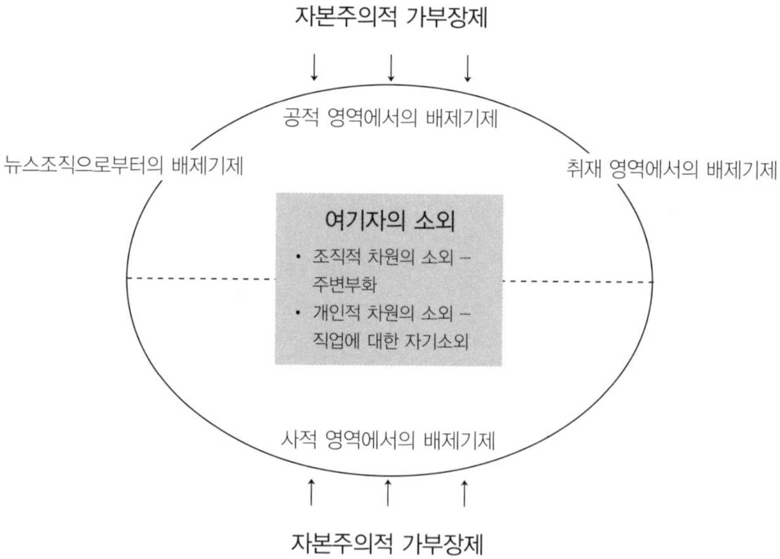

[그림 6] 공적 · 사적 영역에서의 여성 배제기제와 여성 기자의 소외(Kim, 2006)

4) 1990년대 한국 사회에서의 여성 기자의 소외와 배제기제

그렇다면, 한국 사회에서 작용하는 여성 기자의 배제기제는 어떤 것일까? 이를 이해하기 위해 한국여성기자협회에서 1년에 한 번 발간하는 『여기자』라는 잡지에 게재된 여성 기자들의 부서별 취재기 등 체험기를 분석한 연구의 분석 결과를 소개하고자 한다. 이 연구는 잡지가 처음 발행된 1990년 1호부터 2001년 11호까지로 분석 대상을 확대해서 107개의 체험기를 분석했다(Kim, 2006). 한 가지 밝혀두고 싶은 것은 이 연구의 배경은 1990년대 뉴스 조직이기 때문에, 현재와는 다소 차이가 있을 수 있다는 점이다. 우리나라는 법무부장관 등 여성 장관을 4명이나 임명한 노무현 정부를 거치면서 여성의 지위가 크게 상승된 바 있고, 2000년 들어 인터넷 언론의 발달로 시민기자들의 활동이 커짐에 따라 기자와 수용자의 관계가 변하고 기자의 위상이 크게 달라졌기 때문에, 현재와 1990년대의 상황은 다르다는 점을 감안할 필요가 있다.

(1) 취재 영역으로부터의 여성 배제기제들

① 권위적 정보 수집

권위적 정보 수집이란 취재 과정에서 기자가 주도권을 갖고 있는 권력자로서 약자인 취재원에게 강압적으로 정보를 수집하는 방식을 의미한다(Kim, 2006). 문제는 이러한 방식이 2000년 초반까지도 기자들과 취재원들에게 자연스럽게 받아들여지고 있었다는 점이다. 이러한 정보 수집 방식은 여성에게는 매우 불리한 요소로 작용했다. 이러한 취재방식은 여성 기자들에게 일종의 강박관념처럼 작용하여 오만불손한 태도를 일부러 취하는 등 부자연스럽지 못한 행동을 유발하여, 오히려 역효과를 가져오는 사례도 종종 발생했다. 그런 행동으로 역효과를 경험한 여성 기자들은 나름대로의 방식을 강구하려고 했지만, 권위적 정보 수집 방식에 익숙해져 있는 취재원들에게 새로운 취재 방식이 얼마나 받아들여질지는 알 수 없어 고민은 계속되었다고 기록되어 있다. 권위적 정보 수집은 한국의 언론 발달 과정에서 연유했을 수 있다. 독재 정권 시절 언론 통제의 회유책으로 기자들에게 다양한 혜택을 주고 언론사가 막강한 힘을 갖게 됨에 따라 취재 관행이 사용되는 사회적 환경이 조성되었다고 볼 수 있다. 1999년 오마이뉴스가 '모든 시민은 기자'라는 구호를 내걸고 시민들이 기자로 활동할 수 있는 장을 열었고, 역량 있는 시민기자들이 직업기자 못지않은 좋은 기사를 생산하고 있는 데다 독자들의 호응도 높아져서, 오늘날 기자의 위상은 엘리트주의가 만연하던 1990년대와 많이 달라졌다. 게다가 인터넷의 발달로 독자들이 기사에 댓글을 달아 의견을 주고받을 수 있는 상호작용적인 환경이 조성됨에 따라 기자에 대한 일반인들의 인식이 변화했다. 이와 같은 변화는 기자와 독자의 소통을 통해 보다 독자친화적인 뉴스 생산이 가능해졌다는 점에서 긍정적이다. 더구나 여성 기자들에게 배제기제로 작용했던 한국의 안 좋은 취재 관행을 바꾸어 나갈 수 있는 계기가 되었다는 점에서 고무적이라고 하겠다.

② 비윤리적 타협문화

비윤리적 타협문화는 윤리적으로 잘못된 일인 줄 알면서도, 그것이 이루어지고 있는 현실을 받아들이는 문화를 말한다(Kim, 2006). 성의 상품화가 비윤리적인 줄 알면서도 술 접대 등 '퇴폐문화'를 향유한다든가, 공정한 보도를 위해 취재원과 적절한 거리를 유지해야 하지만 취재원이 제공하는 해외여행을 간다거나 취재원의 선물·촌지를 받는 행위가 그 사례라고 하겠다. 이러한 비윤리적 타협문화가 과거의 기자들에게 통용되고 있었다는 것은 일반인에게도 잘 알려진 사실이다. 그러나 비윤리적 타협문화가 여성 기자를 배제하는 기제로 작용했다는 점에 대해서는 동의하지 않는 사람들도 다수 존재할 것이다. 비윤리적 타협문화에 노출되는 것은 여성 기자만이 아니기 때문이다. 특히 촌지 부분은 그러한 상황에 직면했던 대부분의 기자들이 느꼈던 갈등일 것이고 그러한 비윤리적 타협에 참여하지 않는 남성 기자도 많이 있었을 것이다.

그럼에도 불구하고 비윤리적 타협문화를 여성의 배제기제로 이해하게 된 것은 다음과 같은 이유에서이다. 먼저 자본주의적 가부장제 사회에서 여성들이 비윤리적이라고 생각하는 것에 대해 남성은 여성만큼 윤리적인 의미를 부여하지 않는 경우가 많다. '성의 상품화'가 그 대표적인 예로, 여성 접대부가 나오는 장소에서 접대를 받는 것에 윤리적인 의미를 크게 부여하는 남성들은 별로 없을 것이다. 오늘날의 상황은 어떠할까? 부정청탁방지법(김영란법)의 시행으로 촌지 · 선물을 주고받는 일은 불법이 됐지만, 비윤리적 타협문화가 사라지려면 좀 더 시간이 걸릴 것 같다. 많이 나아졌다고 해도 성의 상품화에 대한 남성들의 무신경한 비윤리적 문화는 여전히 우리 사회에 존재하고, 그에 따른 취재원과 남성 기자들이 쌓아갈 수 있는 동류의식은 계속되고 있기 때문이다.

③ 비공식적 커뮤니케이션

비공식적 커뮤니케이션은 비공식적 장소에서 취재원과 기자 사이에 이루어지는 정보 공유를 말한다. 술자리나 목욕탕 같은 곳에서 취재원과 기자들이 중요한 고급 정보들을 주고받는 행위가 이에 해당한다. 1990년대 언론사의 취재 대상이 될 수 있는 취재원의 대부분이 남성이라는 점을 고려할 때, 여성 기자들이 함께 할 수 없는 비공식적 커뮤니케이션은 여성을 배제하는 기제로 작용할 수밖에 없었다. 여성 기자의 체험기들은 이러한 문제점으로 인해 취재할 때 남성보다 훨씬 많은 노력을 기울여야 했던 상황들을 기록하고 있다.

여성 기자들은 이러한 비공식적 커뮤니케이션을 정치부 · 경제부 같은 권력부서에서 여성을 배제시키고 주변부에 머물게 하는 원인으로 분석했다. 경제부에 가고 싶다는 기자의 말에 '취재원하고 목욕탕도 같이 가고 해야 취재거리가 나오는데 여자가 어떻게 취재하겠냐'는 남자 선배의 답변을 들었다는 체험기(2001:80)[14]는 비공식적 커뮤니케이션이던 현실을 잘 보여준다. 더구나 그 체험기가 2001년에 실렸다는 점을 고려할 때 2000년대에도 이런 현상은 계속되고 있음을 알 수 있다. 이처럼 비공식적 커뮤니케이션이라는 취재 관행은 '여성 기자는 사우나 교제 등이 어려워 취재원들과 끈끈한 관계를 유지할 수 없고 고급정보를 잡아내기 힘들어서 문화부 등 특정 부서에 잘 어울린다'는 고정관념을 만들어냈다.

최근 개인 시간을 소중하게 젊은 기자들이 많아짐에 따라 비공식적 커뮤니케이션이 여성 배제기제로 작용하는 사례는 다소 줄어들었다. 그러나 늦은 술자리나 목욕탕 등 남성들끼리 주로 공유하는 비공식적인 자리에서 고급정보가 오가는 상황은 여전히 계속되고 있다는 점에서, 현재에도 비공식적 커뮤니케이션은 여성 배제기제로 작용할 것으로 보인다.

④ 전통적 여성관

전통적 여성관이란 여성은 요리 · 패션 등 여성 친화적인 영역에서 일하는 것이 어울리며, 과학 · 공학 등 복잡한 분야를 이해하는 능력이 남성에 비해 떨어진다는 인식을 말한다(Kim, 2006). 과거에 비해 전통적 여성관으로 인한 여성의 배제는 줄어들었지만, 여전히 여성 기자보다 남성

14 2001년에 발행된 『여기자』의 80페이지에 실려 있음을 표시한 것임.

기자가 기자의 일을 잘 할 거라는 인식에는 큰 변화가 없는 것 같다.

이러한 인식 때문에 취재원들은 남성 기자만큼 여성 기자를 신뢰하거나 비중 있는 정보를 제공하지 않는 경향을 보여, 여성 기자들은 여성의 벽을 실감하게 된다고 이야기했다. 여기서 나아가 여성 기자를 성적으로 희롱하는 수준까지 발전된 경우도 있다는 점에서 문제는 더욱 심각하다고 하겠다.

여성 기자를 성적으로 희롱하는 일은 2000년대에도 끊임없이 계속되며 사회적인 문제로 대두되었다. 2006년 한나라당 최연희 사무총장이 한나라당 당직자와 동아일보 정치부 기자들과의 만찬 후 이어진 2차 술자리에서 당 출입 여기자를 성추행한 사건이 발생해 당직을 사퇴했으며,[15] 2008년에는 서울 동작 을에 출마한 한나라당 정몽준 후보가 취재 중인 여성 기자의 얼굴을 건드렸다가 성희롱 논란을 빚자, 여성 기자를 찾아가 사과하는 일[16]도 있었다. 또 을지훈련기간 중 경찰서 내에서 광주 모 경찰 간부가 음주 후 여기자를 희롱해 광주전남기자협회가 재발 방지를 위한 경찰의 구체적인 노력을 기대한다는 성명서를 발표했으며,[17] 서울남부지검의 최모(48) 부장검사가 출입기자들과 함께 회식하는 자리에서 여성 기자들의 항의에도 불구하고 여성 기자들을 추행한 사건도 발생했다.[18] 이러한 사건들은 여성 기자를 기자이기 이전에 여성으로 보는 취재원들이 여전히 존재하고 있음을 확인시켜준다.

(2) 뉴스 조직으로부터의 여성 배제기제들

여성 기자 체험기에서 찾아낸 뉴스 조직으로부터의 여성 배제기제는

15 〈최연희의원 '성추행 파문' 확산〉, 《경향신문》 2006년 2월 27일 기사.
16 〈정몽준 후보 '성희롱 논란'…여기자 찾아가 사과〉, 《SBS》 2008년 4월 3일 기사.
17 〈광주전남기협, 여기자 희롱사건 재발 방지 요구〉, 《노컷뉴스》 2010년 8월 23일 기사.
18 〈여기자 성추행 부장검사 해임하라〉, 《연합뉴스》 2012년 3월 30일 기사.

'남성적 유대관계', '연성뉴스에 대한 평가 절하', '여성 기자 불신 문화', '여성 기자(들)에 대한 정형화'이다. 이들 배제기제 역시 취재 영역에서의 배제기제처럼 2000년대 들어서서 사라지거나 약화된 것들도 있다. 그러나 여전히 계속되고 있는 여성 배제기제를 여기서 살펴보는 것은 의미있는 일이 될 것이다.

① 남성적 유대관계

남성적 유대란 남성이 동성에 대해 지니는 비성적 선호에 기반을 둔 것으로, 남성들이 조직 내의 자원에 대한 통제력을 지닌 상황에서 서로를 생산적이고 매력적인 존재로 평가하면서 상호 동일시의 경향을 강화하게 되는 현상을 의미한다(Lipman-Blumen, 1976). 이러한 남성적 유대는 은밀하게 비공식적으로 이루어지는데, 여성 기자들은 체험기에서 그러한 비공식적 유대관계가 자신들을 조직 내에서 배제시키고 있다고 지적하고 있었다(Kim, 2006).

남성적 유대의 실체를 파악한 여성 기자 중에는 거기에 끼어들기 위해 남성적 문화를 체득하여 남성처럼 행동하려고 노력하는 기자들도 있지만, 그런 행동을 하더라도 남성적 유대의 울타리 안으로 파고들어가기란 불가능하다. 그런 여성 기자는 '여자답지 못한 여자'일 뿐 그들의 유대에 포함될 일원일 수 없다는 것이다.

남성적 유대가 그들만의 비공식적 관계 유지에만 영향을 준다면 아무런 문제가 없다. 그러나 그런 비공식적 유대 관계는 공식적 영역의 역학관계에도 큰 역할을 미친다. 예를 들어 남성적 유대가 인사 과정에 영향을 미쳐 여성 기자들을 조직의 중심부분에서 밀어내 주변부로 이동하게 만드는 원인으로 작용하는 사례가 있다. 이러한 과정은 아주 은밀하게 일어나며, 그에 따라 여성 기자들이 자신의 의사와 전혀 상관없는 분야에서 일하게 되는 상황에 직면하게 되는 경우가 많았다. 물론 남성 기자들도 원하지 않는 부서나 분야를 맡는 경우가 있으나 여성 기자들은 그 정도가 심하다고 여성 기자들은 기술하고 있었다. 흔히 말하는 여성 기자에게 적합한 일로 우선 배치되는 경우가 다반사이고, 특히 남성 기자와 여성 기자가 경합이 붙었을 때 능력보다는 성별에 따른 인사 조치가 상당수 존재한다는 것이었다. 한 여성 데스크의 체험기는 남성적 유대관계가 굳건한 뉴스 미디어조직에서 여성이 살아남기가 얼마나 힘든지를 단적으로 보여준다.

> "튀어서도 안 되지만 모자라서도 안 된다. 그러니 조금만 실수하면 더욱 두드러지고 잘하면 무슨 출세하려고 그렇게 회사에 열성이냐고 한다. (…) 선배들 말씀이 너무 튀면 일찍 싹이 잘려 오래 견디기 어렵고 조금 처지면 과대포장돼서 단번에 찍힌단다. 적당히 해야 한다는 것이다. 올라갈수록 더욱 어렵다고 한 말 뜻을 이제는 십분 이해하고도 남는다. 남성 중심의 조직사회에서 20년 가까이 지내왔는데도 얼마나 더 이해할 수 없는 부분들이 남아 있는 걸까."(2000:117)

남성적 유대는 직장에서 일하는 여성들이 대체로 경험하는 여성 배제 기제로, 지금도 우리 사회에 존재한다. '일을 잘하는 여성보다 약간 부족한 남성이 함께 일하기 더 편하다'라고 생각하는 남성들의 인식이 사라지지 않는 한, 여성이 인사상의 불이익을 받지 않는 직장생활은 기대하기 힘들다. 어쩌면 그런 남성들의 인식을 바꿔나가는 것보다 인사권을 가진 양성 평등적인 여성의 수를 늘리는 일이 더 빠를지도 모른다.

② 연성뉴스에 대한 평가 절하

취재 영역이나 뉴스 조직에서 작용하고 있는 여성 배제기제들은 여성 기자들을 권력부서에서 벗어나 이른바 '여성에게 적합한 분야'로 밀려나게 한다. 일반적으로 뉴스 조직 내에서 말하는 '여성에게 적합한 분야'란 여성의 문제를 다루는 부서나 문화 등을 다루는 부서들이다.

이들 부서에서 다루는 뉴스들은 주로 육아·대중문화 등 가볍고 부드러운 내용의 기사들인데, 이러한 뉴스들을 취재하고 기사화하는 것이 기자로서 의미 없는 것은 아니다. 더구나 문화분야는 최근 자신의 시간과 여가를 중시하는 젊은 세대 기자들에게 인기 있는 영역으로 각광받고 있다.

그럼에도 불구하고 이들 부서에서 일하는 기자들은 뉴스 조직에서 주변적인 일을 한다는 인식을 갖게 된다고 여성 기자들은 말한다. 적어도 1990년대 언론사에는 그런 인식이 만연해 있었음에 틀림없다. 이것은 연성뉴스를 중요하게 생각하지 않는 인식이 뉴스 조직 내에서 보편화되어 있기 때문이다. 연성뉴스에 대한 평가 절하로 인해 생활·여성·대중문화부 등에 배치된 여성 기자들은 물론이고, 이들 부서가 자신에게 잘 맞고 의미 있다고 생각하는 기자들조차 의기소침해지는 것이다.

최근 들어 상황은 많이 변화했다. 뉴스 이용자들의 관심도, 삶의 가치도 변했기 때문이다. 그에 따라 자신의 생활을 즐기고 전문 영역을 가질 수 있는 뉴스 영역을 선호하는 젊은 기자들이 늘어나 수습기자들이 선호하는 부서도 달라졌다. 그럼에도 불구하고 여전히 연성뉴스를 취재하고 보도하는 일은 정치나 경제·산업 분야를 취재하는 일보다는 낮게 평가되고 있다. 문화부에 대한 젊은 기자들의 선호가 늘어났다고 해도 신문사 편집국이나 방송국 보도국에서는 정치부와 경제부·산업부의 파워가 크고 이들 부서의 출신들이 편집국장이나 보도국장이 되는 코스가 흔하다. 그렇기 때문에 연성뉴스에 대한 평가 절하는 여성 배제기제로 작용한다.

여성들이 연성뉴스를 생산하는 분야에서 일하는 경우가 많아, 정치나 경제 · 사회 등 경성 뉴스를 취재하고 보도한 경험이 적다는 점이 편집국이나 보도국의 핵심 권력 영역으로 진입하는 데 걸림돌이 되는 것이다.

③ 여성 기자'들'에 대한 정형화

체험기에는 동료 남성 기자들이 여성 기자를 '넌 여자가 아니다'라는 말로 칭찬한다는 내용이 있다. '넌 여자가 아니다'라는 말은 남성들에게 여성 기자'들'에 대한 자신들만의 규정이 있음을 시사한다. 어느 분야에서 일하든 여성들은 한 명의 개성 있는 인간으로 존중받지 못하고 '여성'이란 집단으로 묶여 평가받게 된다. '네가 일을 잘 못하면 모든 여자들이 다 일 못한다는 소리를 듣고 다시는 여자를 뽑지 않을 거야'라는 말은 1990년대에 사회생활을 한 사람들이라면, 대학 때부터 직장생활을 하는 내내 들었을 것이다. 그래서 여성들은 후배들의 앞길을 막을까봐 노심초사하면 자신을 옥죄면서 일하곤 했다. 일 자체를 즐길 여유보다는 잘해야 한다는 강박관념에서 벗어나기 힘들었다.

여성 기자에게도 예외 없이 이러한 인식이 적용되고 있었다. 여성 기자는 문화부에 잘 어울린다거나, 사건취재를 하기는 힘들다거나, 아이가 있는 여자는 출장가기 어렵다는 등 여성 기자'들'은 어떻다는 말이 뉴스 조직 내에서 자연스럽게 이야기되었다. 남성 기자가 사건취재를 잘못하면 '그 친구는 그런 분야에 맞지 않는다'고 평가받지만 여성 기자가 잘못하면 '여성 기자들이란 다 그렇다'는 평가를 받게 된다고 여성 기자들은 기술하고 있었다. 여성 기자들을 더욱 힘들게 하는 것은 역으로 여성 기자가 남성 기자도 하지 못한 특종을 해내도 개인의 능력으로 평가하기보다는 '여성'이란 특별대우 속에 얻어낸 성과처럼 폄하한다는 점이다. 재벌가의 전문 경영인을 단독 인터뷰하자, 동료 선후배들이 기자 개인으로서의 역량을 인정해주기보다는 '여성이기 때문에'(취재원이 여성 기자를 좋아해서) 인터뷰를 할 수 있었다는 이야기만 들었다는 경험담도 있었다(2001:83). 무엇보다 이와 같은 여성 기자들에 대한 정형화가 여성 기자들을 편집국이나 보도국에서 주변부화하는 기제로 활용되고 있다는 점에서 문제의 심각성은 크다. 최근 뉴스 조직에서 일하는 젊은 여성들도 같은 문제를 지적하고 있는 것을 보면, 이와 같은 여성 배제기제는 지금도 계속되는 문제라고 하겠다.

(3) 사적 영역에서의 배제기제

여성 기자들의 체험기를 보면 사적 영역에서도 여성들이 기자로서 활동하는 데 제약을 받고 있음을 알 수 있었다. 그것은 '가사 · 임신 · 육아는 여성의 일'이라는 사회적으로 일반화된 성적 역할분담에서 비롯된 것이었다. 이와 같은 여성 배제기제는 페미니즘에서 오랫동안 연구해온 주제이지만, 뿌리 깊은 여성 억압의 문제라 해결방안이 잘 마련되지 않고 있다.

① 가사

1990년대의 체험기는 육아문제만큼 심각하게 언급하고 있진 않지만, 가사로 인해 남성 기자들과 동등하게 일하기 힘든 현실을 기록하고 있었다. 당시 뉴스 조직이나 취재 현장에서 겪고 있는 여성의 문제가 워낙 많아서이기도 하지만, 가사와 같은 사적 영역의 문제를 언급하는 것이 여성 기자 전체에게 누가 될까 하는 우려도 있었을 것으로 생각된다. 1990년대는 여성들이 슈퍼우먼 콤플렉스에 시달리고 있었던 시기여서 여성이 밖에서 일을 잘 한다는 이야기를 들으려면 집안일도 혼자 알아서 잘해내야 한다는 사회적 인식이 팽배해 있었던 점도 원인이 되었을 것이다.

당시 유행했던 드라마들은 슈퍼우먼이나 능력은 있지만 개인적으로 불행한 직장여성, 능력은 없지만 행복한 가정주부를 다루는 경우가 많았다.

많이 언급되지는 않았지만, 여성 기자들의 체험기는 '가사'의 문제가 뉴스 조직 내 영역에서 영향력이 작고 시간에 다소 덜 쫓기는 주변 부서로 밀려나는 현실에 대항할 수 없게 만드는 요소로 작용하고 있음을 보여주고 있었다.

② 임신

임신은 예나 지금이나 노동하는 여성에게 큰 제약 요소로 작용하고 있다. 출산율이 점점 줄어가는 한국의 현실은 임신이 여성의 사회적 활동에 얼마나 큰 걸림돌이 되는지를 반영한다. 외부의 취재원들과의 만남이 주요 업무인 기자들의 경우를 생각해본다면, 임신으로 인한 외모의 변화와 신체적인 불편함이 얼마나 큰 제약이 될지 누구나 짐작할 수 있다.

그럼에도 불구하고 임신에 대한 기록은 별로 없었다. 가사와 마찬가지로 여성 기자들이 언급하고 싶지 않은 사적 영역의 문제이기 때문으로 생각된다. 또 임신 기간이 전체 기자생활에서 극히 적은 기간에 이루어지고, 임신에 대한 다른 대안이 존재하지 않기 때문인 것으로 보인다. 그렇지만, 임신 기간에 남성 기자와 남성 취재원이 많은 출입처를 드나드는 어려움을 적은 체험기는 임신이 사적 영역으로부터의 배제기제로 작용하고 있음을 보여준다.

③ 육아

사적 영역의 문제 중 가장 많이 등장한 것이 육아의 문제이다. 가사와 달리 육아는 '아이에겐 엄마가 최고'라는 사회적 모성에 대한 신화 때문에 아무리 믿을 만한 사람이 육아를 맡아준다 해도 큰 부담이기 때문이다. 여성 기자들도 이러한 사회적 모성에 대한 신화로부터 시달리면서 많은 갈등을 겪고 있었다. 문제는 이렇듯 육아가 여성 기자들에게 자신의 일을 포기하게 하거나 기자로서의 생활에 직접적인 제한 요인으로 작용하고 있다는 점이다. 남성과 달리 여성은 두 가지 중에 중요한 것을 선택하지 않으면 안 되는 위치에 놓여 있는 것이다.

체험기를 보면, 육아의 문제를 극복하는 대부분의 해결책은 적은 시간이라도 아이들에게 최선을 다하는 것으로, 즉 여성 기자 스스로가 슈퍼우먼이 되는 것으로 이루어지고 있었다. 그러나 그러한 해결방식은 뉴스 생산 과정에서 여성 기자를 배제시키는 매우 강력한 기제로 작용할 수 있다. 그런 점에서 개인적인 차원의 해결방식보다는 사회적인 차원의 해결방식이 강구되어야 할 것이다.

가사 · 임신 · 양육의 문제는 지금도 여전히 계속되는, 가장 강력한 여성 배제기제이다. 여성들이 개인적으로 해결할 수 없는 문제임에도 사회적인 해결이 이루어지지 않고 있기 때문에, 어쩔 수 없이 '결혼을 미루거나 출산을 안 하는' 선택을 하는 여성들이 많아져서 우리나라가 전 세계에서 출산율이 매우 낮은 국가가 된 것이다. 이런 문제를 해결하기 위해 임신 · 출산휴가의 법적 보장과 육아휴직, 양육비 지원 등 다양한 사회적 대책이 마련되고 있지만, 가사 · 임신 · 양육의 문제가 여성을 직장에서 소외시키는 배제기제로 작용하고 있는 한 출산율의 증가는 기대하기 힘들 것으로 보인다.

(4) 여성 기자의 소외

여성 기자들이 경험하는 뉴스 조직에서 주변부화는 체험기 곳곳에 나타났다. 자신들의 의견을 조직에 말하기 어렵고, 말해도 받아들여지지 않는 경험을 하면서 여성 기자들은 소외를 실감하고 있었다.

조직적 차원에서의 소외에 관한 기록 중 가장 많이 지적된 부분은 여성 기자들을 특정 부서로 많이 배치하는 데서 나타나는 '수평적 주변부화'였다. 초년병 기자에서 고참 기자에 이르기까지 자신의 기자생활이 권력부서에서 배제되어 여성 · 문화 등 특정 부분으로 한정되어 버렸다는 것이다. 신입 여성 기자들이 늘어나면서 최근 이런 경향은 많이 줄었지만, 아직도 여성 기자들이 정치뉴스를 담당하고 있는 비율은 남성 기자에 비해 크게 낮은 것으로 나타나(김경희 · 강혜란, 2016) 수평적 주변부화 문제는 지금도 계속되고 있음을 알 수 있다. 또 여성 기자들이 수직적으로도 주변부화되어 있는 것을 확인할 수 있다. 체험기에 따르면 여성 기자들은 남성 기자들에 비해 승진에서 밀려났고, 유능한 기자에게도 중요한 자리가 주어지지 않았다.

수직적 주변부화는 두 가지 차원에서 판단할 수 있는데, 첫 번째는 합법적 권력의 위치에 오를 수 있는지 여부이다. 뉴스 조직 내 여성 지배적 분야에서조차 여성을 찾아보기 힘들다는 반 주넨(Van Zoonen, 1994)의 지적처럼, 1990년대뿐 아니라 지금도 한국의 뉴스 조직에서 여성 데스크는 몇 명 되지 않는다.

두 번째는 합법적 권력을 획득함에 따라, 즉 공식적 직위의 상승에 따라 권력부서에서 벗어나는 정도가 심화되느냐의 여부이다. 사회 · 정치부에서 활동하는 여성 기자들 대부분의 경력이 10년 미만이고, 몇 안 되는 여성 데스크의 대부분이 생활 · 문화부 소속이라는 사실은 직위의 상승에 따라 권력부서에서 벗어나 소외되는 경향이 커지고 있음을 보여준다. 이와 같은 현상은 1990년대에만 나타난 일은 아니다. 최근에도 사회 · 정치 · 경제 등 주요 부서에서 근무하는 젊은 여성 기자들은 많지만, 이런 부서의 장이 여성인 경우는 찾아보기 힘들다. 사회와 언론사 조직에서 여성 배제기제가 사라지지 않는 한 젊은 여성 기자들이 남성들과 동등한 조건으로 주요 부서의 장이 될 가능성은 그리 크지 않다.

5) 한국의 뉴스 조직의 특성과 여성 기자

지금까지 여성 스스로가 생각하고 경험한 기자 체험기를 통해 뉴스 생산 과정에서의 여성 배제기제와 여성 기자의 소외에 대해 살펴보았다. 이것은 여성 기자의 입장에서 쓴 체험기이기 때문에, 주관적이라고 생각하는 사람들도 있을 수 있다. 그래서 이번에는 언론사 남녀 간부들이 본인이 함께 일한 여성 기자에 대해 어떻게 생각하는지를 알아보고자 한다. 이를 위해, 3개의 지상파 방송국(KBS, MBC, SBS) 차장급 이상 남녀 간부와 5개 신문사(동아일보, 조선일보, 중앙일보, 한겨레, 한국일보)의 남녀 간부를 대상으로 실시했던 심층인터뷰 결과를 수정, 보완해서 소개하겠다.[19]

이 심층인터뷰는 언론사 간부들을 대상으로 실시했기 때문에, 개인 차원을 넘어 뉴스 조직의 차원에서 좀 더 현실적인 평가와 여성 기자들이 처한 상태와 향후 대안까지 생각해보게 해준다. 대상자들은 대부분 10년 이상의 경력을 갖고 있어 기자라는 직업세계를 충분히 이해하고 넓은 시야에서 여성 기자의 인력 활용 방안을 제시해 줄 수 있다. 또 남성 간부도 인터뷰했기 때문에 여성 기자를 둘러싼 문제들을 남성의 입장에서 분석하고 대안도 파악해볼 수 있을 것으로 보인다.

19 이 심층인터뷰는 여성 간부 7명과 남성 간부 8명으로 총 15명을 인터뷰했으며, 14명에 대해서는 면대면 인터뷰를 진행했고, 면대면 인터뷰를 원하지 않은 한 명에 대해서는 이메일 인터뷰를 실시했다. 인터뷰는 개별 인터뷰와 그룹 인터뷰를 병행했다. 인터뷰 대상자의 뉴스 생산 조직 내 직위를 살펴보면 부국장급 이상 2명과 부장급 11명, 차장급 2명이었다. 인터뷰 대상자들의 기자 경력은 14년~19년 2명과 20~24년 11명, 25~29년 2명이었다(유선영 · 김경희, 2003).

(1) 한국의 뉴스 생산 조직의 특성

간부들과의 인터뷰를 통해 알아본 뉴스 생산 조직의 특성은 '강한 위계질서'와 '객관적 업무 평가의 어려움'으로 요약할 수 있었다(유선영 · 김경희, 2003). 기본적으로 피라미드 형태의 조직 구조를 형성하고 있는 뉴스 생산 조직은 전체 구성원에 비해 간부의 수가 적어 승급의 기회가 매우 적었다. 다양한 부서가 존재하고 각 부서별로 대리 · 과장 · 차장 · 부장 등 직책과 직급이 세분화되어 있는 일반 기업에 비해, 뉴스 생산 조직에서는 승급의 기회가 적을 뿐만 아니라 속도도 매우 늦었다. 따라서 승급보다는 부서 이동이 잦은데, 지금까지 뉴스 생산 조직에 입사한 신입기자들이 대부분 사회부의 경찰 기자로 시작해서 여러 부서를 거친 후 다른 부서로 배치 받았다. 또한 정치 · 경제 · 사회 등 주요 부서의 역할이 다른 부서보다 중요하게 인식되어 실질적으로는 부서별 이동이 승급과 밀접하게 관련되어 있음을 알 수 있다.

한편 뉴스 생산 조직은 업무의 특수성으로 인해 실적 위주의 기업처럼 인사 평가를 체계화하기 어렵고 업무의 평가가 객관적으로 이루어지기 힘들다. 뉴스 조직 내에서 승급 · 부서 이동과 관련한 모든 인사는 보도국장과 편집인 주도로 이루어지는 게 관행이라고 한다.

이와 같이 편중된 권한은 소수에게 막강한 영향력을 부여한다. 업무 평가 시스템 적용의 어려움과 소수에게 집중된 권한으로 인해 조직 내에서 위계질서가 강해지고 개인보다는 피라미드 형태의 집단의 의미가 강조된다. 이와 같은 조직의 다수가 남성이라면, 남성 중심의 조직 문화가 형성되는 것은 너무나 당연한 결과라고 할 수 있다.

(2) 기자의 성공 요인과 세대 변화

성공은 여러 의미로 해석할 수 있지만, 조직 내에서의 승급 기회가 적은 뉴스 생산 조직의 특수성을 고려할 때, 뉴스 생산 조직 내에서 간부가 된다는 것은 성공한 것으로 간주할 수 있다. 간부가 되고 보직을 맡게 된다는 것은 전문성과 함께 조직 내에서 필요한 인재로 인정받았음을 의미하기 때문이다. 그렇다면, 기자들은 어떤 능력을 갖췄을 때 뉴스 생산 조직에서 핵심 권력을 가진 간부로 성공할 수 있을까?

인터뷰에 참여한 언론사 간부들은 기자의 업무를 수행해낼 수 있는 '취재 능력'과 자신의 영역을 구축해 인정받는 '전문 분야 확보'를 중요한 성공의 요인으로 제시했다. 좀 더 구체적으로는 취재력, 기획력, 글쓰기 능력, 전문성 등의 덕목을 기자로서의 성공 요소로 인식하고 있었고 그런 면에서 여성 기자들은 우수하다고 평가했다.

이와 같은 기자로서의 업무 능력은 기본적으로 갖추어야 하지만, 실제적으로 조직 내에서 승급을 하거나 보직을 확보하는 데에는 그 외의 요인들이 중요하게 작용하는 경우도 있었다. 특히 남성 간부들은 조직 내에서 성공하기 위한 주요 요소로 친화력을 꼽았다. 구성원들과 잘 어울리고 밀접한 관계를 유지하며 조직을 위해 희생하는 친화력을 갖추는 게 무엇보다 중요하다는 것이다. 그런데 여성들이 이런 면에서 다소 부족하다는 인식을 가지고 있었다. 예를 들어 갑작스럽게 발생한 일 때문에 야근을 하게 됐을 때, 팀원들에게 자원할 기회를 주면 대체로 여성 기자보다는 남성 기자가 자원하는 게 일반적이라고 간부들은 설명했다. 또 팀원들이 상을 당하거나 어려운 일을 당했을 때, 시간을 내서 도와주는 태도도 남성 기자가 여성 기자보다 낫다는 평가를 받고 있었다.

한편, 일부 간부들은 친화력이나 조직을 위해 희생하려는 태도는 남녀 차이라기보다는 기자 직업에 대한 인식을 달리하고 있는 세대 차이라고 주장했다. 젊은 세대의 직업 인식의 변화로 개인주의와 기자 정신이 약화되고 있다는 것이다. 남녀를 불문하고 전체 조직에 대한 충성도나 업무를 위한 사생활 포기와 희생, 투철한 직업적 사명감 등이 과거에 비해 점차 약해지고 있다는 이야기이다.

그런데 이런 세대 차이에서 남성 간부들은 여성 기자의 변화가 두드러진다고 생각했다. 과거에는 절대 포기하지 않고 최선을 다하는 기자 근성을 가진 여성 기자들이 많았는데, 요즘 여성 기자들은 그런 점에서 선배 기자들에 비해 다소 부족하다는 지적이었다. 이와 같은 남성 간부의 지적에 대해 한 여성 간부는 여성들이 남성보다 잘해야 한다는 강박 관념에서 벗어났다는 점에서 오히려 긍정적이라고 평가했다. 2000년대 이전의 몇 안 되는 여성 기자들은 생존하기 위해 자신의 사생활을 포기하고 남성 동료가 100만큼 일할 때 120 정도로 일하려 했다면, 요즘 여성 기자는 남성 동료와 동일하게 100 정도 일하면 된다고 생각한다는 것이다.

과거 여성 기자들은 여자라서 그런다는 소리를 들을까봐 임신이나 출산·양육 등 사적 영역의 어려움을 말하면서 배려를 요청하는 경우가 없었는데, 요즘 여성 기자들은 아이가 아프다든가, 집에 무슨 일이 있다든가 등의 개인사를 솔직하게 이야기하며 배려를 요청하는 사례가 늘고 있었다. 이러한 변화는 개혁 정신과 기자로서의 사명감이 일부 퇴색되었다고 볼 수 있으나 한편으로 과거에는 여성이 감당해야 한다고 생각해서 말하기 꺼려했던 가사·육아의 책임을 동료에게 말하고 공유할 수 있게 되었다는 점에서 스스로를 남성과 차별하지 않는 당당함을 지니게 된 것으로 볼 수 있다. 또 남성과 여성이 동료로서 함께 고민하고 이해할 수 있는 영역이 넓어졌다는 점에서 긍정적인 변화로 해석해 볼 수 있다.

이처럼 뉴스 생산 조직 내에서 남녀 기자 간에 새로운 커뮤니케이션 문화가 형성되기 시작했다는 점은 주목해볼 만하다. 과거 남성 위주의 조직 내에서 여성의 문화는 존재하지 않았으며, 동료들과의 회식이나 여타 비공식적인 모임에서 여성의 취향을 반영하기란 거의 불가능했다. 뿐만 아니라 여성 기자들은 입사 초기부터 개인의 사생활에 대해서는 가급적 이야기하지 말아야 한다는 자기 규제가 강해 다수인 남성 동료들과 업무 이외의 유대를 형성하기 힘들었다. 이에 반해 젊은 기자들은 남녀 구분 없이 방송사 간의 벽도 허물고 함께 어울리는 문화를 형성하고 있었다. 남성 위주의 배타적인 문화에서 벗어나 새로운 문화를 형성해나갈 가능성을 젊은 세대들에게서 엿볼 수 있다.

(3) 기자 직무와 여성

과거에는 '기자는 남성의 직업'이라는 의식이 당연하게 받아들여졌다. 과연 기자 직업은 여성에게 맞지 않는 직업일까? 이에 대해 여성 기자와 일해 본 남성 간부들과 여성 간부들은 그렇지 않다고 대답했다. 여성이든 남성이든 개인에 따라 기자 직업이 맞을 수도 있고 맞지 않을 수도 있다는 것이다.

인터뷰에 참여한 남성 간부들 모두 기자로서의 능력은 개인차임을 강조했다. 과거보다는 여성을 객관적으로 바라보아야 한다는 의식의 변화가 생겼음을 알 수 있다. 취재원 관리나 데드라인, 특종, 탐사 취재 등 뉴스 생산 조직의 업무 특성이 여성의 육체적·정신적·심리적 특성과 어울리냐는 질문이 무색할 정도로 기자직을 수행하는 능력은 전적으로 개인차라고 간부들은 대답했다. 기사 작성이나 취재력 등 기자의 업무 능력에 있어서 성별의 차이보다는 개인의 차이가 더 크게 작용한다는 것이다. 단지 취재원의 다수가 남성이고 목욕탕이나 술집 같은 비공식적인 장소에서 중요한 정보가 오가는 현실 때문에 여성이 불리할 수 있다고 지적했다.

그런데 일부 간부들은 오히려 상대적으로 여성 기자들이 아직까지 소수이기 때문에 취재 과정에서 유리할 수 있다고 생각했다. 이것은 여성이 남성보다 좋은 기사를 쓰고 취재를 잘할 수 있다는 점을 인정하는 한편 기자 개인의 능력으로 취재를 잘해냈다기보다는 여자이기 때문에 능력 이상의 결과를 낳았다는 인식과 같은 맥락이다. 또 남녀 간부들은 기사 작성, 취재력 등 업무수행 능력에 있어서는 남녀의 차이를 인정하지 않았지만, 조직 내에서의 태도와 커뮤니케이션 방식에 대해서는 여성들이 부족한 면이 있음을 지적하며 대범하지 못한 태도와 조직 내 인맥 형성의 취약성을 들었다.

인터뷰에 참여한 남녀 간부들이 내린 여성 기자들에 대한 평가를 종합해보면, 여성 기자들은 자신이 지닌 장점과 능력을 개인적인 차원에 한정하여 발휘했다. 여성 기자는 일단 주어진 일은 책임감 있게 완수하지만 그 이외의 업무에는 소극적이기 때문에 전체적으로 일을 시키고 함께 수행하는 데 있어서는 남성 기자를 선호하게 된다는 것이다. 여성 기자들은 정직하고 공적 책임에 있어 매우 충실하지만, 한편으론 자신의 책임 영역에 대한 구분이 너무 명확해서 타인에 대한 배려나 구성원들과의 조화, 주어진 책임 이외의 부분에 대한 참여 의식이 부족하다는 것으로 이해해 볼 수 있다. 한 여성 간부가 말한 대로, 사적인 문제를 드러내지 않아야 된다는 자기 방어적인 생존 전략과 남성과 달리 직장 일 이외에 부여된 사적 영역에서의 버거운 책임이 여성 기자들로 하여금 이와 같은 소극적인 태도를 가지게 한 것으로 보인다.

업무 수행 능력에 대한 객관적 평가가 힘들고 조직 내 인간관계나 유대감 등이 중요한 평가요소가 되는 뉴스 생산 조직의 특성을 고려할 때, 이와 같은 태도는 결국 보직·승급에서 좋지 않은 결과로 이어진다. 이와 같은 문제는 기자 직업이 여성의 특성과 맞지 않다는 논리로 발전할 수 있다는 점에서 철저한 원인 분석과 대응방안이 논의되어야 한다. 또 남성 간부들은 여성 기자에 대해서는 '여성'이라는 점을 한 번 더 고려해야 한다는 어려움을 토로하기도 했는데, 이러한 어려움은 아직까지 뉴스 생산 조직과 사회 전반에서 주도적인 영향력을 행사하는 집단이 남성이기 때문에, 동성이 아닌 이성에 대한 불편함으로 해석될 수 있다. 따라서 성 주류화의 관점에서 여성 기자들이 뉴스 생산 조직에 좀 더 많이 진출해야 함을 보여주는 현상이기도 하다.

이와 함께 주목할 만한 점은 결혼 여부에 따라 여성 기자의 평가가 달라진다는 점이다. 결혼 전에 높게 평가받았던 장점들이 결혼 후에는 차츰 사라져버린다는 지적이 많았는데, 남성 간부들은 이러한 현상이 여성에게 주로 나타난다고 인식하고 있었다. 이와 관련해서 여성 간부들도 결혼 후 부정적으로 변해가는 여성 후배들이 있다는 점을 인정했지만, 그것은 여성 기자들이 겪는 현실적인 어려움 때문이라고 이해했다. 남성 간부와 달리 여성 간부들은 여성 후배들이 힘든 시기를 극복할 수 있도록 배려하면서 조직이 원만하게 운영될 수 있는 제도적인 방안을 강구해야 한다고 보았다.

(4) 뉴스 생산 조직과 여성 기자

인터뷰에 참여한 간부들은 기자직과 여성의 특성보다는 조직과 여성의 문제를 좀 더 비중 있게 설명하고자 했다. 간부들은 기자 직무의 수행은 개인의 능력 못지않게 조직 내에서의 조화가 중요하다고 생각했다. 다만 뉴스 생산 조직 속에서 여성이 조직 내에서 조화를 이루기 힘든 원인에 대한 남성 간부와 여성 간부들의 생각에는 차이가 있었다.

우선 여성 간부들은 여성 기자들이 조직의 구성원과 조화를 이루지 못하는 원인을 이미 굳건하게 형성되어 있는 남성 위주의 조직 문화로 보았다. 그래서 여성이 개인적인 차원에서 극복하기 어려운 문제라고 지적했다. 한국 사회에서는 사회화 과정부터 남녀가 다른 경험을 하기 때문에 나타나는 현상이라는 것이다. 한 예로 관료주의적 색깔을 띠고 위계질서가 강한 뉴스 생산 조직의 특성을 남성들은 이미 군대를 통해 경험한 적이 있기 때문에 굳이 의식하지 않고도 자연스럽게 적응할 수 있는 반면, 여성은 생소하기 때문에 적응하는 데 상당한 시간이 걸린다는 점을 들었다. 반면에 남성 간부들은 뉴스 생산 조직 내에서 여성이 나타내는 한계를 개인적 차원에서 극복할 수 있는 문제라고 인식하고 있었다. 함께 하고자 하는 마음의 자세가 중요하고, 같이 어울리고 부대끼며 신뢰를 쌓으려는 태도가 필요한데, 여성 기자들은 남성 기자들에 비해 '함께 하고자 하는 태도'가 부족하다는 것이다.

이처럼 여성 기자의 한계에 대한 지적이 많음에도 불구하고, 뉴스 생산 조직의 여성 채용 비율은 늘어나고 있다. 이에 대해 간부들은 공통적으로 입사시험에서 여성이 뛰어난 성적을 나타내기 때문이라고 해석했다. 고학력 여성들이 선택할 만한 보장된 전문 직업분야가 많지 않은 상황에서 '공개 채용을 하는 전문직'이라는 기자 직업의 특성이 우수한 여성들이 지원하도록 만드는 요인으로 작용하고 있었다. 또 남성에게 기자가 과거만큼 매력적인 직업으로 인식되지 않기 때문에 결과적으로 객관적 기준에 의한 채용 과정에서 여성 합격자가 많아졌다는 해석이었다. 즉 공정한 경쟁을 거칠 수 있는 언론사 입사시험에 몰린 여성 지원자들의 성적이 우수해 결과적으로 여성이 많이 입사한다는 것이다. 그러나 이와 같은 현상이 뉴스 생산 조직의 필요에 의한 선택이라고 생각되지는 않았다. 즉 성적이 높기 때문에 여성들을 많이 채용하고는 있지만 조직을 위해 긍정적인 현상이라고 해석하지는 않았다.

여성의 채용 비율이 증가하는 현상은 사회 전반적인 여성의 지위 상승 추세의 반영이라고 인터뷰에 참여한 간부들은 풀이했다. 특히 조직의 운영자 입장에서 여성 비율의 증가가 자신과 자신이 운영하는 조직의 진보성을 반영한다고 여겼는데, 이는 근본적으로 여성의 능력이 인정되었다기보다는 시의적인 분위기에 따라 나타나는 일시적인 현상에 불과할 수 있다는 것이었다. 한마디로, 언론사 입사에서 여성 기자들이 늘어난 것은 조직의 필요에 의한 것이 아니라 여성 지위가 향상된 사회 변화나 우수한 남성 인력의 외면과 우수한 여성 인력의 쏠림 현상, 조직의 진보성향을 보여주기 위한 방편 등으로 인해 나타난 현상이라는 것이다. 어쨌든 여성 채용의 증가는 지금까지 여성이 겪어야 하는 많은 제약이 조직 내에서의 수적인 열세에 의해 나타났다는 점에서 조직 문화를 바꿀 수 있다는 가능성을 기대하게 한다.

또한 여성의 간부직으로의 진출 가능성, 주요 보직 배치 등에 대해 여성 간부들은 여전히 부정적으로 인식하고 있었다. 특히 남성 위주의 조직 문화가 근본적으로 개선되거나 기존 간부들의 인식이 바뀌지 않는 이상, 채용 비율은 증가하더라도 핵심 권력으로의 진출 가능성은 여전히 제한될 것으로 내다보았다. 남성 간부들도 여성 기자의 증가에 대해서는 관대한 입장을 보였지만, 여성 간부에 대해서는 조직의 운영상 다수는 곤란하다고 인식하고 있었다.

한편, 여성에 대한 인식과 대우가 점차 개선되고 있는 사회 전반적인 추세에도 불구하고 뉴스 생산 조직에는 여전히 여성 배제기제가 남아 있었다. 무엇보다 남성 간부들은 기본적으로 뉴스 생산 조직의 업무 영역에 있어서 남성적인 업무와 여성적인 업무가 따로 있다고 인식하고 있었다. 남성 간부들이 제시한 바람직한 여성 기자의 특성은 여전히 부드러움·세심함과 같은 전통적인 여성성이었다. 남성 간부들이 여성적인 영역으로 구분한 분야는 양적으로는 시간이 많이 할애되더라도 질적으로는 덜 중요하다고 간주되고 있는 분야이다. 이와 같이 여성적·남성적 업무 영역의 구분으로 인한 수평적 분화는 결국 조직 내에서의 수직적 분화로 연결될 수 있다. 각 부서에서의 경험과 활동이 보직이나 인사에 영향을 미치기 때문이다.

이와 같은 인식을 바탕으로 한 여성 배제기제들은 뉴스 생산 조직뿐 아니라 취재 과정에서도 작용하고 있었다. 사회 전반적으로 여전히 남성의 비중이 높기 때문에 주요 취재원은 아직도 남성인 경우가 대부분이다. 남성 취재원으로부터 정보를 얻어내는 일이 비공식적 장소에서 이루어지는 관행도 여전히 남아 있어 여성 기자에게 큰 제약으로 작용하고 있다고 남녀 간부 모두 지적했다. 공식적 장소에서 많은 기자들에게 함께 제공되는 정보가 아닌 개별적으로 얻어내는 정보에서 특종이 더 많이 나올 수 있음을 고려해보면, 비공식적인 자리에서 남성 취재원과 쉽게 어울리며 소통할 수 있는 남성 기자에게 특종의 기회도 많아질 수 있다. 비공식적 자리에서 얻게 되는 특종은 기자의 취재 능력으로 평가될 수 있는 요소여서, 여성 기자들이 이러한 제약을 극복하기 위해서는 남성 기자에 비해 훨씬 더 많은 노력을 기울여야 한다.

(5) 뉴스 생산 조직에서의 여성 기자의 핵심 권력 진입 방안

뉴스 생산 조직에서 여성 인력이 핵심 권력으로 진입하려면 어떤 대안이 필요할까? 제도적인 차원과 개인적인 차원으로 나누어 살펴보자. 우선 제도적인 대안으로 가장 많이 거론되는 할당제에 대해 생각해볼 수 있다. 간부들은 공개 채용 과정에서는 여성의 성적이 현저하게 우수하기 때문에 할당제는 불필요하며, 오히려 부작용을 낳을 수 있다고 지적했다. 간부 할당제에 대해서도 남녀 간부 모두 매우 부정적인 입장을 나타냈다. 객관적인 업무 평가 시스템이 구축되지 않은 상태에서 무리한 할당제는 오히려 역효과를 낳을 수 있다는 것이다.

간부들은 비율로 명시한 할당제보다는 능력을 발휘할 수 있는 기회를 균등하게 보장하고, 조직 문화에 대한 여성 기자의 적응력을 높일 수 있는 연수나 트레이닝 기회를 확대하는 것이 좀 더 근본적인 해결 방안이라고 보았다. 또한 객관적인 공채를 통해 많은 수의 여성들이 입사한 것처럼 투명한 기준에 의해 능력을 평가받을 수 있는 업무 평가 공개 제도를 통해, 조직 내에서 능력을 발휘할 수 있는 기회를 균등하게 제공받는 것이 무엇보다 중요하다고 했다. 또 여성 간부들은 여전히 존재하는 사적 영역으로부터의 제약을 극복할 수 있도록 조직 차원에서의 제도적 지원이 필요하다고 했다. 임신 · 육아 같은 사적 영역에서의 제약은 개인적인 차원에서 극복해야 한다고 본 남성 간부들의 생각과는 대조되는 부분이다. 여성 간부들은 임신 · 육아는 여성이기 때문에 담당해야 하는 어쩔 수 없는 것이 아니라, 남성과 사회가 함께 책임져야 하는 부분으로 재인식될 필요가 있음을 전제했다. 즉 여성에 대한 부가적인 배려의 차원이 아니라, 궁극적으로 사회와 조직을 위해 당연히 지원되어야 한다는 것이다.

여성 간부들은 개인적인 차원에서 여성 기자 스스로의 인식 변화도 필요하다고 지적했다. 불합리하다고 여겨지는 분야에 대해 피해의식을 갖거나 미리 포기함으로써 자신의 위치를 스스로 한정짓지 말아야 한다는 것이다. 특히 성별의 문제로 어쩔 수 없다고 여겨 남성을 배타적인 존재로 받아들이지 말고 지속적인 커뮤니케이션을 시도해야 한다고 지적했다. 자신의 가치를 인정하고 개발해낼 수 있는 의지도 요구했다. 특히 기혼 여성은 미혼일 때보다 물리적인 시간이 부족하더라도 성숙된 의식과 시각이 반영되어 더 좋은 기자가 될 수 있다는 자부심을 가져야 한다는 주장이다.

한국 사회 전반적인 경제 산업 구조의 변화에 대한 지적이 필요하다는 의견도 있었다. 즉 특정 뉴스 생산 조직 구성원 모두에게 해당하는 취재 여건, 즉 노동 여건 자체가 매우 불합리하기 때문에 이러한 문제가 근본적으로 개선된다면 여성의 인력 활용 문제도 어느 정도 해결될 수 있다고 보았다.

3. 여성 기자와 뉴스 보도

지금까지 뉴스 생산 조직에서 여성들을 배제하는 기제, 언론사 조직의 특성과 여성 기자에 대한 간부들의 평가, 여성 기자가 당면한 문제 등을 살펴보았다. 이와 같이 저널리즘 연구에는 여성 기자들이 남성 기자보다 양성 평등적인 뉴스, 여성 친화적인 뉴스를 더 많이 생산해낼 것이라는 전제가 깔려 있다. 그런데 이런 전제는 맞는 것일까?

저널리스트의 개별 특성이 뉴스의 관점에 영향을 미치는지에 대한 문제는 객관성이라는 저널리즘 원칙과 관련하여 오랫동안 논의되어온 의제이다. 인용의 사용, 역피라미드식 기사 작성법 등 객관보도를 위한 형식적 틀을 준수하고 객관을 유지하려는 노력에도 불구하고 뉴스는 저널리스트가 본 사실이지 사실 자체가 아니라는 지적을 부정하기 어렵다. 대너와 왈쉬는 《뉴욕타임스》와 《워싱턴포스트》에 게재된 전 세계 여성대회 관련 뉴스에 대한 분석(Danner & Walsh, 1999)을 통해, 저널리스트가 어떤 프레임을 강조하고 어떤 부분을 생략하느냐에 따라 대회의 의미를 축소시킬 수 있음을 밝혀냈다. 이것은 저널리스트의 개별 특성이 뉴스를 구성하는 데 영향을 줄 수 있음을 시사한다. 뉴스의 관점에 영향을 줄 수 있는 저널리스트의 개별 특성으로 선유경향, 개인적인 경험, 사회경제적인 지위 등 다양한 속성을 생각해볼 수 있지만 그중에서도 성별 특성은 저널리스트가 뉴스를 취재하고 보도하는 데 영향을 미치는 주요 요인으로 거론되었다. 많은 연구에서 성별 특성은 사람들의 가치관과 행위에 영향을 주는 요인으로 검증되어왔기 때문이다.

저널리스트의 성별 특성이 뉴스 관점에 영향을 미치는지에 대한 연구는 저널리스트의 개별 특성과 뉴스 관점 간의 관계를 보여줄 뿐 아니라 여성 저널리스트가 남성 저널리스트보다 양성 평등적인 보도를 할 것이라는 가정을 경험적으로 고찰하게 한다. 따라서 이 장에서는 실증적인 분석 결과를 토대로, 여성 기자가 남성 기자와 다른 양성 평등적인 보도를 하고 있는지에 대해 알아보고자 한다.

1) 저널리스트의 성별 특성과 뉴스의 관점

여성 저널리스트는 과연 남성 저널리스트와는 다른 뉴스 가치 판단 기준과 관점을 가지는가? 초기에 행해진 연구들은 이와 같은 문제에 대해 부정적인 결과를 내놓고 있다. 위트로(Whitlow, 1977), 메리트와 그로스(Merrit and Gross, 1978), 반 주넨(Van Zoonen, 1988) 등이 행한 뉴스 생산자 연구 결과에서는 성별에 따라 뉴스 선택이 달라지지 않는 것으로 나타났다. 또한 두 개의 미국 텔레비전 채널에서 방송되는 저녁 스포츠 뉴스 프로그램을 분석한 연구에서도 여성 저널리스트의 등장이 여성 스포츠 관련 뉴스를 늘리는 데 영향을 주지 않는 것으로 나타났다(Tuggle, 1997).

그러나 최근의 연구들은 저널리스트의 성별 특성이 뉴스 취재원의 선정이나 뉴스의 관점에 영향을 준다는 것을 보여준다. 2000년 70여 개국에서 16,000여 개의 기사를 조사한 '전 세계 미디어 모니터링 프로젝트'에 따르면, 여성 저널리스트가 작성한 뉴스의 24%가 여성 대상 뉴스인 반면 남성 저널리스트가 작성한 뉴스의 18%만이 여성 대상 뉴스인 것으로 나타났으며, 이 같은 결과는 통계적으로 유의미했다(Spears & Seydegart, 2000). 미국의 18개 신문에 실린 889개의 기사를 분석한 암스트롱(Armstrong, 2004)의 연구 결과에서도 여성 저널리스트가 작성한 기사에서는 여성 취재원이 더 많이 등장하는 것으로 나타나 저널리스트의 성별 특성이 취재원의 발굴에 영향을 주는 것으로 확인되었다. 또한 미국의 3개 일간 신문을 대상으로 한 연구(Rodgers & Therson, 2003)에 따르면, 저널리스트의 성별 특성이 취재원의 다양화, 기사의 주제, 기사의 톤에 영향을 미치는 것으로 나타났으며, 여성 저널리스트들은 남성 저널리스트보다 취재원을 더 다양하게 활용하고 덜 정형화하며, 더 긍정적인 기사를 쓰는 것으로 분석됐다.

여성 편집자와 남성 편집자가 뉴스 제작에 미치는 영향도 검증되었다. 미국 30개 일간 신문을 대상으로 한 연구에 따르면, 여성 편집자의 비율이 높은 신문은 남성 편집자의 비율이 높은 신문보다 긍정적인 관점에서 뉴스를 보도하는 것으로 나타났다. 이러한 현상에 대해 그래프트와 완다(Craft & Wanta, 2004)는 남성 지배적인 편집국은 전통적인 뉴스 가치인 갈등과 '나쁜 뉴스'를 더 강조하기 때문으로 해석했다. 또한 여성 편집자의 비율이 높은 신문사에서는 남성 저널리스트와 여성 저널리스트가 비슷한 의제를 취재하지만, 남성 편집자가 많은 신문사에서는 남성 저널리스트들이 주로 정치 영역을 담당하고 여성은 비즈니스와 교육을 더 많이 담당하는 것으로 분석됐다. 이와 같은 연구 결과들은 저널리스트의 성별 특성이 뉴스의 관점에 영향을 미치며 나아가 여성 저널리스트가 남성 저널리스트보다 여성 관련 뉴스를 더 많이 발굴하고 좀 더 긍정적인 뉴스 관점을 취하고 있음을 보여준다.

2) 저널리스트의 성별에 따른 보도와 관련해 생각해볼 연구문제

저널리스트의 성별에 따른 보도를 비교할 때 어떠한 점에 주목해야 할 것인가? 기존 연구를 통해 볼 때, 뉴스에 나타난 여성 취재원에 대한 관점, 양성 평등적 관점, '갈등성'이라는 뉴스 가치의 사용 정도, 언론사 조직의 특성(여성 우호적/비우호적) 등을 여성 저널리스트와 남성 저널리스트의 보도에서 찾아볼 수 있는 차이점으로 이해할 수 있다. 그와 관련된 연구들을 살펴보면 다음과 같다.

스피얼과 세이드가트(Spears & Seydegart, 2000), 로저스와 털슨(Rodgers & Therson, 2003), 암스트롱(Armstrong, 2004), 그래프트와 완다(Craft & Wanta, 2004)의 연구에 따르면 여성 저널리스트는 남성 저널리스트보다 여성 취재원을 많이 활용하고 좀 더 긍정적인 뉴스 관점을 취하는 것으로 나타났다. 또한 로저스와 털슨(Rodgers & Therson, 2003)의 연구에서 여성 저널리스트는 남성 저널리스트보다 여성을 고정관념적인 성역할로 묘사하지 않는 것으로 확인되었다. 이와 같은 연구 결과는 여성 저널리스트가 남성 저널리스트보다 성역할 고정관념에서 벗어난 양성 평등적인 관점을 보도할 가능성이 크다는 것을 보여준다.

한편 그래프트와 완다(Craft & Wanta, 2004)의 연구에 따르면 남성 편집자 비율이 높은 신문이 여성 편집자 비율이 높은 신문보다 갈등적인 내용의 뉴스를 더 많이 보도하는 것으로 나타났다. 이것은 저널리스트의 개별 특성뿐 아니라 언론사의 특성이 여성 관련 보도에 있어서 뉴스의 관점에 영향을 미치고 있음을 보여준다. 즉 조직 내의 문화나 관점이 저널리스트가 작성하는 기사에 영향을 줄 수 있음을 의미한다. 따라서 여성 인력을 많이 채용하는 여성 우호적인 언론사와 여성 인력을 적게 채용하는 여성 비우호적인 언론사가 여성 관련 보도에서 뉴스 관점의 차이를 나타낼 가능성이 클 것으로 보인다.

3) 한국의 여성 기자와 남성 기자의 뉴스 관점의 차이

지금까지는 해외에서 행한 연구 결과들의 토대로 저널리스트 성별에 따른 뉴스 관점의 차이에 대해 살펴보았다. 그렇다면 우리나라의 경우는 어떨까? 여성 기자가 남성 기자와는 다른 관점에서 여성 관련 뉴스를 보도하고 있을까? 이를 알아보기 위해, 한국 여성 기자와 남성 기자가 생산한 여성 관련 뉴스를 비교해본 연구 결과(Kim & Yoon, 2009)를 소개하고자 한다.

이 연구는 한국 역사상 처음으로 여성을 법무장관으로 임명하는 등 취임 초 여성 장관을 4명이나 임명한 노무현 전 대통령이 취임한 2003년 2월 25일부터 2004년 3월 31일까지 1년 동안 보도된 여성 장관 관련 뉴스를 분석했다. 여성 장관은 뉴스에서 자주 언급되는 대표적인 여성 취재원이고, 관련 뉴스에 여성과 관련된 시각이 많이 등장하기 때문에, 남녀 기자의 관점을 비교하기에 적합했다. 이 연구는 한국에서 많은 독자를 확보하고 있는 《동아일보》, 《조선일보》, 《중앙일보》, 《한겨레》, 《한국일보》와 여성 주필이 있는 《서울신문》 등 6개 일간지를 대상으로 분석했다.[20] 분석 기간 동안 재임했던 여성 장관은 강금실 법무부장관, 김화중 보건복지부장관, 지은희 여성부장관, 한명숙 환경부장관이었다.

분석 대상 뉴스들에 나타난 여성 장관 관련 뉴스의 관점은 부정적인 것으로 확인됐다. 여성 장관에 대해서 긍정적이거나 중립적인 뉴스보다 부정적인 뉴스가 더 많이 보도된 것을 알 수 있다. 그러나 뉴스에 나타난

20 이 연구는 366건의 기사에 대해 내용 분석을 실시했으며, 코더 간 신뢰도를 나타내는 파이지수는 .77–1.00까지 비교적 높았다(Kim & Yoon, 2009).

'성의 정형화'와 '양성 평등의식'에 있어서는 중립적인 편으로 나타났다. 갈등적인 뉴스 가치를 사용하는 정도도 중립적인 것으로 분석됐다(〈표 33〉 참조).

또한 여성 장관 뉴스를 보도하는 데 있어서 여성 기자가 남성 기자보다 더 긍정적인 관점을 보였으며, 이와 같은 결과는 통계적으로 유의미했다. 여성 기자들은 관련 기사를 쓸 때 남성 기자보다 성의 정형화를 하지 않았으며, 그러한 차이는 통계적으로 유의미했다. 즉 여성 기자들이 남성 기자보다 여성 장관 보도를 할 때 '여성은 어떠하다' 또는 '여성은 어떠해야 한다' 등과 같은 표현을 덜 사용하고 있음을 알 수 있다. 양성 평등의식도 여성 기자가 쓴 기사에서 더 잘 나타났으며 이러한 결과는 통계적으로 유의미한 차이가 있는 것으로 분석됐다(〈표 34〉 참조). 성의 정형화와 양성 평등의식을 합해서 측정한 성 인지력도 여성 기자와 남성 기자의 보도 사이에서 통계적으로 유의미한 차이가 나타났다. 이것은 여성 장관 보도에 있어서 여성 기자가 남성 기자보다 여성을 정형화하지 않고 양성 평등적인 뉴스를 생산하고 있음을 보여준다.

한편, 여성 장관 보도에 있어 갈등성이라는 뉴스 가치는 여성 기자보다 남성 기자가 많이 사용하고 있었으며, 이와 같은 결과는 통계적으로 유

〈표 33〉 여성 장관 보도에 나타난 뉴스 관점 평균과 표준편차

(표본 수 N=366)

	평균	표준편차
뉴스의 관점 a	1.83	.67
성의 정형화 b	2.05	.32
양성 평등의식 c	2.08	.35
'갈등' 뉴스 가치의 사용 d	2.02	0.82

a 뉴스의 관점 코딩: 3 = 긍정, 2 = 중립, 1 = 부정.
b 여성의 정형화: 3점 척도로 측정, 1 높은 정형화 ~ 3 낮은 정형화.
c 양성 평등의식: 3첨 척도로 측성, 1 낮음 ~ 3 높음.
d '갈등' 뉴스 가치의 사용: 3점 척도로 측정, 1 낮음 ~ 3 높음.

〈표 34〉 기자 성별에 따른 뉴스 관점 차이에 대한 t 검정 분석

(표본 수 N=366)

기자의 성 / 변인	여성 기자 평균(표준편차) (N = 58)	남성 기자 평균(표준편차) (N = 308)	t	df
뉴스의 관점 [a]	2.22 (.68)	1.75 (.64)	5.07*	364
성인지적 관점 [b]	4.66 (1.07)	4.03 (.44)	7.44*	364
– 성의 정형화 [c]	2.31 (.57)	2.00 (.22)	7.08*	364
– 양성 평등의식 [d]	2.34 (.55)	2.03 (.27)	6.82*	364
'갈등'뉴스 가치의 사용 [e]	1.79 (.81)	2.24 (.82)	–3.86*	364

a 뉴스의 관점 코딩: 3 = 긍정, 2 = 중립, 1 = 부정.
b 성인지적 관점(성의 정형화 점수 + 양성 평등의식): 두 변인 간의 크론바흐 알파값(Cronbach's alpha) .87.
c 여성의 정형화: 3점 척도로 측정. 1 높은 정형화 ~ 3 낮은 정형화.
d 양성 평등의식: 3첨 척도로 측성. 1 낮음 ~ 3 높음.
a '갈등' 뉴스 가치의 사용: 3점 척도로 측정. 1 낮음 ~ 3 높음.
* p〈.01

의미했다. 여성 장관과 부하직원, 여성 장관과 다른 남성, 여성 장관과 다른 여성과의 갈등을 부각시키는 보도는 여성 장관이 리더로서의 자질이 부족하고 일처리를 잘 못하는 무능력함을 보여준다는 점에서 여성 장관의 이미지를 실추시킬 가능성이 크다. 따라서 남성 기자들이 여성 기자들보다 여성 장관에 대한 안 좋은 이미지를 만들어내는 보도를 더 많이 했음을 알 수 있다.

* * *

이 장에서는 여성 기자의 소외를 가져오는 여성 배제기제를 살펴보고 뉴스조직의 특성에서 본 여성 기자의 현주소와 앞으로의 방향을 생각해 보았다. 또 양성 평등적인 뉴스의 제작을 위해서는 여성 기자의 비율이 늘어나야 한다는 주장의 전제, 즉 여성 기자가 남성 기자보다 양성 평등적인 뉴스를 생산하는지를 확인하기 위해 여성 장관 관련 뉴스에 대한

분석 결과를 살펴보았다.

연구 결과, 여성 기자는 남성 기자보다 여성 장관에 대해 긍정적인 관점에서 뉴스를 보도했다. 또 여성 기자가 작성한 기사는 남성 기자가 보도한 기사와 비교해볼 때 성역할 고정관념이 덜 나타났으며, 양성 평등 의식도 높게 나타났다. 이와 같은 연구 결과는 저널리스트의 성별에 따라 뉴스 구성이 달라지며 여성 저널리스트가 생산한 뉴스에 여성주의적 관점이 반영되고 있음을 보여준다. 이것은 남성 중심적인 뉴스 보도에서 벗어나기 위해서는 여성 저널리스트가 더 늘어나야 한다는 논리를 뒷받침해주는 결과이다. 또한 남성과 여성 간의 뉴스 가치 판단 기준에도 차이가 나타났다. 즉 남성 기자는 여성 기자보다 '갈등성'이라는 뉴스 가치에 큰 비중을 두고 있었다. 이와 같은 경향은 먼저 남성 기자가 여성 기자보다 갈등성이라는 전통적인 뉴스 가치 판단기준에 충실하기 때문이라고 해석할 수 있다. 또한 여성 간의 관계를 갈등적으로 묘사해온 미디어의 관행, 즉 남성 기자들이 가지고 있는 여성에 대한 부정적인 인식에서 비롯된 것으로 생각해볼 수 있다.

이와 같은 연구 결과를 토대로 볼 때, 남성 중심적인 뉴스 관점에서 벗어나 양성 평등적인 뉴스를 제작하기 위해서는 무엇보다 여성 저널리스트의 언론사 진입 확대가 시급하다는 것을 알 수 있다. 그러나 여성 기자가 당면한 현실을 살펴보면, 여성 기자의 언론사 진입과 언론사 내에서의 핵심 권력부로의 진출 확대는 쉬운 일이 아님을 알 수 있다.

1990년~2000년까지 여성 기자가 쓴 체험기는 뉴스 생산 과정에서 존재하는 여성 배제기제로 인해 여성이 소외되어 있음을 보여준다. 여성 기자들의 체험기를 통해 찾아낸 뉴스 생산 과정에서의 여성 배제기제는 크게 취재 영역 · 뉴스 조직 등 공적 영역에서의 여성 배제기제와 사적 영역에서의 여성 배제기제로 나타났다. 취재 영역에서의 여성 배제기제는 권위적 정보 수집, 비윤리적 타협문화, 비공식적 커뮤니케이션, 전통적 여성관이었고, 뉴스 조직에서의 여성 배제기제는 남성적 유대관계, 연성뉴스에 대한 평가 절하, 여성 기자'들'에 대한 정형화였다. 또 사적 영역에서는 가사 · 임신 · 육아 등이 여성 배제기제로 작용했다.

이러한 배제기제의 존재는 많은 여성 기자들이 남성 기자보다 낮은 평가를 받는 것은 단지 여성 기자 개인의 무능함에서 기인하는 것이 아니라는 점이 확인된다. 여성 기자들의 체험기를 보면 이러한 배제기제로 인한 무능함을 자칫 여성 개인의 탓으로 돌려버리는 신참기자도 있었고, 여자 선배를 무조건 무능하게 생각하는 잘못을 범했다고 고백하는 기자도 있었다. 이것은 이러한 배제기제의 존재를 인식하지 못할 때 범할 수 있는 잘못이다. 여성 배제기제를 제대로 파악하지 못하면 여성 기자들은 스스로를 더욱 소외시키게 될 것이다.

여기서 소개한 기제들 중 많은 부분은 한국 내 다른 전문직에서 여성을 배제시키는 기제와 유사하다. 가사 · 임신 · 육아 같은 사적 영역으로부터의 배제기제는 일하는 여성 모두에게 작용하는 기제이다. 또 비공식적 커뮤니케이션과 전통적 여성관이라는 배제기제는 전문직 여성을 대상으로 한 연구에서도 발견되었으며(조혜정, 1990), 여성 기자들에게 작용했던 남성적 유대에 기반한 상호작용이 조직 내에서 남성들의 우위와 자존감을 형성해주는 주요한 기제가 된다는 점은 생산 중심적 조직 내 성별관계를 분석한 연구(정경애, 1997)에서도 확인되었다. 여성 기자'들'에 대한 정형화라는 기제 역시 의사 사회를 중심으로 한 여성 배제구조에 대한 연구(주경미, 1992)에서 찾아볼 수 있었다.

이처럼 언론사 조직 이외의 다양한 노동 현장에서 동일한 여성 배제기제가 발견되었다는 사실은, 이 기제들이 한국 사회 전반에서 강력하게 작용하고 있다는 사실을 확인시켜준다. 또 사회의 문제점을 밝혀내고 올바른 방향을 제시해야 하는 공적 역할을 담당하고 있는 언론조차 우리 사회에서 타파해야 하는 여성 배제기제에 영향을 받고 있다는 사실을 알려준다.

한편 권위적 정보 수집과 비윤리적 타협문화는 우리 언론의 문제점을 보여주는 것이어서, 지금은 많이 줄어들었지만 주목해봐야 할 여성 배제기제이다. 검사·판사를 사칭하는 것과 마찬가지로 아직도 기자를 사칭하는 범죄가 발생하고 있는 우리 사회의 현실을 고려하면, 기자라는 직업이 여전히 하나의 권력계층으로 받아들여지고 있음을 부정하기 어렵다. 따라서 권위적 정보 수집이라는 취재 관행은 우리 언론 문화에서 깨끗이 사라져야 한다. 다행히 유흥업소에서 대접받기, 취재원이 마련한 여행가기·골프 접대받기 등 비윤리적 타협문화는 2016년 9월부터 시행된 부정부패방지법(김영란법)을 통해 사라질 것으로 보인다. 이러한 언론 문화의 변화는 기자 세계에서 여성 배제기제들이 줄어드는 동시에, 언론 본연의 모습을 회복할 수 있는 계기가 될 것이다.

다행스럽게도 2000년대 중반에 접어들어서는 뉴스 생산 조직에 입사하는 여성의 비율이 점차 증가했다. 그럼에도 불구하고 뉴스 편집권에 영향을 행사할 수 있는 고위직에 진출한 여성의 숫자가 매우 적은 현실은 뉴스 생산 조직 내에서 여성 인력이 제대로 활용되지 못하고 있음을 보여준다. 이러한 현상의 원인을 알아보기 위해 현업에 종사하고 있는 간부급 남녀 기자들의 경험과 인식을 살펴보고 조직적 차원에서 고찰해보았다.

분석 결과, 뉴스 생산 조직은 다른 일반 기업과는 달리 업무 능력의 객관적인 평가가 이루어지기 힘들고 같은 직급 내의 부서 이동이 잦은 반면, 승진이나 보직의 기회는 매우 제한되어 있다. 특히 뉴스 조직은 조직 내에서 영향력을 행사하는 핵심 그룹이 존재하고 이러한 그룹에 의해 부서 배치와 보직 등의 인사가 이루어지고 있었다. 문제는 영향력을 행사하는 핵심 그룹에서 여성들이 배제되어 있다는 점이다. 편집 방침 등 뉴스 제작 과정의 주요 정책 결정에서도 극소수의 여성 기자들이 참여하고 있어 여성 기자의 배제는 뉴스에서 여성의 시각을 반영하지 못하는 결과로 나타날 수 있다. 이와 같은 현실은 조직 내에서 여성의 능력이 제대로 평가받지 못하고 소외되는 수평적 · 수직적 주변부화의 원인으로 작용한다.

여성의 소외와 배제는 뉴스 취재 과정, 뉴스 조직, 사적 영역에서 모두 나타나고 있었는데 이에 대한 남성 간부와 여성 간부의 시각은 다르게 나타났다. 남성 간부들은 뉴스 생산 과정에서 존재했던 여성에 대한 부정적인 인식은 많이 개선되었고, 오히려 여성이라는 특성을 살려 유리한 위치에 놓일 수도 있다고 보았다. 또한 여성 기자들이 취재나 업무 수행 능력 면에서는 우수하지만 조직 내 문화에 잘 융화되지 못하고, 특히 기혼 여성들은 사적 영역으로부터의 제약이 업무 수행 능력의 저하로 직결되는 경우가 많다고 했다.

반면 여성 간부들은 이와 같은 문제에 대해서 여성을 둘러싼 사회 전반의 인식이 개선되어야 한다고 지적했다. 남성들은 입사하기 전에 이미 군대 등을 통해 위계질서가 강한 조직의 문화를 경험해보았기 때문에 뉴스 생산 조직에 자연스럽게 동화되고 터득할 수 있는 반면, 여성들은 교육과 사회화 과정에서 그러한 경험을 체득할 기회가 없으므로 조직의 문화에 적응하기 힘들다는 분석이다. 조직 내에서 핵심 그룹에 속하지 못한 여성들은 나름대로 자신의 영역과 업무에 최선을 다하지만 그런 모습이 개인주의적이거나 조직원으로서의 자세 결여로 간주되고, 이는 곧 보직과 승진의 배제로 이어지고 있다는 것이 여성 간부들의 시각이었다.

이러한 현실에도 불구하고 저자는 언론사 간부들과 인터뷰를 통해 몇 가지 발전적인 변화를 감지할 수 있었다. 첫째, 남성 간부들이 여성의 업무 능력을 평가하는 데 있어 과거와 달리 '여성 기자들에 대한 일반화' 논리에서 벗어나고 있다는 점이다. 남성 간부들은 여성 기자의 개인적 특성을 인정하고 남성 기자와 동등한 시각으로 평가하려고 노력했다. 개인차를 인정받았다는 점이 중요한 이유는 그동안 여성 기자에 대한 집단적 평가가 여성 기자들을 속박하는 기제로 작용해왔고, 개인 특성을 발휘할 수 있는 기회를 박탈하는 현상으로 나타났기 때문이다. 따라서 남성 간부들의 이러한 변화는 과거처럼 모든 여성을 대신한다는 책임감에서 여성 기자들이 조금은 자유로워질 수 있다는 가능성을 보여준다.

두 번째는 일단 최근의 현상으로 보아 뉴스 생산 조직의 진입장벽을 여성들이 어느 정도 극복했다는 점이다. 최근에 나타나고 있는 언론사 입사 비율과 여성 지원자의 우수성을 인정하는 간부들의 인터뷰를 통해서 과거보다 언론사 진입의 문이 커졌음을 확인할 수 있었다. 여성 기자의 증가는 남성 주류 문화를 바꾸어 가는 원동력으로 작용하고 주요 핵심 권력으로의 여성의 진입에도 큰 힘이 될 것으로 기대된다.

세 번째는 젊은 세대에서 나타나고 있는 남녀 간의 자유로운 커뮤니케이션 문화와 사적 영역에 대한 남성들의 책임의식 증가이다. 과거와 달리 남녀 기자들은 성의 장벽을 뛰어넘어 동료로서 사적 영역의 문제를 이야기할 수 있는 커뮤니케이션 문화를 형성하고 있었다. 또 사적 영역에 대한 젊은 남성들의 책임 의식 강화는 여성이 그동안 드러내지 못하고 개인적 차원의 문제로만 여겨온 가사 · 육아의 문제를 사회적 차원에서 논의할 수 있는 분위기를 형성하고, 같은 직업을 가진 동료로서 함께 고민하면서 유대감을 형성할 수 있다는 점에서 긍정적인 현상이라고 생각된다.

이와 같은 발전적인 변화에도 불구하고 여성 기자가 겪고 있는 많은 문제들이 쉽게 해결될 것 같지는 않다. 그 이유는 다음과 같다. 첫째, 여성들이 진입장벽을 어느 정도 극복했다 하더라도 핵심권력으로의 진입은 여전히 어려운 현실로 남아 있다. 여성 기자의 증가를 긍정적으로 평가하는 남성 간부들도 간부로서의 여성에 대해서는 부정적인 입장을 보이고 있어 여성 기자들의 핵심권력으로의 진입은 매우 힘든 과정이 될 것으로 생각된다. 여성들의 친화력 부족, 조직 구성원으로서의 의식 부족, 관리 능력의 부재 등은 앞으로도 오랫동안 여성들이 핵심 권력으로 진입하지 못하는 원인으로 제시될 것이다. 그러한 원인들은 여성 개개인의 문제이기보다는 여성의 사회화 과정, 조직 내에서의 여성 인력의 활용 방식, 여성을 둘러싸고 있는 사적 영역에서의 책임 등 복잡한 맥락에서 발생한 것이기 때문에 조직적·사회적 차원의 대응방안이 강구되지 않는 한 극복하기 힘들다. 둘째, 사람과의 관계 속에서 고급정보를 취재해야 하는 기자직무의 특성상, 한국 사회에서 인맥을 중심으로 한 은밀한 유대감이 이루어지는 남성 중심적인 문화가 지속되는 한, 여성 기자의 취재 과정은 앞으로도 계속해서 힘겨울 것이라는 점이다. 취재 영역의 주요 부분에 남성들이 자리 잡고 있고, 상대적으로 남성보다 인맥을 쌓기 힘든 현실을 고려할 때, 여성 기자는 뉴스 생산 과정에서 극복하기 어려운 상황을 끊임없이 직면할 것이다. 셋째, 결혼 이후 여성이 맡게 되는 사적 영역에서의 책임이 여성 기자가 '기자'와 '조직의 구성원'으로서의 제 역할을 수행하는 데 큰 걸림돌로 작용하고 있다는 점이다. 젊은 남성들의 사적 영역에서의 책임 의식 강화에도 불구하고 여전히 여성이 많은 부분을 감당해야 하는 것이 우리의 현실이다. 특히 임신으로 인한 취재력 약화, 육아에 대한 책임감은 여성을 주어진 일만 수행하는 개인 중심적인 기자로 만들고 결과적으로 조직의 핵심 부분에서 밀려나게 하는 기제로 작용하고 있다. 이와 같은 현상은 여성 기자의 직업 만족도를 낮추며 남성보다 중도에 이탈하는 비율이 높아지는 결과로 이어질 수 있다.

이와 같은 현실에서 여성 기자들이 뉴스 생산 조직에서 능력을 발휘하고 권력의 핵심으로 진입하기 위한 대응방안은 사회와 조직에서 뒷받침해 주어야 하는 제도적인 차원과 개인적인 차원으로 논의해볼 수 있다. 먼저 사회적 차원에서는 여성에게 공평한 기회를 제공하도록 하는 정책이 수립되고 실행되어야 한다. 여성의 고용 기회 확대와 여성 인력 활용에 대한 평가를 통해 여성 인력을 양성하는 언론사에 대한 지원제도가 마련되어야 할 것이다. 무엇보다 여성 리더십 교육이 체계화된 교육기관을 육성하고, 사회에서 활동하는 여성들이 그런 프로그램을 통해 사회화 과정에서 학습하지 못했던 리더로서의 자질을 키워나갈 수 있게 해주는 제도적 지원이 필요하다. 또 임신 · 육아에 대한 사회적 책임을 인식하고 홍보하며, 사회적으로 해결할 수 있는 방안을 적극적으로 모색해야 한다. 임신 여성에 대한 보호와 직장 내 탁아소 운영 등 이미 제시되어 있는 정책들을 실행해서 여성들이 사적 영역의 제약에서 벗어날 수 있도록 해야 한다.

조직적 차원에서는 무엇보다 인사의 투명성이 확보되어야 한다. 인맥이나 비공식적인 커뮤니케이션이 아닌 투명한 인사정책을 통해 간부나 보직 인사, 부서 배치가 이루어져야 한다. 이것은 기자 직무에 대한 평가 지표 등 무리한 객관화 제도의 도입을 의미하는 것이 아니다. 많은 기자들이 공감할 수 있는 기준과 인사 과정의 투명한 공개를 통해 불합리한 유대감이 작용하는 것을 방지하자는 의도이다. 연수 · 교육 등 여성의 참여 기회를 확대하고 여성 기자들이 조직 내에서 리더로서 성장할 수 있는 교육 프로그램을 마련해야 한다. 조직의 리더로 성장할 수 있도록 다양한 부서에서 활동할 수 있는 기회가 남녀에게 동등하게 부여되어야 한다. 적어도 여성이 기회조차 갖지 못해 스스로의 경력도 관리할 수 없는 현실은 바뀌어야 한다. 마지막으로 임신 · 육아 등을 여성 개인의 문제가 아닌, 한 사회에 소속된 조직이 감당해야 할 책임으로 인식하고 여성들이 심리적 부담에서 벗어나 직무를 수행할 수 있도록 배려해야 한다.

개인적 차원에서는 여성들 스스로 경력 관리를 통해 전문성을 확보하고 리더로 성장할 수 있는 자질을 갖추어나가야 할 것이다. 인터뷰에 참여한 남녀 간부들은 '꼼꼼함'과 '완벽성'이라는 여성의 특성을 부각시켜 전문기자로 성장해나갈 것을 적극적으로 권장했다. 이는 구성원들을 관리하는 리더로서의 자질이 부족하다는 인식에서 비롯된 생각일 수도 있지만, 시대의 흐름을 볼 때 좋은 대안이 될 수 있으리라 본다. 그보다 더 중요한 것은 여성 기자들 스스로 끊임없이 사회나 조직의 불합리한 제도와 문화를 타파하려는 조직적인 노력을 해야 한다는 점이다. 사적 영역에서의 문제에도 보다 당당하게 대처해야 한다. 개인의 책임으로 자책하지 말고 사회적 · 조직적 대안을 찾아 해결해나간다면, 뉴스 생산 조직에서 여성의 배제를 조금씩 줄여나갈 수 있을 것이다.

4장

뉴스에 나타난 여성

2장에서 살펴보았듯이 한국에서의 여성의 지위는 다소 나아지고 있고, 여성의 사회 진출도 늘어났다. 언론이 이런 사회적 변화를 담아냈다면, 뉴스에서 여성의 등장이 많아지고 여성에 대한 긍정적인 재현도 많아졌을 것이다. 그러나 기존 연구들을 보면, 여전히 뉴스에 나타난 여성은 남성과 동등한 존재가 아닌, 주변부에 머문 존재이다. 정부, 민간단체, 기업 등 사회 다방면에서 일하는 여성들이 늘어나면서 여성들이 등장하는 뉴스의 양이 증가하고 있지만, 여전히 뉴스에 등장한 여성은 남성보다 적다(정숙경, 1999). 이것은 언론들이 여성 관련 사건에 대해 뉴스 가치를 부여하지 않는다는 사실을 확인시켜주는 것이다. 실제로 여성 관련 취재를 제안했을 때, 데스크(부장)가 받아들이지 않아 보도하지 못해 안타까웠다는 여성 기자들의 이야기를 여러 번 들었다.

이와 관련해 미국에서 발표된 흥미로운 연구 결과를 찾아볼 수 있다. 미국 전역을 대상으로 하는 텔레비전 뉴스에서 미아에 대한 보도를 분석한 연구(Min & Feaster, 2010)를 보면, 실제 FBI 통계에 보고된 미아 사건 중 여자아이인 경우가 실제로는 57.4%를 차지했지만, 미아를 다룬 텔레비전 뉴스에서 잃어버린 여자아이 사건이 차지하는 비율은 37.8%에 그쳐, 실제 존재한 사건보다 뉴스에서 적게 다루어지고 있다. 이런 결과는 미국 내에서의 여성 관련 뉴스에 대해 뉴스 가치를 덜 부여하는 뉴스 생산 관행을 보여준다.

여성 관련 뉴스에 대해 질적 분석을 실시한 연구들을 보면, 여성 보도의 문제점이 얼마나 심각한지를 알 수 있다. 여성은 '감각적인 인간이나 무기력한 희생자'로 보도되고 있으며(김훈순, 1997), 여성은 뉴스의 중심 인물이 아닌 주변 인물로 다루어지거나 비우호적인 내용의 보도 사례가 많았다(김애라, 2003; 현경미 · 김원용, 2005). 전문직 여성을 다룬 뉴스에서조차 전문가로서의 능력이나 역할에 대해 보도한 경우는 드물었고, 대신 여성으로서의 역할이나 인간성, 외모 등이 더 부각되고 있었다(김훈순, 1997; 양정혜, 2002, Daughton, 1994). 학력이 높아지고 법조계와 기업 등 다양한 영역의 진출이 늘어나면서 여성의 위상이 높아지고 있지만, 뉴스에 보도되는 여성은 여전히 주변 인물의 위치에서 벗어나지 못하고 있는 것이다. 문제는 이와 같은 뉴스가 우리 사회에서 성차별적인 고정관념을 강화하고 있다는 데 있다.

우리 주변에서 미혼모나 탈북여성, 또는 결혼 이주여성을 직접 만나본 적이 있는 사람들은 많지 않을 것이다. 그러나 만나본 경험이 없는 사람들도 미혼모에 대해 '자제력이 부족한 여성', '문제 청소년' 등 나름대로 어떤 이미지를 갖고 있을 것이다. 또 탈북여성이나 결혼 이주여성에 대해서도 만나보진 않았지만 특정한 이미지를 갖고 있을 것이다. 사람들은 만나본 적이 없는 여성들에 대해 어떻게 특정한 이미지를 갖게 될까?

직접 접촉이 거의 없는 집단에 대해 매스미디어를 통해 반복적으로 학습할 때, 사람들은 해당 집단을 스테레오타입화하고, 그 스테레오타입은 과도하게 일반화되며 왜곡되는 경향이 나타난다(강현두 · 배규한 · 권호연 · 이창현 · 김동명, 1999 재인용)고 한다. 실제로 기존 연구들은 뉴스가 특정 집단에 대해 유사한 이미지를 재현하여 보도함으로써 고정관념(stereotype)을 생산해낸다는 문제를 지적해왔다. 즉 기존 연구들은 뉴스가 결혼 이주여성(정연구 · 송현주 · 윤태일 · 심훈, 2011)과 여성 범죄 피해자(김훈순, 2004), 여성 정치인(김애라, 2003; 조연하 · 김경희 · 정영희, 2006)에 대해 편향된 고정관념을 생산해왔다는 사실을 실증적으로 보여주었다.

이 장에서는 뉴스에서 여성들을 재현하는 방식을 살펴볼 것이다. 특히 여성들에 대한 고정관념이 뉴스에서 끊임없이 재생산되는 이유를 뉴스 생산 과정에서의 관행을 중심으로 논의를 진행해보고자 한다. 이어, 그동안 저자가 단독 또는 공동으로 연구한 여성 관련 뉴스의 분석 사례들을 통해 실제로 뉴스에서 여성들이 어떻게 그려지고 있는지를 실증적으로 살펴볼 것이다. 사례는 사회 지도층 여성과 소외 계층 여성에 대한 뉴스로 나눠 소개하고자 한다. 사회 지도층 여성과 소외 계층 여성에 대한 재현 모두에서 성차별적인 고정관념이 재생산되고 있다면, 뉴스에서 여성을 재현하는 데 있어 존재하는 뿌리 깊게 자리 잡은 성차별적인 생산 관행을 확인하게 될 것이다.

1. 뉴스에서의 여성 재현

1) 뉴스에서의 여성 재현의 중요성

리프만(Lippmann, 1922)은 외부세계와 사람들의 머릿속에 존재하는 상 사이를 매개하는 일은 미디어의 기본적인 기능 중의 하나라고 설명했다. 우리가 머릿속에 가진 '상'을 구성하는 주요 요소를 미디어가 제공한다는 것이다. 그동안 텔레비전을 대상으로 한 많은 효과 연구들은 텔레비전이 사람들이 무엇에 대해 생각할지와 어떻게 생각할지에 대해 영향을 주고 있음을 검증했다(McCombs & Show, 1972; Weaver, 2007). 여기서 주목할 점은 텔레비전 뉴스가 현실 그 자체가 아니라 구성된 현실이라는 점이다. 미디어 텍스트를 분석한 연구들은 미디어가 제시하는 현실을 '구성된 현실'로 본다(Gamson, 1992). 또 터크만(Tuchman, 1978)은 뉴스 조직이 기사의 선택·가공·편집을 통해 현실을 바라보는 하나의 틀을 제시한다고 보았고, 기틀린(Gitlin, 1980)은 여기서 더 나아가 뉴스 프레이밍은 현실에 대한 인식·해석·제시·선택·강조·배제 등의 지속적 패턴으로, 상징조작자가 일상적으로 언어적 담론과 영상적 담론을 조직한다고 보았다. 즉 뉴스가 이데올로기적 담론을 형성하고 있다는 것이다.

이와 같은 뉴스의 특성에 대한 연구와 미디어 텍스트의 효과 연구를 접목해보면, 사람들은 미디어를 통해 전달된 뉴스를 통해 '구성된 현실'을 수용한다고 이해할 수 있다. 게다가 사람들이 텔레비전 같은 매스미디어에서 보도한 뉴스에서 알게 된 현실을 신뢰하고 있다는 점까지 고려한다면, 특정 집단의 여성(결혼 이주여성, 미혼모, 여성 정치인 등)에 대한 유사한 표상을 지속적으로 제공하는 뉴스에 오랫동안 노출된 시청자는 그 영향을 받아 특정 집단의 여성에 대해 특별한 상을 갖게 될 가능성이 크다.

이런 관점에서 볼 때, 뉴스에 등장하는 특정 집단 여성들의 재현은 매우 중요한 의미를 가진다.

2) 국내외 뉴스에서 나타난 여성의 재현

여성과 뉴스에 대한 연구의 가장 큰 줄기는 언론 보도에서 여성이 묘사되는 방식이다. 기존에 행해진 연구 결과에 따르면, 뉴스는 여성의 전통적인 성역할을 강조하고 여성 간 갈등을 부각시키며, 성역할을 고정화하는 경향이 있는 것으로 나타났다.

(1) 외국의 뉴스에서 여성의 재현

셀린과 프람스마(Ceelen & Prasmsma, 1985)는 네덜란드의 미디어에 보도된 여성 관련 뉴스를 분석한 연구에서 네덜란드의 뉴스 미디어는 여성 혹은 여성에 관련된 문제를 적게 보도하며, 그것도 강간, 폭력, 가정주부의 법적 지위향상 같은 매우 한정된 소재일 뿐이라고 지적한 바 있다. 또한 미국 《타임》지의 뉴스를 분석한 키치(Kitch, 1999)의 연구에 따르면 《타임》지는 30년 동안 끊임없이 여성 조직과 출판물에 대해 비판적인 이미지와 정보를 제공했으며, 직장과 가정에 대한 이슈를 다룰 때 여성들의 문제점을 시사하는 일화들을 소개한 것으로 나타났다. 《워싱턴 포스트》와 《뉴욕 타임스》에 게재된 제4차 전 세계 여성대회 관련 기사를 분석한 연구에서도 두 신문은 여성 참여자를 급진적 페미니스트로 특성화했으며, 여성답지 못하고 부적절한 행동을 하며 품위 없는 사람들로 자주 묘사한 것으로 나타났다(Danner & Walsh, 1999).

기사의 내용뿐 아니라 신문에 보도된 사진에서도 여성에 대한 보도는 비슷한 관점을 가진 것으로 분석되었다. 신문과 잡지의 이미지에 대한 연구들을 보면, 사진의 양적인 분석만으로도 남성과 여성을 고정 관념화된 사회적 역할로 묘사하고 있음을 알 수 있었으며, 대부분의 사진은 남성 중심적이었다(McCelland, 1993). 스포츠잡지의 광고와 의견란(editorial content)의 사진을 분석한 연구를 보면 의견란의 4개 사진 중 평균 3개가 남성이었으며 광고 사진도 5개 중 평균 4개가 남성이었다(Hardin, Walsdorf, Lynn, & Hardin, 2004). 또한 의견란에서 중심이 되는 사진의 78%, 전체 잡지 사진의 80%가 남성이었다. 광고 사진에서 대부분의 남성은 적극적인 포즈를 취하고 있는 반면, 여성의 경우 46%만이 적극적인 포즈를 취하고 있었다.

특히 스포츠 분야의 뉴스는 뉴스 취재원으로서의 남녀 보도 대상 간에 매우 큰 불균형을 나타내 남성 위주의 스포츠 보도가 이루어지고 있었다. 미국의 텔레비전 채널 ESPN의 '스포츠센터(SportsCenter)'와 CNN의 '스포츠 투나이트(Sports Tonight)' 코너를 분석한 결과 두 프로그램은 단지 5%만을 여성 스포츠에 할애하고 있었다(Tuggle, 1997). 또한 남성은 팀 스포츠 중심으로 보도된 반면, 여성은 개인 스포츠 종목을 중심으로 보도된 것으로 분석됐다. 이와 같은 연구 결과들은 뉴스가 양성 평등적 관점이 아닌 남성 중심적인 관점에서 보도되고 있음을 보여준다.

(2) 국내 뉴스에서 여성의 재현

국내에서 행해진 뉴스 보도에 나타난 여성에 대한 기존 연구에서도 유사한 결과들이 나타나고 있다. 이들 연구에 따르면, 뉴스는 우리 사회의 현실을 제대로 반영하지 못한 채 가부장적 사회질서를 강화하는 젠더 간 파워 관계를 재현하고 있었다. 이들 연구에서 발견한 주요 결과 중 하나는 뉴스 미디어가 주요 뉴스 취재원에서 여성을 배제하고 있다는 것이다. 1990년대 후반에 이루어진 연구 결과를 살펴보자. 조금 오래된 연구이지만, 그때부터 지금까지 달라지지 않은 뉴스 보도의 관행을 찾아볼 수 있다. 김훈순(1997)의 연구에 따르면, KBS-1의 저녁 9시 뉴스에서 개인들이 취재원으로 등장하는 148개의 뉴스 기사 중 99건(67%)에서 남성이 단독 취재원으로 등장했고, 37건(25%)에서는 남성과 여성이 함께 취재원으로 나타났으며, 단지 12건(8%)에서 여성이 단독 취재원으로 출연했다. 여성 취재원은 사회와 교육 분야에 한정된 반면, 남성 취재원은 모든 분야에서 다양하게 활용되었고 특히 사회와 정치, 건강과 환경, 북한 관련 뉴스에서는 주로 등장했다. MBC도 비슷한 현상을 나타내어, 두 방송사의 저녁 뉴스에서 여성은 소프트 뉴스에 남성은 하드 뉴스에 주로 등장하는 것으로 분석되었다.

2000년대 초반에 행해진 연구에서도 이와 비슷한 현상이 발견됐다. 세 개의 공중파 방송 채널을 대상으로 한 김경모(2003)의 연구를 보면, 뉴스 프로그램은 취재원 선택과 같은 저널리즘 관행의 결과로서 여성의 이미지를 주변부화하여 '남성 중심-여성 주변'이라는 가치관을 반영하고 있었다. 텔레비전 뉴스에서의 여성의 주변화를 보여주는 한 예로, 뉴스에 인용된 인물 취재원 2,024명 중 단지 390명(19.3%)이 여성으로 나타났다. 또한 남성은 국가 공공기관, 기업 및 민간기관과 같이 가정 이외의 다양한 사회조직에 소속된 존재로 뉴스에 등장했지만, 상대적으로 여성은 주부, 학생, 소비자 등 사적 영역의 개인으로 등장하는 빈도가 훨씬 높았다. 종합하면 남성은 사회활동에 참여하는 역동적인 존재로 그려진 반면, 여성은 사적 영역에 머무르는 개인적 존재로 그려지고 있었다.

뉴스에 등장하는 인물 취재원뿐 아니라 남녀 앵커의 고정된 역할은 지금도 계속되는 방송사의 보도 관행이다. 세 개의 공중파 방송사의 메인 뉴스 프로그램은 남녀 두 앵커가 함께 진행하고 있는데, 남자 앵커는 4~50대 기자 출신의 중년 남성이, 여성 앵커는 아나운서 또는 기자 출신의 20~30대 젊은 여성이 맡고 있다. 국내 방송 3사의 저녁 뉴스는 모두 남성 앵커가 가장 중요한 첫 뉴스를 소개하면서 시작된다. 반면 CNN 등 미국의 주요 방송 채널은 여성 앵커가 혼자 진행하거나 남녀가 같이 진행할 때에도 여성이 중심 역할을 하는 경우가 많다.

구체적인 데이터를 살펴보자. 1990년 후반에 실시한 연구(김훈순, 1997)를 보면, KBS1의 저녁 뉴스에서 일주일간 보도된 210개의 뉴스 중 여성 앵커가 담당하는 뉴스 기사는 전체 뉴스의 41%인 86건에 그쳤다. 더구나 여성 앵커가 소개하는 뉴스 기사 중 33건(38%)은 여성 앵커의 모습이 드러나지 않고 영상자료와 함께 화면 밖 목소리만으로 진행됐다. 남성 앵커가 124개 모든 뉴스 기사에 출연해 보도하는 방식과는 대조적인 현상이었다.

2003년에 행해진 김경모(2003)의 연구에서도 화면에 등장하지 않은 채 단순히 단신을 낭독하는 빈도에서 여성 앵커(24.5%)가 남성 앵커(0.3%)보다 월등히 높았다. 또한 남성은 중요도가 높은 앞 시간대의 뉴스를 주로 진행했으며, 여성은 뉴스 보도 서열이 낮은 후반부의 뉴스를 전달하했다. 또 남성 앵커가 진행하는 뉴스 기사는 여성 앵커가 담당하는 뉴스 기사보다 더 긴 것으로 분석됐다. 즉 남성 앵커가 진행하는 뉴스 기사는 평균 92.46초인 반면 여성 앵커가 전달하는 뉴스 기사는 평균 70.52초였다. 2015년 텔레비전 저녁 메인 뉴스를 분석한 연구(김경희 · 강혜란, 2016)에서도 여성 앵커가 1~5번째 보도 서열의 중요 뉴스를 소개한 비율은 전체 분석 대상의 8.6%인 반면, 16번째 이후 뉴스를 전달한 비율은 남성 앵커보다 많아, 여성 앵커가 남성 앵커보다 덜 중요한 뉴스를 담당하고 있음을 알 수 있다. 또 남성 앵커가 정치 뉴스와 사회 뉴스를 주로 담당한 반면, 여성 앵커는 생활 뉴스와 문화 뉴스를 주로 담당하고 있어 핵심적인 뉴스보다는 주변적인 뉴스를 전달하고 있었다. 이와 같은 연구 결과들은 1990년대부터 2015년에 이르기까지 남녀 앵커의 역할이 크게 변하지 않고 있음을 보여준다.

2. 여성에 대한 고정관념의 재생산과 보도 관행

1) 뉴스에서의 여성에 대한 고정관념의 재생산

미국 선거에서 남성 후보와 대결하는 여성 후보에 대한 신문 기사를 분석한 연구(Major & Coleman, 2008)를 보면, 남성 후보보다 여성 후보의 성과 결혼 상태, 부모 역할 수행에 대해 더 많이 보도하고 있는 것으로 나타났다. 정치인이라 하더라도 여성은 결혼과 가정 등 사적 영역에서의 역할이 중요하다는 고정관념을 언론이 재생산하고 있는 셈이다.

이러한 경향은 우리나라 최초의 여성 국무총리 지명자에 대한 뉴스에서도 확인할 수 있다. 언론들은 '여성'이란 점을 계속 부각시키고 사적 영역을 강조하여 보도함으로써 국무총리 지명자를 비독립적인 여성, 보조적인 여성으로 묘사하는 경향을 보였다(김애라, 2003). 국내외 언론들이 여성 정치인에 대한 고정관념을 강화하고 있는 것이다.

여성 정치인은 그들의 사회적 위상을 고려하여 언론이 보도에 신중을 기하는 취재원이라는 점을 감안한다면, 사회적으로 보호받지 못하고 소외된 사람들에 대한 보도는 이보다 심각할 가능성이 크다. 실제로 기존 연구들은 언론이 여성에 대한 고정관념을 재생산하고 있음을 보여준다. 결혼 이주여성들에 대한 신문 뉴스를 분석한 연구(양정혜, 2007)에서도 결혼 이주여성을 동화될 필요가 있는 대상, 혼란을 겪는 대상, 즉 누군가의 도움을 필요로 하는 대상으로 재현하는 경향이 발견되어, 뉴스가 이주민에 대한 고정관념을 끊임없이 재생산하고 있었다. 또 사회면에 게재된 여성 피해자가 등장하는 범죄 뉴스를 분석한 연구(김훈순, 2004)에서는 보수와 진보 성향의 두 신문 모두에서 보도된 여성 피해자들이 수동적이며, 타자화되고 비난받을 대상으로 재현되었음이 밝혀졌다. 이들 연구들은 뉴스에서 사회적 약자에 대한 고정관념이 끊임없이 재생산되고 있음을 확인시켜준다. 이처럼 뉴스에서 여성들의 개별적 특성이나 능력을 무시한 채 결혼 이주여성과 여성 범죄 피해자 등을 지나치게 단순화하여 보도할 때, 이들에 대한 고정관념이 우리 사회에 고착화될 가능성이 커진다.

고정관념(stereotype)은 특정 개인의 독특한 개성이나 개인차 혹은 능력을 무시한 채, 특정 집단의 구성원이라는 이유만으로 그의 개성이나 특성, 능력을 특정 범주로 귀속시키는 관념이나 기대이다(곽호완 · 박창호 · 이태연 · 김문수 · 진영선, 2008). 고정관념은 지나친 단순화와 동질화를 통해 내집단으로부터 외집단을 구분해 이해하는 편의적 수단이라 할 수 있다(Oakes, Haslam, & Turner, 1994). 따라서 뉴스가 여성들이 가진 독특한 개성이나 개인차를 무시한 채 결혼 이주여성이라는 이유만으로, 미혼모라는 이유만으로, 또는 여성 정치인이라는 이유만으로 지나치게 단순화시켜서 재현하는 것을 반복할 때, 여성에 대한 사회적 고정관념이 생겨난다.

2) 뉴스 생산 과정에서의 보도 관행

일부 연구는 언론이 여성 리더에 대한 뉴스에서 여성에 대한 부정적인 고정관념을 명백하게 보도하는 경우는 거의 없고(Norris, 1997), 1990년대 이후 여성 차별적인 뉴스는 감소했다고 주장하고 있다(Smith, 1997;

Banwart, Bystrom, & Robertson, 2003). 그러나 2000년대 행해진 많은 연구는 여성에 대한 부정적인 프레임이 아직도 여성 후보에 대한 선거 뉴스에서 나타나고 있음을 발견하고 있다(Aday & Devitt, 2001; Devitt, 2002; Heldman, Carroll, & Olson, 2005). 특히 대통령 선거보도에서 여성 차별적인 보도는 현저하게 나타나는 것으로 밝혀졌는데, 그것은 대통령직이 다른 어떤 정치적인 직책보다 "남성적인" 자리이기 때문에 여성에 대한 부정적인 고정관념을 강화하는 뉴스가 더욱 심각하게 나타날 가능성이 높다는 것이다(Duerst-Lahti, 1997; Heldman et al., 2005).

그렇다면 왜 이렇게 여성에 대한 부정적인 고정관념을 재생산하는 뉴스가 많이 등장하는 것일까? 물론 우리 사회에 뿌리 깊게 자리 잡은 남녀 차별적인 의식에서 비롯되기도 하겠지만, 뉴스를 생산하는 과정에서 반복되는 보도 관행도 한몫하고 있다. 김훈순(2004)은 보수와 진보라는 서로 다른 가치와 정치성을 지향하는 두 신문에서 여성 피해자들을 동일하게 타자화하여 상투적으로 묘사하는 것은 남성 중심적인 뉴스 제작의 관습 때문이라고 결론 내렸다. 또 장애인에 대한 텔레비전 뉴스를 연구한 서영남(2013)도 장애인을 '장애를 가진 사람'이 아닌, '장애에 묻힌 사람'처럼 표현하는 언어와 영상이 관습처럼 나타났다고 지적하면서, 이러한 보도는 단순한 편견을 넘어, 장애와 장애인을 '재미있는 구경거리'처럼 폄하하여 취급하는 매체 관습에서 비롯되었다고 주장했다. 이들이 말한 뉴스 제작 관습 또는 매체 관습은 뉴스 생산 과정에서 나타난 관행이라고 할 수 있다. 뉴스 생산 과정에서의 보도 관행이 무엇인지 이해하기 위해 먼저 한 방송기자가 신문 인터뷰에서 발언한 내용을 살펴보자.

> 첫 번째는 주제입니다. 기자 용어로 야마라고 하는데, 얘기가 되는지 봐야겠죠. 두 번째로 화면을 고려해야 합니다. 현장 화면과 여기에 더해서 CG를

만들 건지, 자료화면을 받을 건지 생각해야 합니다. 세 번째는 '어떻게 논리적으로 전개할 것인가'이죠. 현장 상황을 잘 정리해서 1분 30초 안에 엑기스만 전달해야 하니까요. 네 번째는, 적절한 인터뷰입니다. 혼자만의 주장에 다른 사람이 공감하기는 힘들겠죠. 주장을 뒷받침할 수 있는 전문가의 인터뷰가 필요합니다. 이 네 가지는 기사의 종류에 상관없이 보편적으로 적용되는 원칙입니다.[1]

17년차 방송기자가 설명한 리포트 과정[2]을 정리해보자. '주제 선정-영상 선택-논리적 배열-직접 인용 인터뷰 선택'이라는 뉴스 구성 과정은 모든 방송 뉴스에 해당된다. 이와 같은 뉴스의 구성을 반복하는 과정에서 자연스럽게 관행이 만들어진다. 사전적 의미로 관행이란 관습적인 모든 행동을 의미하고, 관습이란 어떤 특정의 사회 또는 사회적 집단 속에서 그 구성원의 대다수에 의해 상습적으로 수행되고 승인되어 온 행동양식이다(정치학대사전편찬위원회, 2010). 따라서 뉴스 생산 과정에서의 보도 관행[3]은 '기자 사회에서 오랫동안 형성되어진 집단적 행동 양식으로, 형식화되고 반복되는 뉴스의 취사선택 방식, 취재 방식, 뉴스의 구성 방식'이라고 할 수 있다.

기자들이 이와 같은 뉴스 생산 관행을 학습하게 되는 원인으로 도제식 학습 과정을 들기도 한다. 경찰 기자의 수습과정은 직접적 관행을 습득하는 기초적인 사회화 과정으로, 한국 기자들이 공유하고 있는 객관주의 관행의 원리들이 경찰 기자의 일상적 취재활동을 통해 습득되고, 이후 편집국 내의 뉴스 생산 과정에서 지속적으로 재생산되어 아비투스(habitus)가

1 1994년 KBS 공채 21기로 입사해서 사회부를 거쳐 기동취재부, 문화부, 건설교통부, 교육부, 농림수산식품부 등 각 부처를 출입한 이승기 방송기자를 인터뷰한 기사이다.

2 〈Wannabe Job: 방송기자〉, 《헤럴드경제》 2011년 6월 21일 기사.

3 이 책에서는 뉴스 생산 관행과 보도 관행을 같은 개념으로 사용한다.

형성된다고 보는 것이다(남재일, 2005). 기자들의 수습 과정을 기록한 기사(이화섭, 2014. 3. 8)를 보면 기자들에게 보도 관행이 '아비투스'로 체화되었다는 이런 주장이 과장이 아님을 알 수 있다.

이처럼 뉴스 생산 관행을 체화하는 것은 마감에 쫓기는 뉴스 제작의 임무를 효율화하기 위해서도 필요하다. '아침 7~8시 전에 출입처에 나가서 취재하고 캡(경찰 기자 최고 선배)에게 보고한 뒤, 지시를 받고 9시부터 취재를 시작해 오후까지 취재를 한 다음에 서너 시쯤 회사로 복귀해서 4시 이후에 원고를 작성하고, 7시부터 편집을 시작하고 8시에 뉴스를 납품하는'(정유나, 2011.06.21) 숨 가쁜 뉴스 생산의 과정을 효율적으로 수행하려면 뉴스 생산 관행을 반드시 학습할 필요가 있어 보인다. 그러나 뉴스 생산 과정에서의 관행은 수습기자들이 능숙한 기자로 성장하게 도와주고 뉴스 생산 효율화에 기여하지만, 언론 보도를 구속하게 되어(Shoemaker & Reese, 1996) 새롭지 않고 예견할 수 있는 정보의 전달에 머무르게 한다. 무엇보다 이런 관행이 만들어낸 뉴스는 특정 집단에 대해 반복적인 이미지를 형성해서 고정관념(stereotype)을 생산해낸다.

반드라(Bandura, 1977)의 사회학습 이론(Social Learning Theory)과 거브너(Gerbner, 1998)의 문화계발효과 이론(The Cultivation Theory) 등의 많은 효과 연구들은 이렇게 생산된 고정관념이 시청자들의 인지와 태도 형성에 직접적·간접적 영향을 주고 있음을 입증했다. 따라서 미디어를 통해 전달되는 뉴스에서 특정 집단에 대한 고정관념을 생산 또는 강화하는 문제는 매우 중요한 연구 주제라 할 수 있다. 특히 미디어에서 잘못 재현되는 관행은 사회적 약자 집단의 어려운 맥락을 유지시키는 데 기여할 수 있다는 점에서 사회적 약자에 대한 뉴스의 재현이 중요하다고 하겠다.

사회적 약자에 대한 고정관념은 뉴스에서 먼저 생산할 수도 있고, 사회에 일반화된 고정관념을 뉴스가 재생산하여 강화시킬 수도 있다. 뉴스가 새로운 집단에 대해 보도할 때 비슷한 재현의 반복으로 그 집단에 대한 고정관념을 생산할 수 있겠지만, 대개의 경우는 사회에서 구성된 고정관념이 뉴스를 통해 재생산되거나 강화된다. 사회적 약자에 대한 고정관념 생산과 관련해서 사회구조적인 특성과 이데올로기 등 좀 더 거시적인 차원의 논의가 필요하지만, 여기서는 뉴스에서 고정관념이 어떻게 재생산되고 강화되는지와 관련된 문제에 대해서만 다루어보고자 한다.

3) 보도 관행과 특정 집단에 대한 고정관념의 재생산

슈메이커와 리스(Shoemaker & Reese, 1996)는 어떤 이슈를 보도할 때 언론은 공식적 정보원에 의존하고 갈등적이거나 인간적 흥미를 줄 수 있는 사건을 보도하는 관행을 갖고 있다고 보았다. 이러한 관행은 뉴스 생산 과정에서 뉴스 가치 부여 관행, 취재 관행, 뉴스 구성 관행으로 나눠서 생각해볼 수 있다.

(1) 뉴스 가치 부여 관행

뉴스 가치 부여 관행은 기자들이 주제(Topic)를 선정하는 과정에서 형성된 관행이다. 언론 보도에서 사회 갈등 뉴스가 차지하는 비율이 매우 높은 것(김동규, 2000)은 사안들 중에서 갈등성이 높은 사건을 선택하는 관행이 존재하기 때문이다. 태국의 신문들이 여성 정치인을 재현하는 데 있어 갈등성이 높은 뉴스를 선택해서 보여주는 경향이 높아 여성 정치인들이 활동하는 데 장애요소로 작용하고 있다는 연구 결과(Mukda-anan, Kusakabe, & Komolsevin, 2006)는 이와 같은 뉴스 가치 부여 관행을 보여준다. 또 영국의 24시간 뉴스 채널인 〈스카이 뉴스(Sky News)〉와

〈BBC 뉴스 24(BBC News 24)〉의 속보 뉴스(breaking news)를 분석한 연구(Lewis & Cushion, 2009)는 속보 뉴스의 비중이 커지면서 전형적인 속보 뉴스의 아이템이 예측 가능하고 정례적으로 보도되는 경향을 발견했다. 이런 연구 결과들은 세상에서 벌어지는 수많은 사안들 중에서 특정 사건에 뉴스 가치를 부여해서 보도하는 뉴스 가치 부여 관행이 정착되어 있음을 보여준다.

(2) 취재 관행

뉴스 생산 과정에서 취재 관행이 정착되어 있음을 보여주는 연구들은 쉽게 찾아볼 수 있다. 한국 신문의 취재원을 분석한 연구(장호순, 2001)에 따르면 국가 기구 인사가 취재원으로 등장한 경우와 국가 기구가 제공하는 경로를 통해 정보를 입수한 경우가 취재원 중 가장 높은 비율을 차지했으며 신문사별로도 취재원과 취재 경로의 빈도와 유형에 큰 차이가 없는 것으로 나타나, 한국 신문사에 고착화된 취재 관행을 보여주었다. 이와 관련해 수돗물 취재 관행에 대한 연구(이창호, 2005)를 보면, 시나 관련 단체의 발표 내용을 현장에서 확인하지 않은 채 그대로 보도하고 발표 자료에 지나치게 의존하는 취재 관행이 유지되고 있다는 점을 기자들도 문제로 인식하고 있었다. 이처럼 기자들이 소송·법적인 청문회 등 공식적인 절차와 보도자료, 기자회견, 연설·기념회 등 의도적인 행사 같은 관행화된 채널을 선호한다(Sigal, 1973)는 것은 잘 알려진 사실이다. 우리나라 기자들이 위법적인 취재 행위를 관행화하고 있다는 연구 결과도 있다. 이 연구(이승선, 2001)에 따르면, 언론인 저작물은 평균 76.7페이지당 한 건씩 위법 가능성이 있는 보도 행위를 소개하고 있으며, 대부분 취재의 불가피성이나 윤리적 정당화가 수반되지 않아 위법적 취재 행위가 관행적으로 이루어지고 있는 것으로 나타났다. 즉 '사적인 공간에서 사인들에 대한' 위법성 취재와 거짓말과 잠입, 몰래카메라 등에 의한 '위계와 기만' 취재가 습관적으로 이루어지고 있다는 것이다.

(3) 뉴스 구성 관행

뉴스 가치 부여 관행과 취재 관행을 통해 모아진 뉴스의 소재들은 뉴스 구성 관행에 따라 최종 결과물인 뉴스 기사로 탄생한다. 따라서 뉴스 구성 관행은 뉴스 가치 부여 관행과 취재 관행의 결과물인 동시에 수용자에게 전달되는 메시지를 탄생시키기 때문에 무엇보다 중요한 뉴스 생산 관행이라고 할 수 있다.

뉴스 구성 관행은 기존 연구들을 통해 볼 때, 크게 뉴스 서사의 구성과 뉴스의 프레임 구성으로 살펴볼 수 있다. 던(Dunn, 2005)은 뉴스가 가장 쉽게 인지할 수 있는 논픽션 장르이지만, 논픽션 장르라고 해서 서사를 사용하지 않는 것이 아니며, 텔레비전 뉴스는 진실(real)에 대한 서사를 구체화한다고 했다. 서사는 내러티브를 번역한 말인데, 어쩌면 내러티브가 더 친숙한 개념일 것 같다.

서사의 구성 요소는 사건적 요소와 사물적 요소(등장인물과 배경), 이들 사이의 관계이다(채트먼, 2003). 좀 더 간단하게 표현하면 서사는 인물과 이야기(story)로 구성된다. 이야기는 사건의 배열을 통해 구성된다. 텔레비전 뉴스를 예로 들자면, 뉴스 서사에서 중요한 것은 뉴스 화면에 등장하는 인물인 취재원들과 문자와 영상을 활용하여 뉴스에서 다루려고 한 사건과 인물들을 배열해서 사건(인물) 간의 관계를 보여주는 방식이라고 할 수 있다.

① 뉴스 서사의 구성요소 1 – 사건의 배열

《조선일보》와 《뉴욕타임스》의 대통령 뉴스 보도방식을 비교한 연구를 보면, 한국 신문은 단편적이고 토막적인 기사의 구조를 나타내고 있었다(이재경, 2006). 한국 신문에 정착된 기사의 구조, 즉 뉴스의 서사 관행이 존재하고 있음을 확인시켜준다. 이러한 기사의 구조는 뉴스의 복합성과 밀접한 관련이 있다. 기사의 복합성(complexity)은 하나의 사건에 대한 보도가 얼마나 심층적으로 보도되는가를 보여주는 것으로 미디어가 사건의 피상적 현상이나 과정만을 언급하는가, 사건이 발생하게 된 원인이나 그 사건에 대한 해석까지 보도하는가를 측정하는 개념(Cohen, Adom & Bantz, 1990)이다. 이와 같은 복합성의 관점에서 한국의 텔레비전 뉴스를 분석한 연구(한국언론재단, 1999)를 보면, 사건의 원인이나 배경에 대한 언급 없이 과정/결과만 나타낸 기사가 전체 분석 대상 기사 중 51.7%를 차지하는 것으로 분석됐다. 텔레비전 뉴스 구성에서 단편화되고 사건 중심적인 뉴스 서사의 구성 관행이 정착되어 있음을 알 수 있다.

② 뉴스 서사의 구성요소 2 – 취재원의 활용

뉴스 서사에서 등장하는 인물은 직접 인용을 통해 주로 나타난다. 직접 인용은 객관주의를 보여주기 위한 기자들의 전략적 의례(Tuchman, 1978)로 사용되는 대표적인 관행이다. 뉴스에 등장하는 직접 인용은 해당 취재원의 프레임이 보도에서 강조되는 것을 나타내기 때문에(Hertog & McLeod, 2003), 뉴스를 구성할 때 신중하게 선택해야 할 요소이다. 광산 개발 관련 논쟁에 대한 기사를 분석한 연구를 보면, 정부 관계자들이 가장 많이 직접 인용되었고, 정부 입장에 반대하는 환경론자와 지역 단체 관련자가 직접 인용되는 횟수가 상대적으로 적게 나타나(Coleman, 1995), 국가 기구 인사에 의존하는 취재 관행이 뉴스 구성에서 직접 인용을 활용하는 관행으로 이어지고 있음을 확인시켜준다.

국내 신문을 대상으로 한 결혼 이주여성 관련 뉴스 분석에서도 정부 관련 취재원이 전체 인용 수 97회 중 24회로 가장 많은 비중을 차지해(양정혜, 2007), 국내에서도 직접 인용에서 국가 기구 인사에 의존하는 관행이 존재함을 알 수 있다. 미국 18개 신문 889개의 기사를 분석한 연구(Armstrong, 2004)에서도 남성 취재원이 뉴스에 더 많이 등장한 것으로 나타나, 뉴스 구성에 있어서 남성 취재원을 많이 활용하는 관행이 미국 신문에 정착되어 있음을 보여준다.

③ 뉴스 프레임 구성

뉴스의 서사를 구성할 때, 사건과 등장인물을 선택하는 과정에서 취재한 내용의 취사선택, 즉 게이트키핑이 수차례 이루어진다. 이때 어떤 취재원이 선택되고, 어떤 사건이 선택되는지는 매우 중요한데, 그러한 과정을 통해 구성된 뉴스에서 만들어낸 의미의 틀 짓기가 바로 프레임이다. 이러한 틀 짓기 과정에는 기자 개인의 특성, 언론 조직의 특성, 언론 조직에 영향을 미칠 수 있는 외부적인 권력(정치권력, 압력단체, 광고주 등)이 작용할 수 있다. 여기에 인터넷 시대에 새로운 파워그룹으로 등장한 네티즌도 영향을 미칠 수 있다. 이 부분은 간과할 수 없는 매우 중요한 요인이지만, 여기서는 이 정도로만 이야기하고 뉴스 프레임 구성과 관련하여 논의를 진행해보자.

뉴스 프레임은 미디어가 의제의 특정한 면을 부각시키거나 배제하는 방식으로 문제의 정의와 인과관계의 규명, 해결책의 제시에 이용되는 논의와 해석의 틀이다(Entman, 1993). 뉴스 프레임을 연구한 학자들은 뉴스에서 생산하는 특정한 프레임의 반복적인 사용이 수용자의 인식에 영향을 주고 특정 사건이나 쟁점에 대해 유사한 판단이나 의견을 갖게 한다고 주장했다(Gamson, 1992; Iyengar & Kinder, 1987). 뉴스 프레임은 발생한 사건의 어떤 측면을 선택하고 부각시키는 방식으로, 특정 사안을 해석하고 도덕적 평가를 내림으로써(Entman, 1993) 수용자들의 인식에 영향을 미칠 수 있다는 것이다. 엔트만(1993)은 뉴스의 서사 안에 특정한 단어와 시각적 이미지가 지속적으로 반복됨으로써 특정한 아이디어가 더 부각되고 다른 요소들은 덜 부각되어 많은 사람들이 사건을 비슷하게 이해하게 만드는 데 영향을 미칠 수 있다고 보았다.

기자들은 독자들이 쉽게 이해하고 흥미를 가질 수 있는 이야기 구조를 만들기 위해 기존의 뉴스 프레임에 의존하는 경향이 있다(Iyengar, 1991). 뉴스 프레임 형성에도 관행이 존재한다는 것이다. 이런 관행은 특정 집단을 다루는 뉴스에서 유사한 프레임을 반복적으로 생산하도록 하기 때문에, 특정 집단에 대한 고정관념을 재생산·강화할 수 있다. 또 이렇게 생산된 고정관념은 실생활에서 접촉하지 못했거나 접촉 빈도가 낮은 특정 집단에 대한 이용자들의 인식과 태도에 영향을 미치는 문제를 낳을 수 있다. 이상의 내용을 정리하면 [그림 7]과 같다.

지금부터 3개의 분석 사례를 살펴볼 것이다. 크게는 두 부분으로 나뉜다. 첫 번째 부분은 사회 지도층 여성에 대한 뉴스 사례를 분석한 것이고, 두 번째는 소외 계층 여성에 대한 뉴스 사례를 분석한 것이다. 먼저 사회 지도층 여성에 대한 뉴스 사례는 '여성 1호'에 대한 뉴스에서 여성이 어떻게 재현되었는지를 기존 연구 논문(조연하·김경희·정영희, 2006)의 연구 결과를 중심으로 수정, 보완하여 소개할 것이다. 다음으로 소외 계층 여성에 대한 뉴스 사례는 먼저 결혼 이주여성에 대해 텔레비전 뉴스가 어떻게 보도하고 있는지를 기존 논문(김경희, 2009)의 연구 결과를 토대로 소개할 것이다. 그리고 미혼모에 대해 텔레비전 뉴스가 미혼모 뉴스를 어떻게 다루고 있는지를 2000년대 초반의 뉴스와 2010년대 초반의 뉴스를 비교해서 분석한 사례(김경희, 2015)를 소개하고자 한다. 10년이 지나도 변하지 않는 여성 재현에 대한 뉴스 보도 관행을 파악하는 데 도움을

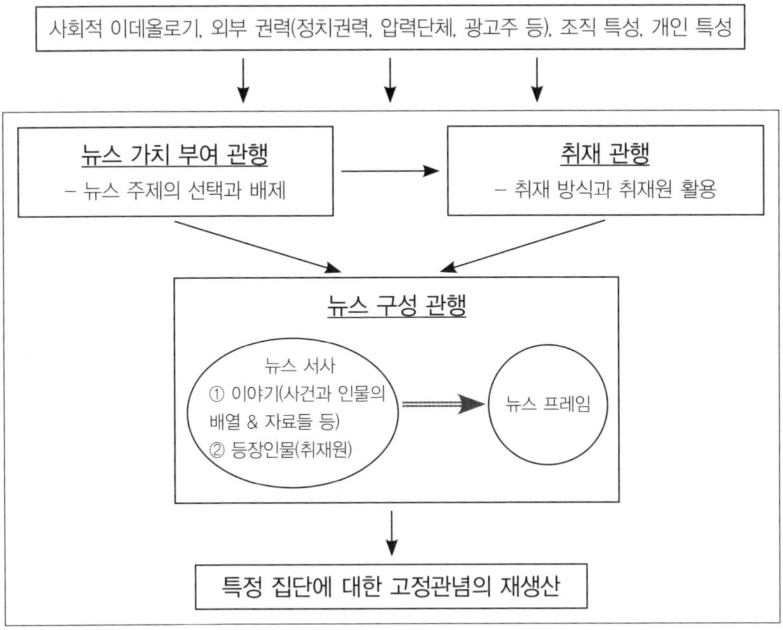

[그림 7] 뉴스 생산 과정에서의 보도 관행과 특정 집단에 대한 고정관념의 재생산

줄 것이다.

학술지에 실린 논문들은 분량의 제한 때문에 충분한 사례를 설명하지 못한 경우가 있어, 이 책에는 독자들과 함께 공유하고 싶었던 사례들도 포함해 좀 더 풍부한 내용을 담고자 했다. 이 네 개의 사례 분석은 실시된 시기, 분석 방법, 분석 대상이 상이함에도 불구하고 비슷한 연구 결과가 도출되고 있는데, 이는 뉴스에서 여성을 재현하는 보도 관행을 보여주는 것이다. 또한 뉴스에서 끊임없이 여성에 대한 고정관념을 생산하고 있다는 것을 확인시켜준다. 지금부터 각각의 분석 사례들을 살펴보겠다.

3. 뉴스에 나타난 사회 지도층 여성

여성 1호 뉴스에 대한 분석은 2005년 1월 1일부터 2006년 6월 30일까지 6개 채널에서 방송된 뉴스 총 179건을 대상[4]으로 실시했던 논문(조연하 · 김경희 · 정영희, 2006)의 연구 결과를 소개하려고 한다.

2005년에서 2006년은 2002년 취임한 노무현 대통령이 첫 내각에서 법무부장관을 포함한 여성 장관 4명을 임명하는 등 여성 우호적인 사회분위기 속에서 여성들의 다양한 영역으로의 사회 진출 관련 뉴스가 많이 보도되던 시기였다. 이 논문은 양적 내용 분석부터 한명숙 총리와 독일 메르켈 총리 보도에 대한 비교 분석까지 진행했으나, 여기서는 저자가 기술했던 '여성 1호' 뉴스에 대한 프레임 분석의 연구 결과만을 소개하겠다.

1) 내용면에서 본 프레임 분석

기사에 나타난 내용에 대한 질적인 프레임을 분석한 결과, 여성 1호 뉴스에서 나타난 다섯 개의 프레임을 발견할 수 있었다. 각 프레임의 의미와 사례를 살펴보면서 뉴스에서 여성 1호에 대해 어떻게 접근하고 있는지 알아보자.

(1) 노력 성과 프레임

노력 성과 프레임은 여성도 최선을 다해 열심히 노력하면 무엇이든 할

4 '여성 1호' 관련 뉴스는 각 방송사 홈페이지에서 '여성'과 함께 '1호', '첫', '처음', '수석', '최초', '대상', '1위', '1등', '역사상', '사상'을 다양한 형태로 조합하여 수집했다. 전 시간대 뉴스를 검색했기 때문에 내용이 같은 중복 뉴스는 제외시켰고, '여성 1호'가 중심 주제가 아닌 뉴스와 영상이 제공되지 않는 뉴스를 제외하고 최종적으로 표집했다. 분석 대상에 포함된 뉴스 수는 KBS 34건, MBC 23건, SBS 48건, YTN 53건, MBN 21건으로 총 179건이었다.

수 있다'는 틀 짓기이다. 언뜻 보기에 1호 여성의 노력을 높이 평가하는 긍정적인 프레임으로 볼 수 있지만, 여성의 사회활동에 큰 걸림돌로 작용하는 편견이나 남성 중심적인 조직 문화 등 사회 차원의 문제를 여성 개인의 노력으로 충분히 극복할 수 있다는 의미를 내포한다.

첫 여성 지방경찰청장의 탄생을 다룬 뉴스는 '여성이기 때문에 못 한다는 생각을 하지 않고 노력하면 경찰청장도 가능하다'는 논지를 일관되게 유지하고 있다.[5] 해군 첫 여성 조종사 관련 보도에서도 어려움을 극복하고 목표를 위해 꾸준히 노력했더니 첫 여성 조종사가 되는 기쁨과 영광을 안게 되었다는 틀을 사용하고 있다.[6] 이런 프레임의 뉴스에서 등장하는 1호 여성의 인터뷰 내용은 자신의 노력으로 큰 결과를 얻게 됐다는 스스로의 평가와 여성이라는 점을 의식하지 않고 열심히 하면 된다는 내용을 담고 있다.[7]

이런 프레임으로 구성된 뉴스는 새로운 일을 하려는 여성에게 희망을 주기도 하지만, 열심히 했음에도 사회적인 편견과 육아나 가사 등으로 성과를 이뤄내지 못한 여성의 실패를 개인의 문제로 귀착시키는 효과를 낳을 수 있다. 이와 같은 인터뷰 내용이 1호 여성이 말한 내용의 핵심이었는지 아니면 사회적 문제에 대한 언급을 간과하고 기자가 선택한 부분인지는 알 수 없다. 그러나 뉴스란 사실 자체가 아닌 기자가 본 사실에 대한 해석이라는 리프만(Lippmann, 1992)의 관점에서 본다면, 인터뷰 내용 중 인용되는 부분이 기자가 구성하려고 한 뉴스의 프레임이었다는 점

5 KBS-2, 2005.1.22. [첫 여성 지방경찰청장 탄생].

6 SBS, 2005. 6. 4. [해군 첫 여성 조종사].

7 "최선을 다했던 것이 이렇게 큰 결과를 얻게 된 것이라고 생각합니다"(YTN, 2006.3.8. [사관학교 '여성 파워' 거세다]), "본인만 열심히 하면 반드시 목표를 달성할 수 있을 것으로 생각합니다" (KBS, 2006.3.6. [사관학교에도 거센 '여풍']), "여성이기 때문에 우리가 불이익을 당하고 있다. 여성이기 때문에, 이런 얘기를 하지 말고 자신감을 갖고 열심히 하세요."(MBC, 2006.1.17. [〈한국 여성 100인을 만나다〉 최초의 여성 촌장]).

은 분명하다.

(2) 여성 유리 프레임

여성 유리 프레임은 개인이 가진 능력이나 경력과 무관하게 여성이라는 이유 때문에 어떤 지위에 오르거나 성과를 이루게 되었다는 틀 짓기를 의미한다. 즉 한 여성이 여성 1호의 위치에 있게 된 것은 여성 개인의 능력에 의한 성과라기보다는 양성 평등적인 시대적 흐름이나 사회적. 상황적 요인 때문에 이루어진 결과라는 논리이다. 이 프레임은 표면적으로는 전통적인 여성관에서 벗어나 여성의 사회적 역할을 강조하는 경향으로 이해할 수 있지만, 자세히 내용을 분석해보면 주변의 상황으로 여성의 역할이 결정되어버린다는 타자적인 여성상과 맥을 같이 한다. 즉 범죄보도에서 여성 피해자를 수동적이고 무기력한 존재로 만들어버리는 '여성 피해자 타자 만들기'(김훈순, 2004)의 프레임기제와 마찬가지로 '여성 유리 프레임'은 1호 여성이 이룩한 성과가 그 여성을 둘러싸고 있는 주변적인 상황에 의해 만들어졌다는 논리를 펴고 있다.

태릉선수촌의 첫 여성 선수촌장이 된 이에리사 관련 뉴스[8]를 보면, 여성들을 많이 등용시키자는 사회적 분위기 때문에 이에리사가 여성촌장이 되었다는 틀을 유지했다. 이와 같은 여성 유리 프레임은 특히 여성 정치인들을 대상으로 하는 뉴스에서 자주 사용되는 것으로 분석됐다. 한명숙 총리 보도와 기초단체장 등 여성 정치인들을 다룬 뉴스에서 이 프레임은 자주 사용되었다. 예를 들어 한나라당의 여성 기초단체장 후보 공천 과정을 다룬 뉴스[9]에서는 한나라당이 서울 송파구청장 후보로 김영순 전 정무2장관실 차관을 공천하는 등 3개 지역 기초단체장 후보에 여성을 공

8 YTN, 2005.3.31, [탁구영웅서 첫 여성 선수촌장으로!].
9 YTN, 2006.3.27, [한나라, 여성 기초단체장 후보 3명 공천].

천했다는 사실을 전하면서, 이와 같은 공천은 한나라당이 권역별 기초단체장 가운데 최소 1명 이상을 여성 후보로 공천한다는 방침에서 나온 전략적 공천이란 점을 강조하고 있다. 또한 여성이라는 이유로 공천했다는 한나라당의 전략적인 방침 때문에 당내 분열이 일어나고 있다는 후속 보도[10]는 여성 기초단체장 공천이 여성 개인의 능력과 경력이 아니라 사회적 상황에 의해서 이루어졌음을 확인시키고 있다. 이와 같은 여성 정치인 관련 뉴스에서 해당 여성이 과거 사회운동 분야에서 중요한 역할을 했으며 행정 경험을 통해 능력을 발휘해왔다는 개인적 능력에 대한 언급은 거의 찾아볼 수 없었다.

엔트만(Entman, 1993)은 프레임이 현실의 특정한 면에 주의를 기울이게 하여 현실의 다른 측면에 대해서는 상대적으로 의식하지 못하게 만드는 작용을 한다고 보았다. 그의 논리에 따르면, 여성 유리 프레임으로 구성된 뉴스는 사회적 상황의 중요성이 강조된 나머지 여성이 가진 능력과 노력은 무시해버리는 효과를 낳는다. 여성 정치인을 여성 유리 프레임으로 구성한 뉴스들은 여성 능력은 거의 무시한 채 사회적 · 상황적 요인이 그 여성을 1호의 위치에 있게 만들었다는 점을 강조하기 때문에, 이런 뉴스를 접한 수용자들에게 '능력 없는 여성이 단지 여성이라는 이유만으로 영향력 있는 위치에 올랐다'는 고정관념을 갖게 할 가능성이 있다.

(3) 여성성 부각 프레임

여성성 부각 프레임은 여성의 직위에 맞는 사회적 역할보다는 여성 특유의 속성 즉 온화함, 섬세함, 부드러움, 포용력, 포근함 등이 그 여성이 1호라는 성과를 이루는 데 크게 기여했음을 강조하거나, 1호 여성으로서

10 YTN, 2006.5.26. [서울 송파구-전략공천 후폭풍].

여성성을 충분히 발휘해주기를 기대하는 틀 짓기를 말한다. 크게 보면 여성 유리 프레임과 맥을 같이하지만, 여성 유리 프레임이 여성 1호가 된 이유를 전적으로 사회적, 상황적 요인에 의한 성과로 해석하고 있는 반면, 여성성 부각 프레임은 여성의 특성인 여성성이 긍정적인 특성으로 파악되면서 그러한 장점을 활용하여 여성이 1호라는 성과를 얻을 수 있었다고 평가하고 있다는 점에서 차이가 있다. 즉 1호 여성이 가진 특성을 전혀 고려하지 않는 여성 유리 프레임보다는 1호 여성의 장점을 인정하는 관점에서 뉴스가 구성되었다. 그러나 1호 여성의 업무 수행 능력이나 경력 등 개인의 능력이 아니라 여성성이 강조되고 있다는 점에서 여전히 문제점을 갖고 있다.

일반적으로 남성이 법무부장관, 총리 등 국가적인 임무를 맡게 되었을 때는 해당 남성이 국정 수행 능력에 관심을 두면서 해당 부서의 문제점을 해결하고 본래 조직이 갖고 있는 역할을 제대로 수행할 수 있는지를 진단해보는 뉴스가 주류를 이룬다.[11] 그러나 여성이 국가 고위 공직에 임명됐을 때는 해당 자리가 요구하는 역할을 책임감 있게 수행할 것이라는 기대보다는 여성성을 살려 조직을 조화롭게 운영할 것이라든가 부드러운 조직 문화를 만드리라는 등 주변부적 역할에 더 주목하는 경향을 보이고 있었다. 한명숙 총리 관련 뉴스나 여성 법조인을 다룬 뉴스들이 그 대표적인 예이다.

여성 법조인을 다룬 한 뉴스[12]는 신규 임용된 판사 가운데 여성이 절반을 차지했으며 여성이 좀처럼 가지 않았던 지방법원 지원장 자리에 첫

11 장상 총리서리와 장대환 총리서리 보도를 분석한 연구를 보면 장대환 총리서리에 대해서는 각종 의혹에 대한 문제제기가 덜 다루어지면서 신임총리로서의 포부를 자세히 보도하는 경향을 보였고, 인사청문회 역시 부동산 투기 등 각종 의혹이 있었음에도 불구하고 도덕성 검증에 대한 보도 내용과 함께 국정 수행 능력에 대한 질문 내용이 다수 보도되었다(나미수, 2003). 이와 같은 연구 결과는 남성 총리와 여성 총리를 다루는 뉴스 프레임의 차이를 보여준다.

12 SBS, 2005.2.16, [법조계, 여성 바람 거세다 판사 가운데 여성 비율 14%로 늘어]

여성 판사가 배치되었다는 뉴스를 전하면서, 권위적이라고 인식되어왔던 사법부가 약자를 배려하고 국민에게 친근함을 주는 데 여성 판사들이 긍정적인 역할을 할 것이라고 마무리하고 있다. 즉 능력 있는 여성 판사들이 사법부의 기능에 부합하는 올바른 판결을 통해 사회정의를 수립하는 데 기여할 것이라는 논지가 아니라, 이들의 여성적인 성향이 법조계의 경직되고 권위적인 분위기를 쇄신해서 일반인들에게 친근감을 주는 데 기여할 것이라는 점을 강조하고 있다.

체육계에서 큰 성과를 나타낸 1호 여성에 대해서도 이와 같은 여성성 부각 프레임이 사용되고 있었다. 여자 농구대표팀에 첫 여성 감독이 탄생했다는 뉴스[13]에서도 "남자 감독은 여자 선수들과 동침할 수 없지만, 여성 감독이므로 동침이 가능하고 선수들의 마음 하나하나를 세심하게 꿰뚫을 수 있다"면서 해당 여성이 가진 감독으로서의 자질이나 농구에 대한 전문성보다는 여성이기 때문에 앞으로 발휘될 수 있는 이점만을 강조하고 있다. 비슷한 주제를 다룬 또 다른 뉴스[14]도 마찬가지였다. 농구의 기술적인 면은 남성 감독이 지도하고 선수들의 심리와 생활에 도움을 주는 역할을 새로 임명된 여성 코치가 담당한다는 구도를 전하고 있다. 이 뉴스는 아테네올림픽에서 여자 농구가 최악의 성적으로 예선을 탈락한 배경으로 대표팀 내부의 불협화음을 들면서 여성 코치의 섬세함과 배려, 여성적 감수성이 선수들의 생활과 심리를 안정시켜 궁극적으로는 실력 향상을 가져올 수 있을 것이라는 내용을 담고 있다. 별 생각 없이 읽으면 여성 코치의 역할을 긍정적으로 묘사한 것처럼 보인다. 그러나 코치의 본연의 임무를 생각해보면 이런 뉴스에서 묘사하는 역할은 부수적이고 보완적인 부분에 지나지 않는다. 결국 여성 코치를 농구 기술을 지도하는

13 YTN, 2005.8.26, [박찬숙, 여자 농구대표팀 사령탑 선임]

14 같은 뉴스.

남성 코치의 역할과 구별시키면서 보완적인 역할의 담당자로 위치시키는 것이다. 여성으로서는 처음으로 태릉 선수촌장이 된 이에리사에 대한 보도[15]에서도 권위주의적인 선수촌 운영을 탈피해 민주적이고 여성 특유의 섬세한 선수촌을 만들 것이라는 여성성 부각 프레임이 그대로 유지되었다.

한편, 정은숙 국립오페라 단장을 다룬 뉴스[16]에서는 이와는 다른 방식으로 여성성이 부각되고 있다. 국립오페라 단장이라는 사회적 역할을 담당하는 여성의 인터뷰 내용은 남편과 시아버지, 시동생과의 관계를 중심으로 이루어지고 있다. 사회적으로 기여한 가족들을 가졌다는 특수한 상황을 고려하더라도 국립오페라 단장이라는 직책의 수행 능력이나 비전은 간과한 채, 남편을 그리워하는 아내로서 수동적인 여성의 이미지를 보여주고 있었다. 매스미디어에서의 가부장적인 여성 재현 방식이 국내 최초라는 업적을 이뤄낸 여성에게도 그대로 적용되고 있는 것이다.

(4) 교두보 역할 프레임

교두보 역할 프레임은 여성 1호가 다른 여성들이 해당 분야에 진출할 수 있는 발판을 만들고, 희망과 기대를 주었다는 틀 짓기를 말한다. 이 프레임은 나아가서 1호 여성은 책임감을 갖고 더욱 열심히 해서 여성 후배들에게 모범을 보여주어야 한다는 논리를 펴고 있다. 이와 같은 프레임은 어떤 역할을 처음 담당한 여성이 그 일을 제대로 해내지 못했을 때, '여성들은 원래 저렇다'는 식으로 여성을 개인이 아닌 집단으로 평가하는 경향을 그대로 인정하는 것이다. 어느 분야든 개인이 아닌 집단으로 묶여 평가받는 것은 일하는 여성들 사이에서 가장 많이 거론되는 문제이다(주경

15 KBS-1, 2005. 3. 28. [이에리사, 첫 여성 선수촌장에 내정].
16 YTN, 2006. 5. 26. [정은숙의 '끝나지 않은 사랑의 노래'].

미, 1992; Kim, 2006). 여자는 문화부에 잘 어울린다거나, 결혼한 여자는 출장가기 어렵다는 등 여성'들'은 어떻다는 식의 정형화 인식(Kim, 2006)에서 발전된 프레임이라고 볼 수 있다. 1호 여성이 잘해야 다른 여성들이 좋은 평가를 받아서 그 분야에 진출할 수 있다는 것이다. 이와 같은 프레임은 사회적으로 해결해야 할 양성 평등사회 구현의 책임을 여성 개개인, 특히 성과를 이루어낸 1호 여성에게 돌린다.

사관학교의 여성 생도를 다룬 뉴스[17]에서 "개척정신을 가지고 후배들에게 모범이 되어서 후배들도 저를 따라올 수 있도록 곧은 길을 가겠습니다."라는 첫 여성 기관병과 지원 소위의 발언은 여성 1호가 감당해야 할 교두보 역할 프레임의 논리를 잘 반영하고 있다. 그 여성의 실제 발언 중에 어떤 인용을 강조할 것인지는 기자의 선택사항이며 그 과정에서 선택된 내용은 뉴스의 프레임을 구성하는 기제로 사용된다. 첫 여성 태릉선수촌장 관련 뉴스[18]에서도 "여자라서 잘 못한다는 이야기 나오지 않도록 잘 해야겠다"라는 인터뷰 내용을 인용함으로써 해당 분야에서 일종의 교두보 역할을 해야 한다는 점을 강조하고 있다.

한명숙 총리 관련 뉴스에서는 "한 총리 탄생의 가장 큰 의미는 무엇보다 정치 분야에서 여성 진출의 확실한 교두보가 마련됐다는 점"이라며 1호 여성에게 교두보 역할을 수행해야 한다는 논리를 직접적으로 표현하기도 했다.[19] 그 밖에 우리나라에서 처음으로 세계여성법관회의 이사에 선임된 여성 법관을 다룬 뉴스[20]나 기초 단체장 선거에서 당선된 여성 구청장을 보도한 뉴스[21]에서도 교두보 역할 프레임이 나타났다.

---

17 SBS, 2006. 3. 6. [사관학교도 '여풍'…상 절반 '여생도 차지'].
18 SBS, 2005. 3. 28. [이에리사, 사상 첫 여성 선수촌장].
19 YTN, 2006. 4. 19. [사상 첫 여성 총리 탄생!].
20 YTN, 2006. 5. 11. [세계 여성법관회의 한국인 이사선출].
21 MBC, 2006. 6. 1. [여성 구청장 탄생].

이와 같이 1호 여성들에게 교두보 역할을 기대하는 것은 여성의 사회 진출이 적은 우리 사회에서 자연스런 현상으로 볼 수 있다. 특히 여성 정책과 관련해서 영향을 미칠 수 있는 위치에 있는 여성 총리나 여성 국회위원 등은 교두보 역할을 제대로 수행할 의무가 있다. 이런 면에서는 뉴스 구성 과정에서 쉽게 생각해볼 수 있는 프레임이다. 그러나 이런 교두보 역할 프레임이 같은 위치에 있는 남성에 비해 여성에게만 버거운 책임으로 주어진다면 이는 또 다른 여성 억압을 낳을 수 있으며, 사회 전체의 몫이어야 할 여성의 사회 진출과 양성 평등 구현의 책임을 1호 여성들에게 전가시키는 결과를 가져올 수 있다.

(5) 능력 인정 프레임

능력 인정 프레임은 한 개인이 고난을 이겨내고 강인한 의지나 전문적인 능력을 발휘해 무언가를 이루었다는 틀 짓기를 의미한다. 1호 여성의 성공은 개인적 전문성과 능력을 인정받은 결과라는 관점이다. 1호 여성이 뉴스가 된다는 것은 한 여성이 무언가를 이루어냈다는 성과에 주목한 것이기 때문에 능력 인정 프레임은 누구나 예상할 수 있고 당연히 나타나야 하는 프레임이다. 이번 분석에서도 능력 인정 프레임의 비중은 가장 컸지만, 내용적 프레임이 있었던 뉴스 130건 중 56건으로 43.1%밖에 안 됐다. 여성 1호 뉴스의 성격을 고려할 때 예상했던 것보다는 적은 숫자였다. 또한 이런 프레임은 국내 뉴스보다 외신 뉴스에 많이 나타나는 경향을 보였다. 외신 뉴스는 36건 중 32건인 88.9%가 능력 인정 프레임을 사용한 반면, 국내 뉴스의 경우는 분석 대상 94건 중 25.5%인 24건에 불과했다. 이 연구의 분석 시기에는 유난히 외신 뉴스에서 여성 총리, 여성 대통령 등 여성 정치인에 대한 뉴스가 많았다. 외신은 주로 능력 인정 프레임을 사용하고 있었는데, 비슷한 인물을 다룬 한명숙 총리 관련 뉴스에서는 이와 같은 프레임이 거의 등장하지 않아 국내 뉴스와 외신 뉴스의 확연한 차이를 볼 수 있었다.

라이베리아에서 여성이 대통령에 당선됐다는 보도를 전한 뉴스[22]에서는 설리프 대통령이 "강인한 의지와 추진력으로 고비를 넘긴 여성으로, '철의 여인'이라는 별명이 따라다녔다"고 설명하면서 능력 인정 프레임을 사용하고 있었다. 칠레 첫 여성 대통령을 다룬 뉴스[23]에서도 소아과 의사이자 정치범 출신으로 국방장관이라는 행정경력을 가지고 있는 바첼렛 당선자가 피노체트 군사정권하에서 독재에 항거한 대표적 정치인이라며 개인적 능력과 경력을 당선 이유로 해석하고 있었다. 한 총리 역시 여성부장관과 환경부장관을 역임한 경력이 있고 군사 정권하에서 독재에 항거했음에도 불구하고, 여성 유리 프레임을 주로 사용하고 있는 국내 뉴스와는 현격한 차이를 나타냈다.

정치인 이외에도 외신에서는 1호 여성의 능력을 인정하는 프레임이 사용되고 있었다. 백악관 첫 여성 주방장을 소개한 뉴스[24]는 이 여성이 백악관 역사에서 남자가 이어왔던 전통을 깰 만큼 최고의 요리사라는 점을 강조하면서, 민속요리와 미국요리의 전문가로서의 능력을 높이 평가했다. 외신 뉴스 역시 우리나라 기자들이 작성하지만 외국 통신사나 외국 언론사 보도를 바탕으로 구성하는 경우가 많기 때문에 이런 차이가 나타나는 것으로 보인다. 이를 토대로, 외국 언론에서 보도하는 1호 여성에 대한 뉴스 프레임은 국내 언론에서 보여주는 뉴스 프레임과 다르다는 것을 유추해볼 수 있다.

한편, 국내 뉴스에서 능력 인정 프레임을 사용한 경우는 외국에서 활동

22 SBS, 2006. 1. 17. [라이베리아 '철의 여인' 존슨-설리프 대통령 취임].
23 KBS, 2006. 1. 17. [칠레 첫 여성 대통령 탄생].
24 KBS-2, 2005. 8. 22. [〈지구촌 리포트〉 백악관 첫 여성 주방장].

하고 있는 한국 여성이거나 문화 체육 분야에서 두각을 나타내고 있는 인물에서 주로 나타났다. 일본에서 최초로 한국인 앵커가 된 김경주를 소개하는 뉴스[25]에서는 김경주가 시사 전문 위성방송인 〈아사히 뉴스타〉의 한 프로그램에 토론자로 나왔다가 방송사 간부의 눈에 띄어 앵커로 발탁되었고, 교수로 활동하고 있으며 한국에서 동시통역대학원을 마친 일본어에 능통한 인재임을 밝히면서 그의 전문성과 능력을 부각하고 있었다. 또한 미국 아마추어 퍼블릭 링크스 챔피언십에서 8강에 진출한 위성미를 다룬 뉴스[26]에서는 그녀를 골프 천재소녀라고 표현하면서 마스터스대회 출전권을 따내기 위해 도전한 남자 대회에서 연승 행진을 벌이고 있고, 실력으로 마스터스에 출전하는 첫 번째 여성으로 세계 골프사에 이름을 올리게 되었음을 강조하고 있다. 무용계의 아카데미상이라고 불리는 국제무용협회 러시아 본부가 제정한 브누아 드 라 당스를 수상한 국립발레단의 김주원 관련 뉴스[27]에서도 이 상이 세계적으로 권위 있는 상임을 반복적으로 언급하여 여성 수상자의 능력을 강조하고 있었다.

이런 뉴스들의 공통점은 외국 무대에서 활동하거나 외국 경기에서 우승한 여성을 대상으로 했다는 점이다. 따라서 국내 기자들이 뉴스를 구성할 때 외국 언론의 뉴스 프레임에 영향을 받았을 가능성이 높다. 물론 경찰로서 남성 못지않은 힘과 전문성을 발휘해 호스트 주점의 증거를 확보하고 검거해왔다는 뉴스[28]나 자동차 판매업계에서 경영 능력을 유감없이 발휘한 여성 CEO들을 소개하는 뉴스[29] 등 능력 인정 프레임을 사용한 경우도 있었으나, 외신 뉴스에서 나타나는 비율보다 훨씬 낮은 수준이었다.

---

25 YTN, 2006. 4. 3, [일본 뉴스 '한국인 앵커' 떴다!].
26 KBS-1, 2005. 7. 15, [위성미, 남자 선수에 연승…8강 진출].
27 SBS, 060427, [〈커튼콜〉 한국 발레, 세계로!].
28 YTN, 2005. 1. 29, [지방에서 처음으로 여성 총경 승진].
29 YTN, 2005. 8. 15, [자동차업계 달구는 여성 파워!].

〈표 35〉 '여성 1호' 관련 국내 · 외신 뉴스별 내용적 프레임 단위: 건(%)

프레임 유형	'여성 1호' 뉴스의 내용적 프레임	국내 뉴스	외신 뉴스	계
노력 성과	여성도 최선을 다해 열심히 노력하면 무엇이든 할 수 있다는 틀 짓기	15(16.0)	2(5.6)	17(13.1)
여성 유리	해당 여성이 가진 능력이나 경력과 무관하게 여성이라는 이유 때문에 어떤 지위에 오르거나 성과를 이루게 되었다는 틀 짓기	21(22.3)	1(2.8)	22(16.9)
여성성 부각	1호 여성이 맡은 사회적 위치에 맞는 능력과 역할보다는 여성성(온화함, 섬세함 등)이 성과를 이루는 데 크게 기여했음을 강조하거나 그런 역할을 기대하는 틀 짓기	22(23.4)	1(2.8)	23(17.7)
교두보 역할	여성 1호가 다른 여성들이 해당 분야에 진출할 수 있는 발판을 만들어주고, 희망과 기대를 주었다는 틀 짓기	12(12.8)	-	12(9.2)
능력 인정	한 개인이 고난을 이겨내고 강인한 의지나 전문적인 능력을 발휘해 무언가를 이루었다는 틀 짓기	24(25.5)	32(88.9)	56(43.1)
계		94(100.0)	36(100.0)	130(100.0)

출처: 조연하 · 김경희 · 정영희(2006).

지금까지 살펴본 프레임의 유형들을 정리해보면 〈표 35〉와 같다.

2) '여성 1호' 뉴스 분석에서 나타난 사실들과 생각해볼 문제들

여성 1호에 관한 뉴스를 분석하기로 결정하고 연구를 진행하면서 가장 걱정했던 부분은 이 연구를 통해 언론의 문제점을 발견할 수 있을까 하는 점이었다. '1호', '최초' 라는 수식어가 붙은 사람들의 뉴스는 당연히 노력해서 성과를 이룩했다는 칭찬 일변도의 능력 인정 프레임일 것이라고 생각했기 때문이다. 그래서 여성주의적 저널리즘에 기여할 만한 발견점이 없지 않을까 하고 걱정했다. 그러나 그것은 완전히 잘못된 생각이었다. 뉴스란 사회가 남성적이라고 여기고 있는 공적 영역에서 발생하는 것이기 때문에 남성적인 서사 구조를 가지고 있다는 피스크(Fiske, 1999, 284쪽)의 주장이 얼마나 날카로운 지적이었는지 알게 되었다.

여성 1호 뉴스에서 발견한 뉴스 프레임은 모두 남성주의적 시각을 반영한 것이었다. 남성주의적 시각을 가장 잘 보여준 것은 여성 유리 프레임과 여성성 부각 프레임이었다. 개인의 능력이나 경력과 상관없이 단지 여성이기 때문에 일정한 지위에 오르거나 성과를 이루게 되었다는 여성 유리 프레임은 여성이 주체적으로 무엇을 이루어낸 것이 아니라 주변의 상황으로 특정 여성에게 책임 있는 역할이 주어지게 되었다는 논리로 일관했다. 우리나라 행정부를 이끄는 총리이건, 우리나라 체육인들을 대표하는 자리이건, 한 지역의 국회의원이건 상관없이 여성이라는 이유로 그 여성의 능력이나 경력은 주목받지 못했다. 남성 총리나 남성 체육인, 남성 법관에 대한 보도에서는 찾아보기 힘든 프레임이었다. 여성성 부각 프레임은 여성의 직위에 맞는 사회적 역할보다는 온화함, 섬세함, 부드러움, 포용력과 같은 여성 특유의 속성이 여성 1호라는 성과를 이루는 데 크게 기여했음을 강조하거나, 1호 여성으로서 여성성을 발휘해주기를 기대한다는 틀 짓기이다. 이 프레임을 나타내는 뉴스들은 해당 여성이 총리이건, 농구 감독이건, 법조인이건 상관없이 각각의 직책에 맞는 여성들의 능력을 평가하거나 기대하는 내용은 없이 여성성을 살려 조직을 조화롭게 운영한다든지 부드러운 조직 문화를 만들 것이라는 주변부적인 역할에 더 주목하도록 구성되었다.

외신과 국내 뉴스에서 다룬 여성 1호에 대한 뉴스 프레임의 차이도 놀라웠다. 외신에서는 주로 능력 인정 프레임이 많이 나타났지만(분석 대상 외신의 88.9%), 국내 뉴스에서 능력 인정 프레임은 분석 대상 뉴스의 25.5%에 그쳤다. 대표적인 차이를 보여준 것은 한명숙 총리와 외국 총리 또는 대통령을 다룬 뉴스였다. 비슷한 경력과 경험을 가진 칠레 대통령 바첼렛을 다룬 외신에서는 장관 경력과 독재 정권에 항거한 경험을 높이 평가하는 내용을 다루었지만, 한명숙 총리를 다룬 국내 뉴스에서는 장관 경력이나 독재 정권에 항거한 경험을 간과한 채 '여성이기 때문에' 총리가 됐고, 여성성을 발휘해서 조직 운영을 부드럽게 해주기를 기대하는 기사가 주류를 이루었다. 또 독일의 메르켈 총리를 다룬 10건의 뉴스 중 9건이 능력 인정 프레임이었던 반면, 한명숙 총리를 다룬 54건의 뉴스 중 능력 인정 프레임을 나타낸 뉴스는 5건에 불과했다. 외신이 외국 통신사 보도에 의존한다는 점을 고려한다면 외신에서 나타난 프레임은 외국 언론들이 여성 1호를 다루는 뉴스 프레임일 가능성이 높다는 점에서, 우리나라 언론이 가진 여성 재현 뉴스의 관행을 확인할 수 있다.

1년 동안 6개 방송 채널에서 보도된 모든 뉴스를 분석했음에도 비슷한 경향이 발견되었다는 점에서 우리 언론의 잘못된 보도 관행도 찾아볼 수 있었다. 여성 관련 뉴스에 뉴스 가치를 부여하지 않는 관행과 남성주의적 관점에서 뉴스를 다루는 관행이다. '여성 1호'라는 언론이 좋아하는 '최초' '1호' 뉴스임에도 기사들이 발로 뛰어 취재한 발굴기사가 적었다는 점은 여성 관련 뉴스에 뉴스 가치를 부여하지 않는다는 사실을 알려준다. 또한 지금까지 살펴본 대로 여성 1호 뉴스에서 나타난 프레임은 대부분 남성주의적 관점에서 구성되었다. 어떤 기능을 수행하는 자리이든지 간에 주어진 역할을 주도적으로 수행할 수 있는 능력을 소유한 지도자가 아니라 '부드럽게' 조직을 운영하는 존재로서의 의미를 강조하는 것 자체가 남성주의적 관점이다. 여성이 능력 있는 지도자라는 것, 남성을 이끌어나갈 수 있는 주체적인 리더라는 것을 인정하지 않는 것이다. 즉 '여성은 중심이 아닌 주변에서 보조자로서 누군가를 보필하는 존재'라는 고정관념을 재생산하는 뉴스 프레임이 꾸준히 생산되고 있다. 여성주의적 관점, 즉 양성 평등적 관점에서 여성 1호 뉴스가 구성되었다면 이 연구에서 발견된 것과는 다른 뉴스 프레임이 나타났을 것이다.

4. 뉴스에 나타난 소외 계층 여성

1) 결혼 이주여성에 대한 뉴스의 재현

뉴스에 나타난 소외 계층 여성 중 첫 번째로 결혼 이주여성 관련 뉴스에 대한 분석 사례(김경희, 2009)를 소개하고자 한다. 지금 살펴볼 사례 분석은 결혼 이주여성만이 아니라 이주민을 다룬 뉴스를 모두 포함한다.[30] 텔레비전 뉴스에서 이주민이 어떤 인물로 그려지고 있는지에 대한 큰 그림을 파악하면서 그중에서 결혼 이주여성이 어떻게 재현되고 있는지를 알아보고자 하는 것이다.

결혼 이주여성은 우리 사회의 다음 세대를 이어갈 아이들을 생산하는 주체라는 점에서 다른 이주민과는 조금 다른 의미를 갖고 있다. 이주노동자들과 다르게 결혼 이주여성을 따뜻하게 재현하고 있는 다큐멘터리나 뉴스를 종종 볼 수 있는데, 바로 가부장적 이데올로기에서 결혼 이주여성을 바라보는 우리 사회의 관점을 보여주는 지점이다. 아이를 출산해주는 존재로서의 의미를 가진 여성, 즉 도구적 존재로서의 여성을 결혼 이주여성에게서 발견하게 되는 스토리텔링을 드라마나 다큐멘터리에서 쉽게 발견할 수 있다. 그렇다면 뉴스는 어떨까?

그에 대해 살펴보고자 2000년 1월 1일~2008년 10월 30일 사이에 방

30 이 책에서 이주민이란 한국 국적을 획득했거나 획득하기 위한 과정에 있는 이민자는 물론 한국에 일정 기간 동안 한시적으로 체류하는 외국인을 포함한 개념이다.

영된 지상파 방송 3사와 케이블 방송인 YTN의 뉴스를 선정해 분석한 연구 결과(김경희, 2009)를 소개하고자 한다. 이 연구에서 분석한 뉴스는 이주민을 중심으로 한 이야기가 있는 뉴스였다. 이야기가 있는 뉴스란 '이주민의 과거와 현재의 상태가 나타나는 뉴스' 또는 '이주민의 일상을 기승전결의 형식으로 구성한 뉴스'를 말한다. 인물이 등장했다 해도 특정 사례로 잠시 등장하거나, 한 인물의 현재 상태만 보여주는 뉴스는 제외했다. 이렇게 해서 선정된 뉴스는 KBS(1TV와 2TV 포함) 60건, MBC 20건, SBS 16건, YTN 23건으로 총 119건이었다.

(1) 뉴스 속 정형화된 이주민

이주민의 고난과 좌절을 비극적 하강의 이야기 구조로 전달

먼저 이야기의 주제와 이야기 구조를 살펴봄으로써 뉴스에서 중심인물로 등장한 이주민(이후 초점 인물로 지칭함)을 어떻게 재현하고 있는지 큰 그림을 파악해보았다. 이야기 주제를 분석해보니, '고난과 좌절'을 주제로 한 뉴스가 가장 많아 58.8%(70건)였고, '보살핌/도움'이 20.2%(24건)로, 이주민의 고난과 좌절을 다루거나 이주민을 보살피고 도움을 주는 내용이 분석 대상 뉴스의 80%에 가까웠다. 그 밖에 공동체와 이방인(6.7%, 8건), 성공(5.0%, 6건), 사랑(2.5%, 3건), 범죄(2.5%, 3건), 기타(4.2%, 5건) 등으로 분석됐다. 다음으로 이야기 구조를 분석해본 결과, 희망적이기보다는 비극적인 이야기 구조를 갖고 있는 것으로 나타났다. 즉 '비극적 하강' 구조로 이루어진 뉴스가 가장 많아 58.0%(69건), '희망적 상승' 구조를 보인 사례는 28.6%(34건)였다. 그 밖에도 U자형 이야기 구조[31](5.9%,

31 노인들의 인생 이야기는 인생의 정점까지 올라갔다가 점차적으로 하강하는 역U자형 커브를 형성하는 것으로 특징화된다(Lieblich, Tuval-Mashiach, & Zilber, 1998). 이런 노인들의 인생에 대한 플롯 분석

7건)와 역U자형 이야기 구조(6.7%, 8건)를 찾아볼 수 있었으며, 이들 유형으로 구분하기 어려운 뉴스 1건(0.8%)이 있었다. 이러한 분석 결과를 통해 볼 때, 텔레비전 뉴스는 이주민의 고난과 좌절을 비극적 하강의 이야기 구조로 전달하는 경향이 있음을 알 수 있다.

결혼 이주여성이 이주노동자와 같은 비율로 뉴스에 등장

뉴스에 등장한 중심인물인 이주민이 노동자인 경우가 37.7%(43명), 결혼 이주여성이 37.7%(43명), 다문화가정 자녀가 13.2%(15명), 연예인·스포츠스타가 9.7%(11명), 유학생이 1.8%(2명)로 나타났다(〈표 36〉 참조). 이 결과를 보면, 텔레비전 뉴스에서 결혼 이주여성이 노동자와 유사한 비율로 등장하고 있음을 알 수 있는데, 이는 우리의 현실과는 다르다. 이 사례 분석이 이루어진 시기에 나온 한국 거주 외국인의 체류자격별 현황을 보면, 결혼한 배우자로 체류하는 경우는 93,786명으로, 전문취업자를 제외한 비전문취업(161,867명)과 연수취업(69,595명)의 반도 되지 않는 인원이다(조혜영 외, 2007). 이주노동자의 증가로 많은 문제가 발생하고 있는데도, 텔레비전 뉴스는 결혼 이주여성만큼 이주노동자의 문제에 중요성을 부여하지 않고 있는 것이다. 또 주목할 점은 결혼 이주남성이 초점 인물로 등장한 것은 KBS에서 보도된 뉴스 단 두 건이라는 점이다. 결혼 이주남성이 주변 인물로 나타난 경우도 MBC에서 보도된 뉴스 한 건밖에는 없었다. 통계청(2009)에 따르면, 2007년 한국 남자와 외국 여자가 결혼한 경우는 29,140건으로 한국 여자와 외국 남자가 결혼한 사례(9,351건)보다 3.1배 정도 많았다. 결혼 이주남성보다 결혼 이주여성과

(plot analysis) 방법을 활용해 이 연구에서는 U자형 이야기 구조를 '처음에는 희망적이다가 비극적으로 하강한 뒤 다시 희망적으로 상승하는 이야기'로, 역U자형 이야기 구조는 '처음에는 비극적이다가 희망적으로 내용이 바뀐 뒤 다시 비극적으로 마감되는 이야기'로 정의하여 분석했다.

〈표 36〉 뉴스 초점 이주노동자와 결혼 이주여성의 특성 비교

경제 상태	노동자	결혼 여성	심리 상태	노동자	결혼 여성	건강 상태	노동자	결혼 여성	의상	노동자	결혼 여성
하층	86.0	53.5	불안정 해보임	79.1	55.8	문제있 어보임	51.2	25.6	평상복	67.4	76.7
중층 이상	14.0	37.2	안정돼 보임	20.9	39.5	건강해 보임	48.8	69.8	환자복	18.6	0.0
알 수 없음	0.0	9.3	알 수 없음	0.0	4.7	알 수 없음	0.0	4.7	기타/알 수 없음	14.0	23.2
총	100.0	100.0	총	100.0	100.0	총	100.0	100.0	총	100.0	100.0
x^2=11.812 *df*=2 *p*〈.01			x^2=6.186 *df*=2 *p*〈.05			x^2=7.255 *df*=2 *p*〈.05			x^2=9.258 *df*=2 *p*〈.01		

출처: 김경희(2009)

관련된 사회 문제가 심각하다는 전제를 받아들인다고 해도, 텔레비전 뉴스가 우리의 현실에 비해 결혼 이주여성을 결혼 이주남성에 비해 지나치게 많이 다루고 있음을 알 수 있다.

결혼 이주여성을 이주노동자보다 긍정적으로 재현

다음으로 이주노동자와 결혼 이주여성이 뉴스에서 어떻게 재현되었는지를 비교해보자(〈표 36〉 참조). 통계적으로 유의미한 차이를 나타낸 '이주노동자와 결혼 이주여성의 특성'을 살펴보면, 이주노동자가 하층(86.0%)으로 재현된 경우가 결혼 이주여성이 하층(53.5%)으로 그려진 사례보다 많았고, 심리적으로 불안해 보이는 이주노동자(79.1%)가 심리적으로 불안해 보이는 결혼 이주여성(55.8%)보다 많이 등장했다. 또 건강해 보이지 않는 이주노동자(51.2%)가 건강해 보이지 않은 결혼 이주여성(25.6%)보다 많이 나타났는데, 그래서인지 환자복을 입은 결혼 이주여성이 등장한 뉴스는 한 건도 없었으나, 환자복을 입은 이주노동자가 나타난 뉴스는 8건(18.6%)이나 되었다.

결혼 이주여성 연애 결혼 사례 단 1건뿐

뉴스 초점 인물로 등장한 이주노동자를 좀 더 자세히 들여다보면, 생산직에 종사하는 경우가 51.2%, 서비스직 4.7%, 교육자 2.3%, 기타 9.3%로 나타났고,[32] 합법적 체류자(25.6%)보다는 불법 체류자(46.5%)가 더 많이 등장했다. 초점 인물로 등장한 결혼 이주여성(43명)은 자녀가 있는 경우 53.5%, 자녀가 없는 경우가 18.6%였으며, 14.0%는 시어머니를, 7.0%는 시부모님 모두를 부양하는 것으로 묘사됐다. 또 결혼 이주여성은 대부분(97.7%, 42명) 중매 결혼한 것으로 재현되었으며, 연애 결혼한 사례는 1건(2.3%)밖에 나타나지 않았다. 보건복지부에 따르면, 한국 남성과 외국 여성 부부 표본 945쌍 중 중개업소를 통해 결혼한 비율은 전체의 13.2%에 불과하며, 86.8%는 아는 사람 또는 종교단체의 소개를 받거나 연애 결혼을 했다고 한다(김민정 · 유명기 · 이혜경 · 정기선, 2006). 아는 사람이나 종교단체의 소개를 중매 결혼에 포함해도, 중매 결혼한 이주여성이 텔레비전 뉴스에 현실보다 훨씬 많이 등장하고 있음을 알 수 있다. 이는 중개업소를 통한 결혼 등 '일탈적 현상에 뉴스 가치를 높게 부여하는' 뉴스 생산관행에서 비롯된 것으로 보인다.

(2) 베푸는 한국인과 도움 받는 이주민

이주민은 여성이, 한국인은 남성이 많이 등장

이번에는 뉴스의 중심인물로 등장한 이주민이 아닌 뉴스의 주변 인물로 등장한 이주민과 한국인에 대한 분석 결과를 살펴보자. 먼저 '주변 인물인 이주민'이 뉴스 초점 이주민과 어떤 관계인지를 분석해보았다. 78명

32 나머지는 뉴스 텍스트와 화면으로 '알 수 없는 경우'임

이 분석된 '주변-이주민'은 초점 인물의 친구가 10.3%(8명), 자녀/부모가 9.0%(7명), 배우자가 6.4%(5명), 직장상사나 동료가 2.6%(2명)였다.

다음으로 '주변 인물인 한국인'을 분석해보았는데, 텔레비전 뉴스에 등장한 주변 인물 한국인은 크게 두 부류였다. 하나는 뉴스 초점 이주민과 잘 알고 있는 주변인(가족/친구/이웃주민/직장상사 · 동료)이거나 그런 주변인과 비슷한 상황에 있는 한국인(이후 '주변-한국인'으로 지칭)이다. 또 하나는 뉴스 초점 이주민의 상황에 대해 해설이나 논평을 하는 전문인이거나 초점 이주민을 돌봐주는 종교인 또는 자원봉사자('전문직 한국인'으로 지칭)이다.

'주변-한국인'이 뉴스 초점 이주민과 어떤 관계인지 살펴보니, 뉴스 초점 이주민의 배우자와 직장상사 · 동료가 각각 20.8%(11명), 시부모/부모와 이웃주민이 각각 11.3%(6명), 자녀와 친구가 각각 1.9%(1명), 기타 17.0%(9명), 관계가 드러나지 않은 한국인 15.1%(8명)이었다. '전문직 한국인'은 시민단체 종사자와 자원봉사자가 45.8%(38명)로 가장 많이 등장했고, 교수 · 변호사 · 의사 등 전문직 16.9%(14명), 목사 · 신부 · 수녀 · 승려 등 종교인 12.0%(10명), 공무원 13.3%(11명), 이주민 교육자 9.6%(8명), 기타 2.4%(2명)였다.

다음으로 남녀 성비를 살펴보자. '주변-이주민'으로는 초점 이주민과 마찬가지로 여성(53.8%)이 남성(46.2%)보다 많이 등장했지만, '주변-한국인'과 '전문직 한국인'의 경우는 남성이 각각 62.3%와 53.0%로, 여성(각각 37.7%, 47.0%)보다 많은 등장해 뉴스 취재의 오랜 관행처럼 남성의 비중이 높았다. 즉 뉴스 초점 인물이든 주변 인물이든 이주민은 여성이 많이 등장하는 반면, 한국인은 남성이 더 많이 등장하고 있었다. 그러나 이들 집단 간의 성별 차이는 통계적으로 유의미하지 않았다.

'주변-이주민'은 하층, '주변-한국인'은 중산층이 많아

주변 인물들의 의복이나 경제 상태, 초점 이주민과 관련된 역할 등을 살펴보자. '주변-이주민'은 평상복 차림이 압도적으로 많아 73.1%였고 정장 차림이 9.0%, 작업복 차림이 1.3%였지만, '전문직 한국인'들은 평상복과 정장을 입은 비율이 각각 43.4%로 나타났다. '주변-한국인' 역시 평상복 차림이 64.2%로 가장 많았으나 정장 차림이 9.4%, 작업복 차림도 15.1%나 됐다. 텔레비전 뉴스에서 이주민에 비해 한국인들이 보다 갖춰 입은 옷차림을 한 생산적인 모습으로 재현되고 있음을 보여준다. 또 주변 인물의 경제 상태를 보면, 텔레비전 뉴스에 등장한 '주변-이주민'은 하층으로 묘사된 경우(61.5%)가 중층 이상(32.1%)보다 많은 것으로 나타났으나, '주변-한국인'과 '전문직 한국인'은 하층(35.8%, 7.2%)보다 중층 이상(54.7%, 92.8%)으로 보이는 경우가 많았다. 즉 텔레비전 뉴스에 등장하는 '주변-이주민'은 의사·교육자 등 '전문직 한국인'뿐 아니라 뉴스 초점 이주민의 가족이나 동료인 '주변 한국인'보다도 경제적으로 어려운 상태에 놓여 있는 것으로 재현되고 있었다.

'주변-한국인'의 54.2%가 조력자

이어 뉴스 초점 이주민에 대한 주변 인물의 역할을 분석해보니, '주변-한국인'이나 '전문직 한국인'이 조력자로 등장한 경우가 각각 56.6%와 54.2%로, 반수 이상이 뉴스 초점 이주민을 도와주는 역할로 나타났다. 반면, '주변-이주민'이 조력자로 등장하는 경우는 24.4%에 불과했다.[33] 주변-이주민이 방해자로 등장하는 비율(2.6%)은 낮았지만, 이주민끼리 서로 도와주는 협력 관계라는 이미지를 찾아보기는 쉽지 않았다.

---

33 이 같은 집단 간 차이는 통계적으로 유의미했다.

종합해보면 텔레비전 뉴스에서 주변 인물로 등장하는 이주민은 일을 하는 생산적인 모습으로 재현되지 않았으며, 한국인에 비해 경제적으로 힘든 상태에 놓여 있었다. 이에 비해 한국인은 생산적인 모습으로 그려지면서 경제적으로도 여유 있고 뉴스 초점 이주민에게 도움을 주는 존재로 재현되고 있었다. 이같은 뉴스의 재현은 우리 사회의 이주민과 한국인의 현실을 어느 정도 그대로 반영했을 수 있다. 따라서 분석 결과를 통해 뉴스가 진실을 전달하지 않는다고 비판할 수는 없다. 그러나 이런 재현은 시청자가 이주민에 대한 온정주의적 시선[34]을 갖게 할 우려가 있다. 더구나 뉴스의 이야기 구성에서 이주민 문제를 해결하기 위한 대안을 제시하거나 그에 대한 원인을 분석한 사례가 적어서,[35] 온정주의적 시선으로 이주민을 바라보게 할 뿐 그 이상의 사회적 의미를 생산해내지 못하고 있다는 점은 텔레비전 뉴스에서 시정돼야 할 과제임에 틀림없다.

(3) 이주민 재현 방식 분석 – 이주민이 아닌 한국인 중심의 재현

뉴스 초점 이주민 등장 컷 수 매우 적어

이주민 재현 방식은 뉴스 초점 이주민이 등장하는 화면을 중심으로 분

---

34 미디어들은 온정주의적 시선으로 이주민들을 다루는 경우가 많은 것으로 연구 결과 나타났다. 신문과 방송 뉴스 · 인터넷 뉴스를 분석한 연구를 보면, 결혼 이주여성에 대한 논조가 온정적/동정적인 경우가 절반을 차지했고, 신문에서 가장 선호되는 프레임은 자성과 온정 그리고 미덕이 강조되는 '휴머니즘' 프레임이었다(김수정, 2007). 외국인 노동자에 대한 언론 보도를 분석한 연구(김세은 · 김수아, 2007)도 외국인 노동자에 대한 보도가 일시적인 사건을 중심으로 다루어지며, 온정주의적 태도를 강하게 드러낸다고 밝혔다. 혼혈인에 대한 신문 보도 분석(정의철 · 이창호, 2007)도 신문들이 스펙터클 중심으로 혼혈문제를 재현하고 있어, 혼혈인에 대한 보도 집중이 혼혈인을 우리와 다른 도움과 연민의 대상인 '타인'으로 인식하게 하는 데 기여하고 있다고 지적했다. 한국의 언론 보도는 다문화사회를 형성하는 주요 주체인 이주여성 · 외국인노동자 · 혼혈인 모두를 온정주의적 시선으로 재현하고 있는 것이다.

35 분석 대상 뉴스의 대부분(69.7%)은 구체적인 사실만을 담고 있었으며, '사실의 배경과 원인'을 설명한 경우는 16.8%, '사실의 배경과 원인 설명, 향후 전망'을 담은 경우 5.0%, '사실의 배경과 원인 설명, 향후 전망과 대안제시'를 포함한 사례는 8.4%에 불과했다.

석했다. 먼저 텔레비전 뉴스에서 초점 이주민이 얼마나 화면에 많이 등장하는지를 알아보기 위해 각 뉴스의 전체 컷 수와 그 뉴스에 나타난 초점 이주민의 등장 컷 수를 비교해보았다. 각 뉴스의 전체 컷은 평균 32.54개이고 이 중 초점 이주민이 등장한 컷은 평균 9.68개로, 각 뉴스에서 초점 이주민 등장 컷이 차지하는 비율은 29.75%였다. 여성 1호를 다룬 텔레비전 뉴스 연구를 보면, 전체 컷에서 여성 1호가 차지하는 컷의 비율은 53.4%였다(조연하 · 김경희 · 정영희, 2006). 이주민 중심의 뉴스임에도 불구하고 전체 컷에서 초점 이주민이 등장하는 컷의 비율이 매우 낮음을 알 수 있다.

이주민은 한국인에 비해 부정적인 모습으로 재현돼

이어 인터뷰 장면에서 초점 이주민이 어떤 모습으로 등장하는지를 알아보기 위해 직접 인터뷰 장면이 나오는 98건의 뉴스를 대상으로 분석해보았다. 분석 결과를 보면, 앞모습이 정상적으로 나온 경우가 77.6%(76건), '뒷모습만 나오거나 모자이크 처리되거나 기자만 나온 상태에서 목소리가 나오는 경우'가 22.4%(22건)였다. '뒷모습 · 모자이크 처리 · 기자만 등장하는 인터뷰 장면'은 인터뷰 대상자가 모습이 알려지면 곤란한 상황이거나 나쁜 일을 저지른 사람일 때 주로 사용되기 때문에, 이런 모습으로 등장하는 인터뷰 장면은 시청자에게 부정적인 인상을 갖게 할 가능성이 크다.[36] 주변 인물로 등장한 이주민 역시 뒷모습과 모자이크 처리된

36 실제로 뒷모습 · 모자이크 처리 · 기자만 등장하는 인터뷰 장면이 포함된 22건의 인터뷰 내용을 보면 신분을 드러내기 곤란한 상황에 처해 있는 사례가 대부분이었다. 불법 체류 상태인 이주민과 남편 폭력 등 학대로 가출 상태에 있는 결혼 이주여성을 다룬 뉴스가 각각 9건이었고, 시어머니와의 불화로 이혼 소송 중인 결혼 이주여성, 한국어를 잘 못해서 정신장애를 일으킨 다문화가정 어린이, 학교에서 따돌림 당하는 다문화가정 어린이, 한국말이 서툴러 부랑자로 오해받아 정신과 요양원에 보내진 이주민이 각각 1건씩이었다.

인터뷰 장면이 24.7%(19건)나 되는 것으로 나타났다.[37] 이와는 대조적으로 주변 인물로 등장하는 전문직 한국인은 100%(83건) 앞모습만 등장했다.[38] 결국 뉴스 초점 이주민이든 주변 인물로 등장한 이주민이든 인터뷰 장면에서 한국인에 비해 부정적인 모습으로 비춰지고 있음을 알 수 있다. 이 같은 인터뷰 장면은 이주민이 한국인에 비해 사회적으로 문제가 있는 존재라는 부정적 이미지를 시청자에게 은연중에 각인시킬 우려가 있다.

(4) 결혼 이주여성 뉴스 분석

최근 다양한 학문 분야에서 행해진 다문화사회 관련 연구들이 미디어에서 나타난 이주민 재현에 문제가 있음을 지적하고 있다(김민정 외, 2006; 엄한진, 2008; 이선옥, 2007; 한경구 · 한건수, 2007).

앞서 제시한 분석 사례만 보더라도, 텔레비전 뉴스가 이주민에 대한 이분법적 인식과 정형화, 온정주의적 시선을 재현하고 있음을 알 수 있다. 무엇보다 결혼 이주여성에 대한 정형화는 텔레비전 뉴스의 가장 큰 문제점으로 분석됐다. 결혼 이주여성에 대한 인물 분석 결과는 여성학자들과 문화인류학자들이 미디어에 대해 지적한 이주여성의 정형화 현상을 그대로 보여주고 있었다. 이주노동자의 경우 스리랑카 · 방글라데시 · 인도네시아 · 몽골 · 중국 등 다양한 국가의 출신자들이 등장했으나, 텔레비전 뉴스에 등장한 결혼 이주여성의 60%가량은 베트남과 필리핀 출신이었다. 중국에서 온 결혼 이주여성이 50%가량 되는 현실과 달리, '결혼 이주여성'하면 베트남 · 필리핀 출신으로 정형화되고 있는 현상을 텔레비전

37 불법 체류 상태인 이주민(9건)이거나 남편 폭력으로 가출한 결혼 이주여성(3건), 성추행을 당한 이주노동자(3건), 시어머니의 폭력과 감시 속에 살고 있는 결혼 이주여성(1건), 정신지체 자녀를 둔 한국어가 서툰 결혼 이주여성(1건), 따돌림 당하는 아이의 엄마인 결혼 이주여성(1건), 미국 버지니아 공대 사건이 한국에서 일어날 수도 있다고 경고하는 이주민(1건) 등이 뒷모습이나 모자이크 처리된 상태로 인터뷰가 진행된 사례였다.

38 인터뷰 장면에서 나타난 '주변-이주민'과 '전문직 한국인'의 차이는 통계적으로 유의미했다.

뉴스에서 찾아볼 수 있었다. 또 결혼 이주여성은 거의 대부분 중매 결혼한 것으로 재현되었으며, 연애 결혼 사례는 1건밖에 나타나지 않았다. 중개업소나 지인의 소개로 맺어진 결혼이 많기는 하나, 이주여성의 결혼과정에 대한 정형화된 뉴스 재현은 상투화된 국제결혼의 이미지를 유포해 잘 살고 있는 국제결혼 부부들에게 본의 아니게 피해를 준다는 비판(김민정 외, 2006)에서 자유로울 수 없다. 게다가 텔레비전 뉴스에서 재현된 결혼 이주여성은 대부분 남편 폭력으로 가출하거나, 시어머니의 폭력과 감시 속에 살거나, 따돌림 당하는 아이의 엄마로 등장하여 결혼 이주여성에 대한 부정적인 정형화가 이루어질 가능성이 충분하다.

이런 부정적인 이미지는 결혼 이주여성보다는 이주노동자의 재현에서 더 많이 나타났다. 이주노동자가 결혼 이주여성보다 심리적으로 불안해 보이고 경제적으로 어려운 하류층으로 묘사된 장면이 상대적으로 많았다. 또 이주노동자가 한국에 훨씬 많이 체류하고 있음에도 불구하고 뉴스 초점 인물로 결혼 이주여성과 이주노동자가 비슷한 비율로 등장하고 있어, 텔레비전 뉴스에서 이주노동자보다 결혼 이주여성에 더 높은 뉴스 가치를 부여하고 있음을 확인할 수 있었다. 이것은 결혼 이민자와 그 자녀에 대한 논의가 이민논의를 독점하고 있는 우리 사회의 현실(엄한진, 2008)과 무관하지 않다. 이렇듯 결혼 이주여성에 뉴스 가치를 더 많이 부여하는 것은 결혼 이주여성이 우리 사회의 2세를 출산하는 존재이기 때문이다. 그래서 이주노동자와는 달리 따뜻한 시선으로 감싸 안으려는 관점이 많다.

이런 관점은 한편으로 가부장적 시선이라는 매우 부정적인 프레임을 낳기도 한다. 결혼 이주여성은 한 명의 이주민이기 이전에 한국에 시집온 며느리로서 김치도 잘 담그고 차례 상도 잘 차리고 아이도 잘 양육해야 한다는 구시대의 가부장적 인식을 강요당한다. 이 때문에 명절만 되면 곱게 한복을 차려입고 차례 준비를 하는 결혼 이주여성들이 텔레비전 뉴스의 한 꼭지를 장식한다. 이것은 수용자들에게 가부장적 한국의 가족 문화라는 또 하나의 잘못된 정형화를 각인시켜주고 있는 셈이다. 또한, 현실에선 한국 여성과 외국 남성의 결혼이 한국 남성이 외국 여성과 결혼한 비율의 1/3 수준인데(통계청, 2009), 결혼 이주남성이 뉴스 초점 인물이나 주변 인물로 등장한 경우는 단 세 건이었다. 이것은 국제결혼을 한국 남성과 외국 여성으로 한정짓는 인식을 심어줄 수 있다. 결혼 이주여성과 관련된 사회 문제가 더 많이 존재한다는 점을 인정한다 해도, 현실에 비해 결혼 이주남성보다 결혼 이주여성을 지나치게 많이 다루고 있다는 비판에서 벗어나기 힘들다.

2) 미혼모에 대한 뉴스의 재현

2008년에 나온 〈과속스캔들〉은 미혼부와 미혼모의 이야기이다. 그 영화가 미혼모에 대한 이미지를 조금은 긍정적으로 바꾸었을지도 모르나 텔레비전 뉴스에서의 미혼모는 영화에 나오는 황정남(박보영 분)처럼 드라마틱하거나 행복하게 그려지지 않는다. 뉴스 속에서 미혼모들은 미혼모 시설에서 창밖을 내려다보면서 쓸쓸히 울거나 모자이크처리된 상태로 변조된 목소리를 내는 죄인 같은 모습이다. 소외 계층 여성의 두 번째 사례는 바로 미혼모에 관한 뉴스 분석이다(김경희, 2015). 미혼모는 당당하게 자신을 드러내기 힘든 사람들이다. 우리나라처럼 가부장적 이데올로기가 강한 사회에서 결혼하지 않고 아이를 낳았다는 것은 큰 범죄를 저지른 것과 같은 엄청난 일로 간주되기 때문이다. 그러나 조금만 관점을 달리하면, 미혼모가 되어 아이를 낳는 것도 용기 있는 일이고, 아이를 키운다는 것은 더 용기 있는 훌륭한 일이다. 그러나 현실에서도 텔레비전 뉴스에서도 당당한 미혼모를 찾기는 힘들었다. 보다 구체적인 사례를 수집하기 위해 2010년대 초반의 뉴스와 함께 2000년대 초반 뉴스를 표집해 텍스트 분석을 실시해서 발표한 논문(김경희, 2015)을 소개하려고 한다. 이렇듯 2000년대 초반과 2010년대 초반 뉴스를 수집한 것은 변하지 않는 보도 관행이 작용해서 텔레비전 뉴스가 우리 사회에 일반화되어 있는 미혼모에 대한 고정관념을 고착화하고 있는 것은 아닌지를 확인해보기 위해서이다.[39]

(1) 미혼모 뉴스의 프레임 분석[40]

미혼모 뉴스에 나타난 언어적 표현 분석

미혼모 뉴스에서 미혼모를 수식하거나 지칭하는 언어적 표현들을 분석해본 결과, 비슷한 표현이 관행적으로 사용되고 있었다. 즉 '행위 묘

---

39 2010년 초반 뉴스의 표집 시기는 2011년 1월부터 2013년 12월까지 3년으로 하고, KBS와 MBC, SBS에서 방송된 미혼모 관련 뉴스를 수집했다. 2000년대 초반 뉴스도 2001년부터 2003년까지 방송된 뉴스를 표집하고자 했으나, 표집 대상 뉴스가 너무 적어서 2001년 1월부터 2005년 12월까지 5년 동안 KBS와 MBC, SBS에서 보도한 미혼모 관련 뉴스를 표집했다. 분석 대상 뉴스는 각 방송사 홈페이지에서 '미혼모'를 검색하여 나타난 뉴스 중에서, 미혼모가 언급됐으나 미혼모가 중심 등장인물이 아닌 뉴스와 기자의 리포트 없이 앵커가 보도한 단신뉴스를 제외하고 표집했다. 또 같은 기자가 취재해서 여러 프로그램에 동일한 리포트로 보도된 경우는 한 건만을 수집했다. 단, 같은 기자가 취재한 동일 주제의 뉴스라도 리포트의 구성이 바뀐 경우는 둘 다 표집했다. 이렇게 해서 표집된 2001년부터 2005년 사이 미혼모 뉴스는 총 22건으로 KBS 11건, MBC 13건, SBS 5건이었으며, 2011년부터 2013년까지 미혼모 뉴스는 KBS 11건, MBC 10건, SBS 9건으로 총 30건이었다. 기자의 성별로는 2001년부터 2005년 사이에 여성 기자가 보도한 미혼모 뉴스는 12건, 남성 기자가 보도한 미혼모 뉴스가 12건이었으며, 2011년부터 2013년까지 여성 기자가 보도한 미혼모 뉴스는 8건, 남성 기자가 보도한 미혼모 뉴스가 22건이었다.

40 뉴스의 프레임은 취재원의 직접 인용과 이야기 흐름, 영상의 구성 등을 기초로 미혼모 관련 뉴스의 주제를 중심으로 도출했는데, 주제의 집합이 하나의 의미로 집약될 경우 프레임으로 결정했다. 또 뉴스 서사 안에서 특정 단어의 지속적인 등장은 특정 아이디어를 부각시켜서 뉴스 프레임 구성에 기여하기 때문에(Gitlin, 1980), 프레임을 도출하기 전에 미혼모를 묘사하는 수식어와 뉴스에서 강조되거나 반복된 어휘에 대해 분석을 실시한 후, 이를 프레임 도출 과정에서 고려했다. 이와 함께 여성 기자와 남성 기자가 사용한 어휘를 비교분석했다.

사', '개인적 고통 묘사', '사회적 고통 묘사', '이해적 묘사', '성장 배경 묘사' 등 5가지 유형으로 유목화할 수 있는 표현들이 뉴스에서 활용되고 있었다.

먼저 행위 묘사는 미혼모의 행위를 묘사하는 표현으로, 임신하게 된 과정에 대한 묘사(가출을 하게 되고, 원치 않은 임신, 지속적인 성관계, 철없이 저지른, 강요에 못 이겨, 불량청소년)와 아이를 유기하는 행위에 대한 묘사(아이를 다른 집 앞에 버려서 죽게 한, 아기를 낳아 내버린 뒤, 아기를 불법 거래하는, 영아를 유기한, 아기를 버린), 범죄자로서의 행위에 대한 묘사(경찰에 붙잡힌, 흉기를 휘두른, 범행을 저지른, 극단적 범죄를 저지르기도, 살인자) 등이 사용되었다.

개인적 고통 묘사는 미혼모가 겪게 되는 개인적 고통을 묘사한 것으로, 미혼모가 경험하는 정신적인 어려움에 대한 묘사(불안과 초조함 속에, 겪는 정신적 고통, 죄책감, 충격, 절박한 마음, 당혹스러움, 절망)와 물리적인 어려움에 대한 묘사(경제적으로 어려운, 빚에 시달리는)가 활용되었다.

사회적 고통 묘사는 미혼모에 대해 사회가 주는 고통을 표현한 것으로, 사회적 편견에 대한 묘사(싸늘한 시선, 사회적 편견, 사회적인 선입견, 냉대, 차별, 감당해야 하는 설움, 주홍글씨를 달고, 멍에)와 사회적 제재 또는 사회적 지원 배제에 대한 표현(경제적인 도움을 받지 못하고, 학업 중단,[41] 사회의 관심 밖,[42] 그늘진 사람들)을 말한다.

이해적 묘사는 미혼모의 맥락을 이해하고 긍정적인 관점에서 미혼모를 묘사한 것으로 뉴스에서 많이 등장한 표현은 아니다. '생명 지킴이', '아픔을 겪으면서도 희망을 버리지 않고 사는', '당당한', '굴하지 않는', '낙천적이고 똑 부러지는 성격', '용기 있는 자' 등의 표현이 이에 해당한다.

41 학교에서 자퇴를 강요받는 상황을 표현.

42 사회의 복지 지원을 받지 못하는 상황을 표현.

마지막으로 성장 배경 묘사는 미혼모의 성장 배경 때문에 미혼모가 됐다는 논리를 펼치는 뉴스에서 주로 등장했다. '불우한 가정', '불우한 환경', '고아', '기구한 운명', '미혼모 어머니에게서 태어나 외할머니 손에서 키워져' 등의 표현이 사용됐다.

2000년대 초반과 2010년대 초반 뉴스 모두 미혼모에 대해 비슷한 언어적 표현을 사용하고 있어 미혼모 보도와 관련해 언어적 보도 관행이 굳어져 있음을 알 수 있었다. 이처럼 2000년대 초반 뉴스와 2010년대 초반 뉴스에서 사용된 언어적 표현의 차이는 나타나지 않았지만, 여성 기자가 사용하는 언어적 표현과 남성 기자가 사용하는 언어적 표현에서 차이점을 발견할 수 있었다. 여성 기자는 남성 기자보다 미혼모가 겪는 개인적 · 사회적 고통과 관련된 언어적 표현을 많이 사용했으며, 남성 기자들은 여성 기자보다 미혼모의 행위 묘사에 해당하는 언어적 표현을 많이 사용했다. 남성 기자들이 많이 사용한 행위 묘사는 주로 미혼모가 된 과정이나 미혼모가 저지른 범죄 행위를 다루고 있어, 미혼모를 비난하는 시각이 담겨 있었다. 무엇보다 여성 기자들은 미혼모에 대해 이해적 묘사를 사용하는 경우가 있었으나, 남성 기자들은 '한국 남성의 아이를 낳아 기르는 필리핀 여성'에 대해 다룬 해외 뉴스를 제외하고는 이해적 묘사를 사용한 경우가 한 건도 없었다. 이처럼 남성 기자들이 행위 묘사를 많이 사용하고 이해적 묘사를 사용하지 않았다는 것은 남성 기자들이 여성 기자들보다 미혼모에 대해 부정적인 관점의 뉴스를 더 많이 생산하고 있음을 보여준다. 또 남성 기자들은 관행적 언어 사용에서 벗어나지 못한 채 2000년대 초반과 2010년대 초반 모두 비슷한 언어적 표현을 사용하고 있었으나, 여성 기자들은 2000년대 초반에 사용하던 행위 묘사를 2010년대 초반에는 전혀 사용하지 않았다.

〈표 37〉 미혼모를 지칭하는 언어적 표현 분석

	2001~2005년		2011~2013년	
	여성 기자 보도뉴스 (12건)	남성 기자 보도뉴스 (12건)	여성 기자 보도뉴스 (8건)	남성 기자 보도뉴스 (22건)
행위 묘사	가출을 하게 되고, 원치 않은 임신	지속적인 성관계, 철없이 저지른, (남자친구) 강요에 못 이겨, 불량청소년, 유흥업소 종업원, 아이를 다른 집 앞에 버려서 죽게 한, 아기를 낳아 내버린 뒤		아기를 불법 거래하는(아기를 넘기는, 불법 매매), 영아를 유기한(아기를 버린, 아기를 거리에 버리는, 그냥 버리는), 신생아 매매와 유기의 막다른 선택, 자신의 아들을 살해한, 경찰에 붙잡힌, 흉기를 휘두른, 범행을 저지른, 끔직한 범죄(극단적 범죄를 저지르기도), 살인자, 한순간 사고, 원치 않는 임신(원치 않은 임신으로 출산한), 사회문제가 되고 있는, 신원 노출을 꺼리는, 성폭행 피해자
개인적 고통 묘사	맘고생, 불안과 초조함 속에, 겪는 정신적 고통, 겪어야 되는 가슴앓이, 죄책감, 혼자 어려움을 겪는, 경제력 능력이 없고(경제적으로 어려운)	충격, 죄책감, 가슴이 찢어지는 슬픔에 잠깁니다, 어찌할 줄 모르는, 절박한 마음, 당혹스러움, 마음이 아프고, 경제적 능력도 없는	심리적 고통에 시달리다, 절망, 충격, 고통의 터널	경제적 어려움, 빚에 시달리는, 혼자 감당해야,
사회적 고통 묘사	편견과 빈곤과의 전쟁, 주위의 곱지 않은 시선(싸늘한 시선, 곱지 않은 시선을 받는, 주위의 시선은 차갑지만), 사회적 편견, 차별, 사회적 냉대와 질시 속에서 살아가는, 감당해야 하는 설움, 경	눈치 보면서 쓸쓸하게 한해를 마무리해야만 했던	그늘진 사람들	멍에, 사회적인 선입견, 냉대, 주변의 시선, 사회적 편견

사회적 고통 묘사	제적인 도움을 받지 못하고, 주홍글씨를 달고, 학업 중단(자퇴를 강요받는), 사회의 관심 밖			
이해적 묘사	생명 지킴이, 아픔을 겪으면서도 희망을 버리지 않고 사는		당당한, 낙천적, 똑 부러지는 성격, 용기 있는	굴하지 않는 (해외 기사)
성장 배경 묘사		불우한 가정		불우한 환경, 고아, 기구한 운명, 미혼모 어머니에게서 태어나 외할머니 손에 키워져

출처: 김경희(2015)

미혼모 뉴스에 나타난 프레임 분석

미혼모 뉴스를 분석해보니, 미혼모 문제아 프레임, 미혼모 범죄자 프레임, 미혼모 피해자 프레임, 사회적 책임 프레임, 주체적 미혼모 프레임 등 다섯 개의 프레임을 발견할 수 있었다. 각 프레임의 의미와 사례를 먼저 살펴본 후 이런 프레임들이 2000년대 초반과 2010년대 초반에도 반복되고 관행화되어 있는지에 대해 논의해보자.

먼저, 미혼모 문제아 프레임은 사회문제로서 미혼모에 대해 접근하는 뉴스의 틀 짓기로, 10대 청소년들의 문란한 성의식과 행동 때문에 미혼모가 생겨난다는 논리를 펴고 있다. 이런 프레임은 사회문제를 잘 분석한 것이라고 볼 수도 있지만, 미혼모는 잘못된 성의식을 가지고 충동적으로 행동하는 사람이라는 고정관념을 생산할 가능성을 갖고 있다. 미혼모 문제아 프레임을 다룬 기사들은 어두운 밤 유흥가에서 술을 마시고 비틀거리는 남녀 청소년들을 비춰주거나 산에서 남녀 청소년이 놀고 있는 모습을 영상으로 보여주면서, 성 개방의 문제를 거론했다.

미혼모 문제아 프레임이 나타난 뉴스들은 미혼모가 많아지는 원인으로 미디어에서 범람하는 자극적인 성문화, 이혼 급증 등으로 급속히 진행된 가정 해체, 학교에서 성교육이 제대로 이루어지지 않은 점 등을 들었다. 종합하면, 미혼모 문제아 프레임은 정상적이지 못한 가정에서 자란 미혼모들이 미디어 등 사회의 자극적인 성문화에 영향을 받아 문란한 성생활을 통해 혼외 아이를 임신하게 됐다는 틀 짓기라고 할 수 있다.

다음으로 미혼모 범죄자 프레임은 미혼모들이 아이를 낳아 유기, 매매, 살해 또는 살인 방조하거나, 합법/불법 입양하는 범죄 행위를 저지른다는 틀 짓기이다. 이런 프레임의 뉴스를 반복적으로 보도할 때, '미혼모는 범죄를 저지를 가능성이 높은 집단'이라는 고정관념을 생산할 가능성이 있다. 이 프레임에 속한 뉴스들은 아기를 낳자마자 죽이는 영아 살인과 영아를 외진 곳에 버려서 죽게 하는 영아 살인 방조, 브로커를 통해 영아를 거래하는 인물로 미혼모를 등장시키고 있었다.

아침에 방송된 일부 뉴스들은 범죄 과정을 자세하게 재연[43]해서 화면으로 보여주기도 하고 범죄극에 나오는 음향을 배경으로 사용했으며, 경찰서에서 취조 받는 미혼모의 모습을 영상으로 내보냈다.[44] 충분히 이해할 수 있는 내용을 굳이 재연해서 보여주는 것은 흥미롭게 사건을 소개하려는 선정주의적인 접근으로 이해된다. 재연이라는 사실을 화면에 표기하지 않은 뉴스도 있었다.

영아 유기와 입양을 다룬 뉴스들은 버려지는 아이에 대한 관심에서 출발한 뉴스로, 영아 유기와 입양이 대부분 미혼모의 자녀들이라는 전제에서 뉴스가 구성되었다. 이들 뉴스들은 미혼모가 아기를 버리는 모습을 영상 또는 폐쇄회로 TV 화면으로 보여주고,[45] 교회에서 버려지는 아이를 보

43 연기자들이 당시 상황을 연기해서 보여주는 화면.

44 KBS, 2012. 12. 14. [미혼모가 폐가에 신생아 유기; KBS, 2013. 12. 12. 10대 미혼모, 아기는 모텔에 두고…].

45 MBC, 2004. 1. 2. [비정한 산모; SBS, 2013.4.1. 입양특례법의 그늘…버려지는 아이들].

호하기 위해 설치한 베이비박스를 영상에 담았으며,[46] 해마다 버려지는 아이 가운데 많은 부분을 미혼모가 버리고 있다는 수치적 정보[47]를 제시했다. 이들 뉴스에서 미혼모는 중요 등장인물이었지만, 아기를 낳은 엄마일 뿐 그 이상의 의미는 없었다.

미혼모 피해자 프레임은 남자에게 버림받은 사람, 성폭행의 피해자로 미혼모를 보여주는 틀 짓기이다. 가슴 아픈 사연의 주인공으로 사회적인 보호가 필요하다는 구성은 미혼모에 대해 우호적이긴 하지만 무기력하고 비주체적인 여성의 모습을 보여주는 틀 짓기라고 볼 수 있다. 필리핀에서 한국 남자에게 버림받은 후 혼자 아이를 키우고 있는 미혼모와 한국 남성에게 성폭행 당한 뒤 아이를 낳아 키우고 있는 여성의 사연을 울먹이는 미혼모들의 영상과 함께 구성한 뉴스는 미혼모 피해자 프레임에 해당하는 사례이다.[48] 또 성폭행을 당해서 낳은 아이를 잘 키우려고 했으나 아이를 볼 때마다 성폭행을 당한 기억이 떠오르고 자신의 불우한 인생이 대물림될까봐 백일 된 아이를 살해한 뒤 경찰에 붙잡힌 미혼모의 사건을 다룬 뉴스[49]도 미혼모 피해자 프레임의 사례이다. 미혼모 피해자 프레임은 미혼모 문제아 프레임이나 미혼모 범죄자 프레임처럼 미혼모를 부정적인 관점에서 다루고 있지는 않지만, 개인적 차원의 피해자로 묘사하는 데 그치고 있어서 사회적 차원의 논의를 이끌어내거나 주체적 여성상을 보여주는 접근과는 차별된다.

사회적 책임 프레임은 미혼모가 안전하게 출산하고 아이를 키울 수 있는 환경을 마련할 수 있도록 사회적 지원을 확대해야 한다는 틀 짓기이다. 미혼모 뉴스에서 대부분은 마지막 부분에 한 문장 정도 '사회의 지원

46 MBC, 2013. 12. 26, [신생아 유기문제 '심각'…슬픈 '베이비 박스'].
47 SBS, 2003. 5. 3, [버림받는 아이들].
48 MBC, 2013. 11. 4, [필리핀에 남겨진 코피노 2만 명…코피노 급증 원인은?].
49 KBS, 2013. 8. 20, [제대로 된 치료와 보호 받았다면…].

이 필요합니다'라는 관례적인 표현을 사용했다. 그런 뉴스들의 프레임을 모두 사회적 책임 프레임이라고 할 수는 없다. 사회적 책임 프레임을 나타낸 뉴스들은 적어도 뉴스 구성의 반 이상을 사회적 지원에 초점을 맞춘 뉴스들이다.

이들 뉴스에서 필요하다는 미혼모에 대한 사회적 지원은 미혼모 보호시설을 확충하고 미혼모가 아이를 키울 수 있게 해야 한다는 것이었다. 이들은 미혼모가 키우는 아이 한 명에 대한 지원비가 입양한 아이나 사회복지 시설 아동 1인당 지원비와 비교해 매우 적은 액수라는 점을 들었다.[50] 또 미혼모를 대상으로 한 조사를 소개하면서 10명 중 3명은 아이를 직접 키우고 싶어 한다거나,[51] 입양을 선택한 미혼모 중 37%가 경제적 도움이 있다면 아이를 키우겠다[52]는 등의 수치적 정보를 제시했다. '원래 계획했던 것보다 조금 일찍 임신했다는 차원에서 국가가 이 문제를 어떻게 더 협조하고 보조해 줄 것인가'라는 한인영 이화여대 교수의 발언을 담아낸 뉴스[53]는 미혼모를 범죄자나 문제아가 아니라 조금 일찍 임신한 평범한 여성으로 정의하는 새로운 관점을 보여주기도 했다. 그러나 이러한 뉴스들이 모두 미혼모에 대해 긍정적이거나 따뜻한 관점을 보여주지는 않았다. 잘못된 성의식으로 미혼모가 된 과정이나 미혼모의 영아 유기사건 등을 소개하는 부분은 여전히 미혼모에 대해 부정적인 관점을 드러냈다. 검은색 비닐봉지, 수건으로 꽁꽁 싼 무언가 등 아이를 버리는 미혼모의 모습을 묘사하거나 원치 않은 임신, 준비되지 않는 출산 등의 표현을 여전히 사용했고, 아기를 유기한 폐가의 모습이나 아이를 버리는 베이비박스, 입양을 보낸 미혼모의 울먹이는 인터뷰 등은 사회적 책임 프

50 SBS, 2011. 5. 11, ['홀로서기' 지원 시급].
51 KBS, 2005. 8. 19, [친부도 책임진다].
52 KBS, 2005. 12. 23, [미혼모 양육비 걱정].
53 KBS, 2005. 8. 19, [친부도 책임진다].

레임의 뉴스에서도 자주 등장했다.

주체적 미혼모 프레임은 미혼모 스스로가 자신의 상황을 직시하여 아이를 혼자 당당하게 키워나가거나 미래를 스스로 준비해나간다는 틀 짓기이다. 이런 뉴스에서도 여전히 '곱지 않은 시선을 받는', '겪는 맘고생', '사회적 냉대와 질시 속에서 살아가는' 등의 사회의 차가운 시선을 담은 언어적 표현을 사용하고 있지만, 이는 미혼모가 처한 사회적 맥락을 이해하는 과정으로 소개되었다. 이런 어려운 환경에서 '아픔을 겪으면서도 희망을 버리지 않고 사는', '미래에 대한 희망을 갖고 있는', '당당한', '생명 지킴이' 등의 건강한 미혼모의 상태를 보여주는 언어적 표현이 함께 사용되었다. 주체적 미혼모 프레임을 다룬 뉴스들은 미혼모들을 흐릿하게 영상처리하지 않고 얼굴까지 드러내면서 아이와 즐겁게 노는 장면들을 보여주거나 아이와 함께 인터뷰하는 장면도 내보냈다. 얼굴을 흐릿하게 처리하지 않고 선명하게 보여준 영상은 미혼모들이 숨어 살아야 하는, 죄를 저지른 사람이 아니라 당당한 사회인임을 보여주었다. 예를 들어 힘들지만 앞날을 준비하기 위해 공부하는 미혼모 모습, 미혼모들이 서로 도와가며 아이들을 돌보는 모습, 출생 신고하는 미혼모 모습 등을 영상에 담았으며, 아이들 넷이 함께 노는 모습과 미혼모가 얼굴을 드러내고 인터뷰하는 모습, 후원자들과 만나 웃으며 이야기하는 모습 등을 영상에 담아냄으로써, 평범한 사회 구성원으로서의 미혼모의 이미지를 구성해냈다.[54]

이와 함께, 미혼모가 아이와 둘이서 찍은 가족사진을 클로즈업한 영상으로 마무리하는 뉴스[55]는 미혼모 가정이 한 평범한 가정의 유형임을 보여주었다. 또 미혼모가 사회적 문제를 야기한 주범이 아니라 생명을 지켜

54 MBC, 2001. 8. 10, [네 여자가 사는 법].

55 KBS, 2013. 8. 28, [100명 중 2명은 혼외출생].

낸 사람이라는 새로운 관점을 제시해주었다.[56] 그 밖에도 학교를 다닐 권리인 학습권[57]과 미혼모의 생활고를 다룬 뉴스[58]는 우리 사회가 미혼모의 인권을 어떻게 유린하고 있는지, 또 어떻게 보호해야 하는지를 보여주며 주체적 미혼모 프레임을 나타냈다.

미혼모 뉴스 프레임에서 나타난 보도 관행

지금까지 미혼모 뉴스에서 나타난 프레임에 대해 살펴보았다. 이와 같은 미혼모 뉴스의 프레임이 2000년대 초반과 2010년대 초반 뉴스에서 어떻게 변화했는지를 보면, 가장 큰 변화는 2000년대 초반 뉴스의 31.8%를 차지했던 미혼모 문제아 프레임이 2010년대에는 전혀 나타나지 않았다는 점이다. 또 주체적 미혼모 프레임은 2000년대 뉴스에서는 9.1%였지만, 2010년대 뉴스에서는 20.0%로 증가했다. 이 두 가지 사실은 뉴스가 미혼모를 사회적 문제아로 보는 관점에서 벗어나 긍정적인 관점에서 접근하려 하고 있음을 보여준다. 또 사회적 책임 프레임도 2000년대 초반 뉴스의 13.6%에서 2010년대 초반 뉴스의 20.0%로 늘어나, 개인적 관점보다 사회적 관점에서 접근하는 뉴스가 늘어나고 있음을 알 수 있다. 반면, 2010년대 미혼모 범죄자 프레임은 43.3%로, 2000년대 초반 뉴스에서 나타났던 비율보다 11.5% 포인트 늘어났다.

이 연구 결과는 뉴스 프레임이 변화한다는 사실을 보여준다. 뉴스 프레임의 변화 요인은 사회 변화가 반영된 것일 수도 있고, 기자들의 의식이나 방송사 보도국 문화가 바뀐 것일 수도 있다. 어떤 원인에서건 뉴스 프레임이 변화했다는 것은 뉴스 구성 관행의 변화 가능성을 보여준다. 그러

56 KBS, 2005. 12. 5. [어린 엄마 페스티벌, 이젠 희망을…].

57 SBS, 2013. 10. 1. [임신, 이성 교제 징계 금지].

58 SBS, 2012. 9. 13. [미혼모 자립 지원 절실].

〈표 38〉 2000년대 초반과 2010년대 초반 미혼모 뉴스의 프레임

<table>
<tr><th colspan="2">프레임</th><th colspan="2">2001~2005년 뉴스
백분율(건수)</th><th colspan="2">2011~2013년 뉴스
백분율(건수)</th></tr>
<tr><td colspan="2">미혼모 문제아</td><td colspan="2">31.8(7)</td><td colspan="2">0.0(0)</td></tr>
<tr><td rowspan="3">미혼모 범죄자</td><td>살인/영아 거래</td><td rowspan="3">31.8(7)</td><td>1</td><td rowspan="3">43.3(13)</td><td>6</td></tr>
<tr><td>영아 유기</td><td>5</td><td>2</td></tr>
<tr><td>입양</td><td>1</td><td>5</td></tr>
<tr><td colspan="2">미혼모 피해자</td><td colspan="2">13.6(3)</td><td colspan="2">16.7(5)</td></tr>
<tr><td colspan="2">사회적 책임</td><td colspan="2">13.6(3)</td><td colspan="2">20.0(6)</td></tr>
<tr><td colspan="2">주체적 미혼모</td><td colspan="2">9.1(2)</td><td colspan="2">20.0(6)</td></tr>
<tr><td colspan="2">합계</td><td colspan="2">100.0(22)</td><td colspan="2">100.0(30)</td></tr>
</table>

나 연구 결과 미혼모 문제아 프레임을 제외하고는 동일한 뉴스 프레임이 10년이 지난 후에도 나타난다는 점에서 뉴스 프레임과 관련된 뉴스 구성 관행이 좀처럼 변화하지 않는 것도 확인된다.

한편 이번 분석에서 발견한 또 하나의 결과는 여성 기자와 남성 기자의 보도에서 뉴스 프레임의 차이가 나타났다는 점이다. 여성 기자가 보도한 뉴스의 경우 10건 중 4건은 주체적 미혼모 프레임이었다. 이와 달리, 남성 기자가 보도한 뉴스 중 주체적 미혼모 프레임이 나타난 뉴스는 단 한 건이었는데, 그 뉴스는 일본 피겨 스케이트 선수의 이야기를 다룬 해외 뉴스[59]였다. 국내 뉴스에서 미혼모를 주체적 미혼모 프레임으로 다룬 남성 기자는 한 명도 없었다. 반면 남성 기자들이 보도한 뉴스는 10건 중 4.5건이 미혼모 범죄자 프레임을 나타냈으며, 주로 살인, 영아 거래, 영아 유기 사건을 다뤘다. 이에 반해 미혼모 범죄자 프레임을 나타낸 여성 기자들의

59 MBC 뉴스데스크, 2013. 12. 24, ['엄마 피겨스타' 안도 미키, 눈물의 은퇴].

〈표 39〉 여성 기자와 남성 기자 미혼모 보도의 뉴스 프레임

프레임		여성 기자 뉴스 백분율(건수)		남성 기자 뉴스 백분율(건수)	
미혼모 문제아		11.1(2)		14.7(5)	
미혼모 범죄자	살인/영아 거래	27.8(5)	0	44.1(15)	7
	영아 유기		1		6
	입양		4		2
미혼모 피해자		11.1(2)		17.6(6)	
사회적 책임		11.1(2)		20.6(7)	
주체적 미혼모		38.9(7)		2.9(1)	
합계		100.0(18)		100.0(34)	

뉴스는 주로 입양 문제를 다루고 있어 같은 미혼모 범죄자 프레임에서도 남성 기자들이 여성 기자보다 미혼모의 나쁜 범죄에 주목한 뉴스들을 더 많이 생산하고 있음을 알 수 있었다.

(2) 소외 계층 여성 뉴스 분석에서 나타난 사실들과 생각해볼 문제들

미혼모 관련 뉴스의 사례 분석을 위해 뉴스를 표집하면서, 방송 3사의 뉴스에서 미혼모 재현은 매우 적다는 것을 알 수 있었다. 실제 FBI 통계에 보고된 미아 사건 중 여자아이인 경우가 실제로는 57.4%를 차지했지만, 미아 관련 텔레비전 뉴스에서 잃어버린 여자아이 사건이 차지하는 비율은 37.8%에 그쳤다는 연구(Min & Feaster, 2010)가 떠올랐다. 소외 계층 관련 사건은 미아사건처럼 발생건수를 확인할 수 없기 때문에, 보도의 비중이 실제 사건보다 많았는지 적었는지를 객관적으로 제시할 수는 없다. 그러나 소외 계층 여성에 대해 우리 언론이 뉴스 가치를 높게 부여하지 않는 관행이 존재하는 것은 아닌지 검토해볼 필요가 있다. 소외

계층 여성에 대한 보도는 언론들이 관심을 갖고 '발굴해야 할 의무가 있는 뉴스'라는 관점에서 접근해야 한다.

2000년대 초반 뉴스와 2010년대 초반 뉴스를 분석하면서, 미혼모 뉴스에서 지속된 몇 가지 관행들을 확인할 수 있었다. 먼저, '미혼모-사회지원기관 관계자'와 '미혼모-정책 관계자(또는 전문가)'를 직접 인용하는 취재원 활용방식이 2000년대 초반과 2010년대 초반에도 변함없이 나타났다. 또 2000년대 초반과 2010년대 초반의 미혼모 뉴스들은 모두 사건(사례) 나열형 서사,[60] 현황 설명형 서사,[61] 원인 규명형 서사,[62] 문제제기형 서사[63] 등 4가지의 서사 유형에서 크게 벗어나지 않고 있어, 관행적인 서사 구성이 이루어지고 있음을 알 수 있었다. 뉴스들은 미혼모가 된 원인과 과정에 대한 설명만 있을 뿐 대책에 대해 진지하게 다루지 못했다. 이처럼 대책 관련 내용을 보도하지 못한 것은 짧은 리포트 시간 때문이라기보다는 미혼모가 된 과정이나 보호시설에 있는 미혼모들을 보여주는 관행적인 영상과 보도에 너무 많은 시간을 할애했기 때문이었다. 또 사건과 현황 중심 뉴스에 머무르는 우리 언론의 보도 관행과 후속 뉴스를 다루지 않는 단발성 보도 관행도 그 원인으로 생각된다. 이와 함께 2000년대 초반과 2010년대 초반 뉴스에서 비슷한 언어적 표현이 관행적으로 사용됐으며, '미혼모-영아 유기-입양아'의 언어적 연결이 반복적으로 사용되었다. 미혼모 뉴스에 나타난 프레임은 미혼모 문제아 프레임을 제외하

---

60 사건 나열형 서사는 어떤 사건이 있었는지 사건 설명에 주안점을 둔 뉴스로, '사건(사례)', '사건(사례)-사건(사례)', '사건(사례)-사건(사례)-사건(사례)', '사건(사례)-사건(사례)-사건(사례)-사건(사례)', '현황-사건(사례)', '사건(사례)-사건(사례)-사건(사례)-분석-사건(사례)-사건(사례)', '사건(사례)-사건(사례) 후'의 서사구조를 포함했다(김경희, 2015). 예를 들어 브로커에게 아기를 건네는 사건과 임신 9개월 된 미혼모가 카톡으로 아기를 거래한 사건, 입양아를 방치해서 숨지게 한 사건을 차례로 보도한 뉴스(MBC 뉴스투데이, 2013. 12. 26, [뱃속 아기까지 매매])가 이에 해당한다.

61 현황 설명형 서사는 우리 사회에서 일어나고 있는 실태를 보여주는 데 초점을 둔 뉴스이다. 이런 뉴스들은 '사건-현황', '사건-사건-현황', '사건-사건-사건-현황', '사건-현황(과정)-경과', '사건-사건-현황-결과', '사건-배경(과정)'과 같은 서사구조로 구성되었다(김경희, 2015).

고는 동일한 뉴스 프레임이 10년이 지난 이후에도 끊임없이 반복적으로 나타나 뉴스 구성 관행이 오랫동안 변화하지 않고 있음을 보여준다.

한편, 2000년대 초반 뉴스와 2010년대 초반 뉴스에서 달라진 관행도 찾아볼 수 있었다. 2000년대 초반 뉴스에는 등장하지 않았던 미혼부가 2010년대 초반 뉴스에는 직접 인용 취재원으로 등장했고, 좀 더 다양한 사회지원기관의 관계자가 활용되는 경향을 보였다. 또 2000년대 초반에는 사건(사례) 나열형 서사가 많았으나, 2010년대 뉴스에서는 문제제기형 서사가 많아졌다. 이것은 미혼모 문제를 개인적 차원으로 접근하는 방식에서 나아가 사회적 차원에서 접근하려는 뉴스 구성 관행의 변화를 보여준다. 뉴스 프레임에서도 변화를 살펴볼 수 있었다. 2000년대 초반 뉴스의 많은 비중을 차지했던 미혼모 문제아 프레임이 2010년대에는 전혀 나타나지 않았다. 대신 2010년대 뉴스에서는 2000년대 뉴스에서 10%도 되지 않았던 주체적 미혼모 프레임이 20%로 늘어났고, 사회적 책임 프레임과 미혼모 범죄자 프레임이 많아졌다. 주체적 미혼모 프레임과 사회적 책임 프레임이 늘어난 것은 미혼모를 단순히 문란한 생활을 하는 청소년 개인의 문제로 접근하려는 관점에서 벗어나, 좀 더 중립적이고 사회적인 관점에서 접근하려는 뉴스들이 늘어났기 때문으로 보인다.

이러한 결과는 뉴스 구성 관행이 바뀔 수 있음을 보여준다. 그러나 이

---

62 원인 규명형 서사는 사건이 발생한 원인이 무엇인지를 밝혀주는 데 주안점을 둔 뉴스로, '사건–원인', '사건–원인–현황', '사건–현황–원인', '사건–사건–현황–원인', '사건–결과–원인', '사건–과정–평가'의 서사구조로 이루어져 있었다(김경희, 2015). 10대 미혼모가 많아지는 원인은 학교에서 제대로 된 성교육을 받지 못한 청소년들이 개방적인 성문화를 전달하는 미디어에 노출되어 문란한 성의식을 갖게 되었기 때문이라는 논리로 구성된 뉴스들이 원인 규명형 서사의 대표적인 사례라고 할 수 있다.

63 문제제기형 서사는 사건이 발생하게 된 원인 또는 현황을 진단하고 대책에 대해 다루고 있는 뉴스들이지만, 대책을 구체적으로 탐색해보는 보도가 아니라, 대책이 필요하다는 문제를 제기하는 수준에 머무르고 있는 뉴스들이다(김경희, 2015). 이런 뉴스들은 '사건–현황–대책', '사건–사건–대책', '사건–현황–과정–문제제기', '사건–사건–원인–대책', '사건–과정–원인–대책', '사건–원인–현황–대책', '사건–현황–결과–대책', '현황–현황–대책', '원인–사건–영향', '사건–입장–문제제기'로 구성되어 있었다.

러한 변화는 극히 작은 변화였고, 10년이 지난 이후에도 끊임없이 반복적으로 나타나는 관행이 더 많았다. 이렇게 반복되는 관행을 조금씩만 바꾼다면, 미혼모에 대한 고정관념을 생산하는 뉴스를 줄여나갈 수 있을 것이다.

> "편향을 갖지 않는다는 건 불가능하다고 봐요. 이슬람 테러에 대한 이야기를 보도한다고 생각해 보세요. 당신이 사람들에게 대놓고 어떤 선전(프로파간다)을 하지 않더라도, 당신이 쓰는 말과 이미지, 이야기의 구조가 어느 순간 특정한 반응으로 사람들을 이끌게 될 겁니다. 저는 '우리는 단지 사실만을 보여줄 뿐이야'라고 말하는 것보단 오히려 '우리는 당신이 이런 쪽으로, 아니면 저런 쪽으로 생각했으면 좋겠어'라고 말하는 게 더 좋다고 생각해요. 괜히 사람들을 헷갈리게 하지 말고요. 저는 언론사들이 '모든 편향은 나쁘다. 《폭스뉴스》나 영국의 《데일리메일》 같이 될 거다'라는 끔찍한 두려움을 갖고 있다고 생각해요."[64]

JTBC와의 인터뷰에서 알랭 드 보통이 한 말이다. 작가이자 철학자로 알려진 그는 『뉴스의 시대』라는 책을 펴냈다. 저널리즘 학자나 저널리스트가 아니기 때문에, 그의 이야기는 수용자 관점의 뉴스관일 수 있다. 그러나 '이런 쪽으로, 아니면 저런 쪽으로 생각했으면 좋겠어'라고 말하는 '좋은 편향'의 뉴스가 필요하다는 그의 말은 여성 관련 뉴스들의 사례 분석을 하면서 의미 있게 다가왔다.

어차피 뉴스란 사실 자체가 아니라 기자가 본 사실에 대한 해석이다(Lippmann, 1992). 그렇다면 수천 년 동안 주변인으로 살아왔고, 아직도

64 JTBC, 2015. 1. 22. [뉴스의 시대를 말한다…알랭 드 보통].

사회의 많은 부분에서 힘없는 하위직에 머무르는 여성이 대부분인 현실에서 여성에 대해 '나쁜 편향'을 택할 필요는 없어 보인다. 더욱이, 미혼모, 결혼 이주여성 같은 소외 계층에 대한 뉴스를 보도하면서 굳이 나쁜 편향으로 사실을 해석할 당위성은 더욱 없으리라 본다. 그럼에도 불구하고 이번 사례 분석을 통해 나타난 결과들은 여성에 대한 고정관념을 강화하는 나쁜 편향의 뉴스들이었다. 여성에 대한 고정관념은 뉴스가 생산해서 전파했다기보다는 사회구조적 특성이나 이데올로기, 문화 등으로 형성된 사회적 고정관념이 뉴스를 통해 재생산되거나 강화된다고 볼 수 있다. 어떤 집단에 대해 비슷한 재현을 반복함으로써 일정한 고정관념을 강화하는 데 기여하고 있다는 점에서, 뉴스에 나타난 여성의 재현은 중요한 문제이다.

이처럼 뉴스에서 여성에 대한 고정관념이 재생산되는 것은 무엇보다 특정 사안에 뉴스 가치를 부여하거나 취사선택하는 과정에서 개인적·조직적·사회적 이데올로기나 언론사의 조직 문화 등이 작용하기 때문이다. 이와 함께 비슷한 취재 통로로 유사한 취재원들을 활용하는 취재 관행과, 비슷한 뉴스 서사를 통해 유사한 뉴스 프레임을 만들어내는 뉴스 구성 관행이 반복된다는 점도 고정관념을 재생산하는 중요한 원인이다.

뉴스에 나타난 여성이 나쁜 편향으로 보도되어 여성에 대한 고정관념을 강화하지 않도록 하려면, 궁극적으로는 사회 구조적인 특성이나 이데올로기, 문화를 바꿔나가야 한다. 그러나 그것은 체제 변화를 가져올 만한 혁명적인 사건이 있거나 아주 오랜 기간 누적된 사회적 힘이 발휘될 때 가능하다. 그러나 뉴스 생산 과정에서의 보도 관행은 그보다는 쉽게 바꾸어나갈 수 있다. 물론, 뉴스 생산 과정에서 보도 관행을 바꿔나간다는 것도 결코 간단한 일은 아니다. 매일 바쁜 업무 속에서 기자들이 잘못된 관행을 찾아내기도 힘들고 그런 관행을 인지하더라도 효율적인 뉴스 생산을 위해 반복하게 되기 때문이다.

그럼에도 불구하고 그런 관행 때문에 재생산된 고정관념이 여성들, 특히 소외 계층 여성들이 스스로 자립해서 살아가는 데 걸림돌이 된다는 점을 고려한다면, 기자들이 뉴스 생산 관행을 바꿔나가려는 노력을 게을리 해서는 안 될 것이다. 그러기 위해서 기자들이 인지하지 못했거나 인지했더라도 고치지 못하는 잘못된 관행들을 찾아내서 보여주는 연구들이 좀 더 많아져야 한다.

5장

뉴스 소비자로서의 여성

3장에서는 뉴스 생산자로서 활동하고 있는 여성 기자들이 처한 사회문화적 맥락과 여성 기자들이 뉴스에 접근하고 보도하는 방식에서 남성 기자와는 다른 여성 기자들의 특성을 살펴보았다. 또 4장에서는 뉴스의 등장인물로서의 여성에 주안점을 두고 여성이 뉴스에서 어떻게 재현되고 있는지 분석해보고, 그러한 재현이 여성들에 대한 고정관념을 강화하고 있음을 확인했다. 이번 5장에서는 뉴스 소비자로서의 여성에 대해 고찰해보고자 한다.

여기서 '소비'라는 용어를 사용한 것에 대해 의아해하는 독자가 있을 것 같다. 그동안 미디어 연구에서는 '독자', '수용자'라는 개념을 많이 사용해왔다. 즉 신문을 읽는 '독자', 텔레비전을 보는 '시청자', 라디오를 듣는 '청취자', 미디어의 메시지를 받아들이는 '수용자' 등의 용어가 주로 사용되었다. 그러나 인터넷이 등장하면서 사람들은 단순히 뉴스를 읽고 보고 듣는 수용자가 아니라, 뉴스에 대한 자신의 의견을 표현하고, 뉴스에 추가적인 정보를 제공하고, 잘못된 뉴스의 내용을 수정하며, 미디어에서 다루지 않은 묻혀버린 사실들을 발굴해서 보도하는 적극적인 '이용자'로 변신하고 있다. 그래서 '이용자', '사용자'라는 용어가 사용되기 시작했다. 그러나 필자는 요즘의 미디어 이용자를 지칭하는 용어는 이용자나 사용자에서 나아가 조금 더 '생각 있는 사람들'의 의미를 포함하는 용어가 필요하다고 생각했다. 왜냐하면 나름대로의 철학을 가지고 미디어 콘텐츠를 비판하고 수정하고, 나아가 스스로 생산하는 사람들이기 때문이다. 이런 고민 끝에 선택한 용어가 '소비자'이다.

'소비'는 과거에는 수동적인 의미로 이해되었지만, 현대 사회에서는 많은 위험과 문제들이 소비 행위로부터 비롯됐다는 인식이 확산되면서 소비자들이 그들의 소비 선택의 결과를 더욱 고려하고 윤리적 소비를 추구하는 등(박미혜 · 강이주, 2009) 적극적인 의미로 개념화되는 경향을 보이고 있다. 이런 맥락에서 이번 장에서 '소비'라는 용어를 사용했다. 즉 이 장에서 '뉴스의 소비'는 수동적인 뉴스 소비뿐 아니라 적극적으로 뉴스를 선택해 이용하고, 뉴스를 평가하며 뉴스에 대해 의견을 제시해 다른 사람들과 의견을 교환하는 적극적인 이용 행태를 포함하는 개념으로 사용하고자 한다.

앞 장에서 필자는 각각의 맥락에 따라 수용자, 독자, 이용자라는 용어를 모두 사용했고, 이 장에서도 맥락에 맞게 이용자, 독자 등의 용어를 선택했다. 5장에서도 각 단락의 맥락에 맞게 이용자, 독자 등의 용어를 사용한다. 그럼에도 불구하고 특별히 이 장의 제목을 '뉴스 소비자'로서의 여성이라고 붙인 데에는 또 다른 이유가 있다. 최근 들어 바뀌고 있긴 하지만, 우리 사회에는 오랫동안 '남성은 뉴스', '여성은 드라마'라는 고정관념이 일반화되어 있다. 그러나 저자가 만나본 여성들은 사회가 어떻게 돌아가는지를 전달하는 뉴스에 관심이 많았다. 그래서 여성이 수동적인 뉴스 수용자가 아닌 적극적인 이용자라는 것을 나타내는 용어를 사용하고자 했다. 그럼 본격적으로 '뉴스 소비자로서의 여성'에 대해 논의해보자.

1. 여성의 뉴스 소비 현황과 변화

1) 기사로 본 여성의 뉴스 소비

여성의 뉴스 소비의 현황을 알아보기 위해, 네이버 뉴스라이브러리와 언론진흥재단의 KINDS를 1970년대부터 검색해보았으나, 여성의 뉴스 소비를 다룬 기사는 매우 적었다. 그나마 발견한 기사들 대부분은 남녀의 뉴스 소비와 매체 이용 변화에 대한 뉴스 중 여성의 뉴스 소비를 조금 언급하고 있을 뿐이었다. 그러나 그렇게 적은 뉴스들 속에서도 여성의 뉴스 소비에 대한 고정관념들을 찾아볼 수 있었다. 관련 기사를 살펴보자.

> … 젊은층과 여성층이 신문을 잘 보지 않는다는 통념은 잘못된 것으로 밝혀졌다. 최근 언론연구원이 서울 시내 젊은층과 여성층을 대상으로 실시한 조사(김택환 · 유선영 연구위원)에 따르면 이들 계층은 오히려 여러 항목에서 신문을 TV보다 우수한 매체로 꼽고 있으며 다만 신문의 변신을 기대하고 있는 것으로 분석됐다. 언론연구원이 18~35세 남녀 5백 명을 대상으로 한 조사 결과 응답자의 57.3%가 '매일 신문을 본다'고 답했으며 '일주일에 5, 6일 구독한다'는 사람은 15.3%였다. 여성 351명을 대상으로 한 조사에서는 '매일 신문을 본다'가 52.1%, '일주일에 5, 6일 구독한다'가 16.0%였으며 신문을 읽는 시간도 젊은층과 별 차이가 없었다. 연구팀은 이에 대해

"젊은층과 여성층이 신문 보기를 기피한다는 통념은 올바르지 않으며 오히려 신문 구독은 이들 계층에 일상화된 여가 또는 정보 획득 활동"이라고 설명했다…[1]

이 기사에서 인용한 조사에 따르면, 여성 2명 중 1명은 신문을 읽고 10명 중 1명 내지 2명은 일주일에 5일에서 6일 정도 신문을 보므로 여성이 뉴스를 잘 보지 않는다는 고정관념은 잘못된 것일 수 있겠다. 이것은 인터넷이 보편화되기 전의 기사이다. 인터넷이 보급되고 나서 여성들의 뉴스 이용에 대한 기사도 찾아볼 수 있었는데, 다음 기사를 읽어보자.

…인터넷 뉴스 서비스를 통해 정보를 얻는 이용자는 20~30대 고학력 남성이 주류이나 점차 30대 후반 이상, 여성으로 확산되고 있는 것으로 나타났다. 또 네티즌이 인터넷 뉴스를 보는 시간과 인쇄 신문을 읽는 시간은 비슷한 것으로 조사돼 '사이버 저널리즘' 활용도가 높아지는 추세를 보였다. 성별로는 남성 84.3%, 여성 10.9%로, 지난해의 남성 88.4%, 여성 7.5%보다 여성 비율이 높아졌다. 그러나 여전히 남성이 압도적으로 많은 것으로 나타났는데, 이는 직장 · 학교의 LAN 환경에서 인터넷에 쉽게 접하는 이용층이 남성에 치중된 결과로 사이버 시대의 새로운 남녀 격차 문제를 제기하고 있다…[2]

우리나라에 인터넷이 전국에 보급된 것이 1995년 2월이므로, 이 기사는 인터넷이 보급된 지 2년 정도 뒤의 기사이다. 우리나라에서 인터넷 확산 초기여서, 당시는 초기 채택자들이 인터넷을 이용했던 시기이다. 새로

1 〈여성—젊은층 "신문이 TV보다 우수"〉, 《동아일보》 1996년 4월 9일 기사.
2 〈인터넷뉴스 이용자 폭넓어졌다〉, 《한겨레》 1997년 8월 11일 기사.

운 미디어의 초기 채택자들은 주로 남성, 고학력자, 고소득 계층이기 때문에, 이 시기에 인터넷 뉴스를 이용하는 사람들은 주로 남성들이었다는 점은 너무나 자연스런 현상으로 생각된다. 당시에는 인터넷을 집에서 이용할 수 없었으니, 인터넷이 연결된 직장에 다니는 남성들이 주로 인터넷 뉴스를 이용했던 것이다. 그래서인지 그 격차는 꽤 크다. 정보화시대의 출발부터 여성이 남성보다 한참 늦었음을 보여준다. 그러나 이런 남녀의 뉴스 소비의 차이는 인터넷이라는 미디어의 이용 환경 때문에 나타난 현상이라 당시 여성이 남성보다 뉴스를 덜 이용하고 있었는지는 알 수 없다.

2000년대 들어서는 여성의 뉴스 소비 행태를 전달해주는 기사가 거의 없었다. 주로 남녀를 포함한 성인들의 뉴스 소비에 대한 기사들이 등장했는데, 워낙 미디어 환경의 격변기라 신문 구독률의 변화와 사람들의 미디어 이용 행태 변화가 주요한 이슈여서 남녀의 뉴스 소비 행태에 주안점을 두고 기사를 쓰지 않았기 때문으로 보인다. 여성의 뉴스 소비 행태를 알 수는 없지만, 2000년대 들어 나타난 뉴스 소비 변화를 이해하기 위해 몇 개의 기사를 보자.

> 신문 구독률이 지속적으로 하락하고 있다. 한국광고주협회는 지난 9월 한 달 동안 수용자 미디어 이용 행태를 조사한 결과, 돈을 내고 신문을 보는 가구 수를 뜻하는 신문 구독률이 31.5%로 2001년 51.3%, 2006년 34.8%보다 떨어진 것으로 나타났다고 21일 밝혔다…2006년 이후 3년 만에 실시된 이번 조사는 지난 9월 한 달간 전국 만 18세 이상 79세 미만의 성인 남녀를 대상으로 1대 1 면접 방식으로 이뤄졌다. 조사 결과에 따르면 뉴스를 보려고 가장 많이 이용하는 매체는 TV(57.7%), 인터넷(19.8%), 신문(14.8%) 순이었고, 매체사별로는 KBS(31.0%), MBC(31.0%), 네이버(11.1%), SBS(6.8%),

YTN(5.8%), 조선일보(3.1%), 다음(3.0%) 순이었다.[3]

2009년 한국광고주협회의 조사인데, 핵심 내용은 신문 구독률이 지속적으로 떨어졌다는 것이다. 2009년만 하더라도 아직 뉴스를 보려고 가장 많이 이용하는 미디어가 TV였다는 점과 사람들이 뉴스를 보는 미디어에서 인터넷이 신문을 이미 앞질렀다는 것, 네이버가 KBS, MBC 다음으로 많이 이용하는 뉴스 매체사였다는 점 등이 주목된다.

매체별 뉴스 이용 시간을 조사한 결과 지상파 TV(44분), 인터넷뉴스(18.3분), 일간신문(13.2분), 케이블뉴스(11.6분), 라디오(5.0분), 모바일(0.7분) 순으로 나타나 2006년 지상파 TV에 이어 2위를 차지했던 일간신문이 3위였던 인터넷에 밀렸다. 특히, 20대의 경우 지상파(24.5분)보다 인터넷(30.2분)을 통해 뉴스를 본다는 응답이 높았다. 이들은 지난 2006년 조사에서도 다른 세대에 비해 신문이나 방송 같은 전통적 뉴스 미디어보다는 포털, 인터넷 신문 등 인터넷 뉴스 미디어의 이용량이 많다고 응답했다.

신문의 쇠퇴 뒤에는 인터넷의 활성화가 자리하고 있다. 신문을 이용하는 시간이 줄었거나 아예 이용하지 않는다는 응답자 가운데 63.3%는 '인터넷 등 다른 매체를 통해 뉴스를 이용하기 때문에' 신문을 이용하지 않는다고 답했고, 42.7%는 '신문 읽을 시간이 줄어들었다'고 답했다(복수 응답). 신문 가격이 부담된다는 답변은 27.6%, 이용하기 불편하다는 응답은 19.9%, 재미가 없다는 응답도 13.1%나 됐다. 특히, 포털을 매개로 한 뉴스 소비는 젊은 층뿐 아니라 전 연령층에서 보편적 이용이 확대되고 있는 것으로 나타나 뉴스 이용 행태는 계속 변화할 것으로 보인다.[4]

3 〈신문 구독률 · 열독률 지속적 하락〉, 《연합뉴스》 2009년 10월 21일 기사.

4 〈인터넷 뉴스 소비, 신문 눌렀다〉, 《미디어오늘》 2011년 2월 11일 기사.

한국언론진흥재단이 2010년에 실시한 조사 결과를 인용한 이 기사를 보면, 20대의 뉴스 소비 행태가 변화했다는 점이 눈에 띈다. 20대는 지상파 TV보다 인터넷을 통해 뉴스를 본다는 것이다. 이런 뉴스 소비 행태는 스마트폰이 등장한 이후에는 20대뿐 아니라 좀 더 많은 연령대로 확대되었을 것이다. 기사에서 여성들의 뉴스 소비 행태를 다루고 있지는 않지만, 여성들의 뉴스 소비 행태도 이러한 변화와 비슷한 경향을 나타냈을 것으로 보인다. 신문 구독은 줄고, 젊은 여성층은 인터넷으로 뉴스를 이용하는 변화를 보였을 것이다. 더 구체적인 변화를 통계 데이터베이스와 전문 조사기관의 조사 데이터를 통해 파악해보자.

2) 통계로 본 여성의 뉴스 소비

여성의 뉴스 소비 현황을 파악하기 위해 조사데이터를 살펴본 결과, 통계청에서 운영하는 국가통계포털(KOSIS)과 한국언론진흥재단의 조사 결과에서 여성의 뉴스 소비와 관련된 데이터들을 찾아볼 수 있었다. 여성들이 뉴스를 얼마나 자주 이용하고 어떻게 소비하고 있는지 살펴보자.

(1) 여성의 신문 구독률 현황과 변화

정기구독률은 돈을 내고 신문을 보는 사람들의 비율을 말한다. 여성과 남성의 신문 정기구독률 통계 결과를 보면, 1994년부터 1997년까지 남성 10명 중 7명 내지 8명은 신문을 정기적으로 구독하고 있었다는 것을 알 수 있다. 반면, 여성의 정기구독률은 남성보다는 떨어지지만, 여성 10명 중 6명 내지 7명이 신문을 정기적으로 구독하고 있어 꽤 많은 여성들이 신문을 읽고 있었다는 것을 알 수 있다.

같은 통계포털에서 찾아볼 수 있었던 신문 구독률은 통계청에서 발행

〈표 40〉 신문 정기구독률

(단위: %)

	1994	1995	1996	1997
여자	66.3	64.5	70.8	73.9
남자	73.7	71.5	77.1	75.7

출처: 문화체육관광부 도서관정보정책기획단 도서관정책과.

한 〈2000 사회통계조사〉에 실린 데이터로, 문화체육관광부에서 밝힌 신문 정기구독률과는 다소 차이가 있다. 측정의 내용과 조사 대상, 조사 방법에 대한 구체적 설명을 찾을 수 없어서 정확한 원인은 알 수 없지만, 조사 대상과 조사 방법, 측정 방법, '신문 정기구독률'과 '신문 구독 비율'의 개념의 차이에서 비롯됐을 것으로 생각된다. 이런 점을 감안하고 결과를 살펴보면 1996년 신문 구독에서 남녀의 차이가 크게 나타난다. 여성의 61.9%가 신문을 구독하고 있으나 남성은 83.1%가 신문을 구독하고 있는 것으로 나타났다. 남성 10명 중 8명, 여성 10명 중 6명이 신문을 구독하고 있다는 것이다. 남성보다는 적지만, 1996년에만 해도 신문을 읽지 않는 여성보다는 신문을 읽는 여성이 더 많았다는 것을 알 수 있다.

그러나 2000년이 되면서 여성의 신문 보는 비율이 줄어들었다. 통계청에서 발표한 〈2000 사회통계조사〉에 따르면, 여성의 경우는 54.8%로 1996년 61.9%보다 7.1% 포인트 줄어들었다. 인터넷 신문을 구독한 비율 역시 남성이 17.6%였지만, 여성은 9.6%에 불과해 신문을 읽는 남녀수의 차이는 더 벌어졌다. 인터넷 신문 구독의 비율 차이는 2000년만 해도 인터넷 접속 환경이 좋지 않아서 가정보다는 회사에서 인터넷 신문을 읽던 시기였기 때문에, 회사를 다니는 비율이 높은 남성이 인터넷 신문을 더 많이 구독한 것으로 보인다. 특히 신문 구독 빈도를 보면 남성과 여성의 신문 읽기에 확실하게 차이가 있음을 알 수 있다. 남성의 절반 이

〈표 41〉 1996년 신문 구독 비율과 구독 빈도

(단위: %)

신문 구독 비율 및 빈도 / 성별	신문 구독 비율	신문 구독 빈도			
		매일	주 3~4회	주 1~2회	2주 1회
여자	61.9	28.0	15.1	14.2	4.6
남자	83.1	53.8	15.9	10.8	2.7
전국	72.2	40.6	15.5	12.5	3.7

출처: 통계청, 「2000 사회통계조사」.

〈표 42〉 2000년 종이 신문과 인터넷 신문 구독 빈도

(단위: %)

항목 / 성별	신문 보는 사람 비율	일반 신문 신문 구독 빈도					인터넷 신문 신문 구독 빈도				
		거의 매일	주 3~4회	주 1~2회	2주 1회	계	거의 매일	주 3~4회	주 1~2회	2주 1회	계
여자	54.8	27.0	13.2	10.3	2.7	53.2	2.7	2.9	3.0	1.0	9.6
남자	76.0	50.4	14.0	7.7	1.7	73.8	7.5	5.1	3.9	1.1	17.6
전국	65.1	38.4	13.6	9.0	2.2	63.2	5.1	3.9	3.4	1.0	13.5

출처: 통계청, 「2000 사회통계조사」.

상(50.4%)이 종이 신문을 거의 매일 보는 것으로 나타났지만, 매일 신문을 읽는 여성은 27.0%에 머물렀다. 인터넷 신문의 경우도 거의 매일 보는 남자의 비율은 7.5%, 여자의 경우는 2.7%에 그쳐 정기적으로 신문을 읽는 여성은 많지 않았다. 그러나 이 통계에는 텔레비전이나 라디오를 통해 뉴스를 보는 비율이 포함되어 있지 않아서 이 데이터만으로 뉴스를 소비하는 여성의 이용 행태를 단정하기는 어렵다.

한편, 2009년 통계청에서 발표한 자료를 보면, 15세 이상 남녀의 최근 한 달간 신문 구독률을 확인할 수 있다. 최근 한 달간 2주에 1회 이상 신문을 본 여성은 2000년에는 전체 여성의 54.8%였고, 2004년 55.4%, 2009년 63.8%, 2013년 65.8%로 점점 늘어났다. 이처럼 신문 구독률이

〈표 43〉 신문 구독률(지난 1개월간, 15세 이상 인구)

(단위: %)

항목	2000		2004		2009		2013**	
	남자	여자	남자	여자	남자	여자	남자	여자
신문 보는 사람*	76.0	54.8	72.7	55.4	79.4	63.8	79.5	65.8
일반신문	73.8	53.2	84.9	80.3	77.7	70.3	61.9	50.0
= 거의 매일	50.4	27.0	66.6	51.7	50.8	37.1	43.6	32.2
= 1주일 3~4회	14.0	13.2	18.9	22.7	19.4	21.5	20.1	20.3
= 1주일 1~2회	7.7	10.3	11.6	19.8	21.2	28.1	22.6	28.9
= 2주일 1회	1.7	2.7	2.9	5.9	8.6	13.3	13.7	18.6
인터넷 신문	17.6	9.6	39.9	41.0	72.7	73.5	80.6	82.5
= 거의 매일	7.5	2.7	54.7	41.7	51.9	40.0	59.1	47.4
= 1주일 3~4회	5.1	2.9	26.4	30.7	23.0	25.3	20.3	24.4
= 1주일 1~2회	3.9	3.0	15.1	21.1	17.7	24.8	14.8	19.9
= 2주일 1회	1.1	1.0	3.7	6.4	7.3	9.9	5.8	8.3
계	100.0	100.0	100.0	100.0	100.0	100.0		

출처: 통계청(각 연도).

* 신문 보는 사람: 구독 여부와 관계없이 지난 1개월 동안 2주일에 1회 이상 신문을 본 사람.

** 2013년은 13세 이상 인구를 대상으로 했음.

늘어난 이유는 인터넷으로 뉴스를 보는 여성이 많아졌기 때문으로 보인다. 인터넷 신문을 보는 비율은 2009년도와 2013년 조사에서 각각 여성의 73.5%, 82.5%로, 남성의 인터넷 신문 구독률보다 높았다. 인터넷 보급이 확산되어 2000년대 초반처럼 가정에서 인터넷 접속이 원활하지 않았던 것과 달리 2000년대 후반이 되면서 우리나라 어디서나 인터넷 접속이 원활해졌기 때문에 인터넷을 통해 신문을 보는 비율이 크게 늘어난 것으로 보인다. 2000년대 초반 회사에 많이 다니는 남성들이 인터넷으로 신문을 보는 비율이 높았지만, 2000년대 후반부터는 남녀가 인터넷으로 뉴스를 보는 비율이 비슷해진 것이다. 이런 통계 데이터를 보면, 여성 10명 중 6명은 종이 신문 또는 인터넷 신문을 보고 있고, TV 뉴스를 포함하면 더 많은 여성들이 뉴스를 소비하고 있음을 알 수 있다. 또 통계청 조사에서 밝히고 있는 인터넷 신문이란 정기간행물에서 컴퓨터 등 정보처리 능력을 가진 장치와 통신망을 이용해 정치 · 경제 · 사회 · 문화 등에 관한 보도 · 논평 및 여론 · 정보 등을 전파하기 위해 간행하는 전자간행물이다. 이와 같은 전자간행물 이외에 뉴스 블로그, 모바일 앱 뉴스까지 포함한다면 인터넷으로 뉴스를 보는 여성은 더 많을 것으로 보인다. 따라서 뉴스를 소비하는 여성의 수가 결코 적다고 말할 수 없다. 특히 2013년 통계로 보면 여성의 32.2%가 '거의 매일', 20.3%는 '1주일에 3~4회' 종이 신문을 보았고, 여성의 47.4%는 '거의 매일', 24.4%는 '1주일에 3~4회' 인터넷 신문을 보는 것으로 나타났다. 즉 여성의 52.3%는 1주일에 3회 이상 신문을 읽고, 여성의 71.8%는 1주일에 3회 이상 인터넷 신문을 읽고 있어 다수의 여성들이 꾸준히 뉴스를 소비하고 있다고 볼 수 있다.

(2) 여성의 미디어별 뉴스 이용 현황과 변화

한국언론진흥재단이 조사한 2014년 언론수용자 의식조사에서, 어떤 신문을 이용하는지를 좀 더 자세하게 보여주는 통계 데이터를 찾아볼 수 있다. 지난 1주일 동안 종이 신문과 인터넷 신문을 함께 이용하는 여성은 조사 대상자(2554명)의 17.5%, 종이 신문만 이용하는 여성은 7.4%, 인터넷 신문만 이용한 여성은 46.7%, 지난 1주일 동안 종이 신문도 읽지 않았고 인터넷으로도 신문 기사를 읽은 적이 없는 여성은 22.0%로 나타났다. 남성의 경우는 지난 1주일 동안 종이 신문과 인터넷 신문을 함께 이용하는 남성은 조사 대상자(2507명)의 25.4%, 종이 신문만 이용하는 남성은 11.2%, 인터넷 신문만 이용한 남성은 47.9%, 신문을 이용하지 않은 남성은 15.5%였다. 10명 중 남성은 8명~9명(84.5%), 여성은 7명

〈표 44〉 남녀 신문 이용자 유형 비율

성별	사례수(명)	종이 신문 및 인터넷 신문 이용자	종이 신문 순이용자	인터넷 신문 순이용자	신문 비이용자	합계
여자	(2,554)	17.5	7.4	46.7	28.3	100.0
남자	(2,507)	25.4	11.2	47.9	15.5	100.0
전체	(5,061)	21.4	9.3	47.3	22.0	100.0

출처: 한국언론진흥재단(2014). 「2014 언론수용자 의식조사」.

(71.7%)이 종이 신문이나 인터넷 신문을 읽고 있으므로, 여성이 남성보다 신문을 읽지 않는 사람들이 조금 더 많은 것은 사실이다. 이런 차이는 종이 신문 구독에서 나타난다.

미디어별로 뉴스를 어떻게 이용하는지를 좀 더 알아보자. 〈2014 언론수용자의식조사〉에 따르면 전체 종이 신문의 뉴스 이용자 유형은 여성이 41.0%, 남성이 59.0%로, 남성이 더 많이 종이 신문을 읽고 있음을 알 수 있다. 고정형 인터넷 뉴스도 남성이 56.2%, 여성이 43.8%로, 남성이 여성보다 고정형 인터넷 뉴스를 많이 이용하고 있다. 이동형 인터넷 뉴스[5]도 남성(52.2%)이 여성(47.8%)보다 더 이용하고 있지만, 고정형 인터넷 뉴스보다 남녀 이용 비율의 차이가 적다. 텔레비전 뉴스는 남녀가 비슷하게 시청하는 것으로 나타났다. 남성이 49.6%, 여성이 50.4%였다. 라디오 뉴스는 남성(60.8%)이 여성(39.2%)보다 월등히 많이 청취하는 것으로 나타났다. 잡지 뉴스의 이용은 여성이 60.0%, 남성이 40.0%, 소셜 미디어 뉴스[6]는 남성(51.1%)과 여성(48.9%)의 비율이 비슷하게 나타났고, 모

5 이동형 인터넷을 통한 뉴스 이용은 인터넷 접속이 가능한 태블릿 PC, 스마트폰 등을 통한 인터넷 뉴스 사용을 의미한다(한국언론진흥재단, 2014, 67쪽).

6 소셜미디어에서의 이용한 뉴스는 블로그, 트위터, 페이스북, 카카오톡, 카카오스토리, 미투데이, 요즘, 밴드, 유튜브 등의 소셜미디어상에 노출된 뉴스를 말하는데, 이용자들이 직접 뉴스를 올리는 경우도 있고, 기존의 뉴스를 복제해서 올리는 경우도 있다(한국언론진흥재단, 2014).

〈표 45〉 남녀 뉴스 이용자 유형 비율

성별	사례수 (명)	전체	종이 신문	고정형 인터넷 뉴스	이동형 인터넷 뉴스	텔레비전뉴스	라디오 뉴스	잡지 뉴스	소설 미디어 뉴스	모바일 앱뉴스
여자	(2,554)	50.5	41.0	43.8	47.8	50.4	39.2	60.0	48.9	43.8
남자	(2,507)	49.5	59.0	56.2	52.2	49.6	60.8	40.0	51.1	56.2
전체	(5,061)	100.0	30.7	47.7	59.6	87.1	14.3	12.5	20.7	1.4

출처: 한국언론진흥재단(2014). 「2014 언론수용자 의식조사」.

바일 앱 뉴스는 남성이 56.2%, 여성이 43.8%였다.

미디어별 뉴스 이용 비율로 보면, 여성이 남성보다 많이 이용하는 것은 텔레비전 뉴스와 잡지 뉴스이고, 여성이 남성보다 특히 이용하지 않는 미디어 뉴스는 종이 신문과 고정형 인터넷 뉴스, 모바일 앱 뉴스, 라디오 뉴스였다. 이런 현상의 근거로는 '라이프 스타일'과 자신을 위한 '미디어 이용 투자'의 차이를 생각해볼 수 있다.

우선 라이프 스타일의 차이는 여성보다 남성이 직장에 다니는 경우가 많아 직장인의 라이프 스타일이 남성에게서 더 많이 나타나기 때문으로 유추해볼 수 있다. 즉 라디오 뉴스는 여성보다 출퇴근을 하는 직장 남성이 많아 출퇴근할 때 자동차 안에서 라디오 뉴스를 더 많이 접하는 것으로 보인다. 또 고정형 인터넷 뉴스도 직장 생활을 많이 하는 남성들이 직장에서 항상 켜져 있는 PC를 통해 손쉽게 인터넷 뉴스에 접속할 수 있다. 실제로 주부들의 인터넷 이용에 대해 연구한 결과, 주부들은 바쁜 가정생활 중 PC를 켜서 인터넷에 접속할 여유를 갖기 힘든 것으로 나타났다(김경희, 2014).

두 번째로 자신을 위한 미디어 이용 투자의 차이는 자신의 미디어 이용을 위해 경제적인 투자를 얼마나 하느냐의 차이로 설명할 수 있다. 여성들, 특히 주부들은 남성에 비해 스마트폰을 사는 데 경제적 투자를 하기 힘들고[7](김경희, 2014), 자신을 위해 신문을 구독하는 비용을 지불하지 않는다. 반면 남성은 자신의 일이든 사회적 활동을 위해 스마트폰 구입에 투자를 하고 신문을 구독한다. 또 남성은 직장에서 구입하는 신문을 읽는 경우도 여성보다 많기 때문에 종이 신문 이용률이 높은 것으로 보인다. 이런 추리에 따르면 여성의 뉴스 이용률이 남성보다 낮은 것은 환경적 차이와 경제적 차이로 인한 것이라 할 수 있다.

(3) 여성의 하루 평균 뉴스 이용 시간 현황

그러면 여성들이 하루에 뉴스를 얼마나 이용하는지 알아보자. 한국언론진흥재단의 〈언론수용자의식조사〉의 문항이 약간씩 바뀌었기 때문에, 동일하게 변화 추이를 볼 수는 없지만, 가능한 범위에서 비교해보자.

먼저 신문 읽는 시간을 살펴보면, 1993년에는 여성 응답자의 43.9%는 하루에 10분~30분 정도 신문을 보았고, 1994년에는 30.7%가 10분~30분 정도 신문을 읽었다. 또 1996년에는 28.7%가, 2000년에는 29.1%가, 2002년에는 27.9%가 신문을 21~30분 정도 읽었다. 2004년에는 여성 응답자의 15.1%가 하루 평균 20~29분 정도 신문을 읽었고, 25.1%가 하루 평균 30~39분 읽은 것으로 나타났다. 평균 구독 시간이 아니라 구간별 이용 비율로 나타나 있어서 정확한 추이를 알 수는 없으나, 2002년까지는 여성들이 신문 읽는 시간이 조금 줄어들다가 2004년 들어서는 오히려 약간 늘어난 것으로 판단된다. 그러나 이 데이터가 실제로 2004년 들

7 20대와 30대 미혼 여성들은 자신을 위해 기꺼이 스마트폰을 구입하는 데 투자할 것으로 보이기 때문에, 모든 여성에 해당하는 것은 아니다. 결혼한 여성의 경우, 남편과 아이를 위해서는 스마트폰을 구입하지만, 자신을 위해서 스마트폰을 구입하는 데 많은 투자를 하지 못하는 경향이 나타난다는 것이다. 전체 여성에서 주부가 차지하는 비율이 크기 때문에 여성의 미디어별 뉴스 이용률에서 남성보다 미디어 뉴스 이용률이 떨어지는 현상이 나타난 것으로 보인다. 물론 대부분의 사람들이 스마트폰을 이용하는 2015년 이후에는 해당되지 않는 설명일 수 있으나 공짜 스마트폰이 등장하기 전의 시기에는 이런 해석이 가능하다.

어 전체 여성들의 신문 구독 시간이 늘어났다는 것을 보여주는 것은 아니다. 왜냐하면 신문 읽는 여성은 감소했고, 다만 신문 읽는 여성들의 구독 시간이 늘어난 현상을 보여주고 있기 때문이다.

한국언론진흥재단의 〈2014 언론수용자의식조사〉에 나온 미디어별 이용자의 하루 평균 뉴스 이용률 통계를 다음과 같이 표로 만들어보았다. 이렇게 모아서 전체 응답자 수를 살펴보니, 여성 이용자가 뉴스를 가장 많이 이용하는 미디어는 텔레비전(2,431명)이라는 것을 알 수 있다. 다음

〈표 46〉 신문 구독 시간

(단위: %)

항목	1993		1994	
	남자	여자	남자	여자
전혀 읽지 않음	5.0	19.3	7.5	13.3
10분 미만	6.2	11.6	21.4	28.0
10분~30분	31.8	43.9	24.8	30.7
30분~1시간	36.1	18.4	26.4	18.7
1시간 이상	20.9	6.8	19.9	9.3
사례수	598.0	602.0	387.0	225.0

출처: 한국언론진흥재단(1994), 「언론수용자 의식조사」.

〈표 47〉 1일 평균 신문 이용 시간

(단위: %)

항목	1996		2000		2002	
	남자	여자	남자	여자	남자	여자
안 본다	5.6	23.9	11.3	26.0	3.0	12.0
20분 이하	11.8	18.3	15.9	25.3	22.5	35.6
21~30분	27.1	28.7	29.4	29.1	29.8	27.9
31~50분	5.6	2.6	4.0	2.7	6.3	5.0
51~60분	30.5	19.8	26.2	14.2	24.4	14.6
61분 이상	19.5	6.6	13.3	2.7	13.9	5.0
사례수	594.0	606.0	603.0	597.0	631.0	624.0

출처: 한국언론진흥재단, 각 연도 「언론수용자 의식조사」.

〈표 48〉 1일 평균 신문 보는 시간(분)

(단위: %)

	10분 미만	10~19분	20~29분	30~39분	40~49분	50~60분	61분 이상	무응답	사례수
남자	8.3	11.0	12.3	24.5	7.4	24.1	11.9	0.5	611.0
여자	22.9	17.1	15.1	25.1	3.1	11.5	5.1	0.0	589.0

출처: 한국언론진흥재단(2004), 「2004 언론수용자 의식조사」.

은 태블릿 PC나 스마트폰 같은 이동형 단말기를 통한 인터넷(1,702명), 이어 PC 같은 고정형 단말기를 통한 인터넷(1,333명)이었으며, 4위는 소셜미디어(1,259명)였다. 그다음을 이은 종이 신문(637명), 라디오(560명), 종이 잡지(185명) 이용자는 인터넷 이용 여성의 반도 되지 않았다. 여성들은 텔레비전 뉴스와 인터넷 뉴스를 많이 이용하고 있다는 것을 알 수 있고, 이러한 미디어별 이용 순위는 남성도 동일했다.

각 미디어 여성 이용자들의 하루 평균 이용 시간을 보면, 텔레비전 뉴스 이용 시간이 가장 많아 46.3분이었고, 그다음은 종이 신문 열독자들의 뉴스 이용 시간으로 29.5분이었다. 그리고 이동형 단말기를 통한 인터넷 뉴스 이용자로 하루 평균 이용 시간 23.2분이었고, 고정형 단말기를 통한 인터넷 뉴스 이용자(19.9분)가 그 뒤를 이었다. 그다음은 라디오 뉴스(13.7분), 소셜미디어 뉴스(7.1분), 종이 잡지 뉴스(3.4분)였다. 여성들이 뉴스를 가장 많이 접하는 미디어이자 가장 많은 시간 동안 뉴스를 소비하는 미디어는 텔레비전이라는 것을 알 수 있다.

남성들의 뉴스 이용 시간과 비교해보면, 미디어별 하루 평균 뉴스 이용 시간에서 여성이 더 많이 이용하는 경우는 텔레비전 뉴스였고 나머지 미디어는 모두 남성이 뉴스를 더 많이 이용하는 것으로 나타났다. 종이 신문은 하루 평균 7.2분, 라디오 뉴스는 9.7분, 종이 잡지 뉴스는 1.2분 정도 여성이 남성보다 적게 이용했다. 또 여성은 남성보다 고정형 단말기를

〈표 49〉 미디어별 하루 평균 뉴스 이용 시간

(단위: 분)

	성별	사례수(명)	평일 평균	주말 평균	하루 평균
종이 신문 열독자	전체	(1,555)	38.0	23.1	33.8
	여성	(637)	33.7	18.9	29.5
	남성	(918)	41.0	26.0	36.7
텔레비전 시청자	전체	(4,775)	49.4	47.7	48.9
	여성	(2,431)	46.8	45.0	46.3
	남성	(2,344)	52.1	50.4	51.7
라디오 청취자	전체	(1,182)	20.7	14.1	18.8
	여성	(560)	15.3	9.6	13.7
	남성	(622)	25.5	18.2	23.4
종이 잡지 열독자	전체	(267)	4.5	1.8	3.7
	여성	(185)	4.0	1.7	3.4
	남성	(82)	5.6	2.2	4.6
고정형 단말기 인터넷 이용자	전체	(2,927)	25.4	18.5	23.4
	여성	(1,333)	21.9	14.8	19.9
	남성	(1,593)	28.3	21.5	26.4
이동형 단말기 인터넷 이용자	전체	(3,517)	25.1	21.3	24.0
	여성	(1,702)	24.4	20.1	23.2
	남성	(1,816)	25.8	22.4	24.8
소셜미디어 이용자	전체	(2,527)	8.4	6.6	7.9
	여성	(1,259)	7.6	5.8	7.1
	남성	(1,268)	9.2	7.3	8.6

출처: 한국언론진흥재단(2014), 「2014 언론수용자 의식조사」.

통한 인터넷 뉴스를 6.5분 적게 이용했으며, 이동형 단말기를 통한 인터넷 뉴스를 1.6분, 소셜미디어를 통한 뉴스를 1.5분 적게 이용했다. 전체적으로 여성이 남성보다 각 미디어별로 하루 평균 1.2분에서 9.7분 정도 적게 이용하고 있음을 알 수 있다.

(4) 여성의 분야별 뉴스 관심 정도

여성들이 관심 있는 뉴스 영역을 살펴보면 5점 척도로 했을 때 평균값이 가장 높은 것은 사회(사건/사고) 분야로 3.60이었고, 이어 지역뉴스 3.25, 스포츠 연예 3.22, 경제일반 3.20 순으로 나타났으며, 교육/육아(3.12), 문화예술(3.06), 여론/의견(3.02)까지가 여성들이 관심 있는 영역이라고 답한 분야였다. 5점 척도에서 3점(보통이다) 아래에 있는 분야는 국내정치 2.90, 국제 2.69, 과학기술/IT 2.64, 주식/증권/부동산 2.64였다.

남성의 경우는 주식/증권/부동산 분야에 가장 관심이 많아 3.94로 나타났으며, 사회(사건/사고) 3.70 스포츠/연예 3.58, 경제일반 3.55, 국내정치 3.36, 지역뉴스 3.35, 여론/의견 3.22, 과학기술/IT 3.03 순으로 나타나, 3점(보통이다)보다 평균값이 높은, 관심 분야가 여성보다 많았다. 국제는 관심도의 평균이 3.0으로 관심이 '보통'인 분야였고, '보통'보다 낮은 평균을 나타낸 것은 문화예술(2.97), 교육/육아(2.90) 분야였다. 여성이 남성보다 관심도가 높은 분야는 문화예술과 교육/육아 분야였고 다른 분야는 남성보다 관심이 낮은 것으로 나타났다. 남성보다는 관심이 낮았지만, 여성들도 국내정치, 국제, 과학기술/IT, 주식/증권/부동산을 제외하고는 모든 분야에서 '보통' 이상의 관심을 갖고 있고, 국내정치, 국제, 과학기술/IT, 주식/증권/부동산 분야도 모두 2.64 이상의 관심도를 나타내고 있어(한국언론진흥재단, 2014) 관심이 전혀 없는 분야는 아니었다. 이 밖에 세부적인 분야에 대한 여성의 관심도를 살펴보면, 건강 4.03,

식생활/요리/살림 3.62, 취미/레저/여행 3.60, 날씨 3.50, 쇼핑/상품정보 3.45, 의복/패션 3.48, 교통 3.03 분야에 관심이 높았으며, 이 분야 중 건강, 식생활/요리/살림, 의복/패션, 쇼핑/상품정보, 날씨 뉴스에 대한 여성의 관심도는 남성의 관심도보다 높았다.

〈표 50〉 미디어별 뉴스 영역별 관심 정도

(단위: %)

	성별	사례수(명)	관심 없다	보통이다	관심 있다	계	평균
국내정치	전체	(5,061)	29.8	30.8	39.5	100.0	3.13
	여성	(2,554)	36.0	35.5	28.5	100.0	2.90
	남성	(2,507)	23.4	25.9	50.7	100.0	3.36
경제일반	전체	(5,061)	18.9	32.0	49.1	100.0	3.38
	여성	(2,554)	22.9	37.6	39.5	100.0	3.20
	남성	(2,507)	14.9	26.3	58.8	100.0	3.55
주식/증권/부동산	전체	(5,061)	42.0	30.5	27.5	100.0	2.79
	여성	(2,554)	47.4	30.6	22.0	100.0	2.64
	남성	(2,507)	36.6	30.3	33.1	100.0	2.94
사회(사건/사고)	전체	(5,061)	8.5	28.3	63.2	100.0	3.65
	여성	(2,554)	9.6	30.0	60.5	100.0	3.60
	남성	(2,507)	7.3	26.6	66.0	100.0	3.70
문화/예술	전체	(5,061)	28.2	42.0	29.9	100.0	3.01
	여성	(2,554)	27.4	40.3	32.3	100.0	3.06
	남성	(2,507)	28.9	43.7	27.4	100.0	2.97
국제	전체	(5,061)	34.6	42.8	22.6	100.0	2.84
	여성	(2,554)	41.8	41.5	16.8	100.0	2.69
	남성	(2,507)	27.3	44.1	28.6	100.0	3.00
과학기술/IT	전체	(5,061)	35.6	40.8	23.6	100.0	2.84
	여성	(2,554)	43.0	40.8	16.2	100.0	2.64
	남성	(2,507)	28.1	40.8	31.1	100.0	3.03

스포츠/연예	전체	(5,061)	18.5	30.1	51.4	100.0	3.40
	여성	(2,554)	23.5	33.5	43.0	100.0	3.22
	남성	(2,507)	13.3	26.7	60.0	100.0	3.58
지역뉴스	전체	(5,061)	16.7	39.5	43.8	100.0	3.30
	여성	(2,554)	17.5	42.9	39.6	100.0	3.25
	남성	(2,507)	15.8	36.1	48.1	100.0	3.35
교육/육아	전체	(5,061)	34.4	32.0	33.6	100.0	3.01
	여성	(2,554)	32.6	29.4	38.0	100.0	3.12
	남성	(2,507)	36.3	34.7	29.1	100.0	2.90
여론/의견	전체	(5,061)	19.5	49.7	30.7	100.0	3.12
	여성	(2,554)	21.9	53.5	24.6	100.0	3.02
	남성	(2,507)	17.2	45.8	37.0	100.0	3.22

출처: 한국언론진흥재단(2014). 〈2014 언론수용자 의식조사〉에서 11개의 통계표를 조합해서 만든 표임.

2. 기존 연구에서 본 여성의 뉴스 소비

1) 뉴스 소비에서의 여성의 소외

한국 여성들의 뉴스 소비와 관련한 기존 연구들은 매우 빈약했다. 여성 뉴스 생산자나 여성의 뉴스 재현과 관련해서도 연구가 많지 않았지만, 여성 뉴스 소비에 대한 연구는 특히 적었다. 그런 현상에 대해 몇 가지 원인을 생각해볼 수 있겠다. 첫 번째로 뉴스는 여성 장르가 아니며, 여성은 드라마와 같은 픽션을 좋아한다는 고정관념 때문일 수 있다. 이것은 일정 정도 사실이기도 하지만, 앞서 통계 데이터를 보면 여성이 뉴스 읽기를 좋아하는지는 알 수 없으나 뉴스를 많이 이용하고 있다는 사실은 확인할 수 있다. 남성보다 뉴스를 많이 이용하지는 않지만, 여성은 뉴스를 꾸준히 이용하고 있는 소비자이다. 그런데도 우리는 늘 '남성보다'라는 비교의 관점을 들이대면서 여성이 뉴스를 이용하지 않는다는 고정관념에서 벗어나지 못하고 있다.

두 번째로 여성주의적 관점에서 여성의 뉴스 재현의 문제를 연구하면서도, 막상 뉴스를 소비하는 주체로서의 여성에게 관심을 기울이지 못한 학문적 풍토를 생각해볼 수 있다. 이것은 여성의 뉴스 소비 행위를 중요하게 생각하지 않는, 여성을 주변화하는 또 하나의 현상이다. 남녀 모두를 대상으로 한 일반적인 뉴스 이용에 대한 논문들은 제법 있었지만, 한국 여성들의 뉴스 소비를 핵심 주제로 연구한 논문은 단 1편이었다(박동숙, 1998). 1998년에 발표되었으니 15년이 넘은 연구이지만 이 논문의 결론에서 의미 있는 대목을 찾아볼 수 있었다.

> 뉴스에 대한 사회적 담론들은 뉴스=지식=남성=힘의 관계를 정당화시키며 이러한 과정을 통해 뉴스에 권력을 부여하게 된다. 여기서 아이러니는 남성들조차 뉴스에 대해 신뢰하지도 않으며 많은 이들이 뉴스 속의 정치뉴스에 대해 조소적인 태도를 보임에도 불구하고 이러한 뉴스에 대해 무관심한 여성들에게는 동정을 표하며 우월감을 느낀다는 것이다. 여성들은 일상 속의 TV 보기라는 극히 일상의 영역에서도 남성이 소유한 힘을 갖기 위해 부단히 노력하는 모습을 보인다. 여성의 경우에만 이렇게 "남성 따라잡기" 식의 노력을 해야 하는 구조적 모순이 남성 중심의 사회에서 살아야 하는 여성에게 추가로 부가되는 점이다.

드라마를 보는 사람보다 뉴스를 보는 사람이 뭔가 지적으로 '나은' 사람이라고 생각하는 우리 사회의 분위기가 뉴스를 많이 읽는 남성을 여성보다 지적인 사람들로 만든 것이다. 뉴스 읽기가 남성의 힘으로 상징되는 사회가 되다 보니 여성들은 스스로의 관심에 따른 뉴스 읽기가 아닌 '남성 따라잡기'로서 뉴스 읽기를 하게 되는 상황에 놓인 것이다.

이것은 여성들이 뉴스 소비 행위에서부터 소외되어 있음을 보여준다. 여성의 억압을 '소외'로 설명한 재거(Jaggar, 1983)는 여성들이 스스로에 대해 자신감을 갖지 못해 자신의 생각이 표현할 가치가 있을지 확신할 수 없기 때문에 자신의 생각을 표현하기를 주저하게 됨으로써 지적 능력으로부터 소외된다고 보았다. 자신의 동기에 의한 뉴스 소비가 아닌, '남성 따라잡기'식 뉴스 소비를 하는 여성의 행위도 이러한 여성의 지적 능력으로부터의 소외와 맥을 같이한다고 이해해볼 수 있겠다.

그러면 여성은 왜 남성보다 뉴스를 덜 소비하고 미디어 사용에서 수동적인 태도를 보이는가? 이에 대해 나은영(2002)은 여성이 약자로서 미디어에 접근하기 어려웠다면서, 여성이 새로운 기술을 배워야만 접근할 수 있는 핵심 학습 영역(key learning areas)에서 배제되어왔다는 점을 지적했다. 또 여성의 정보화 수준이 향상되었다고는 하지만 남성 평균 수준보다 낮으며, 노인, 장애인 등과 함께 정보화 소외 계층으로 분류된다는 점을 환기시켰다. 앞서 살펴본 통계 데이터를 통한 뉴스 이용 현황에서 알 수 있듯이, 신문 읽기뿐 아니라 스마트폰과 태블릿 PC 등 뉴미디어를 통한 뉴스 소비에서도 여성이 남성보다 낮은 이용률을 보이는 것은 여성이 새로운 기술을 배워야만 접근할 수 있는 핵심 학습 영역에서 배제되었기 때문인 것으로 보인다. 모바일 앱을 통한 뉴스 이용자 구성에서 남성(56.2%)이 여성(43.8%)보다 높은 비율을 차지했다(한국언론진흥재단, 2014: 166)는 것은 이러한 주장을 뒷받침해줌과 동시에 앞으로의 정보사회에서도 여성의 뉴스 소비가 남성보다 적극적으로 이루어지기 힘들다는 점을 시사한다. 여성이 새로운 기술에 익숙해질 수 있는 환경과 교육, 또 이를 통한 지식 습득이 동반되어야 뉴스 소비에서의 여성의 소외를 극복할 수 있을 것으로 보인다.

한편 김선남(2001)은 여성주의 접근에서 TV 뉴스 수용에 대해 4가지의 시청자 유형을 정리했다. 첫 번째 유형은 TV 뉴스를 중요한 정보원, 신뢰하는 정보원으로 생각하는 사람들이다. 이들은 TV 뉴스를 성차별적이라고 생각하지 않으며, TV 뉴스가 성차별적이라면 그것은 단지 현실이 그렇기 때문에 이를 그대로 전달한 결과라고 이해한다. 두 번째 유형은 TV 뉴스를 정보의 도구로 습관적으로 활용하지만 TV 뉴스 접촉에 관한 사회적 의미를 부여하지 않는 사람들로, TV 뉴스를 신뢰하지 않을 뿐만 아니라 남성 중심적이라고 생각한다. 세 번째 유형은 TV를 신뢰하며 드라마를 선호하는 사람들로, TV 뉴스가 남녀를 동일한 입장에서 조명한다는 전통적인 여성관을 드러내며 TV를 유용한 오락매체로 활용하는 TV 뉴스 신뢰자들이다. 네 번째 유형은 TV 뉴스를 통해 세상을 바라보려고 하지만 성과 관련해서 TV 뉴스를 대단히 성차별적 존재로 비판하는 입장을 가진 사람들로, TV 뉴스에 의존하지 않으며, TV 뉴스가 심층적이지 못한 점에 대하여 대단히 부정적이다.

이와 같이 동일한 TV 뉴스를 보면서 어떤 사람들은 뉴스가 성차별적이라고 생각하고, 어떤 사람들은 양성 중립적인 보도라고 신뢰하는 상반된 뉴스 소비가 나타나는 현상의 원인은 무엇일까? 뉴스 해독에 대한 기존 논의들이 이러한 상반된 뉴스 소비를 이해하는 데 도움이 될 것이다.

2) 뉴스의 해독과 여성의 뉴스 읽기

사람들이 뉴스를 포함한 미디어 텍스트를 통해 의미를 생산하는 방법에 대한 논의는 두 가지의 흐름으로 살펴볼 수 있다. 하나는 이용자가 능동적인 해독을 통해 의미를 생산한다는 논의이고, 또 하나는 이용자와 텍스트가 상호작용하면서 의미를 생산하게 된다는 논의이다. 이용자의 능동적 해독에 대한 연구는 홀(Hall)의 논의에서 출발해 몰리(Morly)가 발전시킨 이용자의 능동적 해독에 대한 연구들로 설명할 수 있다. 텔레비전 메시지의 제작과 수용을 모두 기호학적 틀 속에서 개념화한 홀은 텔레비전을 둘러싼 커뮤니케이션 과정을 하나의 복잡한 '의미의 사회적 구축'으로 이해해야 한다고 주장했다(Moores, 1990).

홀(Hall, 1980)은 사람들이 미디어 텍스트를 해독하는 세 가지 방식이 있다고 설명했다. 그 세 가지 방식은 지배적 해독(dominant reading), 교섭적 해독(negotiated reading), 대항적 해독(oppositional reading)을 말한다. 먼저 지배적 해독은 이용자가 미디어 텍스트에 나타난 미디어 제작자들의 의도를 그대로 받아들여 해독하는 방식을 의미한다. 뉴스에서 '미혼모는 성적으로 문란한 문제 청소년'이라는 프레임을 담아 보도하면, 이를 본 이용자가 '미혼모는 문제 청소년이구나'라고 생각해버리는 경우가 이에 해당된다. 반면, 대항적 해독은 이용자가 미디어 텍스트에 나타난 의미와는 상반되게 미디어 메시지를 해독하는 방식이다. 대항적 해독을 하는 사람들은 뉴스가 '미혼모는 성적으로 문란한 문제 청소년'이라는 프레임을 담아 보도하더라도, '저 뉴스는 미혼모에 대한 고정관념을 강화하는 잘못된 뉴스'라고 해독하게 된다는 것이다. 마지막으로 교섭적 해독은 지배적 해독과 대항적 해독의 중간적인 위치로 이해하면 된다. 즉 이용자가 어떤 부분에서는 미디어 텍스트에 담긴 제작자의 의도를 받아들이고, 또 다른 부분에서는 미디어 메시지에 담긴 의도와는 전혀 다르게 해독하는 방식을 말한다. 그러니까 뉴스가 '미혼모는 성적으로 문란한 문제 청소년'이라는 프레임을 담아 보도했을 때, '미혼모는 문제 청소년이긴 하지만, 성적으로 문란한 건 아니지'라고 생각하거나 '성적으로 개방적이긴 하지만 그렇다고 문제 청소년이라고 말할 순 없지'라고 해독하는 사람들이 여기에 해당한다고 할 수 있다.

이런 홀의 세 가지 해독 방식을 발전시켜 몰리(Morley, 1980)는 이용자들이 능동적이며 적극적인 의미 창출자라고 주장한다. 몰리는 이용자들이 자신이 처한 사회 문화적, 경제적 맥락에 따라 미디어 텍스트를 해독해낸다고 보았다. 극단적으로 몰리의 주장을 이해하면, 미디어 제작자의 의도와 미디어 텍스트가 생산한 의미는 이용자의 해독에 별다른 영향을 주지 않는, 의미 없는 존재가 되어버린다. 즉 뉴스는 여성을 양성 평등적으로 그리거나 남성 중심적으로 묘사하거나 아무런 의미가 없어지므로, 이런 주장은 이용자를 지나치게 능동적으로 본다는 문제점을 낳았다. 그러나 최근 이용자들이 뉴스를 읽고 적극적으로 해석하고 새로운 의미를 생산해 수많은 댓글을 남기고 있는 현실들을 보면, 몰리의 주장이 설득력을 갖기도 한다.

이용자의 능동적 해독이 가진 문제, 즉 미디어 텍스트의 재현에 의미를 두지 않는 문제를 해결할 수 있는 관점이 이용자가 텍스트와 상호작용한 결과로서 의미를 생산하게 된다는 연구이다(Holub, 1989). 이런 관점에서 이저(Iser)는 의미란 경험에서 얻어진 영향으로, 텍스트의 의미는 완전히 텍스트에 내재되어 있는 것도 아니고 독자의 주관적인 해석에 의해 발생되는 것도 아니며 이 둘의 조합에 의해 생겨난다고 주장했다(정재철 · 김송희 · 제갈춘기, 2003). 즉 메시지 제작자의 의도를 담은 생산물인 텍스트는 독자의 반응을 부분적으로 통제하지만, 수많은 공백이 있는 미디어 텍스트의 특성으로 인해 이용자가 그런 공백들을 여러 유형의 정보를 통해 메울 수밖에 없기 때문에, 이용자는 텍스트의 의미를 생산하는 공동 창조자가 된다는 논리이다.

미디어의 능동적 해독의 관점과 이용자와 텍스트의 상호작용 관점이 미디어 텍스트의 의미 생산에 있어서 이용자의 비중에서 다소 차이를 보이기는 하지만, 두 관점 모두 이용자의 해독이 매우 중요하다고 인정하고 있다. 이런 맥락에서 여성의 뉴스 소비는 중요한 연구 주제임에도 뉴스 연구에서 여성들이 어떻게 뉴스를 소비하는지에 대한 연구가 제대로 이루어지지 않았다는 점은 매우 안타까운 일이다. 이런 맥락에서 여성들이 뉴스를 어떻게 소비하고 있고, 여성에게 뉴스란 어떤 의미인지 지금부터 살펴보고자 한다.

3. 인터뷰를 통해 본 여성의 뉴스 소비

실제로 여성들이 뉴스를 어떻게 소비하고 있는지를 알아보기 위해 2013년 4월과 2014년 10월에 각각 21명과 19명, 총 40명의 여성을 대상으로 면대면 인터뷰를 진행했다.[8]

인터뷰 데이터의 분석은 전체 분석 대상인 각각의 인터뷰 내용을 꼼꼼하게 읽으면서 참여자들이 가지고 있는 뉴스에 대한 생각, 뉴스를 이용하는 동기, 뉴스가 자신의 일상에서 가지는 의미, 미디어별 뉴스에 대한 생각 등과 관련된 문단들을 선택해 각 주제별로 정리했다. 두 번째로 각 주제별로 모인 인터뷰 문단들을 유사한 의미를 담은 문단끼리 모아서 목록화했다. 이렇게 정리된 인터뷰 결과를 살펴보면서 우리나라 여성들의 뉴스 소비에 대해 생각해보도록 하자.

---

8 인터뷰 참여자는 강원도와 경기, 서울, 인천에 거주하는 여성들이었다. 인터뷰에 참여한 여성들 중 22명은 기혼 여성이었고 18명은 미혼인 여성이었다. 연령별로는 20대 6명, 30대 13명, 40대 12명, 50대 9명으로, 25세에서 58세에 이르기까지 다양한 연령의 여성이었다. 직업은 주부, 회사원, 자영업자, 헤어 디자이너, 편집 디자이너, 피아노 교사 등 다양했다. 인터뷰 참여자 개개인의 특성은 전체 표로 제시하지 않고 인용한 발언 내용 끝에 연령과 직업, 자녀 유무, 거주지 등을 표시해서 독자들이 책을 읽으면서 확인하기 좋게 표시해놓았다.

1) 여성들의 뉴스 이용 동기

일반적으로 사람들은 대인관계 유지, 현실 도피, 시간 보내기, 휴식하기 등의 사회적 동기(Greenberg, 1974; Rubin & Rubin, 1981)와 정보 추구, 호기심, 흥미 등의 심리적 동기(McGuire, 1974; Rubin & Rubin, 1981)로 미디어를 이용한다고 알려져 있다. 텔레비전 뉴스 시청자를 대상으로 한 연구(Rubin & Rubin, 1982)에서도 오락, 시간 보내기, 정보 추구 등이 뉴스를 시청하는 동기로 밝혀졌다.

인터뷰에 참여한 여성들이 뉴스를 보는 동기도 여기에서 크게 벗어나지 않았다. 크게는 인터뷰 참여자의 뉴스 이용 동기는 '오락적 동기', '정보 추구 동기', '대인관계 유지 동기'로 유목화할 수 있어서 기존의 뉴스 이용 동기에서 거의 벗어나지 않았다. 그러나 그 내용을 들여다보면 기존에 발견된 동기와 다른 약간의 차이를 발견할 수 있었다. 일례로 '정보 추구 동기'는 다시 '세상사 파악 동기'와 '시민으로서의 의무 동기', '직업적 동기', '자녀 교육 동기'로 세분화할 수 있었다. '자녀 교육 동기'는 여성들에게서 발견되는 특징적인 이용 동기라고 할 수 있으며, '시민으로서의 의무 동기'는 대부분의 뉴스 소비자에게 발견된 뉴스 이용의 동기(Hagen, 1994)이기는 하나, 여성들이 강하게 느끼고 있는 뉴스 이용의 동기라고 할 수 있다(박동숙, 1998). '오락적 동기'도 기존 연구에서와는 다른, 뉴스가 주는 색다른 재미를 인터뷰 참여자들은 이야기했다. 이러한 동기는 한 사람이 하나의 동기로 뉴스를 이용한다는 의미가 아니라, 뉴스를 이용하는 데 있어 사람마다 특정 동기가 강하게 또는 약하게 작용할 수 있으며, 상황에 따라 특정 동기가 강하게 작용해서 뉴스를 보게 된다는 것이다. 각각의 이용 동기를 구체적으로 살펴보자.

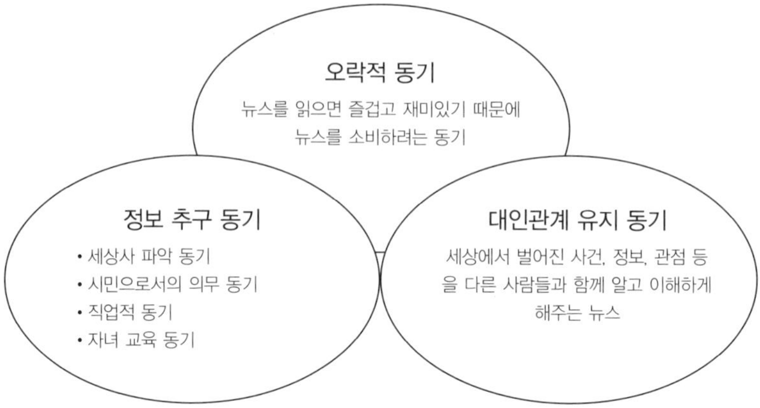

[그림 8] 여성들의 뉴스 이용 동기

(1) 오락적 동기

오락적 동기는 뉴스를 읽으면 즐겁고 재미있기 때문에 뉴스를 소비하려는 동기이다. 인터넷이 등장하면서 매스미디어이면서 개인미디어이기도 한 인터넷의 특성으로 인해 뉴스가 개인화되고 연성화되는 경향이 나타났다. 정치, 경제 등 딱딱한 뉴스에서 벗어나 개인 생활에 밀착된 뉴스, 소소한 일이지만 마음을 따뜻하게 하는 뉴스, 사람들을 웃기는 뉴스 등이 포털 뉴스의 많은 부분을 차지하다 보니, 뉴스를 읽는 재미도 더욱 커졌다. 거기다 뉴스에 달리는 댓글은 뉴스를 완전히 다른 시각으로 만들어 버리기도 하고, 기자를 우습게 만들기도 하면서 또 다른 재미를 만들어 내고 있다.

> 네이트 뉴스를 보면 시사 · 연예 · 문화 등 여러 가지 파트로 보기 쉽게 나뉘어 있고 오늘이나 한 주 또는 한 달의 이슈화된 기사들을 정리해서 보여주거든요. 그리고 그 기사에 대한 여러 네티즌들의 의견도 댓글로 많이 달려 있

어서 그 댓글 보는 재미도 쏠쏠해요. (28세 미혼, 사무보조원, 홍천 거주)

(2) 정보 추구 동기

뉴스를 이용하는 동기의 대부분은 정보 추구 동기라고 할 수 있다. 다만 사람마다 특히 어떤 정보를 얻기 위해서 뉴스를 보느냐의 차이가 있을 뿐이다. 인터뷰에 참여한 사람들이 어떤 정보를 추구하려는 동기에서 뉴스를 보고 있느냐의 기준에서 정보 추구 동기는 다시 세상사 파악 동기와 시민으로서의 의무 동기, 직업적 동기, 자녀 교육 동기로 나눠볼 수 있었다.

먼저 세상사 파악 동기는 세상 돌아가는 소식을 알고 싶어서 뉴스를 소비하는 동기로, 뉴스를 소비하는 사람들이 가지고 있는 가장 대표적인 동기라 할 수 있다. 사람들은 '오늘 무슨 일이 있었나?' 하는 궁금증에서 신문을 읽기도 하고, 텔레비전 뉴스를 보기도 한다. 다음에 살펴볼 직업적 동기가 뉴스를 꼭 봐야 하는 직업 수행을 위한 일종의 의무라면, 세상사 파악 동기는 그야말로 자발적인 호기심에서 뉴스를 소비하는 행위라고 할 수 있다.

아무래도 뉴스를 챙겨 보는 이유는 세상 돌아가는 것을 알기 위해서이죠. 뉴스를 저 또한 마찬가지로 오늘은 무슨 일이 있었는지 궁금해서 매일 뉴스를 찾아보게 되는 거죠. (32세 미혼, 웹디자이너, 서울 거주)

그냥 세상 돌아가는 것, 경제적인 정보를 얻을 때도 있고, 생활정보를 얻을 때도 있어요. 지금 국제무역을 전공하고 있어서 기사 속에서 세계 동향 같은 정보를 얻으면서 공부할 때도 있어요. (53세 기혼, 카페 운영, 자녀 2, 구리 거주)

시민으로서의 의무 동기는 넓은 의미에서는 세상사 파악 동기라고 할 수 있지만, 그 성격이 조금 다르다. 세상사 파악 동기가 자유로운 호기심에서 뉴스를 이용하는 동기라면, 시민으로서의 의무 동기는 세상 돌아가는 일을 알기 위해 뉴스를 보는 것은 동일하나 뉴스를 보는 일을 하나의 의무로 인식하고 뉴스를 소비하는 동기이다.

노르웨이에서 뉴스 소비를 연구한 하겐(Hagen, 1994)은 정보 추구를 위해 뉴스를 본다는 사람들이 뉴스를 통해 정보를 추구하는 일이 시민의 의무라고 생각한다는 것을 발견했다. 하겐은 이것을 시민으로서의 의무를 다하기 위해 반드시 뉴스를 보아야 한다는 내재화된 의식으로 표현했다. 그런데 이 동기에 대한 인터뷰 데이터를 분석해보면 여성이 남성보다 뉴스를 잘 읽지 않는다는 편견을 의식하고 있는 여성이나 사회 또는 다른 사람들과 동떨어져 살고 있다고 생각하는 여성들이 가진 일종의 강박관념으로 이해되었다.

> 저는 가게 일을 하기 때문에 친구들이랑 모임을 자주 갖지 못해요. 그래서 세상 돌아가는 일을 알려면 뉴스를 봐야 해요. 물론 주말에는 예능도 보고 밤늦게 하는 영화 뭐 그런 프로그램도 자주 봅니다. 그래도 의식적으로 뉴스를 자주 보려고 해요. 요즘 우리나라뿐만 아니라 세계적으로도 사건 사고가 많이 일어나니까요. 뉴스를 안 보면 내 주위에 무슨 일이 일어나고 있는지 하나도 모르겠더라구요…주말에도 특별한 일이 없으면 뉴스를 꼭 보고요. 뉴스를 통해 많은 지식도 얻을 수 있다고 생각해서 딸에게도 항상 뉴스를 봐야 한다고 일러줍니다. 비록 젊은 친구들은 뉴스를 지루하고 재미없다고 생각해서 많이들 안 보긴 하지만요. (49세 기혼, 가게 운영, 자녀 1, 춘천 거주)

> 저는 일단 직장과 가정의 일을 동시에 하기 때문에 사실 뉴스를 볼 시간이

여의치 않아요. 하지만 세상 돌아가는 일이나 일상생활에서 접하기 어려운 소식들에 대해서 알 수 있는 방법이 뉴스라고 생각해서 매일매일 출근 전에 아침뉴스를 보고 퇴근 후 집안일을 한 후엔 8시 뉴스를 꼭 챙겨보려고 노력하는 편이랍니다. (49세 기혼, 간호사, 자녀 2, 춘천 거주)

이번 인터뷰에 직업을 가진 여성이 많아서 그런지 직업적 동기에서 뉴스를 본다고 이야기한 참여자들이 많았다. 직장인이라면 누구나 갖고 있는 뉴스 이용 동기라고 할 수 있다. 이들은 '직업상', '업무 특성상'이라는 표현을 많이 사용했고, '트렌드를 읽어내야 한다는 강박관념'이라고 표현한 참여자도 있었다(28세 미혼, 배우, 강남 거주). 영업을 담당하는 여성은 사회·경제 뉴스를 알아야 아침 회의에서 나누는 대화를 이해할 수 있기 때문에(35세 기혼, 영업기획자, 자녀 2, 남양주 거주), 해외에서 자재를 수입하는 제조업 종사자는 환율 변화를 알아야 하기 때문에(37세 기혼, 제조업 사무직, 자녀 2, 남양주 거주) 뉴스를 빼놓지 않고 챙겨 본다고 말했다.

홍보라는 게 그… 어떤 전문화된 프로젝트만 잘 알고 있어서 되는 것이 아니라 여러 가지 사회적 관점이나 여러 사건… 그런 걸 잘 알고 있어야 해요. A를 홍보하기 위해서는 B랑 엮어서 C라는 결과물이 나오는 경우도 많아서 여러 사회 전반적인 뉴스를 잘 알고 있는 게 중요해요. (32세 미혼, PR AE, 서울 거주)

학생들 수업 자료에 늘 뉴스 기사를 활용해요. 주로 '정신건강'과 '학교폭력 예방 및 대책'이라는 과목 수업에서 관련 기사를 적극 검색하고 활용하죠. 미디어 자료나 통계 자료, 관련 기사를 직접 수업 자료로 제시하면 학생들이 더 생생하게 상황을 느끼고 수업 내용에 대한 중요성도 실감하는 걸 수업을

하면서 느끼니까 뉴스 자료를 많이 활용하게 되죠. (38세 기혼, 임상심리전문가, 자녀 1, 춘천 거주)

> 영향을 미치기보단 반대로 하는 일과 관련된 뉴스를 더 관심 있게 봐요. 아무래도 보험 금융에 종사하고 있기 때문에 보험 금융 소비자들, 특히 개인 소비자들보다는 기업 소비자들이 관심 있어 하는 경제, 금융, 세법, 노무와 관련된 기사들을 중점적으로 체크해요. (42세 미혼, 보험설계사, 인천 거주)

자녀 교육 동기는 자녀를 위해서 자녀와 관련된 뉴스를 보거나 자녀들이 관심을 갖고 있는 뉴스를 소비하는 것을 말한다. 주부들의 인터넷 소비 행태를 연구(김경희, 2014)하면서 발견한 것은 보통 사람들에게 인터넷은 소통과 즐거움의 미디어인 반면, 주부들에게는 주부 역할 수행을 위한 또 하나의 '일'이었다는 점이다. 이렇게 된 원인 중 하나는 주부들이 가지고 있는 한국적 모성 때문이었다. 자녀의 성공이 곧 자신의 성공이고 자녀를 잘 키우는 것이 어머니의 역할이라는 한국적 모성에 충실하다 보니, 여유 시간이 생기면 인터넷에 접속해 자녀를 위한 정보를 검색하는 것이 주부들의 일상이었다.

뉴스 소비는 인터넷과 달리 하나의 일로 여겨지지는 않았지만, '자녀를 위해' 뉴스를 소비한다는 여성들의 이야기를 자주 들을 수 있었다. 그래서 이들이 가장 기억에 남는 뉴스로 꼽은 것도 아이들과 관련된 뉴스였다. 이들은 어린이집 아동 학대나 학교 폭력, 자녀 교육과 관련된 뉴스들을 최근 본 뉴스 중에 가장 많이 기억했다. 또 자녀와의 대화를 위해 뉴스를 이용하기도 했다. 자녀가 관심 있어 하는 연예 뉴스 등을 보면서 자녀와 이야기할 수 있는 공유 정보를 늘려나가고 있었다.

지금 둘째 아이가 고등학교 2학년인데, 방송국 PD나 작가, 그냥 방송과 관련된 직업을 갖고 싶다고 여러 번 말했어요. 대학교는 신문방송학과에 진학하길 원하는데, 그러기 위해서는 신문이나 TV나 적어도 스마트폰으로라도 뉴스를 많이 봐야 한다고 잔소리 아닌 잔소리를 했었는데 아직 지켜지지 않고 있죠.(웃음) (…) 딸아이 볼 수 있게 이슈가 되는 사건이나 유익한 정보가 될 만한 뉴스는 따로 스크랩해서 파일철로 만들어주고 있어요. 덕분에 제가 뉴스 이용이 더 잦아지고 척척박사가 돼가는 기분이에요. (49세 기혼, 간호사, 자녀 2, 춘천 거주)

아이가 둘이나 있다 보니 아이들 왕따 문제, 청소년 비행, 학교 폭력에 관련된 뉴스들을 보고 있어요. (37세 기혼, 제조업 사무직, 자녀 2, 남양주 거주)

나이에 맞지 않을 수도 있지만 딸아이가 연예인들에게 관심이 많아서 얘기를 종종 듣다 보니 딸과 대화를 조금 더 친근하게 하려고 연예 뉴스도 간간히 보는 편입니다. (45세 기혼, 공무원, 자녀 2, 춘천 거주)

(3) 대인관계 유지 동기

대인관계 유지 동기는 다른 사람들과 대화할 수 있는 이야깃거리를 만들어내거나 다른 사람들이 알고 있는 뉴스를 자신도 알아야 한다는 동기에서 뉴스를 소비하는 것을 말한다. 일반적인 미디어 이용의 대표적인 동기라고 할 수 있다. 사람들이 다 아는 사건을 자신만 모르고 있으면 대화에서 소외되고 다른 사람들과 어울릴 수 없기 때문에 뉴스를 보는 것이다. 특히 요즘은 정말 많은 뉴스들이 쏟아져 나오기 때문에 수많은 뉴스 중에 사람들이 많이 보는 뉴스를 다 알기가 쉽지 않다. 그래서인지 사람들은 포털 사이트의 실시간 검색어와 관련된 뉴스, 많이 본 뉴스 등을 클

릭해서 보게 되는 것으로 보인다. 또 남편과의 대화를 위해서 뉴스를 보는 경우도 있었다. 드라마는 남편이 싫어해서 이야깃거리가 되지 않지만, 뉴스는 남편이 좋아하기 때문에 함께 보면서 대화를 나눌 수 있어 좋다는 것이다.

> 실시간으로 이슈화되는 검색어를 보려고요. 그래야 대화가 되니까요. 누가 물어봤을 때 대답도 해줄 수 있고요. 텔레비전은 틀어놓기 때문에, 텔레비전에서 뉴스를 많이 보게 됩니다…저희 집은 저도 일하고 남편도 일하는 맞벌이 부부이기 때문에 집에 오면 서로의 일에 지쳐 대화가 없을 때가 많아요. 드라마 할 때는 남편이 드라마를 좋아하지 않고, 남편이 주로 보는 골프 채널이나 스포츠 채널은 룰도 모르는 저에겐 정말 지루하거든요. 서로 겹치는 관심사가 없으니 대화도 줄어들 수밖에 없죠. 하지만 애들 아빠도 저도 뉴스 채널을 좋아해서 뉴스 하는 시간에는 안방에서 같이 보며 오순도순 이야기도 하고 행복해요.(웃음) (49세 기혼, 간호사, 자녀 2, 서울 거주)

> 뉴스를 안 보면 사람들과 이야기를 하려고 해도 대화에 낄 수가 없더라고요. "어머, 그런 일이 있었어? 나는 몰랐네" 하면 상대방은 뉴스 좀 보라고 하니깐요. 2014년은 다사다난한 해라서 뉴스로 많은 사건사고를 제일 먼저 알 수 있었구요. (49세 기혼, 가게 운영, 자녀 1, 춘천 거주)

2) 여성들이 생각하는 뉴스의 의미

뉴스가 여성들에게 가지는 의미는 무엇일까? 인터뷰에 참여한 여성들이 생각하는 뉴스의 의미는 소식의 매개체, 소통의 매개체, 공유의 매개체, 사회화의 매개체, 생활의 매개체(필수품으로서의 뉴스)로 이해해볼 수 있었다. 즉 여성들은 뉴스가 세상의 소식을 전달해줌으로써 세상과 소통할 수 있게 해주며 다른 사람들과 세상사를 공유하고, 세상을 바라보는 시각을 제시해주기 때문에 어떻게 살아갈지를 알려주는, 일상생활에서 없어서는 안 되는 필수품이라고 인식했다. 물론 인터뷰에 참여한 개개인이 뉴스에 이 모든 의미를 부여하지는 않았다. 어떤 이에게는 뉴스가 소통의 매채체이자 공유의 매개체이며, 어떤 이에는 소식의 매개체일 뿐 별다른 의미가 없기도 했다. 인터뷰 참여자들이 당면한 사회적 맥락에 따라, 또 뉴스 소비의 경험에 따라 뉴스에 부여하는 의미는 달라졌으며, 뉴스에 이런 의미를 부여한다고 해서 매일 열심히 뉴스를 소비하는 것은 아니었다.

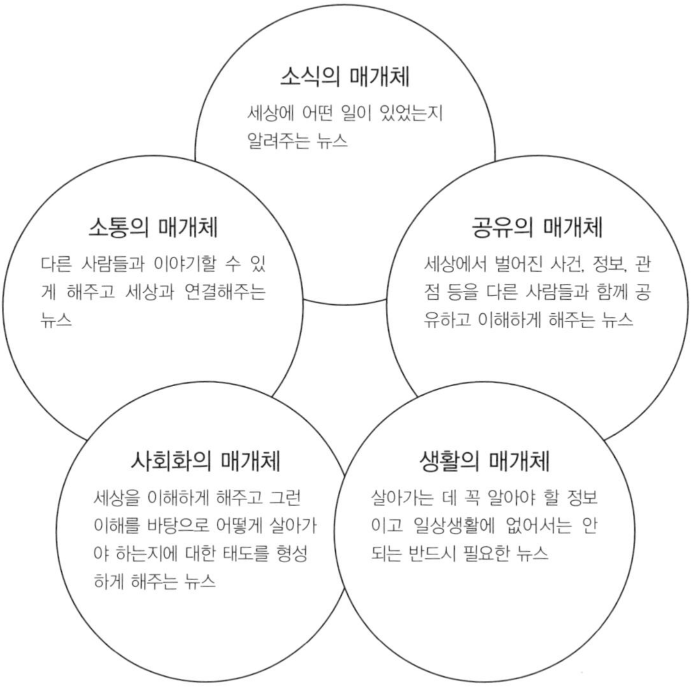

[그림 9] 여성들이 생각하는 뉴스의 의미

이와 함께 고려해야 할 것은 뉴스가 여성들에게 이런 의미를 갖고 있다고 해서 현재 우리나라의 뉴스가 이런 역할을 잘하고 있다는 것을 의미하지는 않는다는 점이다. 실제로 뉴스의 의미를 이야기하면서 현재 뉴스가 가진 문제들을 지적한 여성들도 있었다. 이 부분에 대해서는 뉴스에 대한 신뢰도를 이야기하면서 좀 더 구체적으로 이야기하기로 하고, 여기서는 여성들이 뉴스에 대해 갖는 각각의 의미에 대해 조금 자세히 살펴보자.

(1) 소식의 매개체로서의 뉴스

인터뷰 참여자들이 가장 많이 언급한 뉴스의 의미는 소식의 매개체였다. 새로운 소식을 전하는 것이 뉴스의 가장 기본적인 역할이니 당연한 대답이라고 할 수 있다. 소식의 매개체로서의 뉴스는 뉴스가 우리가 살아가는 이 세상에 어떤 일이 있었는지 알려주는 존재라는 것이다. 사실 사람들에게 소식을 알려주는 통로는 많다. 우리는 다른 사람들과의 대화를 통해서도 새로운 사실을 알 수 있고, 우리가 생활하는 일상에서 직접 관찰하고 목격하면서도 새로운 사실을 알 수 있다. 그럼에도 불구하고 뉴스가 소식의 매개체로 사람들에게 의미 있게 다가오는 것은 사람들이 여러 사람들과 함께 살아가는 사회에서 알아야 할 유용한 소식이기 때문일 것이다. '유용'의 의미는 사람마다 다를 수 있다. 직업을 수행하는 데 필요할 수도 있고 친구와 대화하는 데 유용할 수도 있고 시민으로서의 권리를 행사하는 데 필요할 수도 있다. 인터뷰 참여자들이 이야기한 소식의 매개체로서 뉴스의 의미를 살펴보자.

> 정보통, 내 의견을 입증할 수 있는 자료, 트렌드를 예측할 수 있게 도와주는 도구로서 저에게 꼭 필요합니다. 뉴스에 대한 신뢰도가 높기 때문에 뉴스

의 도움을 많이 받습니다. 정보를 얻을 수 있다는 점에서 저에게 뉴스는 책 같은 존재입니다. 보통 일반적인 책은 발간되고 시간이 지나면 옛날 것의 느낌이지만 뉴스는 매일 새롭고 핫한 정보를 담고 있는 책 같은 느낌입니다. (29세 미혼, 스타일리스트, 파주 거주)

사회의 이슈를 알려주는 존재 같아요. 국가적으로 무슨 일이 일어나거나. 아니면 그냥 우리 사회에서 화제가 된 사건들 모두 뉴스를 통해 알 수 있잖아요. 저처럼 텔레비전 뉴스를 보지 않거나, 신문 구독을 하지 않는 사람들도 요즘은 인터넷, 스마트폰이 워낙 활성화되어 있어서 가볍게라도 한 번씩 보게 되니까. 이슈를 알려주는 통로라고 생각돼요. (30세 미혼, 경비·교통 업무, 춘천 거주)

내가 사는 곳이 어떻게 돌아가고 어떻게 변해가고 있고, 내가 모르는 곳에서는 무슨 일이 있는지 알려주는 것이라고 생각해요. (57세 기혼, 주부, 자녀 2, 서울 거주)

소식통이지요. 세상을 살아가는 소리를 듣는. 뉴스를 안 보면 세상이 어떻게 돌아가는지를 알 수가 없어요. 그래서 세상과 소통을 하고 정보나 지식을 얻을 수 있는 것이라 생각합니다. (40대 기혼, 주부, 자녀 3, 남양주 거주)

(2) 소통의 매개체로서의 뉴스

소통의 매개체로서의 뉴스는 뉴스가 다른 사람들과 이야기할 수 있게 해주고 세상과 연결해주는 존재라는 의미이다. 인터뷰 참여자들은 뉴스가 이야깃거리를 만들어주기 때문에 다른 사람들과 소통할 수 있게 해준다고 말했다. 대인관계 유지 동기와 연결되는 뉴스의 의미라고 할 수 있다. 이처럼 다른 사람들과의 소통이 실제 존재하는 사람들과 대화를 나눌 수 있는 직접적인 소통이라면, 세상과의 소통은 뉴스를 봄으로써 자신이 직접 접하지 않는 다른 지역, 다른 세계에서 일어나는 일을 이해함으로써 자신이 세상과 연결되어 있음을 확인하게 된다는 의미였다. 따라서 뉴스는 세상과의 연결고리로서의 의미를 여성들에게 주고 있음을 알 수 있다.

소통, '사람들과의 소통'이라고 생각해요. 뉴스는 사람 사는 이야기를 하는 거잖아요. 사회가 지금 무슨 변화가 일어나고 있는지, 어떤 일들이 벌어지고 있는지 알 수 있게 해주는 소통 같은 거라고 생각해요. (40대 중반 기혼, 회사원, 자녀 1, 춘천 거주)

저는 일을 마치고 집에 가면 피곤해서 텔레비전을 거의 보지 않아요. 그렇게 되면 요즘은 무슨 드라마를 하는지 무슨 프로가 재미있는지 알 수가 없고 친구들이 그런 TV 프로에 대해 이야기를 하면 저는 그 대화에 낄 수가 없어요. 이런 것처럼 뉴스를 보지 않으면 우리 사회에 무슨 일이 있고 현재 사회는 어떻게 돌아가고 있는지 알 수가 없어요. 그래서 뉴스는 저에게 세상과 통할 수 있는 정보와 가르침을 주기도 하고 사람들과 정보를 공유하면서 의사소통할 수 있는 발판을 마련해준다고 해야 할까요.(28세 미혼, 사무보조원, 홍천 거주)

저에게 뉴스란 세상과 소통하는 창구 같아요. 사실 뉴스를 통해서 우리나라의 소식뿐만 아니라 세계 여러 나라의 소식들을 다 알 수 있잖아요. 언론사가 해야 할 일은 우리 주변에서 일어나는 이야기들을 진실하게 전달하고 알려주는 것이라고 생각해요… 뉴스는 우리 모두에게 세상과 통하는 문이자

정보가 가득한 지식 사전과도 같다고 생각해요. (28세 미혼, 회사원, 서울 거주)

자신만의 바쁜 일상에 정신이 없을 때, 빠른 시간 안에 세상의 소식을 전해주고 소통하게 해주는 매개체라고 생각합니다. 또한 우리 모두가 경계심을 가지고 지켜봐야 할 존재라고 생각하기도 합니다. (47세 기혼, 자영업자, 자녀 2, 남양주 거주)

(3) 공유의 매개체로서의 뉴스

공유의 매개체로서의 뉴스는 뉴스가 다른 사람들과 세상에서 벌어진 사건이나 정보, 관점 등을 함께 알고 이해하게 해준다는 의미이다. 함께 알고 있는 소식이나 정보, 관점 등이 있어야 다른 사람들과 소통할 수 있기 때문에, 이러한 공유는 다른 사람들과 소통할 수 있는 기반을 마련해준다. 우리가 외국 코미디의 내용을 알아들어도 웃을 수 없는 경우 원인 중 하나는 외국인들이 경험하고 있는 사회적 맥락을 공유하고 있지 않기 때문이다. 특정 시기에 일반 사람들에게 통하는 상식이나 트렌드가 존재하는 것도 사람들이 공통적으로 알고 있는 지식이나 경험, 사회적 맥락이 있을 때 가능하다. 인터뷰 참여자들은 이러한 사회적 공유의 의미로서 뉴스를 받아들이고 있었다.

세상 사람들이 공유하는 정보통이라 할 수 있겠네요. 현대 사회를 살아가는 모든 사람들에게 꼭 필요한 점은 세상을 바라보는 시각에 대한 많은 사람들과의 공유 아닐까요. 그런 점에서 저 또한 뉴스에 대한 신뢰도가 높기 때문에 많은 도움을 받는다 할 수 있죠. (28세 미혼, 배우, 서울 거주)

우리는 사회라는 공동체 속에서 살고 있고 같은 문화를 공유하면서 살아가고 있고, 또 다른 문화와 만나면서 결국은 지구촌이라는 세상 속에서 서로 교류해나가고 있죠. 어찌됐든 혼자 사는 세상이 아니기 때문에, 또 함께 적응하기 위해서 뉴스라는 것이 아주 중요한 역할을 하는 것이라고 생각해요. 또한 우리가 지금 서울에 살고 있지만은 저랑 다른 곳의 소식까지 들을 수가 있고 다른 사람들은 어떤 생각을 하나, 또 함께 배워갈 수 있고, 또 함께 아파하며 마음을 나눌 수 있는, 그런 것들이 중요한 거 같아요. (25세 미혼, 회사원, 서울 거주)

(4) 사회화의 매개체로서의 뉴스

사회화의 매개체로서의 뉴스는 뉴스가 사람들이 세상을 바라보는 창으로서 세상을 이해하게 해주고 그런 이해를 바탕으로 어떻게 살아가야 하는지에 대한 태도를 형성하게 해주는 존재라는 의미이다. 인터뷰 참여자들은 뉴스를 보면서 '학교 폭력은 학생들이 학교생활을 정상적으로 할 수 없게 하는 일'이라는 것, '아동을 학대하는 것은 어린이를 불행하게 만든다'는 것, '어려운 사람들을 도와가며 살아가야 한다'는 것 등 세상을 바라보는 관점을 형성하고 그에 따라 자신이 사회에서 어떻게 살아가야 하는지를 생각해보며 태도를 형성해가는 데 도움을 받게 된다고 생각했다. 뉴스가 사회화의 중요한 매개체가 되고 있음을 알 수 있다.

뉴스는 세상을 바라보는 창문인 것 같아요. 창문이 없다면 보지 못하는 것들을 창문을 통해서 바깥을 보잖아요. 그런 것처럼 뉴스가 아무래도 세상을 바라보게 해주는 창문 역할을 하지 않나 싶어요. (31세 미혼, 예식장 컨설팅, 성남 거주)

뉴스를 보지 않으면 세상과 소통이 되지 않고 정말 바보가 될 것 같습니다. 세상 돌아가는 모든 얘기들, 이슈가 되는 일들, 여러 가지 상식들과 교양, 문화 지식들, 이 모두가 뉴스를 통해서 접하고 알아가는 것이라 생각하고 있습니다. 뉴스는 제가 살아가면서 알아야 할 부분들이 많기 때문에 꼭 필요하다고 봅니다. 어렸을 때에는 어른들이 뉴스를 보면 '재미도 없는 걸 왜 보는 걸까?'라고 생각한 적도 있었는데 제가 어른이 되고 보니 뉴스는 사람이 살아가는 데 있어서 반드시 접해야 하는 것이라고 생각합니다. 그래야 좀 더 사람답게 살 수 있지 않을까요? (51세 기혼, 회사원, 자녀 2, 포천 거주)

신호등이라고 해야 되나요? 우리들이 앞으로 나아가야 할 방향을 제시해주는 역할인 것 같아요. 저도 뉴스를 통해서 많은 새로운 사실들을 알게 돼요. 좋은 사건이든 나쁜 사건이든 어쨌든 발생하게 되면 그것을 통해 많은 정보와 사실들을 나머지 사람들은 알게 되고 조심하고 대처하게 되거든요. 예를 들어서 판교 추락사건 같은 것 말이에요. 사고를 당한 사람들에게는 안타까운 일이지만, 그 일을 통해서 앞으로는 그와 같은 사고가 일어나지 않게 우리들은 준비하고 조심할 수 있게 되는 것 같아요. 뉴스는 그처럼 사람들에게 앞으로의 행동과 방향을 제시해주는 신호등 역할을 하고 있다고 할 수 있을 것 같아요. (49세 기혼, 가게 운영, 자녀 1, 춘천 거주)

게임의 법칙? 세상을 어떻게 살아가야 될지 알 수 있게 되는 것 같아요. 야구든 축구든 규칙을 알아야 재미가 있고 의미가 있듯이 새로운 걸 알게 되는 의미도 있어요. 연장선상의 이야기지만 다른 사람들이 어떻게 살고 어떤 생각을 갖는지 알게 해줘요. (42세 미혼, 보험설계사, 인천 거주)

(5) 생활의 매개체

생활의 매개체으로서의 뉴스(필수품으로서의 뉴스)는 뉴스가 살아가는 데 꼭 알아야 할 정보이고 일상생활에 없어서는 안 되는 반드시 필요한 존재라는 의미이다. 뉴스를 생활의 필수품이라고 생각하는 여성들은 '삶의 일부', '행정병', '밥'과 같은 존재라는 표현을 사용했다. 경제 관련 정보는 경제적인 손해를 막아주며, 정치나 국제뉴스는 시대에 뒤떨어지지 않게 해준다는 점에서 뉴스는 없어서는 안 되는 필수품이라는 것이다. 직업 관련 뉴스를 많이 보는 여성들 대부분은 뉴스의 중요성을 인식하고 있었다. 직장을 다니지 않거나 외부 활동이 많지 않은 주부 중에도 일부는 뉴스가 다른 사람과의 대화 소재를 제공해주고, 다양한 정보를 전달해주며, 세상과 연결해주는 통로로서 없어서는 안 되는 중요한 부분이라고 말했다. 이런 인터뷰 내용을 통해 볼 때 여성들이 흔히 생각하는 것보다는 일상생활뿐 아니라 일이나 경제적 이익과 같은 실질적인 이유에서 뉴스가 매우 중요하다고 인식하고 있음을 알 수 있다.

> 뉴스는 꼭 필요하죠. 없으면 큰일 나는데, 있을 때는 그 소중함을 모르는 것. 요즘 젊은 사람들이 뉴스 많이 봐요? 무슨 큰일이 터지고 나서야 관심을 갖지… 그것도 관심을 가지다 말아서 무슨 내용인지 자세히 알지도 못해요. 그냥 남이 하는 말에 선동돼서 자기랑 다른 의견이면 비난하고… 자세히 안 보더라도 매일매일 무슨 일이 일어나고 있는지는 확인했으면 좋겠어요. (32세 미혼, 피아노 선생님, 서울 거주)

> 새로운 정보를 알 수 있고 살아가는 데 꼭 필요해요. 최신 뉴스를 알지 못하면 소통을 할 수 없고 피해를 볼 수도 있죠. 특히 경제 부분 뉴스를 챙겨 보지 않으면 손해를 입을 수도 있구요. 금값이나 집값의 추세 등등…(50세 기

혼, 비서, 자녀2, 서울 거주)

뉴스는 꼭 봐야 할 것, 항상 접해야 할 것이라고 생각해요. 왜냐하면 시대를 살아가면서 꼭 필요한 것이기 때문이에요. 예를 들어 경제 소식을 앎으로써 내 재산을 지킬 수 있고, 불릴 수 있지요. 또 사회 소식을 알면 국내외 정세나 해외 이슈 같은 것을 많이 접할 수 있기 때문에 시대에 뒤처지지 않을 수도 있고, 다른 사람들과의 대화에 좀 더 자연스러워질 수 있어요. (35세 기혼, 영업기획자, 자녀 2, 남양주 거주)

매일 먹는 밥 같아요. 많은 정보도 얻고, 뉴스 속에서 공부도 하고 여러 가지로 도움이 많이 되는 것 같습니다. (53세 기혼, 카페 운영, 자녀 2, 구리 거주)

매일매일 뉴스를 통해서 우리나라나 세계적으로 관련된 사건 사고를 접하죠. 그로 인해서 많은 정보를 얻어요. 뉴스에서 꼭 알아야 할 소식들도 있고 재미있는 정보도 있고 여러 면에서 이런저런 도움을 받고 있는 것 같아요. 음, 외부 세상과의 연결이라고도 할 수 있고, 정보를 습득할 수 있는 길이라고 해야 하나, 정보를 얻을 수 있는 도구라고 생각해요. 또 다른 생각을 한다면 요새는 모든 사람들이 뉴스를 많이 보고, 많이 본 뉴스들을 가지고 사람들과 함께 이야기를 나누다 보니 뉴스가 삶의 일부가 된 것 같아요. (49세 기혼, 주부, 자녀 3, 서울 거주)

뉴스는 꼭 필요한 행정병이라고나 할까요. 제가 하는 업무에 있어서 행정업무는 저보다도 행정병들이 잘 알고 있기에 항상 발 빠르게 소식을 알려주고 정보를 제공해주는 행정병이라고 생각되네요. (42세 기혼, 부사관, 자녀

2, 강원도 거주)

3) 여성들이 생각하는 뉴스의 신뢰도

여성들에게 뉴스는 '소식의 매개체'이며, '소통의 매개체', '공유의 매개체', '사회화의 매개체', '생활의 매개체'로 의미 있는 존재이지만, 그렇다고 여성들이 뉴스를 신뢰한다고 단정할 수는 없다. 그래서 뉴스를 얼마나 신뢰하는지를 물어보았다. 인터뷰 데이터를 분석해보니 뉴스를 신뢰하는 여성도 있었고 뉴스를 신뢰하지 않는 여성도 있었다. 양적인 분석이 아니긴 하지만, 인터뷰 참여자들만 봤을 때는 뉴스를 신뢰하는 여성보다는 뉴스를 신뢰하지 않는 여성이 훨씬 많았다. 뉴스가 없어서는 안 되는 필수품이지만 막상 뉴스를 들여다보면 신뢰하지 못할 부분이 많다는 것이었다.

인터뷰 내용을 분석하면서 여성들이 뉴스에 대해서 많이 고민한 경험이 있으며, 뉴스의 신뢰도를 판단하는 가이드라인을 가지고 있다는 것을 알 수 있었다. 매체별로 다른 뉴스 신뢰도를 이야기하는 여성도 있었고, 뉴스의 분야에 따라서 다른 신뢰 정도를 갖고 있는 여성들도 있었다. 조금 더 자세하게 살펴보자.

(1) 여성들이 뉴스를 신뢰하는 이유

인터뷰에서 뉴스를 신뢰한다고 이야기한 여성들이 많지는 않았지만, '신뢰도가 높은 편'이라든가, '거의 믿는 편'이라든가, '80~90%는 신뢰한다'는 이야기를 하는 여성들이 있었다. 이들이 뉴스를 신뢰하는 이유는 다양했지만, 무엇보다 공인된 미디어에 대한 신뢰가 강하기 때문인 것으로 보인다. '텔레비전이니까'(58세 기혼, 주부), '공중파 방송이기 때문에'

여성들이 뉴스를 신뢰하는 이유

- 공인된 미디어에 대한 신뢰
- 게이트키핑에 대한 신뢰
- 뉴스 장르에 대한 신뢰

여성들이 뉴스를 신뢰하지 않는 이유

- 선정적 보도 이용 경험
- 왜곡 보도 이용 경험
- 사실 은폐 보도 이용 경험

[그림 10] 여성들이 뉴스를 신뢰하는 이유 VS 신뢰하지 않는 이유

(51세 기혼, 주부), '공인된 언론사에서 국민을 상대로 공식적으로 내보내는 것이기 때문에'(40대 기혼, 주부), '전 국민이 다 보는 기사인데'(32세 미혼, 웹디자이너)라는 표현으로 공인된 미디어를 신뢰하고 있음을 밝혔다.

공중파 방송의 경우 여러 번의 게이트키핑을 거쳐 선별된 뉴스이기 때문에 신뢰할 수 있다는 분석도 인터뷰 데이터에서 찾아볼 수 있었다. 사실 공공재인 전파를 사용하는 공중파 방송이 진실된 뉴스를 전달해야 한다는 것은 누구나 다 아는 의무이자 역할이기 때문에, 이러한 반응은 지극히 당연한 것이라고 할 수 있다. 또한, 다른 프로그램도 아니고 '뉴스니까' 신뢰한다(51세 기혼, 주부)는 이야기도 들을 수 있었다. 뉴스는 사실을 전달하는 장르이니만큼 드라마나 예능 프로그램과는 다르다고 보는 것이다. 이 밖에도 '일을 하는 데 유용한 동향 등을 전달해주는 뉴스이기 때문에' 신뢰한다거나(29세 미혼, 스타일리스트), '왜곡 보도나 오보가 있어도 정정되니까'(30세 기혼, 영어강사) 뉴스를 신뢰한다고 여성들은 말했다.

> 저도 왜 텔레비전 뉴스를 그렇게 신뢰하는지는 잘 모르겠지만 그냥 다른 매체보다 더 신뢰가 가는 건 사실인 것 같아요. 특히 공영 방송들은 거의 다 믿죠. 굳이 거짓말을 방송에 내보낼까 싶은 생각도 있고요… 뉴스도 하나의 방송인데 방송을 만드는 데는 정말 많은 사람들이 필요하잖아요. 그 말은 다

시 생각해보면 많은 사람들의 손을 거쳐서 나온다는 건데, 오류라든가 뭔가 이상한 게 있으면 중간에 한 번 걸러지거나 그러지 않을까요? 제아무리 큰 힘을 가지고 있고 돈이 많은 사람이라고 해서 언론을 통제한다던가 하는 게 그렇게 쉬운 일은 아니잖아요. (51세 기혼, 주부, 자녀 2, 과천 거주)

그래도 텔레비전에 나오는 거니깐 한 70% 정도는 신뢰하죠. 신뢰할 수밖에 없죠. (58세 기혼, 주부, 자녀 2, 강릉 거주)

한 90% 정도? 전 국민이 모두 보는 기사인데 거짓 기사를 쓸 수 없으니까 신뢰성은 높다고 생각되는데 아무래도 10% 정도의 과장된 내용이나 추측성 내용이 들어간다고 생각되네요. 그래서 90% 정도 신뢰한다고 보면 되겠네요. (32세 미혼, 웹디자이너, 서울 거주)

한 70% 정도 신뢰합니다. 왜냐하면 일단은 공인된 기관에서 국민을 상대로 공식적으로 내보내는 것이기 때문에 70% 정도는 믿을 수 있다고 생각합니다. (40대 기혼, 주부, 자녀 3, 남양주 거주)

95%? 아 그냥 거의 신뢰한다고 보면 될 것 같아요, 뉴스니깐. 거의 다 믿지요. 아무리 그래도 '뉴스인데 설마'라는 생각이 가장 큰 것 같아요. (51세 기혼, 주부, 자녀 2, 과천 거주)

거의 믿는 편이에요. TV 뉴스에서도 종종 왜곡 보도가 되고 오보가 있기도 하지만 나중에 정정이 되니까요. 뉴스 보면서 '이건 뭔가 잘못된 보도일 거야' 하면서 보면 피곤하잖아요. (30세 기혼, 영어강사, 자녀 1, 서울 거주)

신뢰도가 높은 편이에요. 실제적으로 나에게 필요한 것을 프린트합니다. 뉴스를 페이스북이나 트위터에 스크랩하기도 하지만 프린트해서 회의에 나갈 때 감독님과 같이 패션에 대해 잘 모르는 사람들에게 내 의견을 주장할 때 입증할 수 있는 자료로 사용할 만큼 충분히 신뢰할 만한 자료라고 생각해요.(29세 미혼, 스타일리스트, 파주 거주)

(2) 여성들이 뉴스를 신뢰하지 않는 이유

인터뷰에 참여한 여성들 대다수는 뉴스를 별로 신뢰하지 않는다고 말했다. 이들이 뉴스를 신뢰하지 않는 이유는 선정적 보도, 왜곡 보도, 사실 은폐 보도로 이해해볼 수 있었다. 선정적 보도는 사람들의 흥미를 끌기 위해서 뉴스의 내용을 자극적으로 구성하거나, 중요하지 않은 사안을 소재의 선정성 때문에 보도하는 경우를 의미했다. 이런 선정적 보도는 '낚시성'이라는 단어와 같이 사용되는 경우가 많았는데 낚시성 기사란 주로 인터넷에서 클릭 수를 늘리기 위해 별다른 내용도 없으면서 제목만 자극적으로 뽑아 이용자들의 클릭을 유도하는 뉴스를 지칭한다. 그 결과로 무의미한 기사들, 즉 뉴스 가치가 없는 기사들이 전체 뉴스에서 많은 부분을 차지하게 되었다고 보았다.

그게 음… 좀 인터넷에서는 자극적인 기사들이 많은 것 같은데요. 사람들을 낚으려고 하는 기사들이 많아서 그런 걸 읽을 때는 좀 실망스럽고 뭐 이런 기사가 있나 하고 허무함도 느끼기 때문에 신뢰도는 좀 떨어지는 것 같아요. (32세 미혼, 편집디자이너, 춘천 거주)

예전에는 정말 그냥 보이는 대로 백퍼센트 신뢰했던 것 같아요. 그런데 요즘은 똑같은 일에 대한 뉴스 기사도 기사에 따라 왜곡되고 더 부풀려진 기사들도 많더라구요. 그리고 왜, 요즘은 아무것도 아닌 기사조차도 제목 하나로 한 명 한 명 더 클릭하게 하려고 엄청 선정적이고 폭력적이고 자극적으로 만들잖아요. 그런 제목만 보고 궁금해서 클릭했다가 속은 적도 많아요. 그래서 요즘은 무조건적으로 신뢰하지는 않는 것 같아요. (28세 미혼, 사무보조원, 홍천 거주)

그닥 신뢰가 가진 않아요. 이건 스마트폰뿐만 아니라 모든 매체가 비슷한 것 같아요. 과장되거나 왜곡된 언론플레이 같은 기사가 많다는 얘기를 많이 들었어요. 예전부터 생각해왔던 건데 요즘 기사 제목들이 자극적이고 선정적으로 변했다는 생각이 들어요. 자극적이면 괜히 더 눈길이 가고 그렇잖아요. 그래서 들어가보면 또 클릭 유도하는 낚시성 글이고.(31세 기혼, 예식장 컨설턴트, 태백 거주)

왜곡 보도는 사실과 다르게 전달하는 뉴스를 의미하며 '편파적', '객관적이지 못하다', '정치 개입', '언론사 사주의 영향'이라는 표현들과 함께 사용되었다. 여기서 중요한 것은 진실을 전달하지 않기 때문에 뉴스를 신뢰할 수 없다는 것이었다.

예전에는 뉴스에서 나오는 보도 내용이 전부 진실인 줄 알았는데, 어느 순간 보니까 왜곡되거나 사실과 다르게 언론플레이 같은 형식의 내용들이 많더라고요… 그런 이유 때문에 이제는 100프로 믿지는 않아요. (32세 미혼, 헤어디자이너, 구리 거주)

TV 뉴스는 솔직히 60% 정도. 신뢰하지 못하는 이유는 처음에 이슈화됐던 내용을 나중에 다른 내용으로 바꿔 보도하는 경우를 많이 봐서요. 최근 3주기가 된 천안함 사건을 봐도 처음 천안함 사건이 일어났을 때의 사고 시간이 나 사고 원인 등의 내용이 자꾸 바뀌어 보도되었지요. (37세 기혼, 제조업 사무직, 자녀 2, 남양주 거주)

사실 은폐 보도는 일부 사실을 누락해서 보도하거나 특정 사건을 아예 보도하지 않는 것으로, 언론이 이용자들에게 숨기는 사실이 있다는 점에 주목했다. 특히 사실 은폐 보도의 문제를 지적한 여성들은 정치적 개입에 의해 특정 사안을 숨기기 위해 다른 뉴스, 예를 들어 연예인 뉴스를 크게 터뜨리는 사례들을 이야기했다. 그래서 정보 이상의 의미를 두지 않는다는 여성도 있었다.

언론도 요즘 객관적이진 않은 거 같아요. 약간, 뭔가 정치적 개입이라든지… 그런 생각한 지가 좀 오래된 거 같아요. 그 당시에 중요한 사건을 묻기 위해서 뭔가 하나 빵 터뜨려서 전부 도배를 하잖아요. 모든 언론사, 인터넷 사이트에서 그 내용만 나올 때 좀 회의감 들어요. 이거 말고 분명히 중요한 사안이 있을 텐데… 그럼 이제 음모론에 빠지죠. 국회에서 뭐하나, 정책에는 손 놓고 있는 거 아닌가. TV에서 나오는 거를 신뢰한다기보다는 정보 얻는 용이죠. 신뢰가 아니라. 아, 저런 일도 있었나 보다. (27세 미혼, 사회복지사, 서울 거주)

우리나라 사람들 사이에서 많이 오고 가는 이야기 중 하나가 정부나 국회의원들이 비리나 문제를 덮기 위해 연예인을 이용한다고 하잖아요. 그 부분에 대해서 어느 정도 동의하는 바입니다. 실제로 정부에서 국민들이 반대하는 정책이나 법을 통과시킬 때 그 뉴스가 나오고 나서 정말 갑자기 연예인들의 사건 사고가 터지면서 사람들의 관심이 옮겨져요. 자연스레 정치적인 문

제들은 덮어지고 결국 없었던 일이 되는 거죠. (28세 미혼, 회사원, 서울 거주)

TV에서는 듣기 좋은 말들이 많이 나와요. 또 우리들이 알면 안 되는 소식을 분명 속이고 있을 거예요. 인터넷 뉴스에서 봤는데 사람들이 그러더라고요, 뉴스에서는 숨기고 있는 사실들이 많다고. 우리나라는 분단 국가이기 때문에 북한에 대한 소식이 많을 것이 분명한데, 우리 국민들에게 이야기 해주지 않는 것 같아요. 또 잘못된 정치에 대해서는 잘 나오지 않을 거예요. 특히 민감한 사항인 대통령에 대해서는 모두들 뉴스에서 함부로 이야기 못 할 거예요. 그렇게 되면 뉴스에서는 당연히 듣기 좋은 달콤한 말들로 기사를 쓰게 되고, 우리는 잘못된 내용을 알게 될 거 같아요. 또 사람들과 이야기할 때 같은 사건에 대해서 알고 있는 사실들이 다를 때가 많아요. 잘못된 내용들과 부풀려진 이야기를 그대로 뉴스에 내보내고, 사실이 아닌 내용들을 진짜라고 믿고 있는 사람들이 많기 때문이에요. (49세 기혼, 가게 운영, 자녀 1, 춘천 거주)

이처럼 언론을 신뢰할 수 없게 된 데에는 여성들이 가진 몇 가지 경험이 작용한 것으로 보인다. 그중 하나는 세월호 사건에 대한 보도를 접하면서 기자들이 사실을 정확하게 보도하지 못했다는 것이었고, 또 하나는 인터넷에서 다른 이용자들이 기사에 달아놓은 댓글을 보면서 기자들이 기사를 잘못 전달하고 있다는 것을 알게 된 것이었다. 이와 함께 인터넷을 통해 동일한 사건에 대한 여러 매체의 뉴스들을 비교해서 읽어보면서 잘못 전달하는 뉴스가 있다는 것을 발견한 반복적인 경험도 여성들이 뉴스를 신뢰할 수 없게 만드는 원인이 되었다.

사실 뉴스 같은 경우가 신뢰하기 되게 어려운 거 같아요. 일단 예전에 세월호 사건 있잖아요 그때도 되게 약간 편파적인 보도들이 있었고, 또 포미닛 공연을 보다가 거의 한 20명의 사람들이 맨홀에 서 있다가 떨어져서 사고를 당한 그 사건이 기억에 많이 남았는데요 안전적인 문제도 있고 그 부분들 보도를 즉각적으로 안 해주고 오히려 케이블 매체에서 보도가 빨리 되고 그랬잖아요. 일단 그 사건에 대해서는 우리나라가 안전에 대해서 많이 생각을 못하고 있고, 또 허술한 안전 문제에 대해서 중점적으로 다뤄야 할 거 같은데 그런 부분들은 지상파에서 뭔가 얘기를 제대로 안 해주는 느낌 또 제대로 조사를 하지 않는다는 느낌을 많이 받았어요. (25세 미혼, 회사원, 서울 거주)

최근까지만 해도 뉴스의 내용을 100% 신뢰하면서 별 의심 없이 수용했던 것 같아요. 그런데 세월호 관련된 사실들이 뉴스에 반영되었던 것과 다르게 인터넷에 올라온 글을 보면서 뭐가 진실인지 모르겠고 뉴스가 사실만을 보도하지 않는다는 생각을 했어요. 그리고 유병언에 관련된 뉴스도 제 딸과 아들이 다 거짓이라고, 실제로는 그 시신이 유병언이 아니라고 하면서 인터넷에 올라온 유병언 의혹 관련된 글을 보여주어 읽어보니 아니다 라는 생각을 가지게 되었지만 뉴스에서는 그런 의혹들을 깊이 파고들지 않아 왜 국민들에게 진실을 알려주지 않을까라는 생각과 앞으로는 뉴스의 내용을 그대로 수용할 수 없겠다는 생각을 하게 되었어요. (55세 기혼, 주부, 자녀 2, 남양주 거주)

'기레기'라고 들어보셨죠? 기사 같지 않은 기사들이 너무 많기도 하고, 완전히 뉴스를 100%로 신뢰한다면 그건 그 사람이 바보인 거예요. 사건 사고 기사에서 오보가 많이 나는 것 같아요. '세월호' 같은 경우에도 그래요. 처음에 무분별하게 기사가 보도되었잖아요. '전원 구조다', '카카오톡으로 살아있는 게 확인되었다' 이런 거부터 시작해서 이번에 '판교 환풍구 사고' 오보

도 있었고요. (40대 중반 기혼, 회사원, 자녀 1, 춘천 거주)

기사에 댓글이 많이 달려 있으면 항상 읽는 편인데 뭐 거의 그 기사를 쓴 기자나 그 기사에 관련된 사람을 비방하거나 헐뜯는 댓글이 대부분이기는 한데 가끔 보면 되게 설득력 있게 기사 내용을 반박하거나 논리적으로 잘 쓴 댓글이 있기도 하거든요. 그런 것들 보면, 내가 생각했던 그 기사의 의미가 단번에 바뀌는 경우도 있고, 그렇게 되면 그 기사는 더 이상 믿을 수 없게 되기도 하고 그런 것 같아요. (41세 미혼, 회사원, 서울 거주)

여성 소비자들은 미디어별로 다른 신뢰도를 나타냈다. 앞서 뉴스를 신뢰하는 여성들의 인터뷰에서 알 수 있듯이, 대체로 공중파 텔레비전 뉴스를 신뢰하고 인터넷 뉴스를 신뢰하지 않는 여성들이 많았으나, 인터넷이나 스마트폰 뉴스를 신뢰한다고 말하는 여성들도 있었다.

라디오의 경우 신뢰도가 높은 편입니다. 실제로 인터넷 뉴스보다 정확하고 객관적인 정보를 전달한다는 인식이 강하게 듭니다. 하지만 신속성이라는 면에서 인터넷에 접속해서 얻는 뉴스 정보가 갖는 의미 또한 엄청나죠. (28세 미혼, 배우, 강남 거주)

저는 거의 스마트폰으로 뉴스를 보기는 하지만 그래도 텔레비전으로 보는 것이 제일 신뢰가 가는 것 같은데요. 텔레비전 뉴스도 전부 다는 아니고 채널마다 약간 다르긴 한 것 같아요. 요즘엔 케이블 채널도 지상파랑 견줄 수 있을 만큼 많이 발전을 했잖아요. 그래도 아직은 아무래도 지상파가 더 믿음이 가는 것 같아요. 지상파 채널 중에서도 저는 KBS 뉴스가 가장 신뢰가 가요. 저는 거의 텔레비전으로 뉴스 볼 때는 KBS로 봐요. 방송 시간이 다르니까 가

끔 SBS나 MBC도 보긴 하는데… (41세 미혼, 회사원, 서울 거주)

똑같은 사실과 내용이지만 다음이나 네이버 같은 인터넷 매체나 방송사에 따라서 편파적인 면이 있는 것 같아서 70~80% 정도만 신뢰하고 나머지는 비평적 시각에서 취사선택해서 보려고 노력하는 편입니다. (45세 기혼, 공무원, 자녀 2, 춘천 거주)

평화신문과 평화방송에서 얻는 종교적인 정보는 100%에 가깝게 신뢰하는 편이에요. 하지만 인터넷으로 사회 전반적인 정보를 얻을 때에는 제목이 갖고 있는 뉘앙스를 유의하여 살펴보고, 비슷한 주제의 다른 기사를 찾아본 후에 생각을 정리하는 편입니다. 인터넷 기사의 경우 70%에서 80% 정도 신뢰하고 있습니다. (47세 기혼, 자영업자, 자녀 2, 남양주 거주)

텔레비전에서 방영하는 뉴스의 내용보단 어쩌면 스마트폰으로 보는 뉴스의 내용이 더 신뢰가 가는 것 같고 인터넷에 글을 올리는 것은 자유이니 자신의 생각과 의심되는 점들은 파고 들어가며 글을 올리기 때문에 핸드폰으로 보는 뉴스를 텔레비전에서 하는 뉴스보단 신뢰를 갖고 읽곤 합니다. (55세 기혼, 주부, 자녀 2, 남양주 거주)

여성 소비자들은 기사 내용에 따라서도 다른 신뢰도를 보였다. 수치로 명확하게 제시되는 경제 기사는 신뢰하지만 정치 기사는 신뢰하지 않는다는 여성들도 있었고(49세 기혼, 간호사; 49세 기혼, 주부), 반대로 정치 기사는 신뢰하지만 경제 분야 뉴스는 신뢰하지 않는다는 여성도 있었다(57세 기혼, 주부). 연예 기사에 대해서는 믿는 여성도 있었고 그렇지 않은 여성도 있었다. 또 한 여성은 같은 사건 기사라도 사건이 일어났다는 것

자체는 신뢰하지만 사건의 원인에 대한 뉴스는 신뢰하지 않는다고 말했다(42세 미혼, 보험설계사). 단순 사실의 전달은 믿을 수 있지만 사건의 해석이나 관점은 믿기 힘들다는 것이다.

사회면에 나오는 사건 기사, 예를 들어 '명동 호텔건설 현장에서 화재 발생으로 노동자가 죽었다'라는 기사가 나오면 100퍼센트 신뢰해요. 하지만 '명동 호텔 화재 발생 원인이 노동자의 부주의로 밝혀졌다'는 기사가 나오면 신뢰하지 않는 편이에요. 노동자의 부주의가 공기를 맞추기 위해 철야를 거듭한 것인지, 아니면 현장수칙을 무시하고 새참에 음주한 노동자에 기인한 것인지, 그러한 수면 아래가 궁금하기 때문에 신뢰하지 않죠. 저 같은 경우 매체의 특성이 신뢰의 유무를 좌지우지하지는 않아요. 기사 내용 자체를 놓고 생각해볼 수 있는 부분이라고 생각해요. (42세 미혼, 보험설계사, 인천 거주)

정치 분야는 신뢰가 많이 가죠. 일단 정치 분야는 정부에서 이렇게 했다는 것을 누구든지 보기 쉽게 옮겨 적은 것이기도 하고 나랏일 가지고 거짓으로 하면 안 되니깐 아무래도 신뢰가 가고 가장 신뢰가 안 가는 건 경제 분야인 거 같은데 무조건적으로 신뢰를 안 하는 건 아니고 어느 정도는 왠지 못 믿겠다는 거예요. 경제 정책 같은 건 믿기야 하는데 주식 관련 기사는 어느 회사가 잘 된다더라 같은 거는 아무래도 신뢰를 100%는 못 하겠네요. (57세 기혼, 주부, 자녀 2, 서울 거주)

물가나 경제 성장에 관한 이야기들에 대한 신뢰도는 거의 100% 가까이 되는 것 같아요. 물가나 경제 성장에 관한 것은 정확히 수치화되어 있는 것이기 때문에 공중파 방송에서 정확하지 않은 정보를 내보내면 국민들의 반발을 살 수 있어요. 하지만 정치인들의 이야기는 별로 신뢰하지 않아요. 그리고 언론이 정부에게 감시당하고 간섭당하고 있다는 소리를 많이 들어서 그런지 국민들은 정부와 언론사 사주에 의한 언론 간섭에 대해 상당한 우려를 갖고 있는 것 같아요. 언론사 사주는 우리가 보고 있는 언론의 사건 보도 방향에 영향을 끼치기 때문에 반드시 사라져야 한다고 생각합니다. 뉴스란 건 정말 객관적이어야 하고, 어느 한쪽으로 치우치지 않고 공정하게 보도해야 한다고 생각해요. 왜냐하면 사람들은 각기 다른 생각을 가지고 있는데, 그 각기 다른 생각을 가진 국민들에게 그 문제에 대해서 스스로 판단할 수 있도록 정보를 있는 사실 그대로 보도해야 하는 것이 바로 뉴스의 의무라고 생각하거든요. 하지만 요즘엔 인터넷 기사를 보더라도 기자의 주관적인 생각이 지나치게 개입되어 있는 뉴스가 많더라고요. 똑같은 사건을 다루는 기사라도 그 기사를 작성한 기자가 누구냐에 따라 내용이 다르니까 오히려 혼란만 온다는 생각이 들어요. (49세 기혼, 간호사, 자녀 2, 춘천 거주)

정치적인 뉴스에 대해서는 50% 정도 신뢰해요. 정치인들은 약간의 연기를 하는 것 같아서, 100% 믿을 만하다고 생각지 않아요. 국민들이 투표를 했을 때, 투표를 조작하는 경우도 있고, 사람들에게 정확한 정보를 알려주는 것이 아니라 거짓말을 해서 그걸 믿게 하니까 정치 뉴스는 그렇게 많이 믿지는 않아요. 정치 기사 말고 다른 경제나 연예 뉴스는 거의 90% 이상 신뢰합니다. 경제는 수치로 나타내고, 정확한 정보를 많이 알려주죠. 연예 뉴스는 뭐 연예인들 사생활이나 스캔들일 경우 처음에는 아니라고 해도 나중에는 진실로 밝혀지니까 어느 정도 믿게 돼요. 모든 기사를 완벽하게 신뢰하지는 않아요. (49세 기혼, 주부, 자녀 3, 서울 거주)

4) 여성이 지향하는 뉴스 vs 여성이 지양하는 뉴스

인터뷰에 참여한 여성들의 발언들을 분석해서 여성들이 지향하는 뉴스와 여성들이 지양하는 뉴스가 무엇인지 표로 만들어보았다(〈표 59〉). 이 표를 만들기 위해, 먼저 인터뷰 데이터에서 여성들이 지향하는 뉴스와 관련된 문단과 지양하는 뉴스와 관련된 문단을 선택해서 정리했다. 이렇게 선택된 문단들을 대상으로 대칭될 수 있는 지향하는 뉴스와 지양하는 뉴스를 선정해보았다. 이렇게 선정된 여성들이 지향하는 뉴스와 지양하는 뉴스를 유사한 항목끼리 묶어보았다. 그 결과 여성들이 지향하는 뉴스와 지양하는 뉴스는 저널리즘의 원칙, 뉴스의 지향점, 보도방식, 뉴스의 내용 구성, 뉴스의 형식 구성 등 5가지 유목으로 도출할 수 있었다. 5가지 유목 중 뉴스의 형식 구성에 대한 인터뷰 데이터는 매우 미미했다. 그러나 중요한 유목이라는 판단이 들어서 연구자의 생각을 포함해서 정리했음을 밝힌다. 각각 유목별로 살펴보자.

(1) 저널리즘의 원칙

여성들이 지향하는 뉴스에서 나타난 저널리즘의 원칙은 진실 보도(정직한 뉴스), 공정 보도, 정확한 보도, 독립적인 보도(외압에서 자유로운 뉴스), 화합적 여론 형성으로 정리해볼 수 있었다. 반면, 여성들이 지양하는 보도는 사실 은폐 보도(거짓 뉴스), 왜곡 보도, 추측성 보도, 외압에 영향받는 보도(정부/언론사주/광고주 등), 대립적 여론 형성이었다.

사실을 은폐하거나 거짓으로 만들어진 뉴스를 보도하는 것에 대해 인터뷰 참여자들은 강한 문제제기를 했으며 뉴스는 정직하게 진실을 전달해야 한다는 점을 강조했다. 미디어에서 나오는 뉴스가 진실을 전달하지 못하는 뉴스라는 걸 인식한 여성들은 진실을 알기 위해 인터넷에서 다양

〈표 51〉 여성이 지향하는 뉴스 vs 여성이 지양하는 뉴스

	여성이 지향하는 뉴스	여성이 지양하는 뉴스
저널리즘 원칙	진실 보도(정직한 뉴스)	사실 은폐 보도(거짓 뉴스)
	공정 보도	왜곡 보도
	정확한 보도	추측성 보도
	독립적인 보도 (외압에서 자유로운 뉴스)	외압에 영향받는 보도 (정부/언론사주/광고주 등)
	화합적 여론 형성	대립적 여론 형성
뉴스의 지향점	인권 중시 뉴스	인권 침해 뉴스
	정의사회 지향 뉴스	기득권 중심 뉴스
	청소년 친화 뉴스	청소년 유해 뉴스
보도 방식	발굴 보도	짜집기식 보도 (보도자료 전달 보도)
	탐사 보도	단발성 보도
	검증된 보도	확인 없는 보도
	전문화된 보도	비전문화된 보도
뉴스의 내용 구성	좋은 뉴스(미담 뉴스)	나쁜 뉴스(범죄/갈등 뉴스)
	유용한 뉴스	무의미한 뉴스
	질 높은 뉴스(알찬 뉴스)	선정적인 뉴스(낚시성 뉴스)
뉴스의 형식 구성	창의적 형식	도식화된 형식
	자유로운 글쓰기	도식화된 글쓰기

한 정보를 찾아보는 등 진실을 알기 위한 노력을 기울이기도 했다. 인터뷰 데이터를 보면, 뉴스에 달린 댓글은 여성들이 진실에 가까워지는 데 도움을 주고 있었다는 것을 알 수 있었다. 또 인터뷰에 참여한 여성들은 정부 중심적인 관점에서 접근하는 뉴스의 문제점을 지적하면서 공정한 보도의 원칙이 지켜져야 한다고 말했다. 이와 함께 추측성 보도의 문제를 지적한 여성들은 기자의 추측이 아닌 정확성의 원칙을 지킨 뉴스가 만들

어져야 언론이 신뢰를 회복할 수 있다고 보았다.

외압에서 자유로운 독립적인 언론이 필요하다는 지적도 나왔다. 정부가 개입하거나 언론사주의 영향을 받아서는 안 된다고 보았으며, 특히 미디어가 광고주에 의해 뉴스를 잘못 보도해서는 안 된다는 점도 확실하게 인식하고 있었다.

> 세월호 사건은 개인적으로 특히 좀 미심쩍은 면이 많은 사건이었던 것 같아요. 맨 처음에야 뉴스에서 보도하는 내용을 다 믿은 건 사실이지만 점점 시간이 지날수록 믿을 수 없다는 느낌을 받은 것 같아요. 처음에 뉴스에서 보도한 내용들이랑 뭔가 말이 안 맞는다는 느낌? 그리고 주변 사람 반응들도 믿지 못하겠다, 거짓말을 하고 있는 것 같다, 국민들을 속이는 것 같다고 하고요. 그래서 그때 좀 화가 많이 났어요. 그때만큼은 처음으로 텔레비전 뉴스를 보다가 인터넷 뉴스를 더 보게 됐던 시기인 것 같아요. 인터넷은 기사 아래에 댓글이 있잖아요. 그것도 하나하나 다 읽어봤어요. 아 그러니까 하고 싶은 말은 모든 매체가 다 진실을 전해야 하는 건데 그 진실을 왜곡한다거나 할 때, 국민들이 진실을 알기 위해서 그 내막을 하나하나 다 벗겨가면서 우리가 스스로 찾아내게 만드는 것. 그거는 정말 아니라고 생각해요. 눈 가리고 아웅 하는 식인 거잖아요. 그건 아니죠. 항상 진실만을 이야기해주는 게 뉴스가 해야 할 역할 중에서도 가장 우선시되는 중요한 역할이라고 생각해요. (51세 기혼, 주부, 자녀 2, 과천 거주)

> 뉴스란 것은 새롭고 정직하게 그리고 정확하게 보도된 정보라고 생각해요. 그 정보는 세계 모든 곳에서 현재 시시각각 일어난 혹은 일어나고 있는 모든 사건에 관한 것이죠. 그러니까 저는 뭐, 제일 뻔한 이야기일 수 있지만 가장 중요하다고 생각하는 게 객관적이고 공정했으면 좋겠어요. 점점 사람들이

언론에 대한 신뢰가 무너지고 있다고 생각해요. 저 또한 그렇고요. 이것은 언론 매체들이 정부의 감시를 받고 있고 억압당하고 있어 마냥 공정하고 있는 사실 그대로를 보도할 수 없기 때문이라고 생각해요. 국민에게는 알 권리가 있는데 그것마저 제한받는 것은 너무 불공평하다는 생각이 들어요. 또 요즘에는 이러한 여론 형성이 너무 정치적 대립 구조를 만들고 있는 것 같아요. 현대 사회에 와서 발생한 역기능 같아요. 여론 형성의 기능은 결과적으로 대중이 커다란 힘을 발휘할 수 있다는 점에서 분명히 순기능이지만, 정치적 대립적인 여론 형성의 기능은 역기능이라고 생각합니다. (49세 기혼, 간호사, 자녀 2, 춘천 거주)

(2) 뉴스의 지향점

인터뷰에 참여한 여성들이 지향하는 뉴스와 지양하는 뉴스를 토대로 뉴스의 지향점을 정리해보면, 인권 중시 뉴스, 정의사회 지향 뉴스, 청소년 친화 뉴스였다. 대신 인권 침해 뉴스, 기득권 중심 뉴스, 청소년 유해 뉴스는 지양되어야 한다고 보았다. 인터뷰에 참여한 여성들은 뉴스의 대상이 되는 개인의 인권이 침해당하고 있다는 점을 지적했다. 그러한 인권 침해의 원인 중 하나는 조회수나 시청률을 올리려는 언론의 선정적인 보도라는 분석도 있었다. 이처럼 시청률 경쟁이나 조회수 경쟁이 낳은 선정주의적인 보도는 청소년에게 유해한 뉴스도 만들어내고 있는데 이러한 청소년 유해 정보는 뉴스가 지양해야 할 보도라고 보았다.

인터뷰 참여자들은 우리 사회를 조금 더 나은 사회로 발전시키는 데 뉴스가 기여하기 위해서는 정의사회를 지향하는 뉴스가 되어야 한다고 보았다. 정의사회를 지향하는 뉴스는 잘못된 사건이 다시는 발생하지 않도록 사회를 변화시킬 수 있는 뉴스를 보도해야 하고 그러려면 기득권 계층을 제대로 비판하는 뉴스가 되어야 한다고 보았다.

연예나 정치, 경제 등의 내용과 관련해 지나치게 자극적인 내용을 충분한 검열 없이 보도해 개인의 인권을 해치는 경우가 너무 흔하지만 뉴스가 이에 대한 책임의식은 매우 소홀하다는 생각이 많이 들죠. 조회수나 구독률, 시청률을 올리는 것도 중요하지만 국민, 특히 아동, 청소년들에게 해가 될 수 있는 가십성 기사나 부적절한 내용의 기사, 뭐 혼전임신이나 자살에 대해서는 뉴스의 파급력과 영향력을 고려하여 조심스럽게 보도할 필요가 있다고 생각해요. (38세 기혼, 임상심리전문가, 자녀 1, 춘천 거주)

일단 제가 보는 사회적인 면에서는 사회를 더 나은 쪽으로 변화를 시키는 것이 뉴스의 중요한 역할이고 가장 정확하게 보도를 하고 기자들이, 취재하는 사람들이 먼저 정확한 시선으로 보고, 잘못된 사건이 일어났을 때 제대로 변화를 시킬 수 있게 해야 한다고 생각을 하거든요. 뉴스를 보는 사람들이 청년들이라면 먼저 청년들이 제대로 된 사회관과 가치관을 가져서 제대로 볼 수 있고 함께 힘이 되어야 하는 거고, 고위층 사람들이라면 그 뉴스를 보고서 다시는 그런 안 좋은 일들이 일어나지 않게끔 되돌릴 수 있는 방향으로 제대로 보도를 해야 한다고 생각합니다. (25세 미혼, 회사원, 서울 거주)

대부분 제목을 보고 기사를 읽는데 들어가면 사실이 아닌 걸 사실인 양 단어를 빼먹고 쓰거나, 특히 개인, 연예인 같은 경우는 피해를 보는 경우가 많은데 그런 사람은 기자로서의 자격을 주지 말아야 하고, 또 그 기자를 고용해서 쓰는 언론사는 과감히 퇴출할 수 있는 제도가 마련되었으면 합니다. (40대 기혼, 주부, 자녀 3, 남양주 거주)

(3) 보도 방식

인터뷰 참여자들은 지향해야 하는 보도 방식으로 발굴 보도, 탐사 보도, 검증된 보도, 전문화된 보도를 들었다. 반면, 짜깁기식 보도(보도자료 전달 보도), 단발성 보도, 확인 없는 보도, 비전문화된 보도는 지양해야 한다고 보았다. 잘못된 보도 방식이 반복되면 관행으로 굳어져 바뀌지 않는다는 점에서 보도 방식에 더욱 관심을 가질 필요가 있다. 또 어떻게 취재하고 어떤 방식으로 보도하는지에 따라 뉴스의 내용과 뉴스의 지향점이 달라지기 때문에 보도 방식이 중요하다고 할 수 있다.

문제는 인터뷰에 참여한 여성들이 지향해야 할 보도 방식으로 본 발굴 보도, 탐사 보도, 검증된 보도, 전문화된 보도는 찾아보기가 힘든 반면, 지양해야 할 보도 방식으로 본 짜깁기식 보도(보도자료 전달 보도), 단발성 보도, 확인 없는 보도, 비전문화된 보도는 너무나 쉽게 찾아볼 수 있다는 점이다. 인터뷰에 참여한 여성들은 인터넷에 마구 올라오는 짜깁기식 기사에 대해 많은 문제제기를 했다. 그러나 인터넷뿐 아니라 신문이나 텔레비전 뉴스에서 새롭게 발굴해서 보도하는 뉴스가 많지 않다는 점도 지적했다. 특히 신문에서조차 '왜' 이런 일이 일어났는지에 대해 깊이 있게 파고 들어가 취재하는 탐사 보도는 찾아보기 힘들다고 말했다. 대부분의 기사들이 단발성 보도에 그치고 있다는 것이다.

> 기존에 있는 기사를 짜깁기 식으로 가져오는 엉터리 기사, 또는 흔히들 말하는 누구나 기자가 될 수 있을 것 같다는 생각이 들게 만드는 올바르지 못한 기사는 지양해야 한다고 생각해요. (28세 미혼, 배우, 강남 거주)

> 신문은 한 꼭지를 읽고 나면 자연스레 '왜'라는 단어가 튀어나와요. 근데 '왜'에 대한 답변은 역시 해주지 않아요. 신문의 일반 기사는 시간적, 비용적 한계와 매일 아침 독자에게 제공되어야 하는 신문의 특성상 현상의 한 겉모습으로서 사실만을 전달할 수밖에 없기 때문이 아닐까 생각해봤어요. (42세

미혼, 보험설계사, 인천 거주)

무엇보다 많이 지적된 문제는 확인 없는 보도였다. 여러 각도에서 검증해서 보도하지는 못하더라도 최소한의 확인도 없이 보도한 뉴스들이 많았다고 인터뷰 참여자들은 말했다. 이렇게 확인 없는 보도가 나오는 가장 큰 이유로는 속보성을 들었다. 검증을 통한 정확한 보도를 하기보다 조금 부족하더라도 빨리 보도하는 데 치중하다 보니 잘못된 뉴스가 양산되고 있다는 분석이다. 더구나 빨리 보도하느라고 잘못된 뉴스를 내보내고 나서 그 사실을 알았더라도 이전에 올린 기사를 수정하거나 정정 보도를 하지 않는다는 점도 문제로 지적되었다.

> 기자들이 기사를 너무 빨리빨리 올리려고 사실 검증 과정 없이 쓰는 바람에 사실이 왜곡된 기사들이 많은 것 같아요. (50세 기혼, 비서, 자녀 2, 서울 거주)

> 확인되지 않은 정보들이 기사로 쓰인다는 점입니다. 소문으로 도는 이야기들을 아무 근거 없이 기사로 작성하고 나서 사실이 아닐 때 수정되거나 고쳐진 기사들은 많이 올라오지 않거나 관심이 식는 경우가 대부분입니다. (28세 미혼, 회사원, 서울 거주)

> 빠르게 전달하려고 하다 보니, 제대로 확인이 되지 않은 채 뉴스가 방송되는 것 같아요. 또 사람들의 관심을 끌기 위해 앞다투어 방송사에서 먼저 내보내려고 정확하지 않은 내용을 방송해요. 물론 그분들의 노력과 마음은 이해가 갑니다. 그런데 전달되는 속도보다 우리들에게 중요한 건 정확한 내용이에요. 뉴스가 가져야 할 기본도 정확과 신속이거든요. 신속만을 중요하게 여

긴다면 뉴스라고 말할 수 없을 것 같아요. (49세 기혼, 가게 운영, 자녀1, 춘천 거주)

이와 함께 전문화된 보도가 필요하다는 의견도 나왔다. 뉴스 소비자들이 정보를 탐색해서 기사의 오류를 찾아낼 정도로 적극적이고 지식의 수준도 높은 반면, 뉴스는 소비자들의 이러한 눈높이를 맞춰줄 만큼 전문성 높은 뉴스를 생산하지 못한다는 지적이다. 과거처럼 기자들만 1차 정보원에 접근하는 시대가 아니라 지금은 기자뿐 아니라 뉴스 소비자들도 1차 정보원에 접근해 정보를 확인할 수 있는 시대이다. 단순 사실을 짜깁기해서 보도하는 뉴스에서 나아가 전문성을 가지고 분석하고 새로운 전망을 도출해내는 뉴스들을 여성들은 갈구하고 있는 것이다.

최근에는 정보의 원천이 너무 다양하며, 구독자들의 수준이 매우 높고, 기사를 적극적으로 탐색하여 오류를 찾아내는 데에도 높은 수준을 갖추고 있으므로 각 정보에 대한 전문성을 더 철저히 갖춰야 한다고 생각해요. (38세 기혼, 임상심리전문가, 자녀 1, 춘천 거주)

(4) 뉴스의 내용 구성

뉴스란 무엇인가를 설명하면서 흔히들 '개가 사람을 물면 뉴스가 안 되지만 사람이 개를 물면 뉴스가 된다'라는 예를 많이 든다. 늘 일어나는 일이 아닌 일탈적인 사건이 뉴스가 된다는 의미이다. 그런데 매스미디어에서 나오는 뉴스에서 다루어지는 이러한 일탈은 좋은 일보다는 나쁜 일인 경우가 많다. 연쇄살인범이나 학교 폭력, 성폭행 사건 같이 특이하면서 안 좋은 사건들이 대부분이다. 게다가 이런 뉴스들은 대안을 제시하는 경우가 많지 않다. 그냥 세상이 무섭고 범죄 사건이 많이 일어난다는 것만을 전달해주는 것이다.

인터뷰에 참여한 여성들은 이런 뉴스들이 조금 줄어들고 대신 마음을 따뜻하게 해주는 '좋은 뉴스'를 조금 더 많이 전달해주기를 원했다. 어떤 사람들은 그런 '좋은 뉴스가 뉴스인가?'라는 의문을 가질 수도 있다. 뉴스가 무엇인지에 대한 근본적인 질문으로 넘어가 논의를 하자면 매우 복잡해질 것이기 때문에 그런 논의는 제외하고, 인터넷 등장 이후 훈훈한 미담들이 우리 사회의 주요 의제로 등장한 사례가 얼마든지 많다는 것을 기억한다면 여성 인터뷰 참여자들이 말하는 '좋은 뉴스'도 얼마든지 뉴스로 보도될 수 있다는 걸 알 수 있다. 예를 들어 홍대 앞에서 길거리에 앉아 계신 할머니에게 자신의 목도리를 벗어서 감아준 여대생의 이야기, 일명 '홍대 목도리녀'는 인터넷에서 화제가 되어 공중파 방송의 저녁 종합뉴스에까지 보도될 만큼 '뉴스'로서의 가치를 빛냈다. 이런 미담 뉴스 역시 사건 뉴스와 마찬가지로 기사의 한 종류이다. 인터뷰에 참여한 여성은 이런 미담 뉴스를 지향해야 하는 뉴스로 이야기했다.

> 일단은 뉴스는 신속하고 정확한 정보를 내보내야 하구요. 그러면서도 국민 모두가 신뢰할 수 있는, 공감할 수 있는 특별한 뉴스, 좋지 않은 사건사고보단 긍정적인 내용의 보도를 크게 했으면 좋겠습니다. 사회가 하도 험하니 안 좋은 것은 큰 이슈가 되고, 좋은 내용은 크게 이슈가 되지 못하는 것 같습니다. 안 좋은 것은 빨리 매듭을 짓고, 좋은 것은 칭찬을 크게 해주었으면 좋겠습니다. (40대 기혼, 주부, 자녀 3, 남양주 거주)

또 인터뷰에 참여한 여성들은 요즘 아무 의미도 쓸모도 없는 뉴스들이 넘쳐나고 있다는 문제점도 지적했다. 여성들은 이러한 무의미한 뉴스를 지양하고 유용한 뉴스를 지향해야 한다고 보았다. 왜 쓰는지 모르겠는 뉴스들이 너무 많다는 것, 게다가 그런 무의미한 뉴스들이 반복적으로 생산된다는 점이 문제라는 지적도 나왔다. 무의미한 뉴스들이 관행적으로 생산되고 있다는 것이다.

> 요즘에는 드라마나 예능 프로그램을 보고 요약한 것 같은 기사가 많더라고요. 왜 쓰는 건지 잘 모르겠어요. 물론 새로운 소식이기도 하고 프로그램을 보지 못한 특정 계층에게는 유용한 정보가 될 수도 있지만, 기자라면 좀 더 모험적이고 진취적인 기사를 썼으면 하는 생각이 들더라고요. 물론 그런 기사에 대한 댓글도 좋지 않아요. 같이 보면서 썼냐, 내가 써도 그것보단 잘 쓰겠다 등의 의견이 대다수이죠. (49세 기혼, 간호사, 자녀 2, 서울 거주)

> 다른 기자들의 기사 등을 긁어다가 성의 없이 쓴 기사나 사진만 크게 하고 내용은 두 줄 정도밖에 되지 않는, 정보를 얻을 수 없는 기사는 필요가 없다고 생각합니다. 쓰지 않았으면 좋겠습니다. (29세 미혼, 스타일리스트, 파주 거주)

이처럼 무의미한 뉴스가 생산되는 데에는 뉴스 미디어들의 선정주의적인 보도 태도가 주요한 원인으로 작용한 것으로 보인다. 많은 인터뷰 참여자들이 지적한 낚시성 기사 대부분은 읽는 이에게 아무런 도움을 주지 못하는, 무의미하면서 질 낮은 뉴스이다. 여성들은 인터넷에서 조회수를 올리기 위해 자극적인 제목을 달고, 별다른 정보가 없는 선정적인 소재의 뉴스를 메인 뉴스로 뽑는 편집 관행을 꼬집었다. 이런 선정적 보도는 인터넷 뉴스에만 해당되는 것은 아니다. 기존 연구에서 보면, 신문 등 기존 미디어에서도 선정적 보도 관행은 쉽게 찾아볼 수 있는 현상이다. 한 예로 성폭력 사건 보도가 범죄 사실을 불필요하게 자세하게 보도하거나 자극적으로 보도되고 있다는 것을 기존 연구들(권수현, 2005; 최영애, 1999; 최현주, 2009)은 밝히고 있다. 인터뷰 참여자들은 대부분 이러한 선정적인 뉴스를 지양해야 한다고 말했으며, 대신 질 높은 뉴스를 지향해야 한다고 보았다. 질 높은 뉴스는 조금 추상적인 표현이기는 하지만 사건을 있는 그대로 보도하되, 심층적인 내용을 담으며 실질적인 대안까지 제시하는 뉴스를 의미하는 것으로 보인다.

> 요즘 뉴스는 너무 바뀐 것 같아서 아쉬운 생각이 많이 들어요. 점점 뉴스가 본질을 잃어가고 사람들이 보고 싶어 하는 것만을 위해서 만들어진다는 생각이 들어요. 옛날에 방송되었던 뉴스를 보면 확실히 느낄 거예요. 뉴스의 본질에 맞게 바른 뉴스가 되었으면 하는 바람이 있어요. (49세 기혼, 가게 운영, 자녀 1, 춘천 거주)

> 범죄 때문에 아주 많이 걱정됩니다. 딸이 셋이기 때문에 그런 뉴스가 나올 때마다 이걸 보게 해야 하는지부터 시작해서 걱정이 많이 됩니다. 이런 뉴스들을 관리 없이 내보내기만 하고 방안 같은 부분은 부족한 것 같은데 많이 보안을 해서 앞으로는 내보낼 수 있었으면 좋겠습니다. (40대 기혼, 주부, 자녀 3, 남양주 거주)

(5) 뉴스의 형식 구성

인터뷰 데이터에서 뉴스의 형식과 관련된 발언은 별로 찾아볼 수 없었다. 한 명의 여성 참여자가 뉴스가 비슷한 양식에 내용만 바뀐다는 점을 지적하면서 정형화된 포맷의 문제점을 지적했다. 정형화된 포맷에 거의 동일한 글쓰기 스타일로 뉴스가 생산되는 관행을 주목한 발언으로, 창의적인 형식의 필요성을 의미하며 도식화된 글쓰기에서 벗어나야 한다는 의미로 해석해볼 수 있다. 대학에서 학생들이 기사 쓰기를 배울 때나 수습기자들이 사건 기사를 취재하면서 역피라미드 형식의 정형화된 글쓰기 스타일을 배우는 것에서 알 수 있듯이, 이것은 아주 오래된 관행이다. 저널리즘 연구에서 역피라미드 형식의 기사 쓰기는 객관화를 유지하기 위한 전략적 관행(Tuchman, 1972)이다. 그러나 이런 관행도 지금 이 시점에 필요한 관행인지 생각해볼 필요가 있겠다. 여성들이 지향하고 있는 뉴스 생산에 적합한 형식은 창의적이고 자유로운 글쓰기가 아닐까 조심스럽게 유추해본다.

> 한 예로 지금 연예 기사는 영화, 드라마, 스포츠뿐이라는 느낌이 강하게 들어요. 그것 또한 전문화되어 있지 않고 비슷한 양식에 내용만 바뀌어서 올라오죠. 솔직히 말해서 누구든 조금만 연습하면 그런 정형화된 포맷의 기사는 얼마든지 만들어낼 수 있는 시스템이죠. (28세 미혼, 배우, 서울 거주)

이번 장에서는 뉴스 소비자로서의 여성을 조명해보았다. '여성은 뉴스를 좋아하지 않으며 뉴스를 별로 이용하지 않는다'라는 우리 사회의 고정관념이 과연 맞는지를 점검해보기 위해, 먼저 뉴스 소비 행태를 기사와 통계 데이터를 통해 살펴보았다. 그리고 여성들은 뉴스를 왜 이용하고 있고 뉴스에 어떤 의미를 부여하고 있는지, 또 여성들은 뉴스를 얼마나 신뢰하고 있는지, 그리고 마지막으로 여성들이 지향하는 뉴스는 무엇인지 고찰해보았다.

기사에 나타난 남녀의 미디어 소비는 한마디로, '남성은 신문을 읽고, 여성은 TV를 본다'는 것이었다. 이러한 표현은 '남성은 뉴스를 읽고 여성은 드라마를 본다'는 고정관념과 같은 맥락에 놓여 있다. 그러나 통계청의 통계 데이터를 통해서 본 뉴스 이용 실태는 이러한 고정관념과는 달랐다. 1996년의 경우 여성의 61.9%, 2009년에는 여성의 63.8%(인터넷 신문 포함), 2013년에는 65.8%(인터넷 신문 포함)가 신문을 구독하고 있는 것으로 나타나,[9] 1990년대부터 2010년대에 이르기까지 여성 10명 중 6명이 종이 신문 또는 인터넷 신문을 통해 뉴스를 읽고 있음을 알 수 있다. 물론 남성 10명 중 8명이 종이 신문 또는 인터넷 신문으로 뉴스를 이용하고 있는 것과 비교하면 상대적으로 종이 또는 인터넷 신문을 통해 뉴스를 접하는 비율이 낮긴 하지만, 이것이 여성들은 뉴스를 보지 않는다는 것과 일맥상통하는 것은 아니다. 신문을 읽는 비율에 여성들이 남성보다 많이 이용하고 있는 텔레비전 뉴스까지 포함하면 뉴스를 이용하는 여성들의 비율은 훨씬 높아지므로 뉴스를 소비하는 여성의 수가 결코 적다고 말할 수 없다. 특히 2013년 통계(통계청, 2013)를 보면, 여성의 32.2%가 '거의 매일', 20.3%는 '1주일에 3~4회' 종이 신문을 보았고, 여성의 47.4%는 '거의 매일', 24.4%는 '1주일에 3~4회' 인터넷 신문을 보는 것으로 나타났다. 즉 여성의 52.3%는 1주일에 3회 이상 신문을 읽고, 여성의 71.8%는 1주일에 3회 이상 인터넷 신문을 읽고 있기 때문에 다수의 여성들이 꾸준히 뉴스를 소비하고 있다고 봐야 할 것이다.

미디어별 뉴스 이용 비율을 보면, 여성이 남성보다 많이 이용하는 것은 텔레비전 뉴스와 잡지 뉴스이고, 여성이 남성보다 이용하지 않는 미디어 뉴스는 종이 신문과 고정형 인터넷 뉴스, 모바일 앱 뉴스, 라디오 뉴스이다. 이런 현상의 원인으로는 라이프 스타일과 자신을 위한 '미디어 이용 투자'의 차이를 생각해볼 수 있다.

우선 라이프 스타일의 차이는 여성보다 남성이 직장에 다니는 경우가 많아 직장인의 라이프 스타일이 남성에게서 더 많이 나타나기 때문으로

9 통계청, 「2000 사회통계조사」.

유추해볼 수 있다. 즉 라디오 뉴스는 여성보다 출퇴근을 하는 직장 남성이 많아 출퇴근할 때 자동차 안에서 라디오 뉴스를 더 많이 접하는 것으로 보인다. 또 고정형 인터넷 뉴스도 직장 생활을 많이 하는 남성들이 직장에서 항상 켜져 있는 PC를 통해 손쉽게 인터넷 뉴스에 접속할 수 있기 때문이다. 두 번째로 자신을 위한 '미디어 이용 투자'의 차이는 자신의 미디어 이용을 위해 경제적인 투자를 얼마나 하느냐의 차이라고 설명할 수 있는데, 여성들, 특히 주부들은 남성에 비해 스마트폰 같은 뉴미디어를 구입하는 데 경제적으로 투자하기 힘들다는 점에서, 모바일을 통한 인터넷 뉴스 이용이 적을 수밖에 없다.

한편 뉴스 이용에 있어서 여성이 남성보다 관심도가 높은 분야는 문화예술과 교육/육아 분야였고 다른 분야는 남성보다 관심이 낮은 것으로 나타났다. 그러나 남성보다는 관심이 낮았지만, 여성들도 국내정치, 국제, 과학기술/IT, 주식/증권/부동산을 제외한 다른 분야에서는 5점 척도에서 '보통' 이상의 관심을 갖고 있고, 국내정치, 국제, 과학기술/IT, 주식/증권/부동산 분야도 모두 2.64 이상의 관심도를 나타내고 있으니(한국언론진흥재단, 2014) 관심이 없는 분야는 아니라는 것을 알 수 있다. 이 밖에 건강(4.03), 식생활/요리/살림(3.62), 날씨(3.50), 의복/패션(3.48), 쇼핑/상품정보(3.45) 관련 뉴스에 대한 여성의 관심도는 남성의 관심도보다 높았다. 당연한 결과이지만 여성에게 사회에서 부여한 '자녀 양육'과 '가정 경제'와 관련된 분야의 뉴스에 대한 관심은 대단히 높으며, 다른 분야에 대해서도 보통 정도의 관심은 갖고 있는 것으로 이해해볼 수 있다.

이런 통계 데이터를 통해 볼 때, 여성은 남성보다 뉴스를 많이 이용하지는 않지만, 뉴스를 꾸준히 이용하고 있고 다양한 분야에 관심을 갖고 있는 소비자이다. 그런데도 우리는 늘 '남성'이라는 기준점을 들이대면서 여성이 뉴스에 관심이 없을 뿐더러 뉴스를 이용하지 않는다는 고정관념을 이야기하고 있는 것이다. 또 남성을 기준점으로 한 비교 때문에, 여성은 "남성 따라잡기"식의 뉴스 읽기에 노력을 기울이게 된 것(박동숙, 1998)이라고 할 수 있다.

기존 연구를 보면, '미디어의 능동적 해독의 관점'과 '이용자와 텍스트의 상호작용 관점' 모두 이용자의 해독이 매우 중요하다는 것을 인정하고 있지만, 뉴스 연구에서 여성들이 어떻게 뉴스를 소비하는지에 대한 연구는 그동안 거의 이루어지지 않았다. 뉴스는 여성 장르가 아니라는 고정관념과 뉴스를 소비하는 주체로서의 여성에게 관심을 기울이지 못한 학문적 풍토 때문인 것으로 생각된다. 이것은 여성의 뉴스 소비 행위를 중요하게 생각하지 않는, 여성을 주변화하는 또 하나의 현상이라 할 수 있다. 이런 맥락에서 뉴스 소비자로서의 여성에 주목해서, 여성들이 뉴스를 어떻게 소비하는지를 고찰해보았다.

인터뷰 데이터를 분석해본 결과, 여성은 '소식의 매개체', '소통의 매개체', '공유의 매개체', '사회화의 매개체', '생활의 매개체(필수품으로서의 뉴스)'라는 의미를 뉴스에 부여하고 있었다. 여성들은 뉴스가 세상의 소식을 전달해줌으로써 세상과 소통할 수 있게 해주며 다른 사람들과 세상사를 공유하게 해주고, 세상을 바라보는 시각을 제시해주기 때문에 어떻게 살아갈지를 알려주며, 일상생활에서 없어서는 안 되는 필수품이라고 인식하고 있었다.

그러나 이렇게 중요한 의미를 지닌 뉴스에 대해 여성들은 많은 신뢰를 갖고 있지 않았다. 우리 언론이 많은 문제점을 갖고 있기 때문으로 보인다. 인터뷰에서 뉴스를 신뢰한다고 이야기한 여성들이 많지는 않았지만, 그들은 '공인된 미디어이기 때문에', '게이트키핑을 거쳐 선별된 뉴스이기 때문에', '뉴스는 사실을 전달하는 장르이기 때문에', '왜곡 보도나 오보가 있으면 정정 보도가 이루어지기 때문에' 뉴스를 신뢰하고 있었다.

이에 반해 뉴스를 신뢰하지 않는다고 말한 여성들은 선정적 보도, 왜곡 보도, 사실 은폐 보도를 자주 경험했기 때문에 뉴스를 신뢰하지 않는 것으로 나타났다. 선정적 보도는 사람들의 흥미를 끌기 위해서 뉴스의 내용을 자극적으로 구성하거나, 중요하지 않은 사안을 소재의 선정성 때문에 보도하는 경우를 의미했다. 왜곡 보도는 사실과 다르게 전달하는 뉴스를 의미했는데 '편파적', '정치 개입', '언론사 사주의 영향'이라는 표현들과 함께 사용되었다. 왜곡 보도를 이야기하는 데 있어 여성들이 지적한 것은 뉴스가 진실을 전달하지 않는다는 점으로, 그렇기 때문에 뉴스를 신뢰할 수 없다는 것이었다. 사실 은폐 보도는 일부 사실을 누락해서 보도하거나 특정 사건을 아예 보도하지 않는 것으로, 언론이 이용자들에게 알리지 않고 숨기고 있는 사실이 있다는 점을 주목했다. 이처럼 언론을 신뢰할 수 없게 된 데에는 여성들이 가진 몇 가지 경험이 작용한 것으로 보인다. 기자들이 사실을 정확하게 보도하지 못했던 세월호 사건 보도를 접한 경험과 인터넷 댓글을 통해 기자들이 기사를 잘못 전달하고 있다는 것을 알게 된 경험, 인터넷을 통해 동일 사건에 대한 여러 매체의 뉴스들을 비교해서 읽어보면서 잘못 전달하는 뉴스가 있다는 것을 발견했던 경험 등이 여성들이 뉴스를 신뢰할 수 없게 만들었다.

한편, 여성 소비자들은 미디어별로 다른 신뢰도를 나타냈는데, 대체로 공중파 텔레비전 뉴스를 신뢰하고 인터넷 뉴스를 신뢰하지 않는 여성들이 많았으나, 인터넷이나 스마트폰 뉴스를 신뢰한다고 말하는 여성들도 있었다. 또 기사 내용에 따라서도 다른 신뢰도를 보였다. 수치로 명확하게 제시되는 경제 기사는 신뢰하지만 정치 기사는 신뢰하지 않는다는 여성들도 있었고, 반대로 정치 기사는 신뢰하지만 경제 분야 뉴스는 신뢰하지 않는다는 여성도 있었다. 이와 함께 단순한 사실의 전달은 믿을 수 있지만 사건의 해석이나 관점은 믿기 힘들다는 의견도 있었다. 그만큼 뉴스가 신뢰받지 못하고 있다는 것을 보여준다.

그렇다면 여성들은 어떤 뉴스를 지향하고 있을까? 여성들이 지향하는 뉴스와 지양하는 뉴스는 저널리즘의 원칙, 뉴스의 지향점, 보도 방식, 뉴스의 내용 구성, 뉴스의 형식 구성 등 다섯 가지 유목으로 도출할 수 있었다. 여성들이 지향하는 뉴스에서 나타난 저널리즘의 원칙은 진실 보도(정직한 뉴스), 공정 보도, 정확한 보도, 독립적인 보도(외압에서 자유로운 뉴스), 화합적 여론 형성이었다. 반면 여성들은 사실 은폐 보도(거짓 뉴스), 왜곡 보도, 추측성 보도, 외압에 영향받는 보도(정부/언론사주/광고주 등), 대립적 여론 형성은 지양해야 한다고 보았다. 또 인터뷰에 참여한 여성들은 인권 중시 뉴스, 정의사회 지향 뉴스, 청소년 친화 뉴스를 뉴스의 지향점으로 보았다. 대신 인권 침해 뉴스, 기득권 중심 뉴스, 청소년 유해 뉴스는 지양되어야 한다고 보았다. 이와 함께 여성들은 발굴 보도, 탐사 보도, 검증된 보도, 전문화된 보도를 지향해야 하는 보도 방식이라고 말했다. 반면, 짜깁기식 보도(보도자료 전달 보도), 단발성 보도, 확인 없는 보도, 비전문화된 보도는 지양해야 한다고 보았다. 잘못된 보도 방식이 반복되면 관행으로 굳어져 바뀌지 않는다는 점에서 보도 방식에 더욱 관심을 가질 필요가 있다. 또 어떻게 취재하고 어떤 방식으로 보도하는지에 따라 뉴스의 내용과 뉴스의 지향점이 달라지기 때문에 보도 방식이 중요하다고 할 수 있다.

뉴스의 내용 구성과 관련해서는 좋은 뉴스(미담 뉴스), 유용한 뉴스, 질 높은 뉴스(알찬 뉴스)를 지향해야 한다고 여성들은 인식했다. 반면 나쁜 뉴스(범죄/갈등 뉴스), 무의미한 뉴스, 선정적인 뉴스(낚시성 뉴스)는 지양해야 한다고 보았다. 인터뷰 참여자들은 마음을 따뜻하게 해주는 '좋은 뉴스'를 조금 더 많이 보여주기를 희망했으며, 왜 쓰는지조차 이해할 수 없는 무의미한 뉴스들이 반복적으로 생산되는 관행도 문제점으로 지적했다. 이처럼 무의미한 뉴스가 생산되는 데에는 언론의 선정주의적인 보도 태도가 원인이라며 선정적인 뉴스를 지양해야 한다고 말했으며, 대신 질 높은 뉴스를 지향해야 한다고 보았다. '질 높은 뉴스'는 조금 추상적인 표현이기는 하지만 사건을 있는 그대로 보도하되, 심층적인 내용을 담으며 실질적인 대안까지 제시하는 뉴스를 의미하는 것으로 보인다. 또 정형화된 형식에 도식화된 글쓰기 관행에서 벗어나 창의적인 형식의 자유로운 글쓰기의 필요성도 제기되었다.

이와 같이 여성들이 뉴스에 부여하고 있는 의미나 여성들이 지향하는 뉴스는 여성뿐 아니라 남성들도 비슷한 경향을 나타낼지도 모른다. 그럼에도 불구하고 이러한 연구가 의미를 갖는 것은 뉴스 소비자로서 여성에 주목해서 여성의 인식을 이해하고자 하는 노력이 거의 이루어지지 않았기 때문이다. 여성들이 가지고 있는 뉴스의 의미가 무엇인지에 대한 이해와 여성들이 지향하는 뉴스를 바탕으로, 뉴스 생산 과정과 뉴스의 보도 방식이 달라졌으면 하는 바람이다. 그래야 남성 중심적인 뉴스에서 벗어나 양성 평등적인 뉴스로 발전할 수 있기 때문이다. 그것은 여성들이 지향하는 뉴스에서 알 수 있듯이, 언론이 나아가야 할 올바른 길이다. 그렇기 때문에 뉴스 소비자로서 여성들이 하고 있는 이야기에 언론이 귀를 기울일 필요가 있다.

인터뷰 내용을 분석하면서 여성들이 뉴스에 대해서 많은 고민을 하고, 뉴스의 신뢰도를 판단하는 가이드라인을 가지고 있다는 것을 알 수 있었다. 또 미디어에서 나오는 뉴스가 진실을 전달하지 못하는 뉴스라는 걸 인식한 여성들은 진실을 알기 위해 인터넷에서 다양한 정보를 찾아보는 등 진실을 알기 위한 노력을 기울이기도 했다. 인터뷰 참여자들은 직접 뉴스를 작성해 올리는 적극적인 시민들은 아니었지만 진실을 전달하는 뉴스를 갈구하고 있었고, 진실을 담은 뉴스를 찾으려고 애쓰고 있었다.

지금까지 실제적인 여성의 뉴스 소비를 보여주는 통계 데이터와 기존 연구, 여성 참여자들의 인터뷰 데이터를 분석해보았다. 이를 통해 확실하게 알 수 있었던 것은 여성들은 뉴스의 끊임없는 소비자이며, 뉴스에 중요한 의미를 부여하고, 뉴스를 주체적으로 소비하고 있다는 점이다. 또 여성들 스스로 뉴스를 판단하는 기준을 갖고 있었으며 뉴스가 지향해야 할 바를 알고 있었다. 이것은 뉴스 소비자로서의 여성의 중요성을 확인시켜준다.

6장

양성 평등적인 뉴스 제작을 위한 제언

1. 한국 사회에서 여성의 지위와 뉴스 제작 현실

양성 평등적인 뉴스 제작을 위한 제언을 하기에 앞서, 먼저 1장에서 5장까지의 내용을 요약하면서 한국 사회에서의 여성의 지위와 뉴스 제작 현실을 종합해보자. 1970년대부터 2000년대에 이르기까지 한국 사회에서 여성의 위치를 살펴본 결과, 여성들의 의식은 크게 변화했지만 한국 사회의 현실은 그런 변화에 발맞추지 못하고 있다는 것을 알 수 있다. 일부 고학력 엘리트 여성들이 법조계나 공무원 등으로 진출하는 경향이 높아진다는 사실을 근거로 마치 여성의 경제활동 상황이 매우 좋아지고 있는 것처럼 인식되고 있지만, 2000년대 들어서도 남성에 비해 여성은 임시 · 일용직의 비율이 높고, 2010년대에 들어서는 시점에도 여성 비경제활동 인구는 남성 비경제활동 인구의 두 배나 되었다. 여성의 비경제활동 사유로 여전히 육아와 가사가 높게 꼽히고,[1] 결혼한다는 이유로 퇴사를 강요하는 기업이 존재하는[2] 등 2010년대에도 여전히 결혼과 육아·가사의 부담은 여성의 자유로운 경제활동을 가로막고 있다. 그나마 여성 취업자 중 전문·관리직 종사자가 지속적으로 상승하는 추세라는 점은 다행이다. 그러나 전문직에 진출한 젊은 여성들이 정책 결정의 핵심적 지위에 도달할 수 있을지는 미지수이며, 정책 결정의 핵심적 지위에 오른 여성들이 자신의 의사를 마음껏 펼칠 수 있는 사회적·조직적 문화가 정착될 수 있을지는 향후 20년 이상은 두고 봐야 할 일이다.

1990년~2000년까지 여성 기자가 쓴 체험기를 분석한 연구 결과를 보면, 뉴스 생산 과정에서 여성 배제기제가 존재하고 있고 그로 인해 여성은 뉴스 조직으로부터 소외되어 있었다. 취재 영역에서 권위적 정보 수집, 비윤리적 타협 문화, 비공식적 커뮤니케이션, 전통적 여성관은 여성을 배제하는 기제로 작용하고 있었고, 남성적 유대관계, 연성뉴스에 대한 평가 절하, 여성 기자(들)에 대한 정형화 등은 뉴스 조직에서 여성 배제기제로 작용하고 있었다. 또 사적 영역에서는 가사·임신·육아 등이 강력한 여성 배제기제로 작용했다. 권위적 정보 수집, 비윤리적 타협 문화, 비공식적 커뮤니케이션 등의 공적 영역에서의 배제기제와 임신·육아 등 사적 영역에서의 배제기제는 2016년 4월에 있었던 여성커뮤니케이션 학회 라운드테이블에 참여한 여성 미디어 종사자[3]들의 토론에서도 그대로 언급되어 2017년이 된 지금 시점에도 계속되고 있는 배제기제라는 것을 알 수 있었다.

이처럼 여성 기자들이 공적·사적 배제기제에 의해 소외된 결과가 뉴스에 어떻게 나타나고 있는지는 2장에서 소개한 연구 결과를 통해 알 수

1 〈女취업 6년만에 감소〉, 《매일경제》 2010년 3월 7일 기사.

2 〈저출산시대에.."결혼하면 그만둬라"〉, 《SBS 8》 2016년 3월 8일 방송.

3 MBN 김은혜 앵커와 SBS 은지향 PD 토론 내용.

있다. 분석 결과, 남성 기자가 생산한 뉴스보다 여성 기자들이 생산한 뉴스가 성역할 고정관념이 낮았으며, 양성 평등의식도 높게 나타났다. 이것은 남성 중심적인 뉴스 관점에서 벗어나 양성 평등적인 뉴스를 제작하기 위해서는 무엇보다 여성 저널리스트의 언론사 진입 확대가 시급하다는 것을 보여준다.

다행히도 2000년대 중반부터 뉴스 생산 조직에 입사하는 여성의 비율이 점차 증가했다. 그럼에도 불구하고 뉴스 편집권에 영향을 행사할 수 있는 고위직에 진출한 여성의 숫자는 매우 적다. 뉴스 생산 조직 내에서 여성 인력이 제대로 활용되지 못하고 있는 것이다. 이러한 현상의 원인은 여러 가지가 있으나, 무엇보다 뉴스 조직은 객관적인 업무 능력의 평가가 어려운 가운데 조직 내에서 영향력을 행사하는 핵심 그룹(대부분 남성)이 존재하고, 이러한 그룹에 의해 부서 배치와 보직 등의 인사가 이루어지는 특징을 가지고 있다는 점이 중요한 원인으로 지적된다.

남성 간부들은 여성 기자들이 취재나 업무 수행 능력 면에서는 우수하지만 조직 내 문화에 잘 융화되지 못하고, 특히 기혼 여성들은 사적 영역으로부터의 제약이 업무 수행 능력의 저하로 직결되는 경우가 많기 때문에 남성 기자들에 비해 조직으로부터 환영받기 어렵다고 보았다. 반면 여성 간부들은 이와 같은 문제에 대해서 여성을 둘러싼 사회 전반의 인식이 개선되어야 함을 지적했다. 위계질서가 강한 뉴스 생산 조직은 남성 위주의 문화가 뿌리 깊이 박혀 있는 조직이라는 것이다. 조직 내에서 핵심 그룹에 속하지 못한 여성들은 나름대로 자신의 영역과 업무에 최선을 다하지만 그런 모습이 개인주의적이거나 조직원으로서의 자세가 결여된 여성의 특징으로 간주되고, 이는 곧 여성의 보직과 승진의 배제로 이어지고 있다는 것이 여성 간부들의 시각이었다.

이러한 현실에도 불구하고 저자는 뉴스 생산 조직의 진입장벽을 여성들이 어느 정도 극복해가고 있다는 점[4]과 젊은 세대에서 나타나고 있는 남녀 간의 자유로운 커뮤니케이션 문화와 사적 영역에 대한 남성들의 책임의식 증가는 희망적인 변화라고 생각한다. 그렇지만 이런 변화가 여성 기자가 겪고 있는 많은 문제들을 쉽게 해결해주지는 못할 것이다. 여성들이 진입장벽의 문은 어느 정도 극복했다 하더라도 핵심 권력으로의 진입은 여전히 어렵다. 한국 사회에서 인맥을 중심으로 한 은밀한 유대감이 형성되는 남성 중심적인 문화가 지속되는 한, 여성 기자의 취재 과정은 앞으로도 힘겨운 상황일 것이기 때문이다. 또 결혼 이후 여성이 맡게 되는 사적 영역에서의 책임이 여전히 여성 기자가 '기자'와 '조직의 구성원'으로서의 제 역할을 수행하는 데 큰 걸림돌로 작용하고 있다는 점도 간과할 수 없다.

이러한 뉴스 생산 조직에서의 여성 기자들의 배제와 소외는 곧바로 그 결과물인 뉴스에 반영되었다. 뉴스에 등장하는 여성 기자와 여성 인터뷰 참여자들의 과소재현은 1997년부터 2010년대까지 행해진 연구에서 약간의 증가세를 보이긴 했지만 꾸준히 확인되었다(김훈순, 1997; 김경모, 2003; 전지나, 2006; 조수선, 2013). 2015년을 기준으로 텔레비전 뉴스를 보도하는 기자 10명 중 여성 기자는 3명밖에 안 됐고, 여성 인터뷰 참여자는 뉴스에 등장한 인터뷰 참여자 10명 중 2.6명 수준이었다(김경희·강혜란, 2016). 또 뉴스들은 여성에 대한 고정관념을 끊임없이 재생산했다. 물론 우리 사회에 존재하는 여성에 대한 고정관념이 뉴스에서 생산된 것은 아니다. 사회구조적 특성이나 이데올로기, 문화 등으로 형성된 사회적 고정관념이 남성 중심적인 뉴스 조직에서 생산한 뉴스를 통해 끊임없이 재생산되어 우리 사회의 고정관념을 강화하고 있는 것이다. 이처럼 뉴스

4 최근 방송기자연합회의 조사에 따르면 전체 기자를 남녀 성비로 환산하면 8:2의 구도지만, 1~5년차의 비율은 4:6으로 여성 기자가 많아졌다고 한다(방송기자연합회 편집위원회, 2016. 3. 8.).

에서 여성에 대한 고정관념이 재생산되는 것은 무엇보다 특정 사안에 뉴스 가치를 부여하거나 취사선택하는 과정에서 개인적·조직적·사회적 이데올로기나 언론사의 조직 문화 등이 작용하기 때문이다. 이와 함께 비슷한 취재 통로로 유사한 취재원들을 활용하는 취재 관행과 비슷한 뉴스 서사를 통해 유사한 뉴스 프레임을 만들어내는 뉴스 구성 관행이 반복된다는 점도 고정관념을 재생산하는 중요한 원인이다.

미디어에서의 여성의 과소재현은 단순히 미디어에 여성이 자주 등장하지 않는다거나 현실에서의 모습이 왜곡된다는 것 이상의 정치적 의미를 지니며, 한 사회 내에서 여성의 힘(power)이 결핍됐다는 것을 상징적으로 보여준다(Tuchman, 1979). 이러한 맥락에서 볼 때, 뉴스에서 여성의 과소재현과 고정관념의 재생산은 한국 사회에서 아직도 여성의 힘이 스스로의 지위를 지켜낼 만큼 강력하지 못하다는 것을 확인시켜준다.

이처럼 뉴스에서의 여성의 과소재현과 고정관념의 재생산에도 불구하고 여성들은 끊임없이 뉴스를 소비하고 있다. 남성보다 여성이 종이 또는 인터넷 신문을 통해 뉴스를 접하는 비율이 낮긴 하지만, 많은 여성들이 뉴스를 이용하고 있었다. 여성들과의 인터뷰 결과를 보면, 여성들은 뉴스가 세상의 소식을 전달해줌으로써 세상과 소통할 수 있게 해주며, 다른 사람들과 세상사를 공유하게 해주고, 세상을 바라보는 시각을 제시해주기 때문에 어떻게 살아갈지를 알려주며, 일상생활에서 없어서는 안 되는 필수품으로 인식하고 있었다. 또 여성들은 인권 중시 뉴스, 정의사회 지향 뉴스, 청소년 친화 뉴스를 뉴스의 지향점으로 보았다. 인터뷰 내용을 분석하면서 여성들이 뉴스에 대해서 많은 고민을 한 경험이 있으며, 진실을 전달하는 뉴스를 갈구하고 있다는 것을 알 수 있었다. 이처럼 여성들은 뉴스의 끊임없는 소비자이며, 뉴스에 중요한 의미를 부여하고 있고, 뉴스를 주체적으로 소비하고 있었다.

2. 양성 평등적인 뉴스 제작을 위한 제언

양성 평등적인 뉴스 제작을 위해서 가장 중요한 것은 양성 평등적인 사회를 만드는 것이다. 양성 평등적인 사회가 되면, 뉴스 생산자들이나 소비자들 모두 양성 평등적인 사고로 뉴스를 만들고 소비하게 될 테니 모든 것은 자연스럽게 해결될 것이다. 그러나 양성 평등적인 사회로 나아가기란 쉬운 일이 아니다. 양성 평등의 개념조차 모르는 사람이 많으며, 양성 평등 사회의 목표가 무엇인지, 지향점은 무엇인지에 대해 사회 구성원 간에 합의된 바도 없다. 양성 평등 사회는 여성과 남성의 위치를 바꾸는 것이 아니라 여성과 남성 모두 성적 고정관념에서 벗어나 자유로워지고 인간으로서의 권리를 찾는 것이다. 그럼에도 불구하고 페미니즘 하면 반감을 갖는 사람들이 많고 여성혐오 글들이 난무한다. 또 여성의 지위가 조금 나아졌을 뿐인데 역차별이란 말이 심심치 않게 나온다. 우리 사회에서 여성이 처한 현실이 아직도 과거 20년 전보다 크게 나아진 바가 없다는 것을 제대로 전달해주는 뉴스는 적고 양성 평등 사회가 남녀 모두 특정 성 역할로부터 자유로워지는 복지 사회를 지향한다는 것을 알려주는 뉴스도 없다. 그만큼 양성 평등 사회로 나아가는 데 있어 앞으로 뉴스가 해야 할 일이 많다. 뉴스는 양성 평등 사회가 무엇이고, 우리 사회에서 남성과 여성이 성 역할 고정관념 때문에 인간답게 살고 있지 못하다는 점을 알려주어야 한다.

이런 맥락에서 양성 평등적인 뉴스 제작은 꼭 필요하다. 그러나 앞서 살펴보았듯이 뉴스를 생산하는 과정 — 취재 현장, 뉴스 조직 — 에서 이미 우리 사회의 가부장적 관습과 문화로 인해 양성 평등적인 뉴스를 만들어나가기란 너무나 힘들다. 그럼에도 불구하고 작은 변화라도 만들어 나가야 한다. 그런 노력들이 우리 사회의 가부장주의나 남녀의 성적 고정관념을 획기적으로 바꿀 수는 없겠지만, 누군가가 인간답게 살아갈 수 있는 기반을 마련해줄 수 있다면, 결코 의미 없는 몸짓은 아닐 것이다. 그런 의미에서 양성 평등적인 뉴스 제작을 위해 실천해야 하는 작은 방안 몇 가지를 제안하면서 이 책을 마무리하고자 한다.

미국 스탠포드대학교에 재직 중인 신기욱 교수가 한국에 와서 대기업 임원들을 만나보면서 가장 놀랐던 점은 한국의 기업들이 젠더 다양성을 전혀 구현하지 못하고 있다는 사실이었다고 한다.[5] 삼성이든 현대든 대기업 임원들은 모두 남성들이 차지하고 있다는 것이다. 이처럼 젠더 다양성이 확보되지 않은 사회에서 혁신은 일어나기 힘들다고 신 교수는 말했다. 미국 사회에서는 젠더 다양성이 조직의 혁신과 발전을 위해 반드시 필요하다는 믿음을 갖고 있고, 그에 대한 연구도 많이 이루어졌다고 한다.

한국 사회에서는 젠더 다양성이라는 개념 자체가 생소하며, 젠더 다양성이 혁신이나 조직의 발전에 도움이 된다는 생각을 하는 사람들은 많지 않다. 서로 비슷하고 이해하기 쉬운 같은 성끼리 일하는 것이 더 효율적이라는 생각이 오히려 지배적이다. 특히 남성끼리 서로를 인정하고 도와주는 남성적 유대는 뉴스 조직(Kim, 2006)뿐 아니라 의사 조직(주경미, 1992), 생산 중심적 조직(정경애, 1997) 등 다양한 조직 연구에서 확인되었다.

어쩌면 산업사회에서는 비슷한 사람들끼리 모여 의기투합하며 일을 추진하는 것이 더 큰 성과를 냈을 수도 있다. 하지만 지금처럼 혁신과 창의성이 중요한 사회에서는 서로 다른 관점과 특성을 가진 사람들이 다양한 의견을 공유하며 일을 추진하는 것이 더 큰 혁신과 발전을 가져올 수 있다.

5 한림대학교 정보와 기술문화 연구소 콜로키엄 발표, 2016. 2. 24.

그럼에도 불구하고 한국 사회에서는 국회위원, 대기업 임원, 대학교수, 법조인 등 모든 전문가 집단에서든 남성이 대다수를 차지하고 있다. 그나마 양성 평등기본법에 정부기관에서 위원회를 구성할 때 특정 성이 60% 이상을 자치하지 못하도록 되어 있어, 법정위원회에서는 여성이 40% 이상 차지하게 되었다. 그러나 이는 법률에 명시된 법정위원회에만 주로 적용되고 있어 법정위원회가 아닌 방송통신심의위원회 심의기구의 위원 중 여성 위원은 매우 드물다. 2015년 기준으로 방송통신위원회 및 방송통신심의위원회 위원 중 여성은 한 명도 없으며, 공영방송 KBS의 11명의 이사 중 여성 이사는 단 2명, MBC와 EBS의 이사 9명은 전원이 남성이다(심미선 · 김경희 · 강혜란, 2015). 이러한 현상은 젠더 다양성을 확보하기 위한 법적 제도화의 필요성을 반증한다.

법적 제도화와 함께 인식의 전환도 필요하다. 젠더 다양성이 한국 사회와 조직의 혁신과 발전을 위해 필요하다는 사실을 검증하는 연구들이 행해져야 하며, 그러한 연구들을 바탕으로 우리 사회 전반에서 젠더 다양성의 필요성을 인식하고 실천해나가야 한다. 젠더 다양성을 확보한 뉴스를 생산하려는 기자들의 노력은 분명히 중요하지만, 사회 각 분야를 취재하고 사회 현상을 반영한다는 뉴스의 특성을 고려할 때 취재의 대상이 되는 사회의 각 조직에서 젠더 다양성을 확보하는 일이 우선되어야 한다. 젠더 다양성 사회를 위한 우리 모두의 노력이 필요하다.

뉴스 조직에 남성 중심적 문화가 팽배하다는 것은 기존 연구에서도 공통적으로 지적되었고, 여성 기자들의 글이나 인터뷰, 토론 등에서도 수차례 확인되었다. 여성 기자들이 기자로서의 역량을 발휘하거나 여성적인 관점을 뉴스 제작에 반영하지 못하는 것은 뉴스 조직에 남성 중심적 문화가 뿌리깊게 박혀 있기 때문이다. 이러한 남성 중심적 문화에서 벗어나려면 무엇보다 여성 기자들의 수가 양적으로 늘어나야 한다. 여성 기자들이 많아져야 여성들의 문화가 형성되고 확산되어나갈 것이다. 또 이러한 여성 문화의 확산은 뉴스 조직의 정책 결정에 참여할 수 있는 여성 간부들이 늘어난다면 조금 더 빠르게 진행될 것이다.

그러기 위해서는 인사의 투명성이 확보되어야 한다. 인맥이나 비공식적인 커뮤니케이션이 아닌 투명한 인사정책을 통해 간부나 보직 인사, 부서 배치가 이루어져야 한다. 이것은 기자 직무에 대한 평가지표 등 무리한 객관화 제도의 도입을 의미하는 것이 아니다. 많은 기자들이 공감할 수 있는 기준과 인사과정의 투명한 공개를 통해 불합리한 유대감이 작용하는 것을 방지하자는 의도이다. 두 번째로는 조직의 리더로 성장할 수 있도록 다양한 부서에서 활동할 수 있는 기회가 남성과 동등하게 여성에게도 부여되어야 한다. 적어도 여성이 기회조차 갖지 못해 스스로의 경력도 관리할 수 없는 현실에서 벗어나야 한다. 세 번째로는 임신 · 육아 등을 여성 개인의 문제가 아닌, 한 사회에 소속된 조직(기업)이 감당해야 할 책임으로 인식하고 여성들이 심리적 부담에서 벗어나 직무를 수행할 수 있도록 배려해야 한다.

뉴스에 나타난 여성 재현을 분석해보면, 여성에 대한 나쁜 편향을 가지고 취재, 보도하여, 여성에 대한 고정관념을 강화하는 뉴스들이 많았다. 이러한 문제를 해결하기 위해서는 궁극적으로는 사회 구조적인 특성이나 이데올로기, 문화를 바꿔나가야 한다. 이는 체제 변화를 가져올 만한 혁명적인 사건이 있거나 아니면 아주 오랜 기간 누적된 사회적 힘이 발휘될 때 가능한 일이다. 그러나 뉴스 생산 과정에서의 보도 관행은 그보다는 쉽게 바꾸어나갈 수 있다. 물론 뉴스 생산 과정에서 보도 관행을 바꿔나가기란 결코 간단한 일은 아니다. 매일 바쁜 업무 속에서 기자들이 잘못된 관행을 찾아내기도 힘들고 그런 관행을 인지했다고 하더라도 효율적인 뉴스 생산을 위해 어쩔 수 없이 반복하게 되는 게 현실이기 때문이다.

그럼에도 불구하고 그런 관행 때문에 여성에 대한 고정관념이 재생산되고 그런 고정관념이 여성들, 특히 소외 계층 여성들이 스스로 자립해서 살아가는 데 걸림돌이 된다는 점을 고려하면, 기자들은 뉴스 생산 관행을 바꿔나가려는 노력을 게을리해서는 안 된다. 그러기 위해서 기자들이 인지하지 못했거나 인지했더라도 고치지 못하는 잘못된 관행들을 찾아내서 보여주는 연구들이 더 많아져야 할 것이다.

그런 의미에서 나쁜 관행들을 줄여나가야 한다. 먼저, 여성의 양적 과소재현에서 벗어나야 한다. 의도적으로라도 여성 앵커, 여성 기자, 여성 인터뷰 참여자가 뉴스에 더 많이 등장하도록 노력해야 한다. 질적으로도 여성 앵커와 여성 기자의 역할 비중을 높여나가야 한다. 생활, 문화를 주로 전달하는 여성 앵커나 주변 뉴스를 취재하는 여성 기자에서 벗어나 정치, 국가경제, 국제 등 다양한 영역을 전달하고 보도하는 여성 앵커와 여성 기자들이 뉴스 화면에 더 많이 등장해야 한다. 또 남성 인터뷰 참여자와 달리 시민으로서 일반적인 견해를 밝히는 여성 인터뷰 참여자만을 보여줄 것이 아니라, 전문적인 조언을 해주고 우리 사회의 미래를 전망해주는 여성 인터뷰 참여자의 비율을 늘려나가야 한다.

두 번째로 비슷한 서사구조와 뉴스 프레임에 유사한 영상화면을 담아내는 관행에서 벗어나야 한다. 선거 관련 보도에서 '기사 내 중요도' 분석을 실시해보니, 남성 후보가 여성 후보에 비해 뉴스에 먼저 등장하고 먼저 직접 인용되는 서사구조가 반복되고 있음을 알 수 있었다(윤영민 · 김경희, 2008). 또 다른 뉴스이지만 같은 영상 또는 유사한 영상을 사용하는 사례도 쉽게 찾아볼 수 있다. 미혼모 뉴스의 경우, 아무렇게나 묶여진 머리와 임신복을 입은 미혼모의 모습, 그들이 거주하는 장소 등을 담은 영상이 반복되어 보도되었는데, 이런 영상들은 범죄를 저지른 사람들을 보여주는 것처럼 다뤄졌다(김경희, 2015). 결혼 이주여성에서도 남녀를 소개하는 중개업소의 사무실 등이 자주 활용되었다(김경희, 2009). 이처럼 반복적인 뉴스 영상이 미혼모나 결혼 이주여성 등 특정 여성 집단에 대한 고정관념을 강화해나가고 있는 것이다.

세 번째로 가부장적 관점에서 뉴스를 구성하는 관행에서 벗어나야 한다. 뉴스에서의 결혼 이주여성은 한 명의 이주민이기 이전에 한국에 시집온 며느리였다. 가부장의 권위에 복종하는 구시대적인 삶을 결혼 이주여성이 살아가는 것을 미담 뉴스로 보여주었다. 미혼모 관련 뉴스 역시 미혼모를 한 명의 인격체라기보다 후손을 생산하는 여성으로 다루었다. 또 '여성 1호' 뉴스에서조차 여성을 특정 조직을 이끌어나갈 수 있는 주체적인 리더로 인정하기보다는 조직원들을 보살펴주고 도와주는 존재로 부각시켜 '여성은 보조자, 지원자'라는 고정관념을 끊임없이 재생산했다.

네 번째로, 뉴스의 선정성을 추구하는 관행에서 탈피해야 한다. 여름철 피서 관련 뉴스에서 여성의 신체를 지나치게 많이 보여주는 과잉 재현방식이나, 굳이 재연 화면까지 보여주지 않아도 충분히 이해할 수 있는 내용임에도 불구하고 미혼모가 된 과정들을 재현한 뉴스 등은 선정주의적인 보도 관행이다. 이런 뉴스들은 여름철이나 성범죄 관련 뉴스에서 지금도 자주 볼 수 있다.

이렇듯 나쁜 관행들이 만연한 우리 뉴스에서 좋은 관행이 될 수 있는 뉴스 사례들이 있다는 것은 그나마 다행이다. '새로운 취재원의 발굴', '새로운 관점 찾기', '소외 계층 여성들을 위한 뉴스 만들기'가 그것이다. 이런 뉴스 생산 과정이 우리 언론의 보도 관행으로 자리 잡는다면, 뉴스가 여성들에 대한 고정관념을 재생산하고 강화시키는 나쁜 편향에서 벗어날 수 있을 것이다.

2016년 여성커뮤커뮤니케이션학회는 '새로운 연결 만들기: 미디어 안과 밖의 여성들'이라는 주제로 봄철 학술대회를 열었다. 양성 평등 사회를 지향하는 양성 평등적인 미디어 콘텐츠 제작을 위해서는 여성들의 연대가 무엇보다 중요하다는 인식에서 마련된 자리였다.

양성 평등적인 뉴스 제작을 위해서나 양성 평등적인 사회를 만들어나가기 위해서 가장 중추적인 역할은 여성들이 담당하게 될 것이다. 지금까지 여성들이 함께 노력해서 한국 사회를 바꿔나간 일은 아주 많다. 1970년대 여성 노동자들의 희생과 노력이 한국 사회의 산업화와 민주화에 큰 기여를 했고, 여성 시민운동가들의 노력을 발판으로 호주제가 철폐되고 양성 평등기본법이 만들어졌다. 그런 노력 덕분에 우리 사회에서 여성의 지위는 조금씩 상승해왔고 남성과 여성이 성 역할 고정관념에서 벗어날 수 있는 사회적 기반이 마련되었다.

그러나 그러한 사회적 변화를 미디어 안의 뉴스는 따라가지 못하고 있다. 단순하게 뉴스에 나타난 여성들의 특성만 보더라도 1990년 후반이나 2010년대 중반이나 별로 차이가 없다. 여성 앵커는 여전히 보조적인 역할을 담당하고 뉴스에 등장하는 여성 기자들과 여성 인터뷰 참여자들은 각각 전체 기자와 인터뷰 참여자의 30%도 되지 못한다. 한국 사회의 현실조차 제대로 반영하지 못하는 게 우리 언론의 현주소이다.

이런 뉴스의 생산과 재현 문제를 해결하기 위해서 미디어 안 여성들과 미디어 밖 여성들의 새로운 연결 만들기가 필요하다. 미디어 안 여성들이 직급과 역할(기자, PD, 작가, 편집 등)을 불문하고 서로 연대하고 미디어 조직 안에서의 여성 문제를 끊임없이 제기하고 해결해나가야 한다. 또 미디어 밖 여성들도 뉴스 소비자로서 언론을 감시하고 언론이 제 역할을 충실하게 할 수 있도록 건강한 비판 활동을 계속해나가야 할 것이다. 이와 함께 미디어 안 여성들과 미디어 밖 여성들의 새로운 연결 만들기도 필요하다.

현실적으로 여성들이 연대해나가는 일은 쉽지 않다. 한국 사회를 살아가는 여성들에게는 여성이기 때문에 감당해야 하는 현실적인 일들이 너무도 많기 때문이다. 사회에서 책임져주지 않는 출산과 육아 문제는 여성의 사회 진출과 여성의 연대에 큰 장애물이다. 그럼에도 불구하고 여성들이 새로운 연결 만들기를 하지 않는다면, 양성 평등적인 한국 사회는 결코 만들어지지 않을 것이다. 여성들이 함께 고민하고 함께 해결 방안을 만들어가면서 미디어 안과 밖에서 양성 평등적인 한국 사회를 만들어나가는 데 힘을 모아야 할 때이다.

참고문헌

강경녀(2004). 『대학에서의 여학생 지원 실태 비교: 「중앙일보 2002 대학평가」 종합순위 20위권 이내 대학을 중심으로』. 인하대학교 행정대학원 석사학위 논문.

강문희 · 강혜련(1986). "대학졸업여성의 직업관 및 유망직종 분석에 관한 연구(1)." 『여성연구논총』, 서울여자대학교 여성연구소, 2(1), 35-50.

강현두 · 배규한 · 권호연 · 이창현 · 김동명(1999). "한일대학생들의 한일문화 및 사회에 대한 상호인식과 매체이용: 상호지향성 모형의 적용." 『한국방송학보』, 15(1), 7-44.

고정자(1983). "미혼남성의 가족의식에 관한 연구." 『한국가정관리학회지』, 1(2), 89-106.

곽호완 · 박창호 · 이태연 · 김문수 · 진영선(2008). 『실험심리학용어사전』. 시그마프레스.

권수현(2005). "밀양 성폭력 사건과 언론의 2차 폭력: 시청률 경쟁에 가린 피해자 인권." 『신문과 방송』, 409, 82-85.

김경모(2003). "텔레비전 뉴스의 성 역학구도 재생산 보도 관행과 저널리스트의 성차: KBS, MBC, SBS의 저녁종합뉴스 내용분석." 『한국방송학보』, 17(3), 197-238.

김경희(2009). "텔레비전 뉴스 내러티브에 나타난 재한 이주민의 특성." 『한국방송학보』, 23(3), 7-46.

_____(2014). "테크놀로지로부터의 소외가 가져온 즐거움의 격차." 『한국방송학보』, 28(4), 38-73.

_____(2015). "뉴스 구성 관행과 고정관념의 재생산: 텔레비전 뉴스의 미혼모 보도 사례 분석." 『미디어, 젠더 & 문화』, 30(1), 5-46.

김경희 · 박지윤(2004), "인터넷 여성전용공간과 남녀공존공간에서의 여성이용자의 이용 동기와 이용 태도에 대한 비교 연구." 『한국방송학보』, 18(3), 475-520.

김경희 · 강혜란 (2016). "여성의 과소재현과 상징적 소멸: 텔레비전 뉴스 프로그램에서의 젠더 구조를 중심으로." 『미디어, 젠더 & 문화』, 31(3), 53-96.

김동규(2000). "사회갈등 보도의 새로운 방향 찾기." 『한국언론학보』, 45(1), 5-32.

김민정 · 유명기 · 이혜경 · 정기선(2006). "국제결혼 이주여성의 딜레마와 선택." 『한국문화인류학』, 39(1), 159-193.

김선남(2001). "TV 뉴스 수용에 대한 여성주의적 접근." 『한국방송학회』, 11, 436-50.

_____(2002). "매매춘 관련 TV 뉴스의 프레임 분석." 『한국방송학보』, 16(2), 41-76.

김선형(2006). 『2차노동력의 경제활동참가에 관한 연구: 여성 및 10대, 노령 남성노동력을 중심으로』. 건국대학교 석사학위논문.

김성희 (2006). 『여성 인력 활용 정책의 효과 연구』. 중앙대학교 교육대학원 석사학위논문.

김세은(2002). "통제 메카니즘으로서의 언어와 말하기." 『한국언론학보』 46(3), 80-115.

김애라(2003). "신문보도에 나타난 성역할 이데올로기에 관한 담론분석: 장상 및 장대환 총리 지명자에 대한 '조선일보' 및 '한겨레신문' 관련기사를 중심으로."

『여성정책논집』, 3, 93-116.

김양자(2001). "남녀 차별적인 언론보도 개선 및 여성 기자 위상강화방안: 언론분야 성 주류화(gender mainstreaming)의 의미와 과제." 2001 여기자 세미나 발표논문.

김혜순(2006). "한국의 '다문화사회' 담론과 결혼 이주여성." 『동북아 "다문화"시대 한국 사회의 변화와 통합(동북아시대위원회 용역과제 06~8)』 12, 13-44.

김훈순(1997). "텔레비전 뉴스 속의 성의 역학." 『한국방송학보』, 9, 147-178.

_____(2004). "한국 언론의 젠더 프레임: 범죄뉴스와 여성." 『한국언론정보학보』, 27, 63-91.

김훈순 · 김명혜(1996). "텔레비전 드라마의 가부장적 서사전략." 『언론과 사회』, 12, 6-50.

나은영(2002). "여성의 뉴미디어 이용과 가치관: 이동전화와 인터넷을 중심으로." 『한국방송학보』, 16(2), 77-115.

남재일(2005). "한국 기자의 사건중심보도 아비투스." 『한국언론학회 가을철 정기학술대회』, 167-174.

노동부(1980). 『매월노동통계조사보고서』 1980년 12월호.

_____(1990). 『매월노동통계조사보고서』 1990년 12월호.

노미혜 · 강정숙 · 이상경 · 제갈정(1986). 『여성관련 사회통계 및 지표』. 한국여성정책연구원.

박동숙(1998). "여성의 TV 뉴스보기: 공론장의 가능성에 대한 수용자 중심적 탐구." 『한국방송학보』, 10, 167-198.

박순희 · 함귀옥(1986). "남녀 대학생들의 데이트실태에 관한 조사연구." 『상명여대 가정교육학회 논문집』, 20-28

박용규(2002). "미군정기의 여성신문과 여성운동." 『한국언론정보학보』, 19, 125-153.

박진숙(1984). "대학생의 가족의식에 관한 연구." 『대한가정학회지』, 22(3), 129-

147
박희숙(2001). 『여성 공무원의 임용 불평등 시정을 위한 대안 연구』, 부산대학교 석사학위논문.
변화순 · 황정임(1998). 『산업형 매매춘에 관한 연구』. 한국여성개발원.
보건복지부(2009). 『전국결혼 및 출산동향조사』. 보건복지부.
시모어 채트먼(2003). 한용환 옮김, 『이야기와 담론: 영화와 소설의 서사구조』, 푸른사상.
신연숙(2003). "주요 언론사 여성 기자 현황." 『한국여성개발원 제11차 여성정책 포럼』. 한국여성개발원, 575-584.
심미선 · 김경희 · 강혜란(2015). 『방송심의제도 특정성별영향분석평가』. 여성가족부.
심훈(2009). "'쓰나미'에 대한 한 · 미 양국 간의 시사 다큐멘터리 담화 분석." 『한국방송학보』, 23(1), 208-240.
양정혜(2002). "대중매체와 여성 정치인의 재현: 시사 월간지와 여성 월간지를 중심으로." 『한국언론학보』, 46(2), 452-484.
_____(2007). "소수 민족 이주여성의 재현: 국제결혼 이주여성에 관한 뉴스보도 분석." 『미디어, 젠더 & 문화』, 7, 47-77.
엄한진(2008). "한국 이민담론의 분절성." 『아세아연구』, 51(2), 112-140.
여성가족부(2010). 『제2차 여성 인력개발종합계획』, 여성가족부.
왕성옥(2008). 『한국경제발전 과정에서 여성 노동력의 노동현장과 성산업 현장 간의 배치과정에 대한 고찰: 1960~1990년대를 중심으로』, 서강대학교 공공정책대학원 석사학위논문.
유선영 · 김경희(2003). 『미디어조직과 성차별』. 한국언론재단.
유희정 · 이재경(1990). "고학력 전문직 여성의 지위와 직업생활: 박사학위 소지자를 중심으로." 『여성학 논집』 7, 159-179.
윤석민 · 이철주(2003). "우리나라 지상파 방송사 조직에 있어서 여성 인력의 지위에 관한 연구." 『한국언론정보학보』, 22, 167-210.

윤영민 · 김경희(2008). "텔레비전 뉴스의 대통령 후보 경선 보도 내용분석 박근혜 · 이명박 한나라당 대통령 후보를 중심으로." 『한국방송학보』, 22(4), 200-234.

윤영애(2001). 『여성 공무원의 인력활용 개선 방안에 관한 연구: 대구광역시 일반직 공무원을 중심으로』. 서울대학교 석사학위논문.

윤우곤(1996). 『조직관리학』, 다산출판사.

이경숙(2006). "가정폭력 보도의 틀 짓기 분석: 연예인 가정폭력 사건 보도를 중심으로. 『한국방송학보』, 20(1), 211-248.

이선옥(2003). "대중문화의 성 상품화와 인권." 『아시아여성연구』 42, 85-112.

이소희(2003). 『어머니의 취업여부 및 직업관과 초등학교 아동의 진로의식과의 관계』, 경인대학교 교육대학원 석사학위논문.

이승선(2001). "언론인 저작물에 나타난 취재행위의 형사법적 위법 가능성에 관한 연구." 『언론학보』, 46(1), 344-387.

이재경(2005). 『기사작성의 기초』. 나무와숲.

_____(2006). "한 · 미 신문의 대통령 취재 관행 비교: 조선일보와 뉴욕타임스." 『언론과 사회』, 14(4), 37-69.

이정숙(1985). "여대생의 성의식에 관한 조사연구." 『한양대 한국생활과학연구』, 3, 367-383.

이창호(2005). "취재기자의 수돗물 인식과 취재 관행 조사." 수돗물 언론보도와 시민의식에 관한 세미나 한국언론학회 자료집, 37-53.

이채언(2008). 『마르크스 정치경제학의 새 발견』. 전남대학교출판부.

이철수 외(2009). 『사회복지학사전』. 블루피쉬.

이호숙(1997). 『공학 교육기관을 통해 본 조직의 남성 중심성에 대한 분석: 공학계열 대학원생을 중심으로』, 계명대학교 석사학위논문.

이화연(2004). "여성의 언어와 여성의 사회 문화적 위치에 관한 비교연구." 『응용 언어학』 20(1), 203-221.
임순희 (1997). "남북한 여성의 가치관." 숙명여자대학교 통일문제연구소. 통일문제 학술세미나 발표자료.
임영통 (2007). 『저출산 · 고령화사회의 인력정책방향 연구: 여성 및 노인의 경제활동을 중심으로』, 세종대학교 석사학위논문.
장호순(2001.10). "한국 신문의 취재원과 취재경로 분석." 한국언론학회 가을철 정기학술대회, 179-193.
전지나(2006). 『텔레비전 뉴스에 등장하는 여성의 역할에 관한 연구: KBS, MBC, SBS 저녁 종합뉴스 분석』, 숙명여자대학교 대학원 석사학위논문.
정경애(1997). 『생산중심적 조직 내의 성별관계: 공식부문 경력 여성을 중심으로』, 이화여자대학교 박사학위논문.
정문길(1986). 『소외론 연구』. 문학과지성사.
정숙경(1999). "TV 보도와 여성재현." 『여성연구』, 겨울호, 251-277.
정연구 · 송현주 · 윤태일 · 심훈(2011). "뉴스 미디어의 결혼 이주여성 보도가 수용자의 부정적 고정관념과 다문화지향성에 미치는 영향." 『한국언론학보』, 55(2), 405-427.
정영애(1997), 『생산 중심적 조직 내의 성별관계: 공식부문 경력 여성을 중심으로』, 이화여자대학교 박사학위논문.
정재철 · 김송희 · 제갈춘기(2003). "KBS TV 〈아침마당〉의 '부부탐구' 텍스트와 수용분석." 『한국방송학보』, 17(1), 145~175.
정치학대사전편찬위원회(2010). 『21세기 정치학대사전』. 한국사전연구사.
조수선(2013). "기자의 성별에 따른 지상파 방송뉴스 보도유형의 차이: 지상파 메인뉴스 분석을 중심으로." 『미디어와 공연예술 연구』, 8권 3호, 272-297.
조연하 · 김경희 · 정영희(2006). "여성1호 뉴스의 프레임 분석." 『방송과 커뮤니케이션』, 7(2), 166-195.
조혜영 · 이창호 · 권순희 · 서덕희 · 이은하(2007). 『다문화가족 자녀의 학교생활

실태와 교사·학생의 수용성 연구』. 한국여성정책연구원.
조혜정(1990). "전문직 여성." 『한국여성과 일』. 이화여자대학교출판부, 53-103.
주경미(1992). 『전문직에서의 여성 배제구조』. 이화여자대학교 석사학위논문.
주유신(2003). "스크린 안팎의 타자로서의 여성 이미지와 여성 객관성." 『여성연구논총』 4, 87-109.
지은희(1990). "한국 사회의 산업화와 여성노동에 관한 이론적 고찰." 『한국여성과 일』. 이화여자대학교출판부, 7-52.
차희원(1998). "드라마 〈정 때문에〉에 나타난 이데올로기 분석." 『저널리즘연구』, 1, 87-109.
최영애(1999). "언론에 나타난 性담론: 일간지 성범죄 · 성 관련보도를 중심으로." 『신문연구』, 70, 245-255.
최정호·강현두·오택섭(1996). 『매스미디어와 현대사회』, 나남.
최현주(2009). "여성 대상 범죄보도에 대한 프레이밍 연구." 『미디어, 젠더 & 문화』, 2(1), 39-58.
통계청(각 연도). 『통계로 보는 여성의 삶』, 통계청.
프리드리히 엥겔스(2012). 김대웅 옮김, 『가족, 사유재산, 국가의 기원』, 두레.
한경구·한건수(2007). "한국적 다문화사회의 이상과 현실: 순혈주의와 문명론적 차별을 넘어." 『한국적 '다문화주의'의 이론화』, 동북아시대위원회, 71-116.
한국언론재단(1999), 『TV 저널리즘과 뉴스가치』, 한국언론재단.
_____(2003), 『한국신문방송연감』, 한국언론재단.
_____(2016). 『한국언론연감』, 한국언론재단.
한국언론진흥재단(2010). 『2010 KOREA』, 한국언론진흥재단.
_____(2014). 「2014 언론 수용자 의식조사」, 한국언론재단.
한국여기자클럽(1990-2000). 『여기자』 1호-10호, 한국여기자클럽(1996년 미발행).
함수진(2001). 『공무원의 조직몰입에 있어 성차에 관한 연구: 서울시 본청의 하

위직 공무원을 대상으로』. 이화여자대학교 석사학위논문
행정안전부(2008). 『지방자치단체 외국인주민 현황』. 행정안전부.
현경미 · 김원용(2005). "언론의 여성 정치인 관련 보도 프레임 연구." 『미디어, 젠더 & 문화』, 3, 38-72.
홍금화(2001). 『지방자치단체 여성 공무원의 능력발전에 관한 연구: 강원도를 중심으로』, 강릉대학교 정책과학대학원 석사학위논문.
황수경(2003). 『여성의 직업선택과 고용구조』. 한국노동연구원
Aday, S., & Devitt, J.(2001). Style over substance: Newspaper coverage of Elizabeth Dole's presidential bid. *The Harvard International Journal of Press and Politics*, 6(2), 52-73.
Althaus, S. L. & Tewksbury, D.(2002). Agenda setting and the "new" news: Patterns of issue importance among readers of the paper and online versions of the New York Times. *Communication Research*, 29(2), 180-270.
Andsager, J.(2000). How interest groups attempt to shape public opinion with competing news frames. *Journalism & Mass Communication Quarterly* 77, 577-592.
Armstrong, C. L.(2004). The Influence of Reporter Gender on Source Selection in Newspaper Stories. *Journalism and Mass Communication Quarterly*, 81 (1), 139-154.
Ashby, R. & Ohrn, D. G.(1995). *Herstory: women who changed the world.* New York: Viking Juvenile.
Bandura, A.(1977). Self-efficacy: Toward a unifying theory of behavioral change. *Psychological Review*, 84(2). 191-215.
Banwart, M. C., Bystrom, D. G., & Robertson, T.(2003). From the primary to the general election: A comparative analysis of candidate media coverage

in mixed-gender 2000 races for governor and U. S. Senate. *American Behavioral Scientist*, 46 (5, January), 658-676.

Becker, L. B.(1979). Reporters and Their Professional and Organizational Commitment. *Journalism Quarterly*, 19. 54-73.

Ceelen, M. and Pramsma. H.(1985). A Research Project on the Role of Men and Women in Informational Television Programmes, NOS(Ed.), *Women on and behind the Screen*(1-64). Hilversum: NOS Training Department.

Cohen, A. A, Adoni, H., & Bentz, C. R.(1990). *Social conflict and television news*. Newbury Park, CA: Sage.

Coleman, C.(1995). Science, technology and risk coverage of a community conflict. *Media, Culture & Society*, 17, 65-79.

Craft, S. & Wanta, W.(2004). Women in the Newsroom: Influences of Female Editors and Reporters on the News Agenda, *Journalism & Mass Communication Quarterly*, 81(1), 124-138.

D'Angelo, P.(2002). News Frame as the Multiparadigmatic Research Program: A Response to Entman. *Journal of Communication*, 52, 870-888.

Danner, L. & Walsh, S.(1999). 'Radical' feminists and 'bickering' women: Backlash in U. S. media coverage of the United National Fourth World Conference on women. *Critical Studies in Communication*, 16, 63-84.

Daughton, S. M.(1994). Women's Issues, Women's Place: Gender Related Problems in Presidential Campaigns. *Communication Quarterly*. 42(2), 106-119.

Devitt, J.(2002). Framing gender on the campaign trail: Female gubernatorial candidates and the press. *Journalism & Mass Communication Quarterly*, 79(2), 445-463.

Dimmic, J. and Coit, P.(1982). Levels of analysis in mass media decision making. *Communication Research*, 9(1), 3–32.

Duerst-Lahti, G.(1997). Reconceiving theories of power: Consequences of masculinism in the executive branch. In M. Borrelli & J. M. Martin (Eds.), *The Other Elites: Women, Politics, and Power in the Executive Branch* (pp.1-32). Boulder, CO: Lynne Rienner Publishers.

Dunn, A.(2005). Television News as Narrative, In H. Elizabeth, F. R. Huisman, J. Murphet, & A. Dunn (Eds.), *Narrative and Media*, 140-171. Cambridge: Cambridge University Press.

Entman, R.(1993). Framing: toward clarification of a fractured paradigm, *Journal of Communication*, 43, 52-53.

Fiske, J.(1999), Television Culture, London: Methuen.

French, Marilyn(1985). *Beyond Power: On Women, Men and Morals*. New York: Sumit Books.

Gamson, W. A.(1992). *Talking Politics*. Cambridge: Cambridge University Press.

Gerbner, G.(1998). Cultivation analysis: An overview. *Mass Comunication and Society*, 3(4), 175-194.

Gerbner, G., & Gross, L.(1976). Living with television: The violence profile. *Journal of Communication*, 26(2), 182-190.

Gitlin, T.(1980). *The Whole World is Watching*. Berkely: University of California Press.

Greenberg, B. S.(1974), Gratifications of Television Viewing and Their Correlates for British Children, in Blumler, J.G. & Katz, E.(eds), *The Uses of Mass Communications: Current Perspectives on Gratifications Research*, 71-92, Bevery Hills: Sage.

Hagen, I., The Ambivalences of TV News Viewing: Between Ideals and

Everyday Practices. *European Journal of Communication*, 9, 193-220.

Hall, S.(1980). "Encoding/Decoding", In Hall, S., Hobson, D. Lowe, A., & Williis P.(Eds), *Culture, Media and Language*, 128-138) London: Hutchinson.

Hardin, M., Walsdorf, K., Lynn, S., & Hardin B.(2004). Gender and Sport Media: Sexual Difference and SI for Kids, In R. A. Lind(Ed.), *Race, Gender, Media: Considering Diversity Across Audiences, Content, and Producers*, 168-174. Boston: Pearson/Allyn and Bacon.

Harrison, J.(2006). *News*. New York: Routledge.

Heldman, C., Carroll, S. J., & Olson, S.(2005). "She brought only a skirt": Print media coverage of Elizabeth Dole's bid for the Republican presidential nomination. *Political Communication*, 22, 315-335.

Hemlinger, M. A.(2001). *Women in Newspapers: How Much Progress Has Been Made*. Northwestern: Media Manage Center.

Hertog, J. K. & McLeod, D. M.(2003). A multiperspectival approach to framing analysis: A field guide. In S. D. Reese, O. H. Gandy, Jr., A. E. Grant (Eds.), *Framing Public Life: Perspectives on Media and Our Understanding of the Social World*, 139-161. Mahwah, NJ: Lawrence Erlbaum Associates.

Holub, R.(1989). *Redeption Theory: A critical introduction*. London & New York: Routledge.

Horkheimer, M., & Adorno, T. W.(1976). The culture industry: Enlightenment as mass deception (J. Cumming, Trans.). In *Dialectic of Enlightenment*, pp. 120-167. New York: Continuum International Publishing Group.

Iyengar, S.(1991). *Is Anyone Responsible?: How Television Frames Political*

Issues. Chicago: University of Chicago Press.

Iyengar, S. & Kinder, D. B.(1987). News that matters. Chicago: University of Chicago Press.

Jaggar, A. M.(1983). *Feminist Politics and Human Nature*, Totowa, N.J.: Rowman & Allanheld.

Jamieson, K. H.(1992). *Dirty politics: Deception, distraction, and democracy.* New York: Oxford University Press.

Johnson, T. J.(1993). Filling out the racing form: How the media covered the horse race in the 1988 primary. *Journalism Quarterly*, 70 (2), 300-310.

Kaufmann, W.(1970). The Inevitability of Alienation, *Introduction to R. Schacht, Alienation*. New York: Doubleday.

Kim, K.(2006). Obstacles to the Success of Female Journalists in Korea, *Media, Culture & Society*, 28(1), 123-141.

Kim, K. & Yun, Y.(2009). The Influence of Journalists' gender on Newspaper Stories about Women Cabinet Members in South Korea. *Asian Journal of Communication*, 19(3).289-301.

Kitch, C.(1999). Reporting the birth and death of feminism: Three decades of mixed messages in Time magazine. Paper presented at the meeting of the Association for Education in Journalism and Mass Communication, New Orleans, LA.

Klapper. J. T.(1960). *The Effects of Mass Communication*, New York: Free Press.

Lazarsfeld, P. L., Berelson, B., & Gaudet, H.(1948). *The people's choice*. New York: Columbia.

Lewis, J. & Cushion, S.(2009). The Thirst To Be First, *Journalism Practice*, 3(3), 304-318.

Lieblich, A., Tuva-Mashiach, R., & Zilber, T.(1998). *Narrative research: Reading, analysis, and interpretation*. Thousand Oaks: Sage

Lipman-Blumen, J.(1976). Toward a Homosocial Theory of Sex Roles: An Explanation of the Sex Segregation of Social Institutions. *Journal of Women and Culture and Society*, 1, 15-31.

Lippmann, W.(1992). Public Opinion, New York: Free Press Paperbacks.

Locke, E.(1976). The nature and the causes of job satisfaction. In M.D.Dunette(ed.), Handbook of Industrial and Organizational Psychology, 1297-1349, Chicago, IL: Rand-McNally.

Major, L. H. & Coleman, R.(2008). The Intersection of Race and Gender in Election Coverage: What Happens When the Candidates Don't Fit the Stereotypes?. *Howard Journal of Communications*, 19(4), 315-333

McClelland, J. R.(1993). Visual images and re-Imaging: A review of research in mass communication. In P. J. Creedon (Ed.), Women in mass communication, 220-234, Newbury Park: Sage.

McCombs, M. & Shaw, D.(1972). The Agenda-Setting Function of Mass Media, *Public Opinion Quarterly*, 36, 176-185.

McGuire, W. J.(1974). Psychological Motives and Communication, in Blumer, J. G. & Katz, E. (eds). *The Uses of Mass Communications: Current Perspectives on Gratifications Research*, 167-196, Beverly Hills, CA: Sage.

Merrit, S. & Gross, H.(1978). Women's Page/Life Style Editors: Does Sex Make a Difference?. *Journalism Quarterly*. 55(3), pp.508-514.

Mijolla, A. (Ed.)(2005). *International Dictionary of Psychoanalysis*. Detroit: MacMillan Reference Books.

Miller, M. & Riechert, B. P.(2003). The spiral of opportunity and frame resonance: Mapping the issue cycle in news and public discourse. In S.

D. Reese, O. H. Gandy, Jr., A. E. Grant (Eds.), *Framing Public Life: Perspectives on Media and Our Understanding of the Social World*, 107-121. Mahwah, NJ: Lawrence Erlbaum Associates.

Min, S. & Feaster, J. C.(2010). Missing Children in National News Coverage: Racial and Gender Representations of Missing Children Cases. *Communication Research Reports*, 27(3), 207-216.

Money, J. (Ed.)(1965). *Sex research: New developments*. New York: Holt, Rinehart and Winston.

Moores, S.(1990) Texts, Readers and Contexts of Reading: Developments in the Study of Media Audiences. *Media, Culture and Society* 12(1), 9-29.

Morley, D.(1980). Comparative analysis of differential group decodings. In Morley, D (Ed.) *The Nationwide audience: Structure and decoding*, 134-162. London: BFI.

Mukda-anan, R., Kusakabe, K. & Komolsevin, R.(2006). The Thai Vernacular Press and the Woman Politician: Stereotypical Reporting and Innovative Response. *Asian Journal of Communication*, 16(2), 152-168.

Murdock, G. & Golding, P.(2005). Culture, Communications and Political Economy, 60-83. in J. Curran and M. Gurevitch (eds). *Mass Media and Society*, 4th edn. New York: Hodder Arnold.

Noelle-Neumann, E.(1974). The Spiral of Silence: A Theory of Public Opinion. *Journal of Communication*, 24, 43–51

Norris, P.(1997). Women leaders worldwide: A splash of color in the photo op. In P. Norris (Ed.), *Women, Media, and Politics*, 149-165, New York: Oxford University Press.

Oakes, P. J., Haslam, A. S., & Turner, J. C.(1994). *Sterotyping and social reality*. Oxford and Cambridge, MA: Blackwell.

Patterson, T. E.(1993). *Out of order*. New York: Knopf.

Pingree, S. & Hawkins, R. P.(1978). News definitions and their effects on women. In L. K. Epstein (Ed.), *Women and the News*. New York: Hastings House, Publishers.

Roberts, M. & Wanta, W. & Dzwo, T.(2002). Agenda setting and issue salience online. *Communication Research*, 29(4), 452-465.

Rodgers, S. & Thorson, E.(2003). A socialization perspective on male and female reporting. *Journal of Communication*, 53(4), 658-675.

Rubin A. M. & Rubin, R. B.(1981). Age, Context and Television Use. *Journal of Broadcasting*, 25(1), 1-13.

Rubin A.M. & Rubin, R. B.(1982). Older Persons' TV Viewing Patterns and Motivations. *Communication Reaserch*, 9(2), 287-313.

Scheufele, D.(1999). A Framing as a Theory of Media Effects. *Journal of Communication*, 49(1), 103-122.

Shoemaker, P. J. & Reese, S. D.(1996). *Mediating the Message: Theory of Influences on Mass Media Content* (2nd ed), New York: Longman.

Sigal, L. V.(1973). *Reporters and Officials: The Organization and Politics of Newsmaking*. Lexington, Mass.: D. C. Heath and Co.

Smith, K. B.(1997). When all's fair: Signs of parity in media coverage of female candidates. *Political Communication*, 14, 71-82.

Smith, R.(1980). Images and equality: women and the national press. H. Christian(ed.), *The Sociology of Journalism and the Press*, 239-259. London: Routledge and Kegan Paul.

Spears, G. & Seydegart, K.(2000). Women's participation in the news. Who makes the news? *Global Media Monitoring Project 2000*, 6-41 London: World Association for Christian Com.

Steeves, L.(1987). Feminist Theories and Media Studies, *Critical Studies in Mass Communication*, 4(2), 95-135.

Stempel, G. H., III, & Culbertson, H. M.(1984). The prominence and dominance of news sources in newspaper medical coverage. *Journalism Quarterly*, 61(3), 671-676.

Stoller, R.(1968). *Sex and gender: On the development of masculinity and femininity*. New York: Science House.

Tong, R.(1989). *Feminist thought: a comprehensive introduction*. Boulder, Cororado: Westview Press, Inc.

Tuchman, G.(1972). Objectivity as Strategic Ritual: An Examination of Newsmen's Notions of Objectivity, *American Journal of Sociology*, 77(4), 660-679.

_____(1978). *Making news: A study in the construction of reality*. New York: Free Press.

_____(1979). Women's depiction by the mass media, *Journal of Women in culture and Society* 3, 528-542.

Tuggle, C. A.(1997). Differces in television sports reporting of men's and women's Athlectics: ESPN SpoertsCenter and CNN Sports Tonight, *Journal of Broadcast & Electronic Media*, 41(1), 14-24.

Van Zoonen, L.(1988). Rethinking woman and news. *European Journal of Communication*, 3, 35-53.

_____(1991). Feminist perspectives on the media. In J. Curran & M. Gurevitch. (Eds) *Mass Media and Society*, 33-54. London: Edward Arnold.

_____(1994). *Feminist Media Syudies*, London: SAGA Publications.

Whitlow, S.(1977). How Male and Female Gatekeepers Respond to News Stories of Women. *Journalism Quarterly*, 54(3), 573-579.

Yukl, G.(1989). *Leadership in organizations*(2nd ed.) Englewood Cliffs, N. J.: Prentice Hall.

Zoch, Lynn M. & Turk, Judy VanSlyke(1998). Women Making News: Gender as a Variable in Source Selection and Use. *Journalism & Mass Communication Quarterly*. 75(4), 762-775.

국가지표체계(각 연도). http://www.index.go.kr

통계청(각 연도). http://kosis.kr

e-나라지표(각 연도). http://index.go.kr

OECD Employment Outlook. http://www.oecd.org

뉴스 안과 밖의 여성

한국 저널리즘에서 나타나는 젠더 문제

펴낸날 1판 1쇄 2017년 4월 6일
지은이 김경희
펴낸이 권은미
펴낸곳 이화여자대학교출판문화원
주소 서울특별시 서대문구 이화여대길 52(우 03760)
등록 1954년 7월 6일 제9-61호
전화 02) 3277-2965(편집), 362-6076(마케팅)
팩스 02) 312-4312
전자우편 press@ewha.ac.kr
홈페이지 www.ewhapress.com
책임편집 양지하
디자인 정혜진
찍은곳 (주)현문자현

ISBN 979-11-5890-219-3 93300
값 24,000원

* 잘못된 책은 바꾸어 드립니다.

이 도서의 국립중앙도서관 출판예정도서목록(CIP)은 서지정보유통지원시스템 홈페이지(http://seoji.nl.go.kr)와 국가자료공동목록시스템(http://www.nl.go.kr/kolisnet)에서 이용하실 수 있습니다. (CIP제어번호: CIP2017007345)